btb
Aus Freude am Lesen

btb

Buch

1592 versuchten zwei Amsterdamer Kaufleute in Portugal neue Navigationskarten zu stehlen, die den detailgenauen Seeweg um Afrika herum nach Fernost wiesen und für eine aufstrebende Handelsnation wie Holland von unschätzbarem Wert waren. Die beiden Brüder wurden jedoch erwischt und eingekerkert.
Vierhundert Jahre später wurden bei dem fanatischen Kartensammler Gilbert J. Bland in Virginia über 250 wertvolle Karten aus dem 16. und 17. Jahrhundert entdeckt, die er über Jahre ungehindert aus Universitätsbibliotheken gestohlen hatte. Dieser »Al Capone der Kartographie« regte den Reisejournalisten Miles Harvey dazu an, die Geschichte der alten, seltenen Karten aufzuschreiben, die manchmal skurrilen, manchmal verwegenen Helden wie Gauner dieser Geschichte zu portraitieren und die Wandlung der Karten von Schlüsseln zu Macht und Reichtum zu Objekten purer Sammlerleidenschaft zu erforschen. Das Ergebnis ist eine perfekte Mischung aus Tatsachenkrimi und Wissenschaftsreport.
»Harveys Buch ist eine Kriminalgeschichte über Kartendiebe zur Zeit der Renaissance, als das Wissen um Länder und Reiserouten über den Ausgang von Kriegen und über die Macht von Handelsmonopolen entschied. Und es ist ein Buch über Diebe von heute, die in Bibliotheken sekundenschnell mit dem Rasiermesser Karten aus alten Atlanten trennen – um sie für ein halbes Vermögen zu verkaufen. Darüber hinaus liefert Harvey eine Geschichte der Kartographie, die letztlich eine Geschichte der Orientierung ist, sowie einen Versuch über die Urfragen aller Vermessungstechniker: ›Woher kommen wir? Wohin gehen wir? Und wo genau stehen wir in diesem Augenblick?‹«
Frankfurter Allgemeine Zeitung

Autor

Miles Harvey ist Journalist und Sachbuchautor und lebt mit Frau und Kindern in Chicago. Seine Internetadresse lautet www.milesharvey.com

Miles Harvey

Gestohlene Welten

Eine Kriminalgeschichte der Kartographie

Aus dem Amerikanischen
von Andrea Ott

btb

Die Originalausgabe erschien 2000 unter dem Titel
»The Island of Lost Maps – A True Story of Cartographic Crime«
bei Random House, New York.

Umwelthinweis:
Alle bedruckten Materialien dieses Taschenbuches
sind chlorfrei und umweltschonend.

btb Taschenbücher erscheinen im Goldmann Verlag,
einem Unternehmen der Verlagsgruppe Random House GmbH.

1. Auflage
Genehmigte Taschenbuchausgabe Dezember 2002

Umschlaggestaltung: Design Team München
Umschlagmotiv: AKG, Berlin
Satz: Uhl + Massopust, Aalen
VS · Herstellung: Augustin Wiesbeck
Made in Germany
ISBN 3-442-73046-5
www.btb-verlag.de

INHALT

Für Bob, Tinker und Matthew:
die Karten
Für Rengin und Azize:
die Reiseziele

Sie ist auf keiner Karte verzeichnet;
die wahren Orte stehen nie darauf.

Herman Melville, *Moby Dick*

Ein Stich aus einem 1537 erschienenen Werk des englischen Geographen und Mathematikers Johannes de Sacro Bosco (John Holywood) aus dem 13. Jahrhundert.

EINLEITUNG

Fremde Gewässer

Entdecker pinnen sich Landkarten an die Wand, Journalisten Geschichten. Beide versuchen auf diese Weise, sich einen Weg zu bahnen. Während ich mich hinsetze, um dieses Buch zu schreiben, ist die Wand hinter meinem Computer ungeschmückt – bis auf zwei fotokopierte Artikel, die mir helfen sollen, den Kurs für die bevorstehende Reise festzulegen. Der erste, über den ich nun Kaffee schlürfend nachdenke, stammt aus einem Nachschlagewerk mit dem Titel *Who Was Who in World Exploration.*

> HOUTMAN, CORNELIUS (Cornelius de Houtman), ca. 1540–1599. Holländischer Seefahrer und Händler in Ostindien. Bruder von Frederik Houtman … 1592 wurden die Gebrüder Houtman von neun Amsterdamer Kaufleuten beauftragt, nach Portugal zu fahren und möglichst viel über die neuen Seewege nach Ostindien in Erfahrung zu bringen … Noch im selben Jahr gelang es Houtman und seinem Bruder, sich in Lissabon geheime portugiesische Navigationskarten zu beschaffen, die den genauen Seeweg nach Indien zeigten. Doch als sie versuchten, diese Karten in die Niederlande zu schmuggeln, wurden sie festgenommen und für kurze Zeit in ein portugiesisches Gefängnis geworfen.

Der Kaffee, den ich gerade trinke, stammt aus einem Lokal in Chicago namens Kopi Café, in dem seinerzeit mein Leben umgekrempelt und dieses Buch geboren wurde. Die Geschichte, wie die Brüder Houtman im Gefängnis landeten, erzählt zufällig auch, wie das Kopi zu seinem Namen kam. Doch nicht nur deshalb hängt der Artikel bei mir an der Wand. Ich hebe ihn mir auf als ständige Erinnerung an die außerordentliche Macht der Karten – und daran, wie weit der Mensch geht, um ihrer habhaft zu werden.

Shakespeare benützte einst den Begriff *mappery* [verächtlich für die Beschäftigung und Herstellung von Karten, A. d. Ü.], um das leidenschaftliche Studium von Karten und Plänen zu beschreiben. Ich bin weder ein Kartengelehrter noch ein Kartensammler, aber eines sollte ich doch von Anfang an klarstellen: Ich bin ein unverbesserlicher *mapperist* und Kartomane, ein begeisterter Betrachter alles Kartographischen. Und so liegt auf dem Schreibtisch vor mir die Reproduktion einer uralten, weltberühmten Karte, die neben vielem anderem zeigt, warum sich die Brüder Houtman veranlasst sahen, Portugal zu bespitzeln.

Sie wurde 1569 von Gerhard Mercator herausgegeben – dem größten Kartographen seiner Zeit, einem niederländischen Zeitgenossen der Houtmans – und bediente sich als erste Karte einer revolutionären Methode, um die dreidimensionale Erde auf einer Fläche darzustellen. Mehr als 400 Jahre später ist diese Methode noch immer so allgemein üblich, dass die meisten von uns, wenn sie die Augen schließen und sich eine Weltkarte vorstellen, die Erde mit den Augen Mercators sehen. Doch trotz der überragenden Leistung erkenne ich doch auf den ersten Blick die Fehler und Irrtümer dieser Arbeit, ihre kuriosen Einfälle und kühnen Tastversuche.

Wenn ich Mercators Karte betrachte, sehe ich einen Planeten, der sich von dem unseren erstaunlich unterscheidet, eine Welt voller weißer Flecken und Traumländer. Nordamerika verwandelt sich in einen unförmigen Tropfen, der so weit nach Westen reicht, dass er an der breitesten Stelle fast Asien berührt. Südamerika hat an seiner Südwestküste eine unerklärliche Ausbuchtung, eine topographische Schwanzfeder, die den Kontinent aussehen lässt wie einen riesigen Wasservogel. Dieses Tier hockt wiederum auf einem höchst merkwürdigen Nest, einer gewaltigen polaren Landmasse, die um viele Male größer ist als die heutige Antarktis. Diesen Kontinent, genannt *Terra australis* (Südland), *Terra incognita* (unbekanntes Land) oder, bei optimistischeren Kartographen, unentdecktes Land, hatten sich antike Geographen ausgedacht, um damit ihre Behauptung vom absolut symmetrischen Bau der Erde zu erhärten. Die Arktis hingegen ist ein dicker Landkuchen, unterteilt durch vier Flüsse, die am Pol in ein Meer münden, durch welches, so glaubte man, Wasser ins Erdinnere abfloss. Aus diesem seltsamen Meer erhebt sich ein riesiger, magnetischer »schwarzer Fels«, der den alten Sagen zufolge Schiffe zerstörte, indem er ihnen die Nägel aus den Planken zog.

Jahrhunderte später kann man solche Ansichten leicht belächeln. Aber für Menschen wie Mercator und die Houtmans waren die noch nebulösen Grenzen der Welt nichts zum Lachen. Europa, das bis zum 15. Jahrhundert nicht gewagt hatte, die Weiten des Ozeans zu erforschen, hatte nun in der Renaissance größtes Interesse, die verlorene Zeit eilends aufzuholen. Portugal stand an der Spitze dieses Sturmangriffs. Um 1420 unternahmen die Portugiesen auf Anregung und Anweisung eines Königssohnes, den spätere Generationen Heinrich den Seefahrer nannten, eine Reihe von Erkundungsreisen entlang der Westküste von Afrika. 1488 erreichte Bartolomëu Dias das heutige Kap der Guten Hoffnung, und zehn Jahre später fuhr Vasco da Gama als erster Europäer auf dem Seeweg nach Indien. Damit half er Portugal, im Fernen Osten eine Wirtschaftsmacht aufzubauen, ein Reich aus Pfeffer, Gewürzen, Drogen, Perlen und Seide.

Die Portugiesen hatten Indien im Griff, weil sie die Karten nicht aus der Hand gaben. Heinrich der Seefahrer und seine Nachfolger versuchten, ein Handelsmonopol aufzubauen und zu bewahren, und hüteten deshalb eisern ihre navigatorischen Geheimnisse. »Kein ausländisches Schiff bekam die Erlaubnis, nach Indien zu segeln«, schreibt der Historiker George Masselman.

»Bei Zuwiderhandlung wurde das Schiff beschlagnahmt und die Besatzung zu lebenslänglicher Fron auf den Galeeren verurteilt.« Ebenso wenig durften Karten weitergereicht werden. Als Pedro Álvarez Cabral 1501 aus Indien zurückkam – nach Ansicht einiger Wissenschaftler hat er auf dieser Reise als erster Europäer Brasilien gesichtet –, klagte ein italienischer Handelsbeauftragter: »Es ist unmöglich, von dieser Reise eine Karte zu bekommen, weil der [portugiesische] König bei Todesstrafe verboten hat, sie ins Ausland zu schicken.«

Am bräunlichen Bild der Mercator-Karte sehe ich deutlich, wie gut die Lissabonner ihre Geheimnisse zu wahren wussten. Einige Wissenschaftler vermuten, dass die Portugiesen schon Anfang des 16. Jahrhunderts in aller Stille Australien entdeckt haben. Wenn dies zutrifft, so war kein Wort davon zu Mercator durchgedrungen. Auf seiner Karte fehlt dieser Kontinent vollständig. Stattdessen hocken südlich von Java drei schlechterdings nicht existierende Königreiche namens Beach, Lucach und Maletur. Da ihm keine Berichte aus erster Hand von zeitgenössischen Entdeckern zur Verfügung standen, verließ sich Mercator bei diesen Ländern auf Marco Polos Beschreibungen aus dem 14. Jahrhundert.

Anfangs empfanden die Holländer ihre Ahnungslosigkeit in Bezug auf Indien nicht als bedrückend, vor allem, weil sie ja enge Handelspartner der Portugiesen waren. Doch zu der Zeit, als Mercator seine Karte zeichnete, änderte sich das Verhältnis. Die Holländer, die sich zunehmend dem Calvinismus zuwandten, begannen 1568 einen langen Unabhängigkeitskrieg gegen das katholische Spanien, in Europa damals die bedeutendeste politische Macht. Doch gerade als die Holländer sich vom spanischen Reich lossagten, wurde Portugal ein Teil davon. 1580 fiel Spanien bei seinem Nachbarn ein und schlug die portugiesischen Streitkräfte in die Flucht. Damit waren Portugal und Holland Feinde geworden. Die Holländer, glänzende Schiffbauer und Seefahrer, erkannten, dass sie nun auf eigene Faust nach Indien fahren mussten – keine leichte Aufgabe. »Schon der Weg dorthin war vollkommen unbekannt«, schreibt Masselman, »bisher war kein einziger Holländer jemals nach Indien gereist.«

Als Erstes versuchten sie, auf dem Umweg über den Norden nach Osten zu gelangen. Ein Blick auf Weltkarten wie die von Mercator zeigte den holländischen Kaufleuten eine Wasserstraße, die über Europa und Asien in den Pazifik führte. Wenn sie dieser Route mit dem Finger folgten, wie ich es jetzt tue, kamen sie zu dem Schluss, dass sie kürzer war als die Strecke um Afrika herum – und außerdem hatte sie den Vorteil, dass es dort keine schwer bewaffneten portugiesischen Schiffe gab. Natürlich hatte noch nie jemand diese Reise wirklich gemacht; die ganze Idee dieses nördlichen Wasserweges basierte – wie die Vorstellung von der *Terra australis* – auf den Schriften alter Geschichtsschreiber. Diesmal sollten die Alten Recht behalten, doch erst 1879 bewältigte ein Schiff diese Nordostpassage. Die Holländer unternahmen drei erfolglose Versuche. In der Zwischenzeit schickten sie die Houtmans nach Lissabon, um Seekarten zu beschaffen. Aber trotz aller Mühe waren die Brüder – die schließlich freikamen, nachdem ihre Gönner ein beträchtliches Lösegeld gezahlt hatten – wahrscheinlich nicht einmal besonders erfolgreich. Die Historiker sind sich uneins, ob es ihnen gelang, Karten und Pläne aus dem Land zu schmuggeln, und wenn ja, ob diese Karten überhaupt neue Informationen für die holländischen Kartographen enthielten, die unterdessen schon aus anderen Quellen umfangreiche Kenntnisse über die portugiesischen Seewege gewonnen hatten.

Doch darüber sind sich die Experten einig: dass die Houtmans und ihre Partner »die Vorhut des modernen Kapitalismus« waren, wie Masselman es nennt. Die Kaufleute, die sie vertraten, legten gerade ihre Geldmittel für ein neuartiges Unternehmen zusammen, das sie Handelskompanie für den Fernen Osten nannten, eines der frühesten Beispiele für eine moderne Aktiengesellschaft. Diese Gesellschaft war der Vorläufer der berühmten niederländischen Vereinigten Ostindischen Kompanie, die ihrerseits die Amsterdamer Börse entstehen ließ, das erste Forum für

»Spekulationen im modernsten Sinne«, so der Historiker Fernand Braudel. Und als die Ostindienkompanie prächtig gedieh, dachten sich die gleichen Kaufleute eine Methode aus, wie man mit Hilfe der Windmühlentechnik exakt geformte und abgemessene Bretter zurechtschneiden konnte, so wie sie beim Schiffsbau gebraucht wurden – eines der ersten Beispiele für Massenproduktion. Die Houtmans halfen mit, die geographischen und wirtschaftlichen Grenzen der modernen Welt festzulegen, aber das wurde ihnen wahrscheinlich nie bewusst. Sie waren bloß Geschäftsleute, die versuchten, an Geld zu kommen.

Heute kennt man die beiden Brüder vor allem als Entdecker. 1595, ein Jahr nach der Rückkehr aus Portugal, fuhr Cornelius Houtman als »Hauptbeauftragter der Kaufmannschaft« mit der ersten holländischen Expedition nach Ostindien. 1598 leiteten er und sein Bruder eine andere Reise, auf der Gefolgsleute des Sultans von Sumatra Cornelius töteten und Frederik ins Gefängnis warfen. Im Laufe seiner zweijährigen Haft verfasste Frederik Houtman das erste holländisch-malaiische Wörterbuch; später, 1619, sichtete er als einer der Ersten die Küste von Westaustralien. Dank der Bemühungen von Abenteurern wie den Houtmans und einer Anzahl hervorragender Kartographen trug die Niederländische Ostindienkompanie eine Sammlung von 180 Seekarten zusammen. Sie wurde als Staatsgeheimnis behandelt und firmierte tatsächlich unter dem Namen »Der Geheime Atlas«. Mit seiner Hilfe verdrängten die Holländer die Portugiesen und wurden die überlegene Kolonialmacht im südwestlichen Pazifik.

Sie beherrschten diese Region mehr als 300 Jahre – ein ganzes Reich gründete sich darauf, dass man die richtigen Karten in der Hand hielt. Ende des 18. Jahrhunderts war das Gewinn bringendste Exportgut dieses Reiches eine kleine Bohne, die die Holländer seit 1696 in Java anbauten. Wenn man sie kochte, erzeugte diese Bohne ein anregendes Getränk, das die Holländer *koffie* nannten, ein Wort, das in die malaiischen und indonesischen Sprachen als *kopi* einging.

Das bringt mich zu der zweiten Geschichte an meiner Wand, einem Bericht aus der *Chicago Tribune* vom 21. Dezember 1995 über einen anderen Mann, der durch Kartendiebstahl in Schwierigkeiten geriet:

> TAMARAC, Florida. – Der kleine, stille Mann in Khakihosen bat um Einlass in die Abteilung für wertvolle Bücher. Die Bibliothekare überprüften seine Papiere und trugen in ihre Liste ein, dass der Besucher aus Florida kam. Er ging hinein. Minuten später ist die Hölle los – der Mann flieht, Wachmänner rennen hinterher, und die Polizei fragt sich, warum einer eine Karte aus dem 232 Jahre alten Bibliotheksbuch stiehlt und damit durch die Straßen von Baltimore rennt.
> Der Schlüssel zu dem Ganzen liegt, wie sich zeigt, in Tamarac, dem Wohnort von Gilbert Bland jr. alias James Perry, der des Diebstahls… in der Johns Hopkins University verdächtigt wird und womöglich auch [der Entwendung alter Landkarten] in dutzenden von anderen Bibliotheken an der Ostküste.

Als ich diese Worte zum ersten Mal las, hatte ich keine Ahnung, dass sie bald wie eingemeißelt in meinem Hirn stehen würden. Dennoch erinnerte ich mich, dass ich eine ungewöhnlich intensive, jähe Neugier empfand, so heiß und belebend wie der Kaffee, den ich an meine Lippen führte. In jenen Tagen verbrachte ich viel Zeit im Kopi, einem selbst ernannten »Reisecafé«, wo die Wände mit Masken aus Bali geschmückt waren und die Regale voller *Lonely-Planet*-Reiseführer zu exotischen Zielen standen. Ich war damals Literaturkritiker für die Zeitschrift *Outside*, an sich ein wunderbarer Job, der aber allmählich doch langweilig wurde. Die Bücher, die ich las, handelten von Leuten, die Himalajagipfel erklommen, mit dem Rad durch Afrika fuhren, in Holzbooten über den Atlantik segelten oder in die fernsten Winkel Chinas wanderten. Diese Abenteuergeschichten füllten meine Tage und meine Phantasie, aber mein eigenes Leben war alles andere als abenteuerlich, denn ich ackerte in einer dunklen Ecke dieses Cafés stundenlang ein Buch nach dem anderen durch oder starrte endlos auf einen Bildschirm. Das Kopi war voller Uhren, jede zeigte die Zeit an einem fernen Ort an; und während ich zusah, wie in Timbuktu, Juneau, Goa, Denpasar und Djogjakarta die Wochen dahintickten, sehnte ich mich immer mehr nach einem eigenen Abenteuer. Aber vielleicht ist Abenteuer nicht das richtige Wort. Ich wünschte mir nicht unbedingt, etwas Todesmutiges zu unternehmen; was ich wollte, war eine Suche, ein Ziel, ein Rätsel, das ich lösen konnte, eine Bestimmung. Mein Verlangen war wohl nicht unähnlich dem, was Joseph Conrad in *Herz der Finsternis* beschreibt:

> Als kleiner Junge hatte ich eine große Passion für Landkarten gehabt. Stundenlang konnte ich Südamerika oder Afrika oder Australien betrachten und mich in die Herrlichkeiten des Entdeckerlebens verlieren. Zu jener Zeit gab es noch viele weiße Flecken auf der Erde, und wenn ich auf der Landkarte einen erblickte, der besonders einladend aussah (doch das tun sie schließlich alle), pflegte ich mit dem Finger darauf zu weisen und zu sagen: »Wenn ich einmal groß bin, geh ich dorthin.«

Wenn ich jetzt zurückblicke, waren Conrads so genannte »weiße Flecken« wohl der Hauptgrund, weshalb dieser Artikel meine Vorstellungskraft von Anfang an so völlig beschlagnahmte. Im Nachhinein glaube ich, mich faszinierte nicht so sehr, was die Geschichte erzählte, sondern das, was zwischen den Zeilen schwebte. Was hatte es auf sich mit diesen geheimnisvollen alten Karten, die manche Leute so verlockend fanden? Und welcher Mensch geht so weit und setzt so viel aufs Spiel, um in ihren Besitz zu gelangen? Wer war dieser Gilbert Bland? Ich wusste noch nicht, wie knifflig diese Fragen waren. Ich wusste noch nicht, dass der Versuch, sie zu beantworten, einen beachtlichen Teil meines Lebens beanspruchen würde. Ich wusste noch nicht, dass schon jetzt, während ich meinen Kaffee trank, meine Suche begonnen hatte.

Ich wusste nur, dass ich mehr wissen musste. Ich hatte von dem kuriosen Fall des Stephen Carrie Blumberg gehört, der in den Siebziger- und Achtzigerjahren nicht weniger als 23 600 Bücher und Manuskripte aus 268 Bibliotheken in 45 US-Staaten, Washington, D. C., und zwei kanadischen Provinzen entwendet hatte. Verzehrt von seiner »Sammlerleidenschaft«, wie er es nannte, wandte Blumberg erstaunlich viele verschiedene Tricks an, um seine gesetzwidrige Sammlung aufzubauen. Er knackte Schlösser, stahl Schlüssel, warf Bücher aus Bibliotheksfenstern, kroch durch Kanäle und versteckte sich in Aufzugsschächten, er schlüpfte in die Rolle eines Professors der University of Minnesota und manipulierte Bücher innerhalb der Bibliothek so, dass sie aussahen, als wären es seine eigenen. Anschließend schleppte er seine Eroberungen in ein Haus auf dem Land in Ottumwa, Iowa, und füllte dort neun vier Meter hohe Räume mit Büchern, säuberlich in Regalen aufgestellt, die bis zur Decke reichten, und peinlich genau nach einem eigenen System katalogisiert. Irgendwie redete er sich ein, dass er diese Bücher gar nicht stahl, sondern aus Einrichtungen »rettete«, die ihnen nicht die verdiente Aufmerksamkeit und Sorgfalt zukommen ließen. Obwohl seine Sammlung an die 20 Millionen Dollar wert war, hat Blumberg niemals ein Buch verkauft. Ich fragte mich, ob Gilbert Bland einen ähnlichen Zwang verspürte, geklaute Karten zu horten.

Aber genauso faszinierte mich die Möglichkeit, dass Bland um des Geldes willen hinter ihnen her war. Seit Jahrhunderten kassieren Diebe stattliche Belohnungen, wenn sie besondere Sammlerwünsche erfüllen. In unserer Kultur existieren riesige Schwarzmärkte für alles Mögliche, von der Kunst über Tiere bis zu Sportandenken – aber die Geschichte kann mit noch abwegigeren Beispielen dienen. Im 12. und dann wieder im 16. Jahrhundert führte beispielsweise die Beliebtheit eines medizinischen Elixiers, das ausgerechnet aus dem Fleisch ägyptischer

Mumien hergestellt wurde, zu einem rasanten Aufschwung der Grabräuberei. »Ach, armes Ägypten!«, schreibt Louis Reutter de Rosement. »Es hatte die Zivilisation auf ihrem Höhepunkt erlebt, es hatte alles geopfert, um seine Toten zu ehren, und nun musste es mit ansehen, wie die ewigen Wohnstätten seiner geheiligten Könige geplündert, entweiht und geschändet und die Leiber seiner Söhne in ein Elixier für Ausländer verwandelt wurden.«

Da es unserem langweiligen Zeitalter leider an geschmuggeltem Pharaoschmalz fehlt, schien mir Blands mutmaßliche Diebestour das interessanteste Thema zu sein, das sich ein Schriftsteller – besonders einer, der Karten ein Leben lang geliebt hat – nur wünschen kann. Ich beschäftigte mich näher mit dem Schelmenstück und stellte fest, dass es noch umfangreicher war als ursprünglich berichtet. Dem FBI zufolge hatte Bland aus mindestens 17 Bibliotheken in den Vereinigten Staaten und aus zweien in Kanada Karten gestohlen. Er war der Al Capone der Kartographie, der größte amerikanische Kartendieb der Geschichte.

Ich legte die Story meinen Redakteuren von *Outside* vor, die den Fall köstlich abwegig fanden und einen längeren Bericht über Mr. Bland in Auftrag gaben. In sechs Wochen wollte ich damit fertig sein. Aber als er endlich im Juni 1997 erschien, hatte ich über ein Jahr daran gearbeitet – dabei war das erst der Anfang. Bis die Recherchen für dieses Buch abgeschlossen waren, hatte die Spurensuche vier Jahre meines Lebens verschlungen.

Bland entpuppte sich als außerordentlich rätselhaftes, sprödes und dennoch faszinierendes Thema. Er war ein Chamäleon. Er wechselte Berufe und Familien, ohne einen Blick zurückzuwerfen. Als ihn eine Tochter aus seiner ersten Ehe bat, ihr beim Kauf eines Autos zu helfen, lehnte er ab mit der Begründung: »Du bist eine Fremde für mich.« Er konnte offenbar vor den Augen anderer sein Alter verändern: In der einen Minute wirkte er lebensmüde, in der nächsten jungenhaft. Er war mittelgroß, von mittlerem Gewicht, mittlerem Alter – alles war *mittel*. Er war eine

Null, ein unbeschriebenes Blatt oder, mit einem kartographischen Begriff, *Terra incognita*. Er war eben »bland«: 1. bescheiden, höflich, ruhig; 2. nichts sagend.

Weil er all meine Bitten um Interviews ablehnte, sowohl für den Artikel als auch für dieses Buch, war ich gezwungen, mein Porträt auf die langsame, schwierige Weise zu erstellen: Ich besuchte die Orte, an denen er gearbeitet und gelebt hatte, begab mich an die Schauplätze seiner Verbrechen, sprach mit Familienmitgliedern, Freunden, Geschäftspartnern und Opfern und setzte aus Strafregistern, Gerichtsprotokollen, Militärakten, Computerdateien und anderen Quellen öffentlicher Berichterstattung seine Vergangenheit systematisch zusammen. Je mehr ich schnüffelte, desto deutlicher erkannte ich, dass meine Suche nach Information der von den Brüdern Houtman ganz ähnlich war, und dass meine Versuche, aus alledem schlau zu werden, der Aufgabe glich, der sich Mercator gegenübersah. Ein Leben zu schildern war offenbar genauso schwer wie eine Karte zu erstellen, und meine Suche nach Gilbert Bland verwandelte sich bald aus einer Recherche in ein Abenteuer. Unterwegs stieß ich auf eine merkwürdige Subkultur, geschaffen von Kartenhistorikern, Kartenbibliothekaren, Kartenantiquaren und Kartensammlern, die allesamt von einer ebenso surrealen wie hehren Besessenheit gepackt waren. Ich merkte, dass ich wie die alten Entdecker immer weiter in fremde Gewässer vorstieß, nie ganz sicher, ob ich gefunden hatte, was ich gesucht hatte, aber unermesslich verwirrt und verwundert.

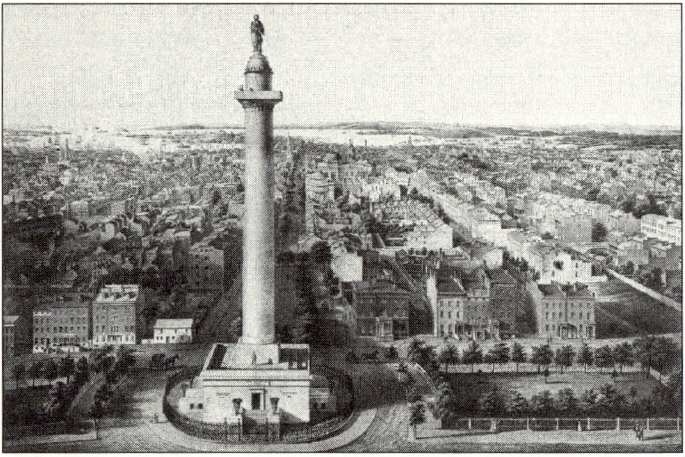

Blick auf Baltimore und das Viertel Mt. Vernon um 1850, als George Peabody eine Bibliothek plante, die eines Tages links (bzw. östlich) vom Washington Monument stehen sollte. 145 Jahre, nachdem dieser Stich erschien, wurde Gilbert Bland auf den Stufen des ersten Hauses rechts vom Denkmal gefasst.

KAPITEL 1

Mr. Peabody und Mr. Nobody

Die George Peabody Library in Baltimores altem Viertel um den Mount Vernon ist eine in jeder Hinsicht bemerkenswerte Stätte. »Nirgendwo in Amerika oder sonst irgendwo gibt es eine vergleichbare Bibliothek, es sei denn das alternative Universum von Jorge Luis Borges' erdachter Bibliothek«, schreibt der Dichter und Essayist Daniel Mark Epstein. Vom hohen Lesesaal, umkränzt von goldgerahmten Porträts längst verstorbener Bibliothekare, bis zum Großen Magazin – das vom weißen Marmorfußboden bis zum vergitterten Oberlicht 18,5 Meter misst, aufwändig mit Gusseisen und Blattgold verziert ist und 250 000 der seltensten und wichtigsten Bücher der Welt birgt – erfüllt die Peabody den ursprünglichen Anspruch, eine »Kathedrale für Bücher« zu sein.

Auch der Mann, der diese Bibliothek erbaute, war bemerkenswert. George Peabody, 1795 als armer Leute Kind in South Danvers, Massachusetts, geboren, erhielt eine miserable Ausbildung, erwarb sich in Baltimore mit Kurzwaren ein kleines Vermögen und zog dann nach London, wo er an der Börse Millionen verdiente. Aber Peabody war auch ein Meister im Geldverschenken. In England baute er mehr als 40 000 mietfreie Wohnungen für arme Leute. In den Vereinigten Staaten stiftete er sieben kulturelle Einrichtungen und Bibliotheken, darunter das Museum für Archäologie und Ethnologie in Harvard und das naturgeschichtliche Museum in Yale. Nach dem Bürgerkrieg begründete er den Peabody Education Fund mit zwei Millionen Dollar (das wären heute etwa 20 Millionen), aus dem der Schulunterricht für »bedürftige Kinder in den Südstaaten« gezahlt wurde. All das zusammengenommen, beliefen sich seine Stiftungen auf über sieben Millionen Dollar, an die 70 Millionen heutiger Dollars.

Als der berühmte Finanzmann 1869 starb, nannte ihn die *American Annual Cyclopaedia* »den großzügigsten Menschenfreund aller Zeiten« – das ist vielleicht ein bisschen übertrieben, aber nicht viel. Mr. Peabody, wie ihn das Bibliothekspersonal noch immer respektvoll nennt, ist allgemein anerkannt als Begründer der modernen Philanthropie. Er war außergewöhnlich, nicht nur was das Ausmaß seiner Geschenke betraf, sondern auch in Bezug auf seine Stifterphilosophie. Anders als die meisten zahlungskräftigen Wohltäter seiner Zeit hatte Peabody kein religiöses Anliegen. Ihm schwebte eine andere Art von Missionierung vor. In einem Brief an seinen Neffen schrieb er 1831:

> Mir fehlte es an der Möglichkeit, mehr als die allereinfachste Ausbildung zu erhalten, und ich weiß daher sehr wohl den Wert einer solchen Möglichkeit zu schätzen, infolge der Nachteile, mit denen ich in der Gesellschaft, in die mich meine Geschäfte und meine Lebensumstände häufig versetzen, zu kämpfen habe; und gern würde ich heute für eine gute Ausbildung zwanzigmal so viel zahlen, wie sie kostet, aber für *mich* ist es jetzt zu spät. Ich kann nur für die, welche meiner Obhut anvertraut sind, das tun, wovon ich mir gewünscht hätte, dass andere es unter anderen Umständen für mich hätten tun können.

Sollten andere Seelen retten, Peabody war an den Köpfen interessiert. Und so kam es, dass er 1857, bei seinem ersten Besuch in den Vereinigten Staaten nach fast 20 Jahren, von Plänen für eine Einrichtung sprach, die »hoffentlich zur Verfeinerung der sittlichen und geistigen Kultur der Bürger Baltimores beitragen wird«. Peabodys Biograph Franklin Parker schrieb, das Peabody

Institute sei »in seinem ursprünglichen Entwurf vielleicht großartiger als alle früheren Wohltätigkeitseinrichtungen in Amerika«. Sein kühnes Ziel war es, dem sterbenskranken kulturellen Leben der Stadt an vielen Ecken gleichzeitig und mit einem Satz wieder auf die Beine zu helfen. Das Institut bekam eine Kunstgalerie und eine Musikakademie, und es sollten regelmäßig Vorträge gehalten werden. Das Wichtigste war vielleicht die Bibliothek – aber keine gewöhnliche.

Peabody machte seiner Bibliothek zwei entscheidende Auflagen. Erstens bestand er darauf, dass sie »von allen Personen, die sie zu Rate ziehen wollen, kostenlos benützt« werden durfte. Aber obwohl sie auch für den ärmsten, ungebildetsten Bürger Baltimores zugänglich sein würde, sollte sie keine mit zeitgenössischen Romanen, Leitfäden und ähnlicher Populärliteratur voll gestopfte Leihbibliothek werden. Sie sollte nur »die besten Werke auf allen Gebieten« enthalten – und die Bücher durften das Gebäude nie verlassen. Sie sollten in den Magazinen bleiben und stets »allen Lernenden zur Verfügung stehen, welche auf der Suche nach Wissen sind, das in den Privatbibliotheken hierzulande gemeinhin nicht zu finden ist«. Peabody hatte eine Art modernes Athenäum im Sinn, einen Hort der Weisheit und Geschichte, der die Zeiten überdauern sollte.

»Mr. Peabodys Ziel war es«, so erklärt Epstein, »Bücher zu sammeln, die Geschichte gemacht und zum ersten Mal die Gedanken und Gefühle der Menschheit aufgezeichnet haben, denn er war überzeugt, dass ein Buch mehr ist als ein Gebilde aus Fakten, Papier, Leim und Druckfarbe; ein Buch hat übernatürliche Kräfte, und eine große Büchersammlung erzeugt eine Schwingung, die ihren Lesern eine besondere Denkkraft verleiht.«

Eine solche Bibliothek zusammenzustellen war keine kleine Aufgabe. Doch zwei gewaltige Pluspunkte erleichterten die Arbeit der Organisatoren: Erstens eine Menge Geld – Peabody stattete das Institute mit 1,4 Millionen Dollar aus, für die damalige Zeit eine riesige Summe –, und zweitens wirkte sich der Bürgerkrieg vorteilhaft aus. Durch ihn verschob sich die offizielle

Eröffnung der Bibliothek um fast ein Jahrzehnt – ein Ärgernis für so ziemlich alle Beteiligten außer für John Morris, den Bibliotheksleiter. »Morris und der Bibliotheksausschuss schlugen Kapital aus der Verzögerung; sie dachten sich einen Langzeitplan aus, um systematisch die besten Bücher der Welt für die Sammlung zu erwerben«, schreibt Elizabeth Schaaf, Archivarin und Kuratorin des Peabody Institute. »Ihre Idealvorstellung war nichts Geringeres als die kombinierten Kataloge der besten Bibliotheken Europas und Amerikas. Die Peabody war eine sorgfältig geplante Sammlung, die weder durch ihren Etat noch durch verzögerte Verfügbarkeit auf dem Buchmarkt eingeschränkt war.«

Morris und sein Nachfolger Nathaniel Holmes Morrison erstellten umfangreiche Desiderata-(Wunsch-)Listen für die Bibliothek. Sie veröffentlichten diese Listen in gebundener Form und verschickten sie an Buchhändler, Bibliophile und Bibliothekare in ganz Amerika und Europa, gewiss mit die größte literarische Pirsch der Geschichte. Zehn Jahre später, 1866, öffnete das Peabody Institute seine Pforten, ein Ereignis, dem 20 000 Menschen beiwohnten und über das Zeitungen auf beiden Seiten des Atlantiks berichteten. In den Regalen standen mehr als 60 000 Bücher, die die ursprünglich geplanten Bibliotheksflügel bis an den Rand füllten und eine bauliche Erweiterung nötig machten, das prunkvolle Große Magazin des Architekten Edmund Lind.

Die Peabody-Sammlung umfasste schließlich mehr als 150 000 Bände – seltene und grundlegende Bücher zur Geschichte der Vereinigten Staaten und Englands, griechische und römische Klassiker, romanische Literatur, Werke über Archäologie, Kunstgeschichte, Naturwissenschaften, Architektur, Baugewerbe, Maschinenbau, Genealogie und schließlich auch Geographie und Kartographie. Dieser erstaunliche Katalog wurde viel genutzt. Als H. L. Mencken an seiner monumentalen Abhandlung *Die amerikanische Sprache* arbeitete, saß er an einem reservierten Schreibtisch in der Bibliothek. Der Romancier John

Dos Passos (*Der 42. Breitengrad, 1919*) verbrachte hier zahllose Stunden, und mit ihm tausende von weniger berühmten Wissenschaftlern und Schriftstellern. Zu ihnen gehörte auch Epstein, ein Dichter, Dramatiker und Biograph, der 1993 in einem Essay schilderte, dass die »magische Bibliothek die notwendige Umgebung« liefere »für stille Studien, für die Begegnung zwischen einem Menschen und einem Buch«. Die Peabody sei, so schließt er, »ein Raum, wo die Zeit stillsteht«.

Das stimmt in mehr als einer Hinsicht. Da sich die finanziellen Voraussetzungen des Peabody Institute änderten, wurden der Bibliothekssammlung seit Anfang des 20. Jahrhunderts nur wenige Bücher hinzugefügt. Heute ist die Bibliothek, die mittlerweise zur Johns Hopkins University gehört, so etwas wie ein vergoldetes Lagerhaus für alte Bücher, eine Schatzkammer des Wissens, die weitgehend ungenutzt bleibt. Nur wenige Benutzer kommen jeden Tag in die Peabody Library. Die meisten sind, wie seit je, Wissenschaftler. Einige Touristen kommen, um die Architektur der Bibliothek zu bestaunen, nicht ihre Bücher. Der Rest sind überwiegend Exzentriker, die ihren wunderlichen Launen nachgehen oder einfach die Zeit totschlagen. Und einige wenige, eine winzige, aber gefährliche Minderheit, halten sich hier aus dunkleren Gründen auf.

Am 7. Dezember 1995 betrat solch ein Mann die Bibliothek. Man kann mit Sicherheit sagen, dass George Peabody genau solche Personen vor Augen hatte, als er verlangte, dass die Einrichtung »bewacht und vor Missbrauch geschützt« werden müsse. Ebenso kann man mit Sicherheit sagen, dass der Fremde in vieler Hinsicht das Gegenteil des Bibliotheksgründers war. Peabodys Gesicht mit den typischen Koteletten, der aristokratischen Nase und den weit auseinander stehenden Augen ist noch heute, mehr als ein Jahrhundert nach dem Tod des Philanthropen, vielen Menschen vertraut. Der Mann jedoch, der an jenem Tag die Bibliothek betrat, hatte seine berufliche Karriere auf Anonymität aufgebaut. Nur wenige Menschen, die seinen Weg kreuzten, konnten sich später Einzelheiten seiner Erscheinung ins Gedächtnis zurückrufen, viele konnten sich gar nicht an ihn erinnern. Aber Mr. Peabody und Mr. Nobody waren auch Gegensätze in einem wesentlicheren Punkt. Peabody hatte Millionen ausgegeben, um zum Wohle aller Menschen seltene Bücher aufzubewahren – der Mann war ins Große Magazin gekommen, um diese Bücher gesetzeswidrig zu seinem eigenen finanziellen Vorteil auszuweiden.

Doch ein wichtiges Merkmal war beiden gemeinsam: die Sammlerleidenschaft. Wie die Bibliothekare, die vor mehr als einem Jahrhundert die Bibliothek zusammenstellten, war der Fremde mit einer Wunschliste in die Peabody gekommen. Es handelte sich um ein rotes Notizbuch, etwa von der Größe eines Stenoblocks, dessen Umschlag mit den Initialen U. S. C. und dem Bild eines Hahns bedruckt war, des Maskottchens der University of South Carolina, die der Mann offenbar vor kurzem besucht hatte. Innen war in sauberer, gesperrter Kursivschrift eine Liste jahrhundertealter Bücher aufgeführt, zumeist Atlanten. Neben die meisten Titel hatte jemand die Namen der Bibliotheken hingekritzelt, in denen sich diese Bücher befanden. Hinter manchen Einträgen stand Peabodys Inst. oder einfach Peabody.

Nun lagen einige dieser Bücher auf einem Tisch im Großen Magazin. Der geheimnisvolle Mann begann eins von ihnen durchzublättern. Er hielt inne, um eine bestimmte Seite näher zu betrachten. Dann zog er eine Rasierklinge heraus und senkte seine Hand vorsichtig auf das alte Papier.

Am 11. Oktober 1492 schaute Christoph Kolumbus, des Glaubens, er nähere sich der japanischen Küste, übers Meer und gewahrte ein Licht »wie eine kleine Kerze, die heller wurde und nach oben stieg«. Seither streiten die Historiker darüber, was Kolumbus gesehen hat – und ob er überhaupt etwas gesehen hat. War es ein Lagerfeuer an einer fernen Küste? Was es das Leuchten eines dort heimischen Tieres, des Bermuda-Glühwurms, der ein blinkendes, grünliches Licht aussendet, um Weibchen anzulocken? »Oder«, schreibt der Kolumbus-Biograph John Noble Wilford, »war das geheimnisvolle Licht nur eine Erscheinung in den Augen eines sehnsüchtigen Seemanns?« Wir werden es nie wissen. Indessen wissen wir sehr wohl, dass vier Stunden später der Matrose im Ausguck der »Pinta« im Mondlicht weiße Klippen erspähte und rief: »Tierra! Tierra!« Die Kartographie hatte sich für immer geändert.

Wie andere Entdeckungen hängt auch die Klärung eines Verbrechens oft von einer Kombination aus geschultem Blick, fundierten Vermutungen und Glück ab. Jennifer Bryan verfügte über all dies, als sie an jenem Dezembertag 1995 im Großen Magazin saß. Aber ihr Besuch in der Peabody wäre vollkommen unspektakulär geblieben – ja, die ganze in diesem Buch niedergeschriebene Geschichte wäre nie erzählt worden –, wäre nicht noch etwas hinzugekommen: »Mir war langweilig.«

Jennifer Bryan, die damals an der University of Maryland ihren Doktor in Geschichte machte, arbeitete in der Bibliothek an ihrer Dissertation. Ihre Forschungen brachten es mit sich, dass sie an jenem Tag bändeweise britische Gesetzestexte aus dem 15. und 16. Jahrhundert durchsehen musste. Es war keine aufregende Arbeit, nicht einmal für eine leidenschaftlich engagierte Studentin, und Jennifer Bryan ertappte sich bald dabei, »dass ich irgendwie nur ins Leere starrte«.

Durch das Glasdach ergoss sich ein graues Winterlicht in den Raum. Die Luft war kühl und ruhig und duftete schwach nach alten Büchern. Alles war still bis auf das leise Summen des Ventilators, gelegentliche, klappernde Schritte auf dem Marmorfußboden und das Quietschen des alten Lifts. Während Jennifer Bryan geistesabwesend dasaß, erklomm der Aufzug mit einem Bibliotheksangestellten, der Bücher einsammelte, die fünf Stockwerke des Magazins. Als der Lift hielt, erschien auf einem der Balkone ein Licht, beleuchtete kurz die mit alten Büchern voll gestopften Regale und erlosch wieder. Dann knarrte der Lift wieder ins Hauptgeschoss zurück. Dieses Geräusch zog kurz Bryans Aufmerksamkeit auf sich, und als sich die Lifttür öffnete, sah sie, wie ein Bibliothekar einem Mann auf der anderen Seite des Flurs einen Arm voll alter Bücher brachte. Er war der einzige andere Besucher im Raum.

Es war nichts Ungewöhnliches an seiner Erscheinung – ganz im Gegenteil. Ein lernbegieriger Mann Mitte 40, der ein blaues Jackett und khakifarbene Hosen trug – man hätte ihn mit der Hälfte aller anderen Wissenschaftler verwechseln können, die durch die Türen der Bibliothek schritten. Er wirkte unscheinbar und schmächtig, hatte eine ziemlich große Nase und ein eher kleines Kinn, rötliche Haare und einen Schnurrbart – nicht die Art von Mensch, die normalerweise Blicke auf sich zieht. Dennoch merkte Jennifer Bryan, dass ihr Blick an ihm hängen blieb, als er die Bücher durchblätterte.

»Sie wissen ja, wie das geht: Etwas lenkt einen ab, und man schaut hin, um die Eintönigkeit zu unterbrechen«, erinnerte sich Jennifer Bryan an ihr Interesse für den Mann. Doch eigentlich war sie daran gewöhnt, in Bibliotheken andere Leute zu beobachten. Sie war dazu ausgebildet worden. Neben ihrer Doktorarbeit war Jennifer Bryan als Manuskriptkuratorin der Maryland Historical Society beschäftigt, ganz in der Nähe der Peabody. Ihr Tisch stand dort vor einem riesigen Fenster, das auf den James-W.-Foster-Lesesaal hinunterschaute, und eine ihrer Aufgaben war es, ein Auge auf die Benutzer zu haben. Es gab gute Gründe für eine solche Wachsamkeit. Während der letzten Jahre waren im ganzen Land in den Raritätenabteilungen immer wertvollere Antiquitäten gestohlen worden. Die Library of Congress zum Beispiel hatte 1993 gemeldet, Diebe und »Schlitzer« hätten tausende von Objekten aus etwa 500 Büchern ihrer Bestände gestohlen. Diese illustre Institution lag über den Interstate Highway 95 nicht einmal 50 Meilen von der Peabody entfernt – was dort passierte, konnte auch hier passieren. Außerdem wusste Jennifer Bryan, dass sich das alte Sprichwort, man dürfe Bücher nicht nach ihren Einbänden beurteilen, auch auf Gauner anwenden ließ. Oft sahen die für den Diebstahl Verantwortlichen keineswegs nach Verbrechern aus, in einigen Fällen waren es Professoren gewesen, sogar Bibliothekare. Und obwohl sie keinen ersichtlichen Grund hatte, dem Mann zu misstrauen, beschlich sie ein unbehagliches Gefühl. »Vielleicht bin ich von Natur aus misstrauisch«, sagte sie.

Aber er gab ihr bald allen Grund, sich zu sorgen. »Zufällig blickte ich auf und in seine Richtung hinüber und glaubte zu sehen, wie er eine Seite aus dem Buch riss«, erinnerte sie sich. Aber es geschah so schnell, und der Mann handelte so scheinbar gelassen, dass sie ihren Augen anfangs nicht recht traute. »Ich überlegte, was soll ich jetzt tun? Soll ich was sagen, oder hab ich mir das alles nur eingebildet?«

Jennifer Bryan beschloss zu warten – und ihn zu beobachten. Was sie sah, gefiel ihr gar nicht. »Er benahm sich sehr eigenartig«, sagte sie. »Ich meine damit, er benahm sich nicht wie ein Wissenschaftler… Er saß nur da und blätterte die Seiten um; er suchte eindeutig nach Illustrationen.«

Inzwischen hatte der Mann auch sie bemerkt. Immer wieder schaute er über die Schulter und warf ihr »verstohlene« Blicke zu. Jennifer Bryan ist eine unauffällige junge Frau, deren Gesicht ihre Gedanken nicht ohne weiteres verrät. Aber hinter der Brille sitzen große, blaue, vor Klugheit und Eifer blitzende Augen. Der Mann wurde unter ihrem unverwandten Blick sichtlich immer nervöser. »Es war sonderbar«, erzählte sie, »er muss ja gedacht haben, dass irgendwas los war, aber er hat nicht so weit gedacht, dass er davonlief.«

Stattdessen stand er auf, zog eine Schublade aus dem Kartenkatalog und stellte sie neben die Bücher, offensichtlich, um Bryans Blicke abzuwehren. Das war ein verhängnisvoller Fehler. Jetzt zweifelte sie nicht mehr an dem, was sie gesehen hatte. Mit dieser einen falschen Bewegung hatte der Mann sich verraten.

Als sich Mr. Peabody und Mr. Nobody ein paar Minuten später begegneten, war keine Zeit für eine förmliche Vorstellung. Das Zusammentreffen fand genau vor dem Eingang der Bibliothek statt, wo George Peabody – zumindest eine Bronzestatue von ihm – bequem in einem Lehnstuhl sitzt und unablässig über die Stadt nachdenkt, der er auf die Sprünge geholfen hat. Zum Zeitpunkt ihres Treffens hatte Mr. Peabody, der im dreiteiligen Anzug, mit selbstzufriedener Miene und übereinander geschlagenen Beinen dasaß, gerade keine besonderen Pläne. Doch leider war Mr. Nobody sehr in Eile. Genau in diesem Moment nämlich floh er vor den Sicherheitsbeamten.

Nachdem Jennifer Bryan den Bibliotheksangestellten ihre Besorgnis mitgeteilt hatte, nahmen diese still und heimlich Kontakt zu den Sicherheitskräften auf. Dann bat die Bibliothekarin Carolyn Smith den Mann, aus dem Großen Magazin in einen weiter vorn gelegenen Raum umzuziehen; dort hoffte sie, ein Auge auf ihn haben zu können, ohne seinen Verdacht zu erregen. Der Trick schien zu funktionieren. Auch nachdem er versetzt worden war, erbat sich der Mann einen Afrikaatlas des Kartographen John Ogilby von 1670. Offensichtlich versuchte er, weiterhin den Unschuldigen zu spielen. Auf jeden Fall floh er nicht sofort – eine gefährliche Entscheidung. Kurz darauf erschien Donald Pfouts, Direktor des Sicherheitsdienstes im Peabody Institute, gefolgt von zwei weiteren Beamten. Diesmal beschloss der geheimnisvolle Mann, nicht zu bleiben. Er griff nach seinem Notizbuch und verließ das Haus durch die Vordertür – Pfouts und die anderen Sicherheitsbeamten hinterher.

Auf den Eingangsstufen der Bibliothek sagte Pfouts: »Entschuldigen Sie, Sir …«

Der Mann beschleunigte seinen Schritt. Die Beamten gingen schneller, um ihn einzuholen – und der Mann legte noch ein wenig zu, um vor ihnen zu bleiben. In einer Szene, die aus alten Stummfilmen stammen könnte, führte nun der buchbesessene Desperado seine Verfolger auf eine Verfolgungsjagd durch das Zentrum von Baltimore. Auf dem Mount Vernon Place kam

Mr. Nobody an Mr. Peabody vorbei, steigerte sein Tempo und steuerte ein anderes berühmtes Wahrzeichen der Stadt an, das 54 Meter hohe Denkmal für George Washington. »Der große Washington steht... droben im Topp seines hoch aufragenden Mastes zu Baltimore«, schrieb Herman Melville in *Moby Dick*, »und diese seine Säule bezeichnet, wie eine der Säulen des Herkules, jene Grenze menschlicher Größe, die nur von wenigen Sterblichen jemals überschritten wird.«

Der Sterbliche, von dem hier die Rede ist, wagte sich zwar über die Säule hinaus, aber Größe war ihm nicht beschieden. Da die Sicherheitsbeamten nun im Dauerlauf bedrohlich näher kamen, wurde es mit jedem Augenblick wahrscheinlicher, dass sie ihn schmählich einfingen. Er lief weiter und umrundete eine weitere Statue, als er den breiten Boulevard des Washington Place Richtung Westen überquerte. Ein bronzener Marquis de Lafayette schaute hochmütig von seinem Ross auf ihn herab. Die Stute des Generals, ein Muster an Kraft und Bewegung mit strammen Muskeln, einem Maul, das an der Gebissstange kaute, einem Hals, der sich gegen die Zügel aufbäumte, und wehendem Schweif, schien sich über die Verfolgungsjagd dort unten lustig zu machen. Der Mann suchte auf der anderen Seite des Boulevards nach einem Fluchtweg und erblickte ein Gebäude aus dem 19. Jahrhundert, das inzwischen der Walters Art Gallery angegliedert war. Er näherte sich dem Bau und warf sein Notizbuch in ein Gebüsch. Dann lief er die Treppe zu dem ionischen Portal hinauf.

»Diese Tür führt nirgendwohin«, warnte ihn Pfouts. Da merkte der Mann, dass er in einer Falle saß.

Wieder sprach Pfouts. »Darf ich Sie bitten, mit uns zur Bibliothek zurückzugehen? Ich glaube nämlich, dass wir einiges miteinander zu besprechen haben.«

Als die Beamten das rote Spiralbuch aus den Büschen fischten, stellten sie fest, dass Jennifer Bryans Verdacht sehr wohl begründet gewesen war. Zwischen den Seiten lagen zusammengefaltet vier 200 Jahre alte Landkarten.

Seeungeheuer aus Sebastian Münsters Cosmographia, *1550.*

KAPITEL 2

Phantasiegeschöpfe

Die einen haben den Rumpf eines Einhorns, die Pfoten eines Wiesels und den Schwanz einer Sardelle. Die anderen sehen aus wie Schnappschildkröten von der Größe Borneos. Wieder andere gleichen einer Kreuzung aus Papagei und Hai: die Höllenbrut aus einer Liebesnacht von Bibo und dem Weißen Hai. Manche schauen aus wie ein amphibischer Luzifer, wie ein Gottseibeiuns mit Schwimmhäuten in den Achselhöhlen. Manche sind riesige, bedrohliche Wasserhunde, groß genug, um Madagaskar zu apportieren. Die einen haben einen Pelz, die anderen Federn und die dritten Schuppen mit riesigen, menschlichen Augen dazwischen. Manche vernaschen ganze Schiffe, auf manchen surfen nackte Damen durch die Wellen. Eines ist wie ein Pferd aufgezäumt und wird vom König von Portugal geritten. Auf dem Schwanz eines anderen ist ein großes Segelschiff an Land gegangen, auf Höhe der Kiemen feiern ein paar Seeleute die heilige Messe, und rittlings über der Rückenflosse steht ein kompletter Altar mit Kerzen und Kruzifix. Mir sind am liebsten die voll beladenen, an denen alles dran ist: Schnäbel, Hauer, Rüssel, Stacheln, Panzer und menschliche Daumen.

Seeungeheuer finden sich überall auf alten Karten – sie tummeln sich vor der Narragansett Bay und planschen am Polarkreis, sie gleiten durch den Südpazifik und stellen auch bei Tierra del Fuego nur Unheil an. Aber sie sind nicht die einzigen ungewöhnlichen Lebewesen. Hartmann Schedels *Weltchronik* von 1493 zum Beispiel bildet auf ihren Graphiken allerlei menschliche Monstrositäten ab, von einem Mann, dessen Füße nach hinten zeigen, bis zu einem mit Schlappohren so groß wie Plastikmüllsäcke. Im Begleittext erzählt Schedel, in Indien gebe es Menschen mit Hundeköpfen, die sich bellend verständigen, Vögel verzehren und Tierhäute tragen, während andere nur ein Auge mitten auf der Stirn haben und ausschließlich Tiere essen. In Libyen existiere eine Menschengattung, bei der die rechte Körperhälfte männlich und die linke weiblich sei. In Westäthiopien gebe es Menschen mit nur einem einzigen großen Fuß, die so schnell laufen können wie wilde Tiere. Und in einem Land namens Eripia sollten schöne Menschen mit Hälsen und Schnäbeln wie Kraniche leben.

Johannes Ruyschs Karte von 1507, eine der Ersten, die von den Entdeckungen der Neuen Welt berichtet, zeigt einige Inseln vor Neufundland, die angeblich von bösen Geistern bewohnt werden. In einer Legende zu diesen Inseln druckt Ruysch – von dem man annimmt, dass er schon ganz früh an Fahrten nach Nordamerika teilgenommen hat – etwas ab, das wie ein Augenzeugenbericht klingt: »Bei diesen Inseln wurden Schiffe von Dämonen angegriffen, denen sie zwar ausweichen konnten, aber nicht ohne Gefahr.« Er ist nicht der einzige Forschungsreisende, der ins große Unbekannte aufbrach und mit großen Lügen heimkam. Christoph Kolumbus berichtete, in der Neuen Welt gebe es »einäugige Menschen und andere mit Hundeschnauzen, die Menschen fressen«; allerdings räumte er ein, er habe diese nicht selbst gesehen. Er behauptete jedoch, auf seiner berühmten Reise 1492 drei Meerjungfrauen erblickt zu haben, doch »waren sie nicht so schön, wie allgemein beschrieben, denn ihr Gesicht sieht irgendwie männlich aus«. Auch Henry Hudson berichtete, auf seiner Reise durch die Arktis 1608 habe seine Mannschaft eine Meerjungfrau gesehen, mit »dem Rücken und den Brüsten einer Frau, einem Körper so groß wie der unsrige und sehr weißer Haut«. Als Sir Walter Raleigh 1596 aus Südamerika zurückkehrte, gab er Erzählungen wieder, nach denen der Dschungel nicht nur von den Ewaipanomas bewohnt sei, einem Stamm kopfloser Menschen, deren Gesichter auf der Brust angesiedelt seien, sondern auch von Amazonen, jenen Kriegerinnen, die zum ersten Mal in der griechischen Sage beschrieben wurden. Antonio Pigafetta, ein Gefährte Ferdinand Magellans auf dessen berühmter Reise um die Welt im 16. Jahrhundert, schrieb später, auf einem Strand im heutigen Argentinien hätten Mitglieder der Gesandtschaft einen halb nackten Riesen gesehen, so groß, dass ihm normale Menschen nur bis zur Taille reichten. Das Ungetüm, das den Namen Patagón (Großfuß) erhielt, erschien immer wieder auf Karten aus dem 17. Jahrhundert, auch auf Arbeiten der großen holländischen Kartographen Jodocus Hondius und Willem Janszoon Blaeu.

Natürlich gab es in Patagonien nie Patagóns und am Amazonas nie Amazonen. Die Entdecker haben geschwindelt. »Wie schnell kommt es vor, dass man vom Bericht [über eine Reise] zur Beschönigung übergeht, indem man ein paar Einzelheiten hinzufügt – vielleicht, um die Aufmerksamkeit der Zuhörer wach zu halten«, schrieb Steven Frimmer in *Neverland*, einem Buch über nicht existierende Orte und erfundene Geschöpfe, die sich in der Vorstellung der Menschen hartnäckig als Tatsachen gehalten haben. »Der nächste Schritt war die Erfindung … Das Merk-

Ein menschliches Monstrositätenkabinett säumt die Weltkarte in Hartmann Schedels Weltchronik *von 1493.*

würdige ist, dass die Geschichten nur mäßig überzeugend sein mussten – solange sie nur faszinierend waren. Ferne Gegenden besaßen an sich schon eine Faszination, und die menschliche Natur erledigte den Rest. Sie bewirkte, dass die Zuhörer an die unwahrscheinlichen Details glauben wollten.«

Vielleicht haben diese frühen Abenteurer selbst fast an ihre Lügen geglaubt. Wie Bartolomé de Las Casas, ein Missionar aus dem 16. Jahrhundert, der die Anfänge der Entdeckung Lateinamerikas dokumentierte, einmal feststellte: »Es ist verwunderlich mit anzusehen, wie ein Mann, der sich etwas innig wünscht und unablässig darüber nachsinnt, alle Augenblicke glaubt, was immer er sieht und hört, spreche zu Gunsten dieses Zieles.« Vielleicht haben die Entdecker die Märchen von Seeschlangen, Dämonen und Riesen aber auch erfunden, um die Konkurrenz abzuschrecken. Oder sie stellten fest, dass niemand an Tatsachenberichten interessiert war, dass das Publikum Ungeheuer wollte – so wie das Publikum von heute reißerische Berichte über Ufos oder Liebesgeschichten berühmter Leute den trockenen Nachrichten vorzieht. Oder sie erfanden imaginäre Gegenspieler, um sich selbst neu zu erschaffen und als stärkere, klügere, heldenmütigere Männer zurückzukehren. Oder sie logen einfach um des Nervenkitzels willen, um zu sehen, ob sie damit durchkamen.

Manche von ihnen haben sich vielleicht nicht einmal die Mühe gemacht, ihre Heimat zu verlassen. Seit einigen Jahren fragen sich die Fachleute, ob zum Beispiel Marco Polo überhaupt in den Fernen Osten gereist ist. In ihrem Buch *Marco Polo kam nicht bis China* stellt Frances Wood fest, dass sich in China keinerlei Aufzeichnungen über Polo finden lassen, trotz seiner Behauptung, er sei als offizieller Botschafter des mongolischen Großkhans Kubilai gereist. Merkwürdig fand sie auch, dass Polo trotz seiner Reisen über die chinesische Geographie anscheinend kaum Bescheid wusste und selbst die auffälligsten Merkmale der chinesischen Kultur wie den Tee, die eingebundenen Füße, die Essstäbchen und die Große Mauer unerwähnt ließ. Frances Wood, Leiterin der chinesischen Abteilung in der British Library, zog daraus den Schluss, dass Polo sein Buch möglicherweise auf die Reiseberichte anderer italienischer Kaufleute und auf persische Berichte über China gründete. »Selbst wenn man eine gewisse Übertreibung mit einkalkuliert«, so schreibt sie, sei es »unwahrscheinlich«, dass Polo es recht viel weiter als bis Konstantinopel gebracht habe.

Er stünde nicht allein da mit seinen erlogenen Abenteuergeschichten. Eines der wichtigsten Bücher des späten Mittelalters war *Die Reisen des Sir John Mandeville*, angeblich verfasst von einem englischen Ritter, der zwischen 1322 und 1356 nach China und in viele andere Länder der damals bekannten Welt gereist ist. Wie Polos Buch waren *Die Reisen* äußerst einflussreich. Christoph Kolumbus las es zur Vorbereitung seiner Fahrt von 1492. Der englische Entdecker Martin Frobisher hatte 1576 bei seiner Suche nach der Nordwestpassage ein Exemplar bei sich. Der Kartograph Abraham Cresques benutzte es 1375 als Quelle für seinen gewaltigen Katalanischen Atlas. Und auf Martin Behaims Globus von 1492, der ältesten in Europa verfertigten und noch erhaltenen Erdkugel, stehen Texte, die Mandeville ausführlich und ehrfürchtig zitieren. Einzelheiten aus *Die Reisen* wurden bis weit ins 16. Jahrhundert für Karten verwendet.

Aber obwohl das Buch jahrhundertelang als Tatsachenbericht behandelt wurde, erscheint uns heute vieles, was John Mandeville gesehen oder getan haben wollte, als absurd. Er schreibt zum Beispiel, er sei durch das »Tal der Teufel« gewandert, eine buchstäblich von Trabanten des Satans bevölkerte Örtlichkeit, der nur »gute Christen ... mit unerschütterlichem Glauben« lebend entrinnen. Und er brüstet sich nicht nur damit, den Jungbrunnen gesehen zu haben, sondern behauptet auch, von seinem wundertätigen Wasser gekostet zu haben: »Ich, John Mandeville, sah diesen Brunnen und trank dreimal daraus, und ebenso all meine Gefährten. Seit jener Zeit fühle ich mich wohler und gesünder.«

Mandeville will auch mit eigenen Augen eine erstaunliche Ansammlung von Lebewesen gesehen haben: Gänse mit zwei Köpfen, 30 Fuß große Riesen, Menschen, »die nur vom Geruch einer Apfelsorte leben und, sobald sie diesen Geruch entbehren müssen, unverzüglich sterben«, Ameisen »so groß wie Hunde, die Berge von Gold vor menschlichen Eindringlingen« hüten, sowie »eine Frucht, groß wie ein Flaschenkürbis«, mit überraschendem Inhalt: »Ein Tier aus Fleisch und Blut, wie ein Lämmchen ohne Wolle. Und diese Menschen in diesem Land verzehren das Tier und desgleichen die Frucht. Es ist höchst wunderbar.«

Aber die bei weitem wunderbarste von Mandevilles Erfindungen war sein eigenes Leben. Bei näherer Prüfung scheint er die ganze Reise erlogen zu haben, zusammengebastelt aus den Reiseberichten anderer Schriftsteller. »Er war ein unverbesserlicher Betrüger: Er hatte nicht nur die wenigen wahren Stellen gestohlen, sondern sogar seine Lügen von anderen abgeschrieben«, erklärt der Literaturwissenschaftler Stephen Greenblatt. Ein anderer Kritiker vermutet, dass Mandevilles weitester Ausflug der in die nächste Bibliothek gewesen ist.

Selbst der Name John Mandeville ist anscheinend erfunden und lässt das Rätsel offen – und wahrscheinlich unlösbar –, wer *Die Reisen* geschrieben hat und warum. »Die reichlichen Identifizierungshinweise verschwinden bei näherer Betrachtung wie Luftspiegelungen, und all die außerordentlich einfallsreichen Versuche, den Autor zu bestimmen, sind fehlgeschlagen«, berichtet Greenblatt. »Die wirkliche Identität, die Ausbildung, die Motive, selbst die Nationalität der Person, die Mandevilles *Reisen* schrieb, ist unter den prüfenden Blicken der Wissenschaft ganz und gar undeutlich geworden … Mandeville ist absolut nichts sagend.«

Das Personal der Peabody Library wusste es zu diesem Zeitpunkt noch nicht – aber der Mann, den sie mit den Landkarten im Notizbuch geschnappt hatten, verspürte ebenfalls den Drang, Phantasiewesen zu erschaffen. Das jüngste, dessen Porträt auf dem gefälschten Studentenausweis der University of Florida prangte, den er bei der Anmeldung vorgelegt hatte, hieß James

Perry. Aber gemäß den Polizei- und Gerichtsprotokollen hatte es noch viele andere gegeben: James J. Edwards, James Morgan, Jason Pike, Jack Arnett, Richard Olinger, John David Rosche, Steven Spradling und James Bland.

Er war mit Bibliotheken vertraut. In den Siebzigerjahren – er war damals gute 20 – hatte er sich häufig dort aufgehalten. Doch Karten spielten damals anscheinend noch keine Rolle. Nach einer Quelle, die ihn in jener Zeit kannte, suchte er in den Bibliotheken nach den Namen verstorbener Kinder. Dann erdichtete er neue Personen und verwandte dazu die Geburtsdaten der Toten.

Erst dachte er sich diese Geschöpfe aus, dann überlegte er, wie er andere Leute dazu bewegen konnte, diesen Personen Geld zu schicken. Das funktionierte eine Weile, aber dann war plötzlich Schluss damit. Im September 1973 nahm die Polizei von San Diego einen Mann namens Jason Michael Pike wegen schweren Diebstahls fest. Wie der Mann später vor Gericht zugab, gründete sich die Anklage auf die Tatsache, »dass ich eine Kreditkarte beantragte und mir damit unter Vorspiegelung falscher Tatsachen Geld beschaffte«. Beim Haftprüfungstermin räumte er ein, Jason Michael Pike sei nur ein Deckname. Sein wirklicher Name, so erzählte er der Obrigkeit, sei Jack Arnett. Später stellte sich jedoch heraus, dass Jack Arnett nicht Jack Arnett war und Jason Michael Pike nicht Jason Michael Pike. Das Pseudonym eines Pseudonyms – dies führte zu einer absurden Situation, bei der sich das Stadtgericht von San Diego in eine Szene aus *Alice im Wunderland* verwandelte.

Der Beamte: Jack Arnett, auch bekannt als Jason Pike …
Das Gericht: Ist Gilbert Bland Ihr wirklicher Name?
Der Angeklagte: Ja, Sir.
Das Gericht: Sie sind auch unter dem Namen Jason Michael Pike bekannt?
Der Angeklagte: Ja, Sir.
Das Gericht: Hat Mr. Langford [der vom Gericht bestellte Verteidiger] Sie auf Ihre Rechte hingewiesen, Mr. Arnett?

Der Angeklagte: Ja, Sir.
Das Gericht: Mr. Bland, Sie sind auch bekannt unter dem Namen Jack Arnett?
Der Angeklagte: Ja, Sir.
Das Gericht: Aber Ihr wirklicher Name ist Gilbert Bland?
Der Angeklagte: Ja, Sir.
Das Gericht: Wie lautet Ihr zweiter Vorname?
Der Angeklagte: Anthony.
Das Gericht: Anthony?
Der Angeklagte: Ja, Sir.

Aber selbst Gilbert Anthony Bland war sozusagen eine Maske. Der Angeklagte wurde als Gilbert Lee Joseph Bland jr. geboren, ein Name, dessen er sich schon viele Jahre, bevor er diesen Gerichtssaal betrat, entledigt hatte. Er wurde nun schuldig gesprochen und erhielt fünf Jahre auf Bewährung, aber sein Drang, neue Ichs zu erschaffen, erlahmte nicht. Auf wunderbare Weise verwandelte sich Gilbert Anthony Bland bald darauf in John David Rische, dann in Richard M. Olinger und schließlich in Steven M. Spradling. Und wie die aus Leichenteilen zusammengestückelten Monster der Horrorfilme brachten diese Geschöpfe ihren Erfinder in Schwierigkeiten, diesmal in ernste Schwierigkeiten mit dem Gesetz. Am 30. Dezember 1975 wurde Bland in Tampa, Florida, festgenommen, da er mit Hilfe dieser Personendaten von der Regierung der Vereinigten Staaten Arbeitslosenunterstützung für ehemalige Militärangehörige erschwindelt hatte. Er wurde von einem Bundesbezirksgericht schuldig gesprochen und zu drei Jahren Haft verurteilt, und man verfrachtete ihn in das Bundesgefängnis von El Reno, Oklahoma. Als er wieder herauskam, gelobte er, ein neues Leben zu beginnen.

Er trennte sich von seiner alten und gründete eine neue Familie, studierte, fand Arbeit in der Computerbranche und führte ein gutbürgerliches Leben in einer Vorstadt in Maryland. Mit diesem neuen Leben kam auch eine neue und gleichzeitig alte

Identität. Gilbert Anthony Bland kehrte zurück zu seinem Geburtsnamen Gilbert Joseph Bland jr. (ohne »Lee«). Wahrscheinlich sollte dies seine letzte Schöpfung sein. Wahrscheinlich wollte er die Phantome hinter sich lassen. Aber irgendwo in seinem Kopf müssen sie ihn gerufen und gelockt haben – mit schnellem Geld, Abenteuer, Ausbrechen.

Dann holten sie ihn eines Tages Anfang der Neunzigerjahre ein. Dem FBI zufolge geschah es fast zufällig. »Er erzählte, er habe in einem ›U-Store-It‹-Mietlager einen Haufen nicht abgeholter Sachen gekauft«, sagte der mit diesem Fall betreute FBI-Beamte Gray Hill. »Dabei sei auch ein Packen Landkarten gewesen. Und irgendjemand habe ihm gesagt: ›Hey, die sind vielleicht was wert!‹«

Noch lange nachdem der FBI-Beamte mir diese Anekdote von Gilbert Blands Kartenfund erzählt hatte, beschlich mich das dumpfe Gefühl eines Déjà-vu-Erlebnisses. Dann erkannte ich eines Tages, dass ich die Geschichte tatsächlich schon früher gehört hatte – und zwar viele Male. Auf dem Schreibtisch vor mir liegt aufgeschlagen das Buch *The Clue in the Embers*, die 35. Folge der Hardy-Boys-Geheimnisserie, über mehrere Generationen eine beliebte Lektüre amerikanischer Kinder. Im fraglichen Kapitel haben Joe und Frank Hardy und ihr »pummeliger Kumpel« Chet Morton gerade ein verlorenes Medaillon entdeckt. Die Burschen erkennen sofort, dass der Fund, mit seiner zweiten Hälfte zusammengesetzt, eine Landkarte ergibt:

> »Das ist bestimmt die Gegend in der Nähe des Schatzes, nach dem Luis Valez sucht«, meinte Frank.
>
> »Und der Opal bezeichnet wahrscheinlich den Platz, wo der Schatz versteckt ist«, fügte Joe hinzu. »Mein lieber Mann, die Stelle würde ich gern selber finden!«
>
> »Aber sie liegt in Texichapi, dem Land von Nirgendwo«, erinnerte ihn Frank.

Man braucht *The Clue in the Embers* nicht bis zum Ende zu lesen, um zu wissen, was als Nächstes passiert. Etwa in der Zeit, die der pummelige Chet braucht, um auszurufen: »Mannomann, was für ein Schatz!«, machen die Brüder das Land von Nirgend-wo ausfindig und entdecken dort den seit langem verschütteten Aztekenpalast. So geht es mit Sicherheit aus, nicht nur weil die Hardy Boys von der Vorsehung dazu bestimmt sind, kein Geheimnis ungelöst zu lassen, sondern auch, weil das Buch einer übergeordneten literarischen Tradition folgt. So viele Abenteuergeschichten werden durch jemanden in Gang gesetzt, der eine Karte findet, dass diese Erzählungen bereits den Rang eines Mythos erreicht haben, in dem der vergrabene Schatz nicht nur in der Erde, sondern auch tief in unserem kollektiven Unbewussten liegt. Als ich einige davon noch einmal las, staunte ich, wie oft diese Geschichten von der Versuchung handelten und den ewigen Streit zwischen dem guten und dem bösen Ich untersuchten, zwischen unserer Vernunft und den Geschöpfen, die die unerforschten Gefilde unserer Seele durchstreifen – genau wie das Drama aus dem wirklichen Leben, mit dem ich mich gerade befasste.

Im Fall der Hardy Boys hatte das Böse natürlich keine Chance. Als leibhaftiger Inbegriff der rechtschaffenen amerikanischen Jugend lehnten Frank und Joe es ab, sich an den unermesslich kostbaren Antiquitäten Texichapis zu bereichern. (Frank: »Diese Schätze sind bestimmt Eigentum des Staates! Niemand darf sie stehlen. Wir müssen sofort die Regierung von Guatemala informieren.« Joe: »Wir erwarten keine Belohnung, wir haben uns schon riesig gefreut, dass wir Ihr schönes Land besuchen durften.«) In anderen Geschichten sieht die moralische Landschaft allerdings wesentlich abwechslungsreicher aus. Im Kern dieser Erzählungen befinden sich zwei gegensätzliche Bilder: Das eine symbolisiert die Sehnsucht, das andere das Wissen. Wenn der vergrabene Schatz die verbotene Frucht dieser Geschichten ist, so ist die Karte die Schlange, die uns verführt, von einem Ort jenseits der Grenzen unserer Unschuld zu träumen, und uns zischend darauf hinweist: »Das X bezeichnet die Stelle.« Vielleicht erklärt dies, warum unsere Kultur für Begriffe aus den Bereichen Sünde und Tugend die Sprache der Kartographie und Geographie benützt. Wir sprechen von einem Leitstern, wir beschreiben gute Menschen als solche, die der schmalen Straße des Rechts folgen. Wir sagen, der Sünder ist vom rechten Weg abgekommen und hat die Orientierung verloren. Und in unseren Geschichten von Karten und Geld sind die Helden ständig hin- und hergerissen zwischen dem Pfad der Tugend und der krummen Tour in die Wildnis der Seele, die mit lauter wilden Tieren bevölkert ist.

Die berühmteste dieser Geschichten ist natürlich Robert Louis Stevensons *Schatzinsel*. Dieser Klassiker von 1883 wird oft als harmloses Kinderbuch angesehen, aber wie Stevensons Biograph Frank McLynn aufzeigt, »hat die *Schatzinsel* etwas beunruhigend Düsteres an sich, das die Leute, die sie immer nur als Jugendbuch betrachten, dümmlich beschönigen. Zu den beunruhigendsten Aspekten der *Schatzinsel* zählen die fehlenden moralischen Grundsätze.«

Die Handlung ist wohl bekannt. Die *Schatzinsel* beginnt mit dem Tod eines alten Kapitäns, der eine Seemannskiste hinterlässt. Jim Hawkins, ein vaterloser Junge und der Erzähler des Romans, findet in der Truhe ein geheimnisvolles Paket mit Papieren und bringt es dem Gutsherren Trelawney und Dr. Livesey zur näheren Untersuchung.

> Der Doktor öffnete die Siegel äußerst vorsichtig, und heraus fiel die Karte einer Insel mit Breitengraden, Längengraden, Wassertiefen, Namen von Bergen, Buchten und Einfahrten und allem, was man wissen muss, um sicher an einer Küste vor Anker gehen zu können… Dazu standen noch etliche Zusätze späteren Datums da; vor allem jedoch drei Kreuze in roter Tinte, zwei im Norden der Insel und eins im Südwesten, und neben Letzterem standen, ebenfalls mit roter Tinte und in zierlicher, sauberer Handschrift, die sich von dem Gekrakel des Kapitäns himmelweit unterschied, die Worte: »Hauptteil des Schatzes hier.«

Jim und die Männer beschließen, ein Schiff zu heuern und die Insel zu suchen. Bevor es ablegt, schmuggeln sich der einbeinige Pirat Long John Silver und seine Kumpane unter die Mannschaft und hecken einen Plan aus, wie sie selbst an das vergrabene Gold gelangen können. Dies führt zu einer blutigen Schlacht, als das Schiff an der Schatzinsel anlegt. Schließlich gelingt es Jim und seinen Freunden, die Seeräuber zu besiegen und den Schatz zu finden – aber es ist kein eindeutiger Triumph des Guten über das Böse.

Silver zum Beispiel ist ein seltsam zwiespältiger Schurke – besonders vor dem Hintergrund der zumeist simplen moralischen Struktur der Jugendliteratur. Er ist ein »ungeheurer Betrüger« und ein Mann, der zu seinem Wort steht, ein rücksichtsloser Mörder und ein vorsichtiger Schlichter (der Jim einmal das Leben rettet, als ihn die anderen Meuterer umbringen wollen), er ist abwechselnd ein »unheimlicher Schurke« und ein »verbindlicher, höflicher, dienstbeflissener Matrose«. Der Kritiker Ian Bell beschreibt ihn treffend als eine »Gestalt, deren Wesen wie ein Pendel hin- und herschwingt, dessen Charakter sich fast in Sekundenschnelle verwandelt.«

Aber auch der Held der *Schatzinsel* ist merkwürdig zwiegesichtig. Trotz des naiv begeisterten Tonfalls seiner Erzählung ist Jim kein Hardy Boy. In seiner Weltanschauung ist die Liebe zum Geld nicht die Wurzel allen Übels – weit gefehlt! Gewinnsucht ist etwas Gutes und hat keine bösen Folgen. Jim kümmert es nicht, woher der vergrabene Schatz stammt, wer durch seine Anhäufung hat leiden müssen, oder ob er das Recht hat, ihn sich anzueignen. Ja, er schwelgt in seiner Geldgier und liefert eine wollüstige Beschreibung der Beute, die leicht von Long John Silver stammen könnte:

> Es war eine merkwürdige Sammlung, in den Münzen ähnlich unterschiedlich Billy Bones' Schatz, aber viel größer und mannigfaltiger, und noch nie hat mir etwas so viel Vergnügen gemacht wie das Sortieren dieser Geldstücke.

> Englische, französische, spanische, portugiesische Münzen, Georgstaler, Louisdor, Dublonen, Doppelguineen und Zechinen, die Bildnisse sämtlicher europäischen Könige der letzten 100 Jahre, fremdartige orientalische Münzen mit einer Prägung, die wie hauchzarte Fäden oder ein Spinngewebe aussah, runde und viereckige Münzen und solche mit einem Loch in der Mitte, als ob sie um den Hals getragen werden sollten – wahrscheinlich war fast jede Geldsorte der Welt in dieser Sammlung vertreten; und sie waren gewiss so zahllos wie die Blätter im Herbst, sodass mir vom Bücken das Kreuz wehtat und meine Finger vom Sortieren schmerzten.

Ein Schurke, der zu Gutem fähig ist, ein Held, dem »noch nie etwas so viel Vergnügen gemacht hat« wie das zärtliche Wühlen in gestohlenem Geld: Als Robert Louis Stevenson seinen ersten Roman *Die Schatzinsel* schrieb, war er bereits fasziniert von der Idee der gespaltenen Persönlichkeit, einem Thema, das er in *Dr. Jekyll und Mr. Hyde* noch wesentlich eingehender behandeln sollte. Es ist ein Motiv, das die Phantasie der Schriftsteller seit langem beschäftigt, nicht zuletzt James Fenimore Cooper, den Schöpfer von Meisterwerken der frühen amerikanischen Literatur wie *Die Ansiedler*, *Der letzte Mohikaner*, *Der Pfadfinder* und *Der Wildtöter*.

Coopers Roman *The Sea Lions* aus dem Jahr 1849 ist eine Allegorie. Zwei Männer brechen auf völlig gleichen Schiffen mit demselben Ziel auf. Es ist nicht ganz so wie bei Jekyll und Hyde, aber dennoch sind diese Seeleute Doppelgänger – Alter Egos, die zwei Varianten der menschlichen Sehnsucht verkörpern. Wie *Die Schatzinsel* beginnt diese Erzählung mit dem Tod eines alten Seemanns, der eine Kiste hinterlässt, in der sich »zwei alte, schmutzige, zerfetzte Karten« finden. Es sind jedoch keine gewöhnlichen Karten. Die eine verrät die geheim gehaltene Lage eines Robbenjagdparadieses in der Antarktis, die andere die einer westindischen Insel, auf der Piraten »einen stattlichen Schatz« vergraben haben. Zwei Schoner, beide mit dem Namen

»Seelöwe«, setzen Segel und begeben sich auf die Suche nach dem doppelten Riesengewinn. Das erste Schiff steht unter dem Befehl von Roswell Gardiner, einem ehrlichen, tapferen und findigen Mann aus Long Island, der zwar durchaus Gewinn machen will, in erster Linie aber auf eine geistig-seelische Reise geht, da er den Glauben an die Göttlichkeit Christi verloren hat. Das zweite Schiff kommandiert Kapitän Jason Daggett, ein Seemann aus Martha's Vineyard, nicht minder mutig und gerissen, aber einer, den »keine Gefahren, keine Mühen, keine Gedanken an die Zukunft von einem Ziel abbringen konnten, das golden schimmert«.

In der Antarktis heimsen die Schiffe ein Vermögen an Robbenfellen ein, aber sie haben Pech, vor allem infolge von Daggetts Habgier, und werden beide im Eis eingeschlossen. In dem nun folgenden furchtbaren Winter stirbt Daggett und räumt seinem symbolischen Zwilling gegenüber ein: »Ich habe wohl das Geld zu sehr geliebt.« Nachdem sein Alter Ego umgekommen ist, wird Gardiner prompt demütig, er sieht ein, dass es im Christentum keinen »halben Glauben« geben kann, akzeptiert Jesus als seinen Erlöser – und überlebt. Auf dem Heimweg hebt er den vergrabenen Schatz, doch der ist nicht viel wert, »kaum mehr als 2000 Dollar«, wesentlich weniger als erwartet. Und anders als Jim Hawkins in der *Schatzinsel* begreift Gardiner, dass das Geld nicht wirklich ihm gehört. »Da er das Geld unmöglich denen zurückerstatten konnte, denen es einst geraubt worden war«, entschließt er sich zu einem anderen Vorgehen:

> Die Dublonen wurden an die Familien jener Seeleute verteilt, die im Land der Robbenfänger ihr Leben gelassen hatten. Die Anteile waren freilich nicht hoch, aber sie taten gut und erfreuten die Herzen einiger Witwen und unverheirateter Schwestern.

Ein entschieden weniger glückliches, weniger tugendhaftes Ende war dem persönlichkeitsgespaltenen Protagonisten aus *Der*

Schatz der Sierra Madre beschieden, einer berühmten Abenteuergeschichte von B. Traven – dem seinerseits Phantasiegeschöpfe nicht fremd waren. Schon des Autors eigenes Leben war eine Studie über die Unfassbarkeit der Identität. B. Traven war ein Pseudonym – aber für wen? Diese Frage, bemerkte einmal der Reiseschriftsteller Paul Theroux, ist »das größte literarische Rätsel des [20.] Jahrhunderts«. Im Lauf der Jahre hieß es, Traven sei in Wirklichkeit Jack London gewesen, eine Gruppe von Schriftstellern in Honduras und schließlich sogar der illegitime Sohn Kaiser Wilhelms II. Die aussichtsreichste Wette scheint die auf den flüchtigen deutschen Anarchisten Ret Marut (einigen Forschern zufolge auch dies nur ein Pseudonym für einen Mann namens Otto Feige). Aber wer von Travens »wahrer« Identität besessen ist, übersieht einen wesentlichen Punkt, einen, der auch Einblick in das Leben von Gilbert Bland verschaffen kann. Der Traven-Biograph Karl S. Guthke stellt fest: »Hier war offenbar jemand, dem es gelungen war, den Wunschtraum von Millionen zu verwirklichen … Das Abenteuer des spurlosen Untertauchens und der strahlenden Wiedergeburt als ›ein anderer‹, der ein ganz neues selbst geschaffenes, ein *eigenes* Leben anfängt und sich so selbst ›macht‹.«

Da wundert es einen kaum, wenn die Idee von der doppelten Identität auch in den *Schatz der Sierra Madre* einfließt, den 1935 geschriebenen Roman, der später mit Humphrey Bogart und Walter Huston verfilmt wurde. Hier ist der Schatz eine vergessene Goldmine, die irgendwo in dem mexikanischen Staat Sonora liegt und von der die Sage geht, sie sei die Hauptquelle für den Reichtum der aztekischen Herrscher gewesen. Jahrhundertelang ist jede Spur von dieser legendären Mine verschwunden, bis Ende des 19. Jahrhunderts Studenten, die in Arizona Ferien machen, in der Bibliothek eines Priesters auf ein paar alte Karten stoßen:

> Eine der Karten zeigte eine Mine namens La Mina Agua Verde. Als [die Studenten] den Priester danach fragten, er-

> zählte er ihnen die Geschichte dieser Mine. Es sei zwar eine ungemein reiche Mine, aber sie sei gewiss verflucht, ob von den früheren Besitzern, den Indianern, oder vom Allmächtigen, das wage er nicht zu entscheiden. Aber verflucht sei sie. Wer immer sich dieser Mine nähere, werde unweigerlich von Unheil heimgesucht.*

Die Entdeckung der Karten führt zu zahlreichen Bemühungen, die Mine zu finden – und alle enden mit Streit und Blutvergießen. Doch diese Tatsache scheint den Reiz der Legende nur zu erhöhen und noch mehr Männer zu verleiten, nach La Mina Agua Verde zu suchen. Einer von ihnen ist Dobbs, ein amerikanischer Landstreicher in Mexiko, den ein Aspekt des Mythos besonders fasziniert:

> ... der ewige Fluch des Goldes, der die Seele eines Menschen in Sekundenschnelle verändert. Kaum hatte er das ausgesprochen, merkte er, dass er etwas gesagt hatte, das ihm früher nicht bewusst gewesen war. Noch nie war er auf den Gedanken gekommen, dass ein Fluch am Golde haften müsse. Nun war ihm, als hätte nicht er selbst, sondern etwas in ihm, von dessen Dasein er bisher nichts gewusst, für ihn gesprochen und seine Stimme benützt. Eine Weile war ihm unbehaglich zu Mute, er spürte, dass in seinem Innern eine zweite Person hockte, die er nun zum ersten Mal gesehen oder gehört hatte.

Dobbs bricht mit zwei anderen Männern auf, um die Mine zu suchen. Sie finden sie – aber mit jeder Unze Goldstaub, die sie aus den Bergen holen, ergreift jene »zweite Person« immer hef-

* Hier und im übernächsten Abschnitt wird aus der amerikanischen Ausgabe zitiert, die inhaltlich von der deutschen beträchtlich abweicht. Traven hat ihr selbst eine englischsprachige Fassung zugrunde gelegt, die dann vom amerikanischen Lektor noch bearbeitet wurde. Das macht eine Rückübersetzung ins Deutsche notwendig (A. d. Ü.).

tiger Besitz von Dobbs. Er leidet unter Verfolgungswahn und unstillbarer Gier, betrügt den einen Partner um seinen Anteil am Schatz und schießt auf den anderen und verlässt ihn in dem Glauben, dass er tot ist. Aber ehe Dobbs seinen Reichtum genießen kann, wird er von Banditen angegriffen, die ihm mit einer Machete den Kopf abhauen. Seine Packesel nehmen sie an sich, und da sie glauben, in den mit Goldstaub gefüllten Säcken sei nur Sand, leeren sie den Inhalt aus und lassen ihn vom Wüstenwind fortwehen. Der Fluch von La Mina Agua Verde lebt fort.

Bannflüche gehören in die Welt der Märchen und Sagen. In wahren Geschichten sprechen wir selten von so etwas. Dennoch kann ich mir das Gefühl nicht verkneifen, dass Gilbert Blands Geschichte von Anfang an etwas Unausweichliches an sich hatte, als sei alles Nachfolgende schon unheilvoll vorherbestimmt gewesen. Abergläubische Menschen mögen so etwas Schicksal nennen. Blands Verteidiger beschrieb es als emotionale Störung. Bland selbst deutete an, es habe viel mit purer Verzweiflung zu tun. Was es auch immer war – es muss schon da gewesen sein, als er zum ersten Mal auf jene alte Karten stieß. Bei dem Versuch, diesen entscheidenden Augenblick zu beschreiben, sehe ich ihn vor mir, wie er eine lange verschlossene Pappschachtel öffnet und darin fremdartig aussehende Manuskripte entdeckt. Er holt sie ans Licht, bläst den Staub weg, glättet sie auf einem Tisch, fährt mit dem Finger über das raue Papier und bewundert das handwerkliche Können, das sich im Druck und in der Handkolorierung zeigt. Und bereits zu diesem frühen Zeitpunkt hört er die Stimme in seinem Kopf, ein Flüstern jenes Phantoms, das zu James Perry werden sollte. Vielleicht *führen* diese Karten nicht zu einem Schatz, sagt ihm die Stimme, vielleicht *sind* sie ein Schatz. Und vielleicht findest du heraus, wo noch mehr davon begraben ist.

Aber vielleicht hat alles ganz anders angefangen. Gut möglich, dass Gilbert Bland dem FBI mit seiner Geschichte, wie er sich für alte Karten zu interessieren begann, einen Bären aufgebunden hat. Die wahre Geschichte könnte auch ganz anders lauten, und vielleicht kommt die Wahrheit, so wie bei Traven und John Mandeville, nie ans Licht. Das ist eben das Problem bei den Erfindern von Phantasiegeschöpfen.

Vermutlich hören wir alle seltsame Stimmen in unseren Köpfen, Launen der Wahrnehmung, die sich einer simplen Erklärung verweigern. In meiner Kindheit waren meine Eltern davon überzeugt, dass ich einen sechsten Sinn hatte. Mein Vater war Lehrer, hatte viel Ferien und ein gerüttelt Maß an Fernweh, sodass unsere Familie den Sommer zumeist damit verbrachte, die Interstate-Highways der USA zu erkunden, einen riesigen Wohnwagen im Schlepptau. Auf diesen langen Fahrten wurde meine angebliche Begabung entdeckt. Bald machten meine Eltern eine Art Spiel daraus, mich auf die Probe zu stellen.

Manchmal, wenn ich auf dem Rücksitz fest eingeschlafen war und die Schulter meines großen Bruders vollsabberte, drehte sich mein Vater um und rüttelte mich wach. »Schnell«, sagte er dann, wenn ich blinzelnd die Augen öffnete. »In welche Himmelsrichtung fahren wir?«

»Äh … Norden?«

Dann blickte er mit einem stolzen, verschwörerischen Grinsen zu meiner Mutter hinüber. »Erstaunlich«, sagte er und schüttelte den Kopf. »Du hast wieder Recht.«

Und so war es auch. So lange ich denken kann, habe ich einen hervorragenden Orientierungssinn. Aber obwohl ich es mir nicht ganz erklären kann, nehme ich doch an, dass meine kindlichen Leistungen als menschlicher Kompass mehr mit Kartographie zu tun hatten als mit Hellseherei. Höchstwahrscheinlich habe ich nur wohlbegründete Vermutungen über die Himmelsrichtung angestellt, nach vorhergegangenem Studium der mit Kaffee befleckten und nach Schimmel riechenden Highway-Karten, die in unserem Chevy Belair Station Wagon ebenso zur festen Einrichtung gehörten wie das Lenkrad. Ich konnte Karten lesen, ehe ich Bücher lesen konnte – und diese Fähigkeit, verbunden mit einem Talent für das richtige Einschätzen des Sonnenstands, waren wahrscheinlich für den größten Teil meiner so genannten Begabung verantwortlich. Wenn ich auf irgendeinem Bereich ein Wunderkind war, dann auf dem des Kartenlesens.

Ich konnte schlicht und einfach gut mit Karten umgehen. Aber mich faszinierte nicht ihr wissenschaftlicher Nutzen. Ich betrachtete sie nicht nur als Hilfsmittel, sondern als geheimnisvolle, fast empfindungsfähige Wesen. Karten sprachen zu mir. Sie tun es immer noch.

Nach dieser Bekundung möchte ich doch betonen, dass ich normalerweise nicht die Angewohnheit habe, stummen Gegenständen zuzuhören. Ich übersehe auch nicht die ins Auge springende Tatsache, dass eine Karte ein visuelles Medium ist. Und trotzdem: Wenn ich ein Problem durchdenken muss, privat oder beruflich, ertappe ich mich oft dabei, dass ich in einem Atlas blättere und über einer zufällig aufgeschlagenen Seite meditiere. Und nach ein paar Minuten geistesabwesender Betrachtung ist mir, als sähe ich nicht mehr auf die Karte, sondern als hörte ich ihr zu.

Eine Karte spricht nicht in Sätzen. Ihre Sprache ist ein kaum vernehmliches Gemurmel, abgehackt, sprunghaft, kurz angebunden, unzusammenhängend. »Es ist fast, als müsse man eine Buchseite lesen, auf der die Worte in zufälliger Anordnung stehen: Dort kann es natürlich keinen festen Anfangspunkt und keine Wahrnehmungsfolge geben«, schreiben Arthur H. Robinson und Barbara Bartz Petchenik in *The Nature of Maps*. Eine Karte hat keinen Wortschatz, kein Lexikon mit genauen Bedeutungsangaben. Sie teilt sich über Linien, Farben, Töne, verschlüsselte Symbole und Leerräume mit, fast wie Musik. Eine Karte hat auch keine eigene Stimme. Sie ist vielsprachig, ein Chor, der das in Jahrhunderten angesammelte Wissen in Echogesängen vorträgt. Eine Karte bietet keine Antworten. Sie schlägt nur vor, wo man hinschauen könnte: Entdecke dies, überprüfe das, bring eines mit dem anderen in Verbindung, orientiere dich, beginne hier... Manchmal spricht eine Karte in Begriffen der physikalischen Geographie, aber genauso oft sinniert sie über dem zerklüfteten Gefilde des Herzens, dem Fernblick der Erinnerung oder der Phantasielandschaft der Träume.

Ich benütze eine Karte, um mich in meinem Innern von einem Ort zum anderen zu bewegen, so wie andere Leute sie benützen, um von Omaha nach Oskaloosa zu gelangen. Es ist eine eigentümliche Art zu reisen, das gebe ich zu, aber ich vermute, dass viele Menschen sich auf solche Reisen begeben. Robert Louis Stevenson zum Beispiel glaubte, Karten hätten die Fähigkeit zu »unerschöpflicher, beredter Anregung«. Ehe er *Die Schatzinsel* schrieb, zeichnete er eine Karte von ihrem imaginären Küstenverlauf. Bald ließ er sich buchstäblich von dem Ding diktieren:

> Als ich meine Karte von der Schatzinsel genauer ansah, tauchten zwischen den erdachten Wäldern mit einem Mal die künftigen Personen des Buches auf; ihre braunen Gesichter und schimmernden Waffen lugten mich ganz unerwartet aus allen möglichen Winkeln an, sie gingen hin und her, kämpften und suchten nach dem Schatz auf diesem wenige Quadratzoll großen zweidimensionalen Entwurf. Dann weiß ich nur noch, dass vor mir ein Blatt Papier lag und ich darauf ein Verzeichnis der Kapitel anlegte.

So wichtig war diese Karte bei der Entstehung der *Schatzinsel*, dass Stevenson sich sträubte, allein alles Lob für das Buch einzuheimsen. »Die Karte«, schrieb er, »war das Wichtigste an meinem Manuskript.« Anderen Schriftstellern gab er folgenden Rat:

> Ich bin überzeugt – nennen Sie das ruhig abergläubisch –, wer sich an seine Karte hält, wer sie zu Rate zieht und sich von ihr inspirieren lässt, erfährt täglich und stündlich echte Unterstützung... Die Geschichte hat eine Wurzel dort. Sie wächst in diesem Boden, sie hat ein eigenes Rückgrat hinter

den Wörtern... Wenn er [die Karte] studiert, wird er Beziehungen entdecken, auf die er sonst nicht gekommen wäre.

Wie Stevenson sitze ich oft grübelnd über Karten, ehe ich mich ans Schreiben mache. Oft kommt dabei nicht viel mehr heraus als ein Gefühl der Entspannung und Konzentration, eine allgemeine Befreiung der Phantasie. Doch einmal, als ich gerade mit der Arbeit an diesem Buch begann, schien eine 700 Jahre alte Karte über Gilbert Bland zu sprechen. *Mappa mundi*, so lautet die klangvolle Bezeichnung für ein mittelalterliches Werk der Kartographie – und allem Anschein zum Trotz heißt das nicht »Weltkarte«, sondern wörtlich übersetzt »Welttüchlein«, ein Hinweis darauf, dass *mappae mundi* oft auf Stoff gemalt wurden.* Tatsächlich gab es im Mittelalter kein eigenes Wort für »Karte«, weder in den europäischen Volkssprachen noch im Lateinischen – das zeigt deutlich, wie sehr sich die mittelalterliche Geographievorstellung von unserer heutigen unterscheidet. Die *mappae mundi* waren eher dazu gedacht, Geschichte und Anthropologie, Mythen und Heilige Schrift, Träume und Albträume graphisch darzustellen, als eine geometrisch genaue Abbildung der physikalischen Welt zu liefern. Kein Wunder, dass sie für heutige Augen manchmal bizarr aussehen.

Die *mappa mundi*, die sich zu Bland äußerte, war die Reproduktion einer leuchtend bunten Illustration aus einem Psalter des 13. Jahrhunderts. Das Original, allgemein bekannt als Psalterkarte, befindet sich in der British Library und ist etwa 15 Zentimeter hoch und 10 Zentimeter breit – gerade die richtige Größe für ein Welttüchlein. In der Residenz des englischen Königs Heinrichs II. hatte wohl eine wesentlich größere Ausführung gehangen. Genau in der Mitte liegt, wie das Schwarze auf einer Zielscheibe, Jerusalem, nach der christlichen Lehre der Nabel der Welt: »So spricht der Herr, dein Gott: Das ist Jerusalem, das ich unter die Völker gesetzt habe und mit Ländern umgeben« (Hesekiel 5.5).

* Auch das englische Wort *map* kommt von lat. *mappa* – Tischtuch, Serviette.

Von Jerusalem aus erstreckt sich die bekannte Welt: Europa, Afrika, Asien, Letzteres oben auf der Karte, da sie nach Osten orientiert ist. Die unbekannte Welt beginnt an den Rändern.

In diesen Grenzbereichen liegen jene Orte, die das mittelalterliche Europa nie wirklich gesehen hat, von denen es aber wünschte, dass sie existierten, die Wahrzeichen seiner innigsten Hoffnungen und finstersten Befürchtungen. Am oberen Rand der Psalterkarte befindet sich zum Beispiel der Garten Eden mit Adam und Eva unter dem Baum der Erkenntnis. Am Nordostrand liegen die Länder von Gog und Magog, von wo die gefürchteten Diener des Antichrist am Jüngsten Tage die Christenheit überfallen werden. Gog und Magog sind auf der Karte mit einer riesigen Mauer umgeben, die der Sage nach Alexander der Große gebaut hat, um die kannibalischen Einwohner in Schach zu halten. Und am südlichen Rand der Karte stehen aufgereiht wie Verbrecher, die vor der Polizei antreten müssen, die Vertreter der verschiedenen ungeheuerlichen Völker: die *Artibatirae*, die auf allen vieren gehen, die *Cynocephali* mit den Hundeköpfen, die *Epiphagi* mit den Augen auf den Schultern, die *Maritimi* mit ihren vier Augen, die *Sciopodes*, die nur einen Riesenfuß haben, und die *Troglodytes*, die Höhlenbewohner. In den nächsten Jahrhunderten erweiterten sich die Grenzen der Welt, derartige Ungeheuer entfernten sich immer weiter von der zivilisierten Mitte und verschwanden schließlich ganz, als ihr natürlicher Lebensbereich, die *terra incognita*, nicht mehr existierte.

Doch auf eine ganz reale Weise weilen sie noch immer unter uns, diese Ungeheuer. Wir haben unseren Karten seit dem Mittelalter vier neue Kontinente hinzugefügt, wir haben Gog und Magog und das irdische Paradies beseitigt und unser Bild von der Kugelgestalt der Erde, der Schwerkraft und dem heliozentrischen System gefestigt. Doch als ich an jenem Tag auf die Psalterkarte starrte, fielen mir nicht ihre geographischen Mängel auf, sondern ihre psychologische Genauigkeit. »Wie die Erde vor 100 Jahren, besitzt unser Geist noch immer sein finsterstes Afrika, sein unerforschtes Borneo oder Amazonasbecken«, schrieb

Aldous Huxley 1956 in seinem Buch *Himmel und Hölle*. Huxley nennt diese Bereiche »die Antipoden des Geistes«, eine Anspielung auf die mythische Landmasse am südlichen Rand vieler *mappae mundi* (allerdings nicht auf der Psalterkarte). So wie man annahm, dass die geographischen Antipoden von physikalischen Mutanten bewohnt waren, sind Huxleys Antipoden des Geistes bevölkert von »fremdartigen Geschöpfen der Psyche, die ein selbständiges Dasein nach ihren eigenen Gesetzen führen«. Huxley, der sich auf seine Weise zu diesen Antipoden begab, indem er Meskalin nahm, behauptete, wir alle hätten »eine alte Welt aus persönlichem Bewusstsein und jenseits eines trennenden Ozeans mehrere Neue Welten«. Für manche, so schrieb er, führe die Suche nach »den fernen Kontinenten des Geistes« zu einem Himmel visionärer Erfahrungen, für andere in eine private Hölle.

Ich sann über solche Gedanken nach, als die Psalterkarte mir plötzlich etwas über Gilbert Blands Leben zu erzählen schien: Durch kräftige Grün-, Rot- und Blautöne hindurch zeichneten sich mehrere Reisen ab, immer zwischen der Mitte und den Rändern hin und her, zwischen einem normalen Durchschnittsleben und einem Leben als Krimineller am Rande, zwischen der wahren Persönlichkeit und einem Haufen erdachter Personen. Dann fiel mir auf, dass die Karte auch etwas aussagte über die Wesensart von Menschen, die sich in solche verzweifelten Ausflüge hineinziehen ließen: Es bricht nur auf, wer in hohem Grade zur Selbsttäuschung oder Selbstzerstörung neigt, wer glaubt, dass er das irdische Paradies erreichen kann, oder wer nach seiner Version von Gog und Magog sucht. Auch an andere Dinge muss man noch glauben: dass es Orte gibt auf der Welt, wo man sich verirren kann, wo die normalen Regeln nicht gelten. Und obwohl ich selbst nie zu solchen Abenteuern neigte, wurde mir nun eines bewusst: Wenn ich Bland folgte, begab auch ich mich auf eine Reise zu den Rändern. Meine musste wohl in der Mitte beginnen.

Ich wusste, dass es im Handel mit antiquarischen Landkarten keine andere Schlüsselfigur gab als den charismatischen W. Graham Arader III. Obwohl man, wenn man ihn den Nabel der Kartenwelt nennt, mit dieser Metapher vielleicht ein wenig zu hoch greift. Zynischere Zeitgenossen würden vielleicht ein anderes Körperteil wählen.

KAPITEL 3

Der Kartenmogul

»Das ist doch langweilig hier, oder?«, brummte Graham Arader, als er den Verkaufsraum in der eleganten New Yorker Niederlassung des ehrwürdigen Auktionshauses Sotheby's betrat. »Hab ich Sie nicht gewarnt? Hab ich nicht gesagt, das Ganze ist stinklangweilig?«

Es war später Nachmittag und ein so aberwitzig heißer Sommertag, dass sogar Manhattan in kleinstädtische Trägheit verfallen war. Seit dem Vormittag lief eine Versteigerung wertvoller Bücher und Manuskripte, inzwischen war der Raum höchstens noch halb voll, und die Stühle standen unordentlich herum. Vor ein paar Stunden hatten sich hier Fernsehteams und hastende Zeitungsreporter gedrängelt; alle wollten die groß angekündigte Versteigerung einiger jüngst entdeckter Liebesbriefe von Albert Einstein und einer berühmten russischen Spionin miterleben. Doch die Journalisten mussten enttäuscht von dannen ziehen: Die Gebote für den Einstein-Briefwechsel erreichten 180 000 Dollar, weniger als das vorher festgesetzte Minimum, was Sotheby's veranlasste, das Los zurückzuziehen. Seither war ein steter Strom von literarischen Kuriositäten unter den Hammer gekommen: Sigmund Freuds Brief an einen Kollegen, in dem er um sein Honorar bittet; Fahnenabzüge für einen Schnipsel von Marcel Prousts *Auf der Suche nach der verlorenen Zeit*; Elvis Presleys brieflicher Schwur, dass seine Liebe zu einer Fernsehgröße aus Memphis von niemandem erreicht oder gar übertroffen werden könne, und die endgültige Fassung des Drehbuchs für den

Ausschnitt aus einer Karte des »Türkischen Reichs«
in Joan Blaeus berühmtem Atlas Major.

zweiten Teil von *Vom Winde verweht*, mit einem Änderungsvorschlag. »Mit ist das ehrlich gesagt scheißegal« wurde zu: »Mir ist das ehrlich gesagt völlig egal.« Beide Zeilen hätten zu meiner Stimmung in diesem Augenblick gepasst. Ich kam aus dem Mittelwesten, wo normalerweise nur landwirtschaftliche Geräte versteigert werden, und hatte ein durchaus unterhaltsames, ja fesselndes Ereignis erwartet. Aber im Lauf des Nachmittags war ich der gekonnten Lässigkeit der Kunden, die tausende von Dollars für seltene Erstausgaben mit einer Begeisterung boten, als bestellten sie Rühreier, und der endlosen, eifrigen Sprüche des Auktionators, eines Mannes mit der affektierten Stimme eines BBC-Nachrichtensprechers und dem schmierigen Charme eines amerikanischen Gameshow-Moderators, überdrüssig geworden. Inzwischen fand ich das protzige Getue hier im Haus ebenso erdrückend wie die Hitze draußen.

Arader hatte Recht: Das war wirklich langweilig. Doch jetzt, wo er den Schauplatz betrat, würde es wohl kaum so bleiben. W. Graham Arader III. ist von vielen Leuten vielerlei Vergehen bezichtigt worden, aber niemand hat ihm je vorgeworfen, er sei langweilig. So prominente Zeitschriften wie *The New Yorker* und das *Smithsonian*-Magazin hatten ihn ausführlich porträtiert, hatten ihn barsch und bombastisch, brillant und überlebensgroß genannt. Er ist ohne Frage die auffälligste Figur in der Welt der antiquarischen Karten. Als ich diese Welt zu erforschen begann, lernte ich rasch zwei Dinge: Erstens nahmen fast alle in dieser Branche freudig jede Gelegenheit wahr, über Arader zu reden, oft sehr vorwurfsvoll (und meistens im Vertrauen), und zweitens sprach Arader mit der gleichen Begeisterung von sich selbst, fast immer in den höchsten Tönen. »Ich bin der größte Kartenantiquar des 20. Jahrhunderts«, sagte er einmal typisch großspurig, »das steht außer Frage. Ich verkaufe jährlich für zehn Millionen Dollar alte Karten. Ich heb den Telefonhörer ab und kann in einer einzigen Stunde 10 000 Dollar verdienen. Ja, das Sammeln hat mich zu einem sehr reichen Mann gemacht.«

Das waren keine leeren Prahlereien, das mussten selbst Araders ärgste Kritiker zugeben. Als jene Auktion bei Sotheby's stattfand, im Juni 1998, stand ich mit diesem widersprüchlichen Mann bereits seit zwei Jahren in Verbindung. Ich fühlte mich zu Arader hingezogen. Wenn man ihm zuhörte, war das, wie wenn man eine Gallone Espresso auf einen Schluck hinunterkippen würde – natürlich ein überwältigendes Gefühl, das auch einen entschieden bitteren Nachgeschmack hinterlassen konnte, aber auch eine elektrisierende Erfahrung, und wenn einmal das Summen nachließ, wollte man noch eine Tasse. Zwar sind sich Arader und Gilbert Bland offenbar nie begegnet, doch ich erkannte schon sehr bald: Wenn ich das Geschäft mit den alten Karten begreifen wollte, musste ich erst einmal etwas über seinen wichtigsten Mitwirkenden erfahren. In den letzten Jahrzehnten hatte sich der Markt für antiquarische Karten vom Randgebiet für Eingeweihte zu einem bedeutenden Geschäftszweig vergrößert. Nach Araders eigener Einschätzung »ist er in die Höhe geschossen, seit ich 1971 anfing zu sammeln, und ist dann jährlich um 5 bis 20 Prozent gewachsen«. Und bei diesem Wachstum hat niemand eine größere Rolle gespielt als Arader selbst.

Ich hatte schon oft mit Arader telefoniert und ihn zweimal in seinem Hauptwohnsitz in Middleburg, Virginia, besucht, um mich mit ihm in seinem mit Karten voll gestopften Arbeitszimmer zu unterhalten. Doch allmählich, so fand ich, hatten wir genug geredet. Ich war zu Sotheby's gekommen, um ihn in Aktion zu erleben.

Nun sollte es in die Endrunde gehen – eine Versteigerung naturgeschichtlicher Bücher und Atlanten, der beiden Hauptquellen von Araders Reichtum. An den langen Tischen zu beiden Seiten des Auktionators saßen untadelig gekleidete junge Angestellte von Sotheby's, um die telefonischen Gebote von Interessenten aus aller Welt entgegenzunehmen. Wer vor Ort bieten wollte, suchte sich jetzt einen Platz. Als Arader das Auktionslokal betrat, hatte er seine Tochter Lilli dabei und sein Handy. Er war in beide vernarrt, und wenn er in seiner Aufmerksamkeit zwischen ihnen hin- und herwechselte, erfasste er rasch, was sonst noch vor sich ging. Er wählte einen auffallend unauffälligen Platz ganz hinten, neben zwei Kunden – oder potenziellen Kunden –, einem sympathischen Mann mittleren Alters, der mir erzählte, er sei Neuling auf dem Gebiet des Sammelns botanischer Druckgraphik, und seiner Frau, die sich die Zeit mit Handarbeiten vertrieb. Sie waren eindeutig keine geübten Versteigerungsbesucher, und als Arader feststellte, dass sie nicht einmal einen Katalog hatten, mit dem sie die Auktion verfolgen konnten, schoss er dienstbeflissen davon und besorgte einen. Ein paar Augenblicke später blätterte er ihn durch, um den Mann kurz über die zur Versteigerung anstehenden Objekte zu informieren, und ich sah, wie er innehielt und mit dem Finger auf eines der Fotos einstach. »Das ist fabelhaft!«, flüsterte er. »Fa-bel-haft!«

Wenn man Graham Arader zitiert, kommt man kaum ohne Ausrufezeichen aus. Sie spiegeln nicht nur seine Sprechweise wider (es beschleicht einen das Gefühl, er schnarcht sogar in Superlativen), sondern sein ganzes Auftreten. Obwohl er auf der Universität Squash spielte – er war Captain des Yale-Teams –, hat der 49-jährige Arader den konzentrierten Blick und die Massivität eines Boxers und den dazugehörigen kämpferischen Geist. Wenn er etwas besonders nachdrücklich vertritt, kippt er seinen Kopf nach hinten und streckt den kantigen Unterkiefer vor, als erwarte er einen Schlag von einem unsichtbaren Feind und freue sich schon darauf, ihn zu erwidern. Selbst sein Name hat etwas Kriegerisches: Man betont ihn nicht auf der ersten Silbe, sondern auf der zweiten, wie *a raider*, »einer, der sein Ziel im Sturm einnimmt«. Und genau das wollte er hier bei Sotheby's tun. »Ich trete sie erst bei Nummer 553 in den Hintern«, hatte er mir vor ein paar Tagen gesagt. »Dann werd ich ungemütlich. Ich will ein paar Sachen kaufen – oder die Preise gehen sehr, sehr hoch.«

Die Nummer 553 – ein Buch von 1748, die Beschreibung einer Entdeckungsreise mit Karten von George Anson – war das erste Objekt in diesem letzten Abschnitt der Auktion. Die Nummer erschien nun auf einer großen elektronischen Anzeigetafel, die sämtliche Gebote sofort in Pfund, Francs, Deutsche Mark,

Lire, Yen und Zlotys umrechnete. Als das Bieten begann, wandten sich Araders Konkurrenten dem Auktionator auf dem Podium zu. Viele trugen teure Anzüge, ein Zeichen ihres Respekts vor der illustren Umgebung. Arader hingegen, ich vermerkte es unwillkürlich, stürzte sich in einem Tennishemd, leicht verknitterten grünen Khakihosen und Turnschuhen in die Schlacht.

Als ich Graham Arader zum ersten Mal interviewte – damals arbeitete ich an einem Artikel für die Zeitschrift *Outside* –, hatte er eine Gruppe von ihm missliebigen Personen mit äußerst verletzenden Worten beschrieben. Eine der Eigenschaften, die ich an Arader so sehr bewundere, ist seine Bereitschaft, über schier jedes Thema schier jederzeit zu sagen, was er denkt. Aber diese Formulierungen waren dermaßen anstößig – und abgesehen davon bizarr und abwegig –, dass ich sie wahrscheinlich nicht in meinen Artikel einarbeiten konnte, selbst wenn ich gewollt hätte. Doch das sagte ich Arader nicht, als er ein paar Tage später anrief und mich bat, das Zitat rauszunehmen. Ich erinnerte ihn nur daran, dass ich unser ganzes Gespräch auf Band aufgezeichnet hatte und mir, wie jeder Journalist, nicht von einer Quelle sagen ließ, was ich schreiben sollte und was nicht. Erst bekam er einen Wutausbruch – dafür war er berühmt –, doch dann beruhigte er sich und machte mir ein klares Angebot: Was ich davon hielte, wenn er mir zum selben Thema einen wesentlich zitierfähigeren Ausspruch lieferte? »Lassen Sie hören«, sagte ich. Er war in der Tat wesentlich zitierfähiger, er war unwiderstehlich, und so veröffentlichte ich ihn schließlich in meinem Artikel und hatte das Gefühl, ich hätte sehr gerissen mit ihm verhandelt. Als ich Monate später diese Anekdote Hugh Kennedy erzählte, einem langjährigen Arader-Kenner, lachte der. »Merkst du was?«, sagte Kennedy. »Er bringt sogar *dich* zum Kaufen und Verkaufen.«

Kennedy weiß über dieses Thema Bescheid, denn er hat den widersprüchlichen Geschäftsmann jahrelang studiert, aus der Perspektive des Angestellten und des Autors. Er arbeitete von 1987 bis 1990 für Arader, begann als Galeriemitarbeiter und wurde später Leiter der Niederlassung in Philadelphia. (Arader hat auch Verkaufsräume in Houston, San Francisco und New York und als erlesene Dreingabe ein reich verziertes Jugendstilstadthaus an der Madison Avenue, das er bescheiden als »das schlechthin schönste Haus in New York City« beschreibt.) Nachdem Kennedy bei Arader aufgehört hatte, begann seine Karriere als Romancier. Sein zweites Buch, *Original Color* (1996), erzählt die Geschichte eines Vollblutantiquars, der mit Karten und Graphiken handelt und »Kunstwerke mit der Zähigkeit und Ausdauer eines Gebrauchtwagenhändlers zum Verkauf anbietet«. Kennedys von Arader inspirierter Held versetzt seine Angestellten in Angst und Schrecken, legt das Gesetz nach eigenem Gutdünken aus, belügt Kunden, lässt Schecks platzen und furzt in der Öffentlichkeit – kurz, es ist keine unbedingt schmeichelhafte Beschreibung. Trotzdem hat Arader selbst darauf bestanden, dass ich das Buch lese.

Ich fragte Kennedy, warum Arader so etwas tue. »Weil das Buch in gewisser Hinsicht von ihm handelt«, antwortete er, »und er ziemlich von sich besessen ist. Andererseits habe ich wenige Menschen mit solchem Charisma getroffen. Er ist absolut fanatisch und kann zu jeder Tages- und Nachtzeit Geschäfte machen. Im Umgang mit seinen Kunden verwischt er die Grenzen zwischen Käufer, Verkäufer und Freund. Wer etwas Erstklassiges verkaufen will, muss neben dem Produkt oft auch sich selbst verkaufen. Und Grahams Unterhaltungswert ist gewaltig. Wenn er gut drauf ist, kann er äußerst witzig sein, und ich glaube, viele Kunden bleiben ihm nur deshalb treu. Sie finden ihn spaßig und manchmal sogar nett.«

Ich teilte diese Gefühle. Arader konnte ein schamloser Schmeichler sein und ein ebenso schamloser Rüpel, aber er hatte trotzdem etwas Atemberaubendes an sich – nicht eigentlich Charme, sondern eher eine ansteckende Überschwänglichkeit bei allem, was er sagte, tat, dachte, kaufte und verkaufte. Und obwohl er sich anscheinend ständig mit sich selbst beschäftigte, besaß er doch irgendwie die Begabung zuzuhören, die Bedürfnisse anderer Menschen zu erspüren und ihnen genau das zu sagen, was sie hören wollten. Selbst ein Skeptiker wie Kennedy war nicht immun gegen seine geradezu magische Überredungskunst. Auf einer Lesereise stattete Kennedy seinem früheren Chef in Philadelphia einen kurzen Besuch ab. »Innerhalb von fünf Minuten«, so erinnert sich Kennedy, »bot er mir eine Stelle als Verkäufer in der New Yorker Galerie für 100 000 Dollar im Jahr an. Ich hatte das Gefühl, wenn ich jetzt nicht sofort aus dem Zimmer geh, sag ich Ja, und dann ist mir nicht mehr zu helfen. Es war grotesk.«

Arader hat sein ungeheueres Charisma dazu benutzt, ein riesiges Vermögen anzuhäufen, nach seinen eigenen Angaben 100 Millionen Dollar. Dies führte zu einer dramatischen Veränderung des Marktes für antiquarische Karten im Lauf des letzten Vierteljahrhunderts, denn er hatte einen historischen Gebrauchsgegenstand in ein »angesagtes« Konsumgut verwandelt. Bevor er Anfang der Siebzigerjahre mit dem Handel begann, beschäftigten sich meist nur Bibliothekare, Historiker und ein paar verstaubte Sammler mit alten Karten. Einer von ihnen war Araders Vater Walter G. Arader, ein erfolgreicher Bankier und Geschäftsmann, der Mitte der Sechzigerjahre mit dem Kartensammeln begonnen hatte – eine Leidenschaft, die aus seiner Zeit als Navigationsoffizier bei der Navy stammte. Walter Arader zahlte zumeist 100 bis 200 Dollar für einzelne Karten aus Atlanten von den Kartographen des goldenen Zeitalters der Entdeckungen, zum Beispiel von Willem Janszoon Blaeu, Gerhard Mercator oder Abraham Ortelius. Heute werden ebendiese Karten in Graham Araders Katalogen zu Preisen zwischen 5000 und 15 000 Dollars aufgeführt.

Arader der Jüngere war auf den Geschmack gekommen, als er vor seiner Universitätszeit ein Jahr in England lebte. Er besuchte die Canford School in Dorset und fuhr von hier aus häufig nach London, um für seinen Vater in Antiquariaten einzukaufen. Während dieser Zeit verliebte er sich selbst in historische Karten. »Die erste, die mich leidenschaftlich erregte, stammte von Christopher Saxon aus Dorset und war 1579 in London gedruckt worden«, erinnerte sich Arader. »Sie hatte schöne Renaissancezeichnungen und wunderbare Farben. Und man sah darauf den Ort, wo ich zu Schule ging. Wie bei den meisten Menschen war mein Interesse für Karten recht naiv. Es war einfach ein unglaublich aufregender Kauf.«

Aber während Walter Arader Karten als unterhaltsame Gelegenheit zum Geldausgeben betrachtete, sah sein Sohn darin eine mögliche Methode, eigene Reichtümer anzusammeln. Als er sich in Yale einschrieb, machte Graham Arader aus seiner Begeisterung ein Geschäft. Die Universität besaß zwei große kartographische Sammlungen, die Beinecke Rare Book and Manuscript Library und die Kartenabteilung der Sterling Memorial Library. Beide zusammen bargen buchstäblich hunderttausende von wertvollen Karten und Atlanten, darunter die umstrittene *Vinland Map*, die eine (immer kleiner werdende) Reihe von Experten für die einzige präkolumbianische Karte altnorwegischer Entdeckungen in Amerika hält, bahnbrechende Karten der Neuen Welt von Henricus Martellus und Johannes Ruysch und einen einzigartigen Atlas aus dem Besitz von George Washington. Entschlossen, sich selbst einen Crashkurs in der Geschichte der Kartographie zu erteilen, machte der junge Arader diese Bibliotheken sofort ausfindig. Die Wissenschaftler an diesen abgeschiedenen Orten wunderten sich über den frisch gebackenen Studenten in ihrer Mitte, »aber«, wie Arader später erklärte, »das war meine Chance. Es gab dort 30 Bibliothekare, Historiker und Kuratoren für kostbare Bücher der Weltklasse, und keiner interessierte sich für das, was er machte. Da hockten diese Männer und Frauen einsam und verlassen da, zeigten keinerlei Interesse für ihre Arbeit, und mit einem Mal kommt dieser helle, draufgängerische junge Mann und überschüttet sie mit Fragen. Ich bin der einzige Kerl in der Geschichte, der Yale als Berufsschule benutzt hat.«

Er hauste noch in einem Schlafsaal, als er seine Karriere als Antiquar begann. Den Einstieg fand er, indem er einen Buchhändler in New Haven beschwatzte, ihm die Namen von drei Mitgliedern der medizinischen Fakultät in Yale zu nennen, die in seinem Laden Karten hatten rahmen lassen. »Auf diese Weise hab ich meine ersten Kunden gekriegt. Ich rief sie an und fragte: ›Sind Sie dran interessiert, Karten zu sammeln?‹ Sie sagten Ja und sind bis heute gute Kunden.«

1973 gründete Arader mit seinem väterlichen Darlehen von 150 000 Dollar sein erstes richtiges Geschäft und gab seinen ersten Katalog heraus. Das Geschäft blühte. »Es war unglaublich«, erzählt er über diese Anfangszeit. »Man konnte die Sachen ganz billig kaufen. Man kaufte was für 100 Dollar und verkaufte es für 200. Sie sehen, damals hat man sein Geld ganz leicht verdoppeln können.«

Doch warum sollte er sich mit 200 Dollar zufrieden geben, wenn er für manche Karten wesentlich mehr bekommen konnte? Arader erkannte, dass die Preise für alte Karten niedrig waren, weil der Markt winzig war, und er beschloss, seinen Kundenstamm über den kleinen Kreis von Liebhabern hinaus zu erweitern. Einige seiner Konkurrenten hatten vielleicht ähnliche Ideen, aber wenige verfügten über so viel Kapital, Kreativität und Beziehungen, und keiner hatte sein Charisma. Das war das Entscheidende. Arader merkte, dass er durch seine Energie, sein Wissen und die Wucht seiner Persönlichkeit tatsächlich *Werte schaffen* konnte. Ein erfahrener Sammler zahlte vielleicht keine 3000 Dollar für eine Karte, die Arader für 1000 Dollar gekauft hatte. Aber ein reicher Arzt, der sich etwas Interessantes und Schickes in sein Wartezimmer hängen wollte, konnte sehr wohl bereit sein, so viel auszugeben – besonders für eine Karte aus dem Hause von W. Graham Arader III., einem Antiquar, der bekanntlich nur feinste Ware führte und seine beträchtliche Energie, Begabung und Beschlagenheit nur ganz exklusiven Kunden zur Verfügung stellte. Und schließlich – nachdem Arader mehrere solche Verkäufe hatte abschließen können und andere Antiquare ihre Preise den seinen angeglichen hatten – kostete die Karte für niemanden mehr 1000 Dollar. Es war nun eine Karte für 3000

Dollar – aber nur so lange, bis Arader beschloss, 9000 dafür zu verlangen.

Indem er auch Nichtexperten mit Geld wie Heu ansprach und Unternehmen mit Büros, die eingerichtet werden mussten, hat Arader die Nachfrage nach alten Karten ständig erhöht. Damit hat er viele seiner Kunden – ganz zu schweigen von seinen Konkurrenten – um einiges reicher gemacht. Außerdem hat er alten Karten zu einer noch nie da gewesenen Popularität verholfen, nicht nur als Geldanlage (»Mit diesen alten Karten können Sie Ihr Geld verdoppeln!«, lautete eine optimistische Schlagzeile in der Zeitschrift *Money* vom März 1997), sondern auch als Massenartikel. Heute findet man Abbildungen von historischen Karten auf Glückwunschkarten und Einwickelpapier, auf T-Shirts und Fotoalben, auf Kaffeebechern, Zifferblättern und Popcorntüten. Man sieht sie in Casinos und Cafés, in Kinderbüchern und im *Playboy*. Still und heimlich sind sie zu Bestandteilen der Popkultur geworden.

Arader hat auch andere Märkte verändert – vor allem jenen für Druckgraphik von John James Audubon und anderen naturhistorischen Illustratoren. Heute stammt der größte Teil seiner Einnahmen aus dem Verkauf solcher Werke. Alte Karten machen nur noch etwa 20 Prozent seines Umsatzes aus. Trotzdem legt er Wert auf die Feststellung, dass »Karten meine erste Liebe waren und immer sein werden«.

Doch die Liebe ist eine komplizierte Sache. Verglichen mit all der Zeit und Leidenschaft, die Graham Arader in die Welt der alten Karten gesteckt hat, hat ihm diese Welt reichlich wenig Dankbarkeit gezeigt. Hochachtung vielleicht, aber keine Dankbarkeit. Und gewiss keine Liebe.

Wer bei Sotheby's bieten will, hält die kleine Bieternummer hoch, die das Auktionshaus speziell für diesen Zweck zur Verfügung stellt. So machen es die Neulinge und Outsider. Wer sich auskennt, bedient sich subtilerer Techniken: Er schlenkert zum Beispiel ostentativ mit dem Handgelenk oder hebt bedeutungsvoll den Finger. Graham Arader benützt seine Hände gar nicht. Er bietet mit dem Kopf. Ein kurzes Nicken, begleitet von einem flammenden Blick über die Lesebrille, zeigt an, dass er das vorige Gebot überbieten will, eine seitliche Kopfbewegung, so geringfügig, als ziehe es ihn nur plötzlich im Nacken, bedeutet, dass er aussteigt. Im Lauf der Auktion an diesem Nachmittag war Araders Schädel ständig am Zappeln. Er wirkte wie ein straff gefederter Wackeldackel.

Nummer 553, das erste Angebot, kaufte er nicht, aber dafür die nächsten beiden: ein Buch mit Vogelkupferstichen aus dem 19. Jahrhundert von Jean Baptiste Audebert und Louis-Jean Pierre Vieillot für 7500 Dollar und eine Erstausgabe von John James Audubons und John Bachmans *The Viviparous Quadrupeds of North America* für 200 000 Dollar. Jetzt legte Arader erst richtig los. In einem Kaufrausch schnappte er sich in den nächsten Minuten *Carey's American Atlas* von Mathew Carey für 2000 Dollar, *The Natural History of Carolina, Florida and the Bahama Islands* von Mark Catesby für 100 000 Dollar und John Goulds *A Monograph of the Trochilidae, or Family of Humming-Birds*, noch einmal für 100 000 Dollar. Bei mehreren anderen Posten – darunter naturgeschichtlichen Büchern von George Edwards und Gould, Lithographien der Ureinwohner Amerikas von George Catlin und Reiseberichten von James Cook – trieb er den Preis hoch und zog sich oft erst in letzter Sekunde zurück.

Bei Nummer 585, dem 1876 erschienenen Buch des Geologen und Kartographen Ferdinand V. Hayden über den Yellowstone Nationalpark, erhielt Arader den Zuschlag und griff daraufhin sofort zu seinem Handy. »Sie haben's gekriegt, 115 000«, bellte er den Kunden an, den er auf der Auktion vertrat. »Gratuliere.«

Als er auflegte, kam ein Mann auf dem Weg zum Ausgang an ihm vorbei. »Leise reden, Graham«, sagte er scheinbar scherzhaft.

»Ich soll leise sein? Okay.« Ich wusste nicht, ob Arader es als freundliche Spöttelei oder als Beleidigung auffasste. Seine Stimme war zwar noch immer leise, aber doch merklich lauter, als er hinzufügte: »Ich spreche so leise, *wie der Herr wünschen.*«

Es war offenkundig, dass er die anderen Interessenten nicht als Freunde betrachtete. Er war sich nicht zu gut, einigen auf die Schulter zu klopfen oder ihnen die Hand zu geben, aber im Allgemeinen hielt er sich fern von ihnen, und sie hielten sich fern von ihm. (Einer der Anwesenden, der gemerkt hatte, dass ich mir Notizen über Arader machte, zog mich später auf die Seite. »Wissen Sie, dieser Kerl ist verrückt«, sagte er. »Hat er unflätige Wörter benützt, als Sie mit ihm geredet haben?«) Ich musste an ein Gespräch denken, das ich ein paar Wochen zuvor mit Arader geführt hatte.

»Was ist dran an der Behauptung, Sie seien aggressiv?«, hatte ich gefragt.

»Ich *bin* aggressiv!«, erwiderte er. »Ich habe keine Zeit, zur Konkurrenz nett zu sein.«

»Brutal? Halsabschneiderisch?«

»Ich bin nicht brutal, ich bin ein Geschäftsmann. Wer mich brutal nennt, soll mal in die Börse gehen. Wer Brutalität erleben will, soll versuchen, in Konkurrenz zu Bill Gates Software zu verkaufen. Verglichen mit echter Brutalität bin ich ein Waisenknabe. Ich kaufe wenn irgend möglich alles Hochwertige. Wenn ich also auf einer Auktion die guten Sachen kaufe, nennen die anderen das brutal. Sie gehen am Ende mit leeren Händen heim und ich mit vollen. Ist das Brutalität? Nein, das ist Geschäft.«

Dies beschrieb zweifellos recht gut, was hier bei Sotheby's ablief. Neid erklärte die Vorbehalte mancher Kritiker gegen Arader, aber ich wusste auch, dass andere nahezu weltanschauliche Differenzen mit ihm hatten, ganz zu schweigen von langjährigen Bedenken bezüglich seiner Moral. 1983 zum Beispiel strich ihn die Antiquarian Booksellers' Association of America von ihrer Mitgliederliste. Diese zwangsweise Entfernung entsprang einer Fehde zwischen Arader und einem holländischen Buchhändler, der ihm eine fünfbändige Ausgabe von John Goulds Kolibris geschickt hatte (ähnlich der, die er heute bei Sotheby's für schlappe 100 Riesen gekauft hatte). Arader fand, die Bücher seien in einem unbefriedigenden Zustand, und schickte sie – in einer für ihn typisch provokanten Geste – als Drucksache und unversichert nach Amsterdam zurück. Die feinen Herren von der ABAA fanden diesen Affront unverzeihlich. Sie gaben Arader einen Tritt – und der erhöhte daraufhin den Einsatz und verklagte die Vereinigung. Er verlor den Prozess und musste die Gerichtskosten der ABAA und seine eigenen zahlen, insgesamt 50 000 Dollar.

Dieser Zwischenfall festigte Araders Ruf als böser Bube – ein Image, das er sichtlich genießt – und vermehrte zudem die Bedenken hinsichtlich seines Geschäftsgebarens. Von diesen waren wenige so umstritten wie sein berühmt-berüchtigtes Vorgehen zu Beginn seiner Karriere, das mit zahlreichen Euphemismen umschrieben wird: ein Buch zerschneiden, ausbinden, aufteilen, aus der gebundenen Form befreien. Puristen sagen einfach: ein Buch zerstören.

Doch Graham Arader hat nie behauptet, ein Purist zu sein, und als er sich in den Siebzigerjahren einen Namen zu machen versuchte, war der gesamte Verkaufswert der einzelnen Karten aus einem Atlas oft höher als der Wert des Atlanten selbst. Wie vorauszusehen, handelte Arader als Geschäftsmann und nicht als Bibliophiler. Er kaufte Atlanten und andere illustrierte Bücher, zerschnitt sie und verkaufte die Blätter einzeln. Er hat diese Methode nicht erfunden – nein, man hat Bücher seit Jahrhunderten auseinander genommen –, aber er hat es derart systematisch und in so großem Ausmaß praktiziert, dass ihm manche Bücherfreunde bis heute nicht vergeben.

Freilich haben auch Araders Konkurrenten den einen oder anderen Atlas zerlegt, besonders wenn schon einzelne Karten fehlten oder er sonst irgendwie beschädigt war. Aber Arader kaufte systematisch tadellos erhaltene Bände mit dem erklärten Ziel, sie zu zerstören. Einmal hat ihn ein anderer Antiquar namens Bill Reese beobachtet, wie er eine Erstausgabe von John Smiths 1624 erschienener *Generall Historie of Virginia, New-Eng-*

land, and the Summer Isles auseinander nahm. Reese erzählte später dem *New Yorker*, wie Arader das Buch auf den Tisch legte und den Falz in der Mitte zu massieren begann. »›Was machst du da, Graham?‹, fragte ich. Und er sagte: ›Was meinst du, Billy? Ich kontrolliere, wie fest die Bindung ist.‹ Und dann, rrratsch, schneidet der Scheißkerl das Blatt raus.«

Das klingt hässlich. Doch je mehr ich mich mit dem Thema befasste, desto mehr fragte ich mich, ob Arader es wirklich verdiente, als Buhmann des Buchzerlegens verrufen zu sein. In diesem Bereich herrscht einige Scheinheiligkeit, das erfuhr ich auf einer Geographica-Messe, auf der ein Händler aus Kalifornien namens Robert Ross ein Seminar über das Sammeln hielt. Ein Teilnehmer fragte Ross nach der schrecklichen Praxis des Bücherzerschneidens. Als Antwort erzählte der, wie er einmal selbst beinahe einen weniger wertvollen Atlas auseinander genommen hätte. »Ich hatte das Messer schon in der Hand, aber ich brachte es nicht fertig«, sagte er. »Ich steckte das Messer wieder ein, weil der Atlas in einem guten Zustand war.«

Ross mochte zwar zögern, den Atlas mit eigenen Händen zu zerschneiden, aber er schien durchaus bereit, andere die Drecksarbeit machen zu lassen. Die meisten Werke an der Wand seines Messestandes stammten offensichtlich aus zerlegten Büchern, und das traf auf nahezu jeden anderen Händler auf dieser Messe zu. Hierfür gab es einen einfachen Grund: Es sind nur wenige alte Einzelkarten im Umlauf. Ohne zerlegte Bücher wäre das Geschäft mit alten Karten praktisch am Ende.

Doch mittlerweile sind so viele Atlanten auseinander genommen worden, dass diese Methode immer weniger Gewinn bringt, selbst für Graham Arader. »Ich zerlege keine Bücher mehr. Ich muss nicht mehr«, sagt er. »Zurzeit sind ganze Bücher mehr wert als die Summe ihrer Teile. Ob ich damit am Anfang mein Geld verdient habe? Darauf können Sie Ihren Arsch verwetten. Ob ich deswegen jetzt ein ungutes Gefühl habe? Ja, hab ich. Wenn ich jetzt aus sicherer Höhe darauf zurückblicke, sage ich: Hätt ich das bloß nicht gemacht! Aber ohne das hätte ich es nicht geschafft. Ich habe einen Atlanten für 10 000 Dollar gekauft, ihn auseinander genommen und für 100 000 Dollar verkauft. Es war Wahnsinn. Heute zahlt man für so ein Buch 150 000 Dollar, wenn man es dann zerlegen würde, brächte es nur 90 000 Dollar. So was tut man natürlich nicht.«

Er behauptet, er habe seit zehn Jahren »keinen vollständigen, unversehrten Atlas« mehr auseinander genommen. Dennoch wird seine Moral noch immer in Frage gestellt – er wird ja auch immer wieder in neue Streitigkeiten verwickelt. Wie verlautet, hat Arader zum Beispiel 1996 einer Frau einen Scheck über 8000 Dollar geschickt, als Bezahlung für eine 160 Jahre alte Karte, den vermutlich ältesten Stadtplan von Houston. Dann hatte er das Stück restauriert und es – ein Musterbeispiel angewandter Araderscher Wirtschaftstheorie – wieder auf den Markt gebracht, und zwar für 98 000 Dollar. (»Na ja, ich hab versucht, sie so billig wie möglich zu kaufen«, erzählte er mir später. »Ja, ich hab sie schlecht gemacht... Ich hab so wenig wie möglich dafür bezahlt, ich sag es offen. Aus wem hol ich das meiste raus – aus den Leuten, von denen ich kaufe, oder aus denen, an die ich verkaufe?... Einen Kunden, dem ich ein Objekt für mehr Geld verkaufen würde, als dieses Objekt auf einer Auktion brächte, den würd ich nämlich todsicher verlieren, mein Junge.«) Und nun nahm die Geschichte eine seltsame Wendung. Ein Mann aus Houston namens John Fox verklagte Arader und behauptete, die Karte gehöre ihm, seine Schwägerin habe die Karte zu Arader gebracht, und zwar um sie schätzen zu lassen, nicht um sie zu verkaufen. Der Prozess wurde zu Gunsten von Fox entschieden. Arader willigte ein, die Karte zurückzuerstatten und die Gerichtskosten zu tragen. Aber dann schlug die Geschichte einen zweiten merkwürdigen Haken. Mitarbeiter der Houston Title Company, die in einer Regionalzeitung von dieser juristischen Schlacht gelesen hatten, fragten sich, ob es sich hier nicht etwa um dieselbe Karte handelte, die vor mehreren Jahren aus ihrem Büro verschwunden war, in dem Fox einst gearbeitet hatte. Ihr Verdacht erwies sich als wohlbegründet. Nach vertraulichen Verhandlungen bekam die Houston Title Company ihre Karte zurück, und Fox, der behauptete, er hätte der Gesellschaft die Karte abgekauft, wurde nicht angeklagt.

Arader hatte mit der Polizei zusammengearbeitet, um sicherzustellen, dass die Karte an ihren rechtmäßigen Besitzer zurückging, wie in zahlreichen ähnlichen Fällen. »Bis heute«, so erzählte er später, »bin ich wütend, dass sie Fox nicht belangt haben … Der üble Nachgeschmack kommt daher, dass das FBI und die örtliche Polizei den Fall niederschlugen, weil die Leute von Houston Title die Geschichte unter den Teppich kehren wollten. Sie war ihnen peinlich.« Und dennoch ließ der Vorfall auch die alten Fragen über den Händler selbst wieder aufleben. Hatte er mit der Frau, die ihm die Karte gebracht hatte, ehrlich verhandelt? War er eindeutig der Besitzer, als er die Karte zum Verkauf anbot? Hatte er gewusst, dass nur ein einziges anderes Exemplar dieser Karte existierte, ein späterer Druck in der Houston Public Library? Und wenn ja, hatte er genug unternommen, um ihre Herkunft zu klären?

Das sind natürlich wichtige Fragen. Aber ich habe den Verdacht, dass sich die Leute bei diesem Fall vorwiegend an den Riesenaufschlag von 90 000 Dollar erinnern, diesen dreisten Preisanstieg von 1225 Prozent. Es ist vielleicht nicht fair, wenn man Graham Arader die Verantwortung für die Inflation in dieser Branche allein in die Schuhe schiebt. Doch als ich ihn an jenem Tag bei Sotheby's beobachtete, als er zahlreiche Posten kaufte und bei anderen mitbot, wurde mir klar, dass nichts – nicht seine Egomanie oder Aggressivität, nicht die zerlegten Bücher oder verwickelten Geschäfte – ihm mehr Feinde verschafft hat. Freilich hat der veränderte Markt einige große Gewinner hervorgebracht, nicht zuletzt Arader selbst. Aber er hat auch viele Verlierer erzeugt, darunter Sammler aus der Mittelschicht, die nun zu Karten, die sie sich früher leicht leisten konnten, keinen Zugang mehr haben, und kleine Händler, die für einen entsprechenden Bestand nicht mehr das nötige Kapital aufbringen. Dieser Personenkreis bildete einst das Rückgrat der Branche – Wissenschaftler und Liebhaber, die sich hauptsächlich für den historischen oder ästhetischen Wert einer Karte interessieren, nicht für ihren Marktwert. Sie waren vielleicht nicht unbeteiligt, als Arader aus der ABAA hinausgeworfen wurde – aber letztlich hat er sich nicht nur einen Weg in ihre vornehme kleine Welt erzwungen, sondern dort regelrecht die Macht übernommen. Kein Wunder, dass sie nichts von ihm halten.

Arader scheint sich dessen wohl bewusst zu sein. Einmal fragte ich ihn: »Hat sich das Sammeln von Karten seit Ihrer Anfangszeit sehr verändert?«

»Ja. Jetzt muss man reicher sein«, sagte er. »Das Zeug steigt schneller als die Inflationsrate. Ein kleiner Bibliothekar in Urbana, Illinois, der vor zehn Jahren mit seinem 20 000-Dollar-Etat 20 Karten gekauft hat, kauft jetzt nur noch eine.«

Das stimmt schon. Aber gerade was die Bibliothekare betrifft, so ist dieser Umstand nicht das Schlimmste an den steigenden Preisen. Das Schlimmste ist, dass sie Bibliotheken in Goldminen verwandelt haben, Bücher in Hehlerware und Benutzer in Gauner. Wenn die Bibliothekare Arader verabscheuen, so nicht deshalb, weil er es ihnen erschwert hat, Bücher zu kaufen, sondern weil sie ihre liebe Not haben, die zu behalten, die schon in den Regalen stehen.

Ein dramatisches Beispiel dafür, wie alte Karten zum Big Business werden, sollte nun bei Sotheby's vorgeführt werden. Nummer 599 war eine Ausgabe der berühmten *Geographia* (oder auch *Cosmographia*) des antiken Gelehrten Ptolemäus, gedruckt in Ulm 1482. Wer dieses Buch 1884 kaufen wollte, musste 85 Dollar auf den Tisch legen. 1901 brachte es 350 Dollar, 1933 3000, 1959 5000, 1965 28 000 und 1984 42 500 Dollar. Heute stand im Katalog ein Schätzpreis zwischen 200 000 und 300 000 Dollar.

»Schließlich ist es eine ausnehmend schöne Ausgabe im zeitgenössischen Einband, sie hat bereits großes Interesse geweckt«, hatte mir Selby Kiffer, ein Mitarbeiter von Sotheby's, vor ein paar Tagen gesagt. »Man weiß nie, was auf einer Auktion passiert, aber in diesem Fall könnten die Gebote von Interessenten, die sich unbedingt durchsetzen wollen, den Preis über den geschätzten Bereich hinaustreiben.«

Von Anfang an war klar, dass Kiffer mit seiner Vorahnung richtig gelegen hatte. Das erste Gebot lautete auf 100 000 Dollar, stieg aber rasch auf 150 000, dann auf 200 000, schließlich auf 250 000 Dollar. Ein Gefühl nervöser Gehetztheit machte sich im Raum breit, als die Gebote rasch hintereinander kamen, aus dem Saal und übers Telefon.

Diesmal war Arader nicht bereit, mit der Konkurrenz Schritt zu halten. Er stieg bei etwa 300 000 aus.

Die Gebote kletterten weiter nach oben …

Nicht zum ersten Mal haben Käufer lärmend ihre Stimme erhoben, um ein Exemplar der *Geographia* in die Hand zu bekommen. In der Tat nimmt das Werk sowohl in der Geschichte des Sammelns wie auch in der der Kartographie eine zentrale Stelle ein. Ihr Verfasser Claudius Ptolemäus war eine der faszinierendsten und geheimnisvollsten Gestalten des Altertums. Über sein Leben ist wenig bekannt, man weiß nur, dass er im 2. Jahrhundert n. Chr. als römischer Bürger in Alexandria lebte. Er hinterließ ein brillantes, umfassendes Œuvre über Astronomie, Optik, Mathematik, Musik und Geographie. Die *Geographia* – eine Art empirische Gebrauchsanweisung zum Kartenzeichnen – wird als Höhepunkt der antiken Erdkunde angesehen. Ptolemäus systematisierte die Kartographie durch seine Forderung, Karten nach einem Maßstab zu zeichnen und stets nach Norden auszurichten. Als einer der Ersten schlug er eine Projektion vor, mit der die kugelförmige Erde auf einer ebenen Fläche dargestellt werden konnte. Er verwarf auch die homerische Vorstellung, dass die bekannte Welt (Europa, Asien und Afrika) von einem unbewohnbaren Ozean umgeben sei. Damit waren weitere Entdeckungen denkbar. »Mehr als jedem anderen Gelehrten der Antike gebührt Claudius Ptolemäus das Verdienst, Grundlagen und

LIBIA INTERIOR
AFFRICA
ETHIOPIA INTERIOR

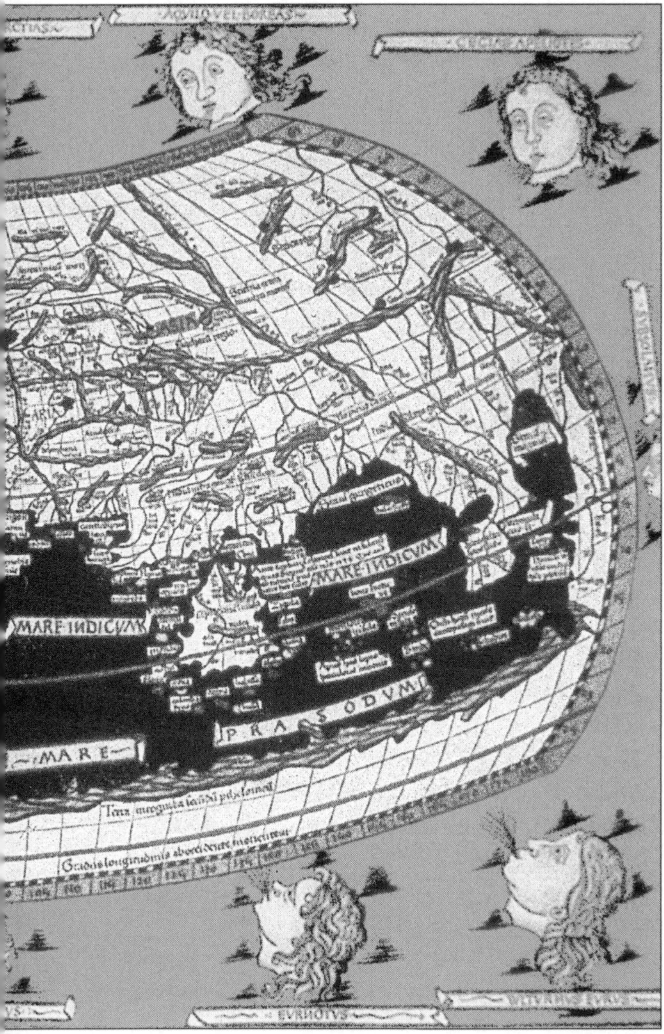

Weltkarte aus der Geographia *des Ptolemäus, Ulm 1482.*

Methodik der wissenschaftlichen Kartographie eingeführt zu haben«, schreibt der Kartenhistoriker Lloyd A. Brown.

Doch vielleicht wäre uns die *Geographia* nicht als derart bedeutend in Erinnerung geblieben, wenn sich nicht leidenschaftliche Sammler mehr als 1000 Jahre später so intensiv um sie bemüht hätten. Vielleicht wüssten wir gar nichts mehr von ihr. Wie so manches andere große Werk der Antike verschwand die *Geographia* nach dem Untergang Roms einfach aus dem europäischen Bewusstsein. Ihr Gedankengut wurde unterdessen von den arabischen Geographen wach gehalten, die Ptolemäus' kartographisches Meisterwerk etwa im 9. Jahrhundert übersetzten und seine Ideen auf ihre eigenen Karten anwandten. Dann entdeckte im 13. Jahrhundert ein byzantinischer Gelehrter und Mönch namens Maximus Planudes ein Exemplar dieses lang vergessenen Werks. Nach Planudes' Bericht befanden sich keine Karten in dem Manuskript. (Moderne Gelehrte bezweifeln überhaupt, dass Ptolemäus jemals Karten dazu gezeichnet hat.) Trotzdem machte sich Planudes daran, eine Reihe von Karten zu zeichnen, die die Welt so zeigen sollten, wie Ptolemäus selbst sie gezeichnet hätte. Dies war möglich, weil Ptolemäus sich die Mühe gemacht hatte, die Längen- und Breitengrade von 8000 Orten auf der ganzen Welt anzugeben, sodass jemand an einem anderen Ort – oder sogar in einem anderen Jahrhundert – nur mit Hilfe des Textes Karten zeichnen konnte. Mir gefällt die Vorstellung, wie Planudes in seiner Zelle sorgfältig eine Koordinate nach der anderen einzeichnet, wie er dann endlich von seinem Werk zurücktritt und plötzlich die ganze Welt vor sich daliegen sieht.

… 325 000 Dollar.

350 000.

375 000.

400 000.

Planudes war ein Sammler antiker Manuskripte, ein Allesfresser, der regelmäßig die Basare von Konstantinopel nach den Werken der großen klassischen Schriftsteller durchstöberte. Er übersetzte viele Werke aus dem Lateinischen ins Griechische und stellte eine Reihe von noch heute bedeutenden Anthologien zusammen, darunter eine Sammlung griechischer Prosa und Lyrik, einen Band mit den Fabeln des Äsop und die herrlich betitelte *Höchst nützliche Auswahl aus verschiedenen Büchern*. Planudes mit seiner entschlossenen Jagd nach klassischen Texten war gefühls- und verstandesmäßig ein Vorläufer der großen Gelehrten und Sammler des 14., 15. und 16. Jahrhunderts, die durch »Mühe und Ausdauer ... bei der Entdeckung, Sammlung, Kritik und Veröffentlichung von Texten ... das Studium der Antike in eine kulturelle Kraft« verwandelten, schreibt der Historiker John Hale in *Die Kultur der Renaissance in Europa*. Nicht gerade der unbedeutendste dieser Männer war der italienische Dichter Petrarca, berühmt für seine Sammlung und Besessenheit von antiken Texten. »Wenn du mich liebst«, schrieb Petrarca einem Freund um das Jahr 1346, »so suche mir bitte gebildete und vertrauenswürdige Leute, die für mich die Toskana durchkämmen, die Bücherschränke der Mönche und anderer Gelehrten ausräumen und schauen, ob dabei nicht etwas zum Vorschein kommt, das gut genug ist, um meinen Durst zu löschen – oder soll ich sagen: zu steigern.«

... 425 000 Dollar.

450 000.

475 000.

500 000.

Petrarca gestand, seine Gier nach Büchern sei »ein unstillbares Verlangen, welches ich bisher nicht zu beherrschen vermag«. Solche inneren Zwänge sollten bald ganz normal werden, als die Renaissance einen nie da gewesenen Sammelkult entstehen ließ. Nun interessierten sich die Menschen für Kunst und von Menschenhand geschaffene Werke nicht mehr um deren religiöser Verwendbarkeit willen, sondern wegen ihrer intellektuellen, historischen, wissenschaftlichen, ästhetischen, erinnerungsträchtigen oder kommerziellen Bedeutung. Diese Einstellung zum Sammeln – die sich beispielhaft in den gut sichtbar platzierten »Kuriositätenkabinetten« wohlhabender Häuser zeigte – begann mit einer Vorliebe für antike Bücher, Gemmen, Münzen, Vasen und Skulpturen, erfasste dann zeitgenössische Gemälde, Uhren und wissenschaftliche Instrumente und dehnte sich schließlich auf »seltene, wertvolle oder auch nur fremdartige Gegenstände aus der Natur« aus, so beschreibt es Hale, »von Muscheln und Fossilien bis zu ausgestopften Tukanen und mumifizierten ägyptischen Katzen«.

… 550 000 Dollar.

575 000.

600 000.

Die *Geographia* stand im Mittelpunkt dieses Sammelwahns. Um 1400 war ein Exemplar des Textes aus Konstantinopel nach Florenz gelangt, wo es vom Griechischen ins Lateinische übersetzt wurde und »schlagartig gewaltiges Aufsehen erregte«, schreibt Thomas Goldstein in *Dawn of Modern Science*. Handkopierte und von Hand illustrierte Fassungen verbreiteten sich rasch durch Westeuropa, zumeist mit Karten, die auf denen des Planudes beruhten. Lisa Jardine schreibt in *Der Glanz der Renaissance*:

> Neben den teuren Bibeln hatte die *Geographia* des antiken Gelehrten und Kartographen Ptolemäus mit ihren kolorierten und illuminierten Karten der bekannten Welt in erstaunlich vielen Bibliotheken großer Männer einen Ehrenplatz inne. Auch die *Geographia* war eine außerordentlich kostspielige Anschaffung, da manche Ausgaben bis zu 60 verschiedene Karten enthielten, von denen jede erst einmal akribisch gezeichnet und mit den exakt eingetragenen Orten versehen werden musste, ehe man überhaupt mit der komplizierten Arbeit des Kolorierens und Ausschmückens beginnen konnte.

Die erste gedruckte Ausgabe der *Geographia* erschien 1475 (ohne Karten), nur zwei Jahrzehnte nach dem Druck der Gutenberg-Bibel, im selben Jahr, als in Holland und England die ersten Druckerpressen mit ihrer Arbeit begannen. Bald folgten zahlreiche illustrierte Ausgaben, und die *Geographia* wurde zu einem der ersten Bestseller der Geschichte. Die bekannte Ulmer Ausgabe von 1482 – die heute bei Sotheby's verkauft werden sollte – wurde als Erste außerhalb von Italien gedruckt und sorgte für eine weite Verbreitung des Buches, was tief greifende Folgen hatte. Der Historiker Daniel J. Boorstin schreibt:

> Die Auferstehung des Ptolemäus … bedeutete die Erweckung oder Wiedererweckung des empirischen Gedankens. Von nun an nutzten die Menschen ihre Erfahrung, um die gesamte Erde zu vermessen, um das Bekannte vom Unbekannten abzugrenzen und neu gefundene Orte zu kennzeichnen, damit sie sie wieder fanden. Die Wiederentdeckung des Ptolemäus war ein Auslöser für das Aufleben von Wissen und Bildung, in deren Zeichen die Renaissance stand, ein Vorwort zu unserer modernen Welt.

König Ferdinand und Königin Isabella von Spanien bestellten ihr Exemplar der *Geographia* bei einem Buchhändler in Valencia. Das Interesse der Monarchen war durch Gespräche mit einem ehrgeizigen italienischen Seemann geweckt worden, der behauptet hatte, er könne das gewürzreiche Indien erreichen, indem er nach Westen segle statt nach Osten. Christoph Kolumbus' Pläne basierten zum Teil auf zwei später berühmten Irrtümern des Ptolemäus: Erstens hatte er den Umfang der Erde stark unterschätzt und zweitens die Ausdehnung Asiens nach Osten weit überschätzt. Nach langem Zögern und Debattieren beauftragten die spanischen Herrscher Kolumbus 1492, mit drei Karavellen »nach Indien« zu segeln. Er sollte dieses Ziel nie erreichen.

… 625 000 Dollar.

650 000.

675 000.

700 000.

Die Sammelwut der Renaissance hatte auch ihre dunklen Seiten. Zwanghaftes Sammeln konnte mitunter in Diebstahl umschlagen – und einige der großen Schriftsteller und Gelehrten jenes Zeitalters erlagen offenbar diesem inneren Zwang. Giovanni Boccaccio, Verfasser des *Dekameron* und Freund von Petrarca, soll auf seiner Jagd nach einem bis dahin unentdeckten Werk der klassischen Literatur eine Klosterbibliothek geplündert haben. Poggio Bracciolini, einer der berühmtesten Büchernarren seiner Zeit, rechtfertigte seinen offenkundigen Diebstahl aus einer anderen Klosterbibliothek mit der Behauptung, die Bücher »waren nicht ihrem Wert entsprechend untergebracht, sondern lagen in einem höchst modrigen und finsteren Verlies … einem Loch, in das man nicht einmal verurteilte Verbrecher werfen würde«. Unnötig zu sagen, dass die für solche Sammlungen Verantwortlichen die Dinge anders sahen – wie dies auf einer Inschrift an der Bibliothek des Klosters San Pedro in Barcelona zum Ausdruck kommt:

> Wer Bücher stiehlt oder ausgeliehene Bücher zurückbehält, in dessen Hand soll sich das Buch in eine reißende Schlange verwandeln. Der Schlagfluss soll ihn treffen und all seine Glieder lähmen. Laut schreiend soll er um Gnade winseln, und seine Qualen sollen nicht gelindert werden, bis er in Verwesung übergeht. Bücherwürmer sollen in seinen Eingeweiden nagen wie der Totenwurm, der niemals stirbt. Und wenn er die letzte Strafe antritt, soll ihn das Höllenfeuer verzehren auf immer.

… 725 000 Dollar.

750 000.

775 000.

800 000.

Einen Monat vor dieser Versteigerung bei Sotheby's sollte eine andere Ausgabe der *Geographia* bei Christie's in London unter den Hammer kommen. Es handelte sich um eine noch seltenere Ausgabe, den 1477 in Bologna veröffentlichten, allerersten gedruckten Atlas. Nur wenige Exemplare haben überlebt, und damit wäre die Auktion ein herausragendes Ereignis gewesen – wenn sie denn stattgefunden hätte. Sie wurde aber in letzter Minute abgesagt, als Christie's zugab, das Buch sei vor knapp einem Jahr aus der französischen Nationalbibliothek gestohlen worden. Auch dieses Verschwinden hatte einen bizarren Verlauf genommen. Drei Monate lang hatten die Bibliotheksangestellten gar nicht gemerkt, dass eines der bedeutendsten Bücher der Geschichte verschwunden war. Als jedoch im November 1997 der Diebstahl entdeckt wurde, hatte man ihn weltweit bekannt gegeben. Kaum vorstellbar, dass Christie's nichts davon erfahren haben sollte. Trotzdem hatten sie den gefälschten Eigentumsnachweis des Franzosen, der ihnen das Buch brachte, offenbar für bare Münze genommen. Zeitungsberichten zufolge war die Versteigerung erst abgesagt worden, als die französischen Behörden Einspruch erhoben hatten.

Ich hatte ein paar Wochen vor der New Yorker Auktion von diesem Debakel gelesen und fragte mich nun natürlich, woher die *Geographia* von Sotheby's stammte. Ich schlug im Auktionskatalog nach. Der letzte dort aufgeführte Besitzer war ein Herr namens Georg Joachim Scherer. Er hatte das Buch 1713 besessen.

Ich fragte Selby Kiffer von Sotheby's, ob mir die Firma wohl den derzeitigen Besitzer nennen würde. Keine Chance. »Wir nehmen das Vertrauen unserer Käufer und Einlieferer sehr ernst«, wies er mich eisern ab.

Doch Kiffer versicherte mir: »Ich kenne den Einlieferer dieses Buches, kenne die Geschichte der Familie und ihrer Sammlungen, und es gibt keinerlei Zweifel, dass dies ein Exemplar aus Privatbesitz ist.«

Mit anderen Worten, ich musste ihm Glauben schenken. Ich hatte keinerlei Grund, ihm zu misstrauen. Aber das hätte ich bei Christie's auch nicht gehabt.

… 825 000 Dollar.

850 000.

875 000.

900 000.

Der Auktionator sprach mittlerweile sehr langsam, mit dramatischen Pausen, um die ungeheure Höhe dieses Gebots zu unterstreichen. Er sprach gemessen und ruhig, seine Stimme war das einzige Geräusch im Raum. Die Konkurrenz war auf zwei telefonische Steigerer geschrumpft, und aller Augen ruhten auf den beiden Kommissionären, die rechts und links vom Podium saßen.

… 925 000 Dollar.

950 000.

975 000.

1 000 000.

1 050 000.

1 100 000.

1 150 000.

Der Auktionator wartete, aber es kam kein weiteres Gebot. Endlich schlug er den Hammer nieder. *Verkauft.* Stille, dann begannen die Anwesenden zu applaudieren, erst langsam, dann mit echter Begeisterung. Sie hatten soeben Geschichte miterlebt. Zuzüglich der vorgeschriebenen Gebühren belief sich der Preis auf 1 267 500 Dollar, ein Weltrekord für einen auf Papier gedruckten Atlas. (1990 wurde eine seltene Ptolemäus-Ausgabe von 1482, gedruckt auf Pergament, für 1 925 000 Dollar verkauft.)

Wenn Arader beeindruckt war, so zeigte er es nicht. Ich fragte ihn, ob ihn die Versteigerung überrascht habe. »Kein bisschen«, versetzte er bester Laune. »Ich wusste, dass es für eine Million weggehen würde. Es war für jemand ganz Bestimmten *die* Chance seines Lebens.«

Andere jedoch standen eindeutig unter Schock. Ein Händler schlurfte aus dem Saal, als sein Blick auf Arader fiel.

»Zwielichtige Gesellschaft«, murmelte er benommen.

Und dann schlich er kopfschüttelnd hinaus.

Als der Nachmittag zu Ende ging, betrug die Rechnung für Graham Araders Großeinkauf bei Sotheby's fast 800 000 Dollar. Etwa die Hälfte davon hatte er ausgegeben, um seinen eigenen Bestand aufzustocken, die andere Hälfte, um im Auftrag von Kunden einzukaufen. Eine seiner letzten Erwerbungen an diesem Tag war das von Christopher Saxton 1579 gedruckte Werk *An Atlas of England and Wales.* Dieses Buch schien mir ein perfektes Beispiel dafür zu sein, wie weit es Arader gebracht hatte. Vor mehr als 25 Jahren hatte er als »leidenschaftlich erregter« junger Mann mit dem Sammeln angefangen, indem er eine Karte von Dorset aus ebendiesem Atlas von Saxton kaufte. Er hatte 250 Dollar dafür bezahlt. Diese Karte ließe sich heute für 5500 Dollar verkaufen. Damals wäre der gesamte Atlas 47 000 Dollar wert gewesen. Heute bei Sotheby's hatte Arader 150 000 dafür bezahlt und sollte kurz darauf 450 000 Dollar dafür verlangen.

Im Rückblick auf Araders Karriere hat Hugh Kennedy seinen früheren Chef einmal mit dem Microsoft-Gründer Bill Gates verglichen. Beide, so meinte er, hätten ihre Branche durch ihre eigene Phantasie und Willenskraft verändert. Ich finde, der Vergleich passt auch noch in anderer Hinsicht. Wie Arader ist Bill Gates zum Blitzableiter für anderer Leute Groll geworden. In manchen Fällen durchaus gerechtfertigt und nachvollziehbar – aber vielfach war es nur unkoordinierte Wut, die sich Luft verschaffte, von der »Punch-Bill-Gates«-Internetseite oder »I Hate Bill Gates.com« bis zu einem realen Angriff auf den Computermagnaten durch einen Sahnetorten schmeißenden belgischen Anarchisten.

Mir ist, als verstecke sich hinter dieser Wut eine ganze Menge Neid. Wir verabscheuen erfolgreiche Unternehmer wie Arader und Gates, nicht zuletzt deshalb, weil wir irgendwo in der Tiefe unseres Herzens genauso sein wollen wie sie. Wir wünschen uns, wir hätten ihren Weitblick und ihr Selbstvertrauen, vielleicht auch ihre Rücksichtslosigkeit und ihr Talent, Gelegenheiten zu erkennen und beim Schopf zu packen. Es ärgert uns, dass wir zu spät auf die Bühne gekommen sind, dass die Türen schon geschlossen sind, dass das Geld gemacht, die Macht ergriffen, der Ruhm vergeben ist. In vieler Hinsicht sind diese Männer Erben der Entdecker, die als Erste in dieses Land kamen, dreiste Kaufleute wie de Soto und Coronado. Wir schmähen sie vielleicht wegen ihrer Grobheit, Habgier und Zerstörungswut, aber wer wünscht sich nicht, er hätte in ihren Schuhen gesteckt, als sie mit Riesenschritten tief in die weißen Flecken auf der Karte hineinmarschierten?

Unsere Abneigung kann bizarre Formen annehmen. Dem FBI zufolge haben sich Computerwirtschaftsverbrechen und Netzwerkpiraterie zwischen 1996 und 1998 vervierfacht, da frustrierte Möchtegern-Bill-Gates als Hacker ihre Energie in die elektronische Unterwelt fließen lassen. Und Möchtegern-Araders? Lassen wir den Kartenimpresario selbst zu Wort kommen: »Wenn einer daherkommt, der nichts gelernt hat, der von seinem Vater als Kind geschlagen wurde, der ein hinterlistiger Kerl ist, aber Karten genauso leidenschaftlich liebt wie ich, nur ohne meine günstigen Ausgangsbedingungen – der wird sie klauen.«

KAPITEL 4

Ein Sturm zieht auf

Zephyros im Westen, Boreas im Norden, Notos im Süden und Euros im Osten – in der griechischen Mythologie teilen sich diese vier Gottheiten das Reich der Winde. Die Söhne der Eos und des Astraios – der Morgendämmerung und des gestirnten Himmels – sorgten in der antiken Welt für eine gewisse Ordnung. Freilich konnte Boreas auch ungemütlich und rachsüchtig sein und die Erde unter seinen eisigen Nordstürmen erstarren lassen. Aber im Großen und Ganzen waren er und seine Brüder durchaus konstruktive Kräfte, die den Menschen bei der Arbeit halfen, für ertragreiche Ernten sorgten und auf See die Orientierung erleichterten. So mächtige Bilder waren diese Windgötter, dass sie im Mittelalter und in der Renaissance wieder auftauchten, diesmal an den Rändern der europäischen Land- und Seekarten.

Auf manchen Karten erschienen sie in Gestalt finster blickender alter Männer mit struppigen Bärten, auf anderen als blond gelockte Putten mit schelmisch geschürzten Lippen, auf wieder anderen als kräftige Männer, denen Federn als göttliche »Fittiche« aus dem Hals wuchsen. Im Lauf der Zeit gesellten sich zu den ursprünglich vier Winden noch weitere hinzu, manche vertauschten den Platz, andere wechselten den Namen, bis schließlich 32 Gesichter die Karten umrahmten. Sie waren jedoch nicht nur zur Verzierung da, sondern erfüllten einen höchst wichtigen Zweck: Sie dienten als Richtungsweiser. »Die spanischen Seeleute in Kolumbus' Mannschaft stellten sich die Himmelsrich-

Illustrationen aus einer Weltkarte von Bernardo Sylvanus, 1511.

tungen nicht als Kompassgrade vor, sondern als *los vientos*, die Winde«, schreibt Daniel J. Boorstin in *Entdeckungen*. »Die portugiesischen Matrosen nannten ihren Kompass weiterhin *rosa dos ventos*, Windrose. Als die fromme Bruderschaft der Lotsen für ihre Kapelle in Cordoba eine Madonna in Auftrag gab, hieß diese nicht zufällig *Nuestra Señora del Buen Aire*, ›Unsere Liebe Frau vom Günstigen Wind‹.«

Doch nicht alle Winde waren günstig. Man denke nur an die Harpyien. Auch sie waren klassische Windgottheiten, aber man findet sie nicht auf alten Karten, weil die Seefahrer und Abenteurer an diese Sturmgöttinnen nicht denken und sie noch viel weniger sehen wollten. Die Harpyien hatten die Gesichter alter Frauen, die Ohren von Bären und den Leib eines Vogels mit langen, krummen Krallen. Sie stanken dermaßen widerlich, dass allen Lebewesen schlecht davon wurde. Selbst ihre Namen Okypete (die Schnelle), Kelaino (die Schwarze) und Aello (der Sturm) weckten Furcht. Die Harpyien, in denen sich primitive Vorstellungen von Windgeistern und raubgierigen Gespenstern mit den realen Eigenschaften von Aaskrähen verbanden, brachten nichts als Unglück und Missgeschick.

Günstige oder widrige Winde? Die Antwort auf diese Frage hat das Schicksal so mancher Reise entschieden – vielleicht sogar Gilbert Blands seltsame Spielart eines epischen Abenteuers. Und bis zu diesem Tag in Baltimore können wir nur vermuten, dass die Götter unserem geheimnisvollen Helden außerordentlich freundlich gesinnt waren. Zephir und seine Brüder haben ihn unbeschadet kreuz und quer durch den Kontinent geführt, mit Aufenthalten in Seattle, Charlottesville, Chicago und Vancouver und anderen Orten erkennbarer Plünderung. Er hat Glück gehabt. Tausend Kleinigkeiten hätten sich ihm in den Weg stellen können, eine kaputte Rasierklinge, ein Papierrascheln zur falschen Zeit, eine unsichtbare Überwachungskamera – aber wie durch ein Wunder war alles reibungslos verlaufen. Vielleicht betrachtete er es aber auch nicht als Wunder, sondern als Folge seiner eigenen Geschicklichkeit. Vielleicht fühlte er sich, als er unentdeckt aus der zehnten, elften, zwölften, ja fünfzehnten Bibliothek auftauchte, allmählich unbesiegbar oder – noch verlockender – unsichtbar. Ja, so könnte es sein. Er litt an der Hybris, jener stolzen Überheblichkeit, die so manchem Helden der griechischen Tragödie zum Verhängnis wurde, weil sie ihn verführte, die Warnungen, die eine Katastrophe vielleicht verhindert hätten, zu missachten.

Nun war es zu spät für Warnungen. Der Wind hatte gedreht, und auf den Stufen der Walters Arts Gallery standen plötzlich drei Unheil verkündende Gestalten vor Gilbert Bland. Für unsereinen hätten die drei wie leicht erschöpfte Wachmänner ausgesehen. Aber Bland wäre es nicht zu verdenken gewesen, wenn sie ihm in seiner Panik und Verwirrung plötzlich als surreale, Furcht erregende Geschöpfe mit scharfen Klauen erschienen wären, die ihn gleich zerreißen würden. Als kurz darauf die Stadtpolizei von Baltimore in der Peabody Library auftauchte, fand sie einen verlegenen, verängstigten Verdächtigen vor, der offenbar zur Zusammenarbeit bereit war. Er gab zu, sein Name sei nicht James Perry, wie auf dem Studentenausweis der University of Florida stand, den er vorher den Bibliotheksangestellten vorgelegt hatte. (Wie der Name, sollte sich auch der Ausweis als gefälscht herausstellen.) Sein wirklicher Name, gestand er, sei Gilbert Joseph Bland jr., und er zeigte der Polizei und den Wachmännern einen auf diesen Namen ausgestellten Führerschein aus Florida. Den Bibliotheksangehörigen zufolge hatte der Mann dafür, dass er die Karten geklaut hatte, keine andere Entschuldigung als die, er habe sie »einfach haben wollen«.

Zu diesem Zeitpunkt muss er den Eindruck gehabt haben, dass es keinen Ausweg mehr gab. Er war auf frischer Tat ertappt worden, mit gestohlenen Karten, die aus einem Buch herausgeschnitten waren, das er sich kurz zuvor angesehen hatte, ein Werk aus dem Jahr 1763 mit dem Titel *The General History of the Late War*. Eine verlässliche Zeugin hatte die Straftat mit angesehen, und Fingerabdrücke und Schriftproben würden ihn gewiss noch enger mit der Geschichte in Verbindung bringen. Nun brausten und wirbelten und heulten widrige Winde durch die Bibliothek. Doch mit einem Mal, gerade als es aussah, als wollten sie ihn hochheben und einem furchtbaren Schicksal entgegentragen, legte sich plötzlich ihre Wut, und Ruhe kehrte ein. Die Polizei überlegte, ob sie ihn laufen lassen sollte.

In seiner Verzweiflung hatte Bland angeboten, der Bibliothek die Reparatur der beschädigten Bücher zu bezahlen, sofort und bar auf die Hand, und die Polizisten fanden, dies sei kein schlechtes Angebot. Sie hatten schlimmere Sorgen als diesen Gilbert Bland. In den ersten neun Monaten des Jahres 1995 war die Anzahl der Morde in der Stadt und in den Randbezirken im Vergleich zum Vorjahr um fast neun Prozent gestiegen. Auch Raub, schwere Körperverletzung und andere Verbrechen nahmen zu. Und die Gegend um den Mount Vernon, einst ein besonders vornehmer Stadtteil, war gegen dieses Problem nicht gefeit. Touristen, Studenten und Vorstadtbewohner, von der Gegend angezogen durch Attraktionen wie das berühmte Peabody Conservatory of Music, wurden oft zum Ziel von Überfällen und Schlimmerem.

Kein Wunder, dass sich die Beamten wegen des zahmen, schüchternen Mannes, den sie in der Bibliothek vorfanden, keine großen Sorgen machten. Ordentlich angezogen, höflich und offenbar beschämt, wirkte er ebenso wenig als Bedrohung für die Gesellschaft, wie die Peabody Library einer Opiumhöhle glich. Und was hatte er denn schon angestellt? Ein paar Seiten aus einem Buch geklaut? *Vier Blatt Papier gestohlen?* Da draußen liefen gefährliche Kerle rum, verrückte, verzweifelte, gefährliche Burschen mit Knarren. Dieser arme Kerl hier war doch die Aufregung nicht wert.

Aber die Polizei hatte nicht nur ihre eigenen Gründe, die Angelegenheit auf sich beruhen zu lassen, sondern auch konkrete Bedenken, wie der Fall verlaufen würde, vor allem vor dem Hintergrund, dass der Verdächtige aus einem anderen Bundesstaat stammte und, falls er gegen Kaution auf freien Fuß gesetzt wurde und türmte, kaum Aussicht auf Auslieferung bestand. »Die Polizisten erklärten uns, wenn wir bei einer derartigen Straftat Anzeige erstatteten, liefen wir Gefahr, dass er gegen Kaution frei käme und niemals [vor Gericht] erscheinen würde, und wir bekämen keinerlei Schadensersatz«, erklärte später Dennis O'Shea, Sprecher der Johns Hopkins University.

War es da nicht besser für alle Beteiligten, das Geld zu kassieren, als Bland festzunehmen? Die Bibliothek könnte ihr Buch reparieren lassen, dem Gauner wäre durch den Schrecken und die Kosten eine Lektion erteilt worden, und die Polizei hätte weniger Papierkram und mehr Zeit, sich auf richtige Verbrecher zu konzentrieren. Die Bibliotheksangestellten fanden diese Idee zumindest bedenkenswert. Sie telefonierten mit einem Rechtsanwalt und ließen sich die Möglichkeit durch den Kopf gehen. Und Gilbert Blands Schicksal hing immer noch in der Luft.

Was man mit Bland anfangen sollte, war die jüngste einer Reihe von schwierigen Entscheidungen, zu denen die Leitung der Peabody Library in den letzten Jahren gezwungen gewesen war. Fast das ganze Jahrhundert war es mit der Bibliothek stetig bergab gegangen. Um 1910 vergab das Peabody Institute zunehmend mehr Mittel an sein berühmtes Konservatorium und immer weniger an die Sammlung. Um 1940 war der Ankauf neuer Bücher fast ganz zum Erliegen gekommen. 1960 war die Bibliothek – angefüllt mit verstaubten alten Büchern, die niemand mehr kontrollieren konnte – bereits in einem alarmierenden Zustand der Vernachlässigung. »Im Grunde benutzte sie niemand«, erklärte Cynthia Requardt, Kuratorin der Sondersammlungen der Milton S. Eisenhower Library in der Johns Hopkins University. Schlimmer noch, das Peabody Institute hatte nicht einmal mehr genug Geld, das schöne alte Gebäude angemessen zu erhalten.

Um die Verluste zu verringern, schlug das Kuratorium des Instituts 1966 vor, die Peabody an den Verband der öffentlichen Bibliotheken Baltimores zu übergeben. Doch die beiden passten nicht zusammen; die Bibliothek hat diese Ehe nicht unbeschadet überlebt. Kurz nach der Fusion dachten die städtischen Beamten ernsthaft daran, die wertvollsten Bücher der Bibliothek zu versteigern, den Rest in die öffentlichen Büchereien zu verlagern und das Gebäude in einen Studiersaal für die High-School zu verwandeln. Dies führte wahrscheinlich zu einer wütenden Rotation im Grabe des verstorbenen Mr. Peabody, löste aber auch unter den ortsansässigen Akademikern einen Aufruhr aus, und der Plan wurde rasch wieder aufgegeben. In den Siebzigerjahren ermöglichten Spenden, das Bibliotheksgebäude ein wenig auszubessern, eine Klimaanlage einzubauen und ein paar hundert Bücher neu zu binden. Aber als die städtischen Ausgaben immer akribischer überprüft wurden, glaubten die Bürokraten die Kosten dieser Einrichtung nicht länger vertreten zu können. 1982 übergaben sie sie der Abteilung »Sondersammlungen« der Johns Hopkins University.

Dies erwies sich hinsichtlich der gesamten Einstellung als wesentlich besseres Bündnis – aber die finanziellen Probleme der Bibliothek blieben bestehen. Die Universität meldete, sie pumpe jährlich bis zu 400 000 Dollar in die Einrichtung – und selbst das sei nicht genug. Unter anderem war das Dach mit seinem schwer zu reparierenden Oberlicht leck. »Das [Große Magazin] war 1878 eröffnet worden, und ich glaube nicht, dass das Dach seither ausgewechselt wurde«, sagte Requardt, die Beamtin von Hopkins, die sich nun um die Peabody kümmerte.

Für Bibliothekare ist ein leckes Dach keine Kleinigkeit. Feuchtigkeit ist der Feind schlechthin; sie verursacht Wasserflecken, Stockflecken und Schimmel. All das kann Papier verunreinigen und zerstören; manches ist sogar ansteckend, und die schädlichen Sporen können benachbarte Bücher befallen. Es kostet viel Mühe, sich gegen diese Feinde zu wehren, und viel Geld. Temperatur und Feuchtigkeit müssen genau kontrolliert werden – keine leichte Aufgabe im milden Klima Baltimores, bei einem löchrigen Dach und gar in einem Haus wie der Peabody Library. »Das Gebäude ist unglaublich teuer im Betrieb«, erklärte

Requardt. »Es stammt aus dem 19. Jahrhundert und steht auf der nationalen Denkmalschutzliste; da gibt es bestimmte Auflagen, was man tun darf und was nicht.«

1989 waren das Gebäude und die Bücher dermaßen gefährdet, dass die Universität drastische Maßnahmen beschloss. Hopkins gedachte, seltene Bücher zu verkaufen, um seltene Bücher zu retten. Die Universität verkündete, Sotheby's in New York werde zehn Werke mit insgesamt 67 Bänden aus der Peabody versteigern, um zwei bis vier Millionen Dollar Stiftungsgelder für die Bibliothek aufzutreiben. Zu diesen Büchern gehörten auch zwei Exemplare von Hartmann Schedels *Weltchronik* aus Nürnberg, gedruckt 1493, eine der bedeutendsten frühen Weltkarten im Holzschnitt, außerdem Werke des Fotografen Edward Curtis und der Naturmaler und -zeichner John James Audubon, Mark Catesby und John Gould.

Die Beamten von Hopkins betonten, sie hätten keine andere Wahl. Die Zukunft der Peabody Library stehe auf dem Spiel. »Unser Ziel ist es, Wege zu finden, wie wir [die Bibliothek] retten können«, erklärte der Rektor der Universität, John Lombardi, der *Sun* in Baltimore. Die Versteigerung werde die Bibliothek am Leben erhalten, »mit einem Minimum an Veränderung und einem Maximum an Bewahrung und Zugang für die Öffentlichkeit«. Die Beamten beeilten sich zu betonen, alle Bücher, die verkauft werden sollten, wären in anderen Hopkins-Sammlungen noch einmal vertreten. Trotzdem löste die Ankündigung einen Sturm der Entrüstung aus, wie zum Beispiel die unverblümten Worte von John Burgan, Chefbibliothekar der öffentlichen Bücherei in Hartford, Connecticut: »Das heißt eine große Bibliothekssammlung geradezu vergewaltigen.«

Burgan und andere Gegner der Veränderung empfanden die Verkäufe zur Rettung der Bibliothek etwa so, als verheize man die Schindeln, um ein Haus warm zu kriegen. »Die Peabody Library ist eine der großartigsten Schatzkammern der Vereinigten Staaten, und wenn man die seltenen Bücher verkauft, kann man sie gleich schließen, denn die sind ja gerade das Besondere an ihr«, fand Regina Soria, emeritierte Professorin für moderne Sprachen im College Notre Dame.

Zuvor hatten schon andere Museen und Bibliotheken Teile ihrer Bestände verkauft, um sich über Wasser zu halten, und in den Augen mancher Leute war dieses Vorgehen unschön und unselig, aber doch nicht unverzeihlich. Nein, was die Kritiker wirklich entrüstete, war nicht, dass Hopkins vorhatte, historische Bücher zu verkaufen, sondern dass man sie vorher schlachten wollte. Richtig: Die Bücher sollten zerschnitten werden – nicht von einem profitgierigen Antiquar, sondern von einer der ältesten und renommiertesten Bibliotheken der Vereinigten Staaten. Eines der Bücher, die unters Messer kommen sollten, war Audubons *Birds of America*. Das Exemplar der Peabody war besonders kostbar, eins von zweien auf der ganzen Welt mit Audubons Schriftzug in allen vier Bänden. Trotzdem wollten Hopkins und Sotheby's die vier Bände ausweiden, um die 435 Graphiken einzeln zu verkaufen. »Das ist skandalös«, äußerte sich Arthur Gutman, Beiratsmitglied der Johns Hopkins University Library, gegenüber der *Sun*. »Wenn es schon verkauft werden muss, dann soll man es an eine Schwesterinstitution verkaufen und nicht zerstören.«

Trotz aller Einwände wurde die Versteigerung durchgeführt, erbrachte insgesamt 2,4 Millionen Dollar und ermöglichte es Hopkins, das Gebäude und die Sammlung weiterhin für die Öffentlichkeit offen zu halten. Ein einziger Druck, »American Flamingo« aus *Birds of America*, brachte 66 550 Dollar, damals ein Rekord für einen einzelnen Audubon. Der Käufer war ein Bursche namens Graham Arader.

Aber obgleich solch atemberaubende Summen für die Peabody erst einmal ein Geschenk des Himmels waren, weil sie Hopkins in die Lage versetzten, von den Gehältern des Personals bis zur Instandhaltung der Sportanlagen alles zu bezahlen, stellten sie auf lange Sicht eine ernsthafte Bedrohung für die Bibliotheken im ganzen Land dar, weil sie sich zunehmend größeren Sicherheitsproblemen gegenübersahen, wenn der Wert ihrer Sammlungen ins Unermessliche stieg. Die Peabody selbst war zwar gerettet, aber ihr einstmals hervorragender Ruf war schwer beschädigt.

Als die Bibliothekare nun Gilbert Bland verhörten, standen sie wieder vor einer schwierigen Entscheidung. Hätten sie geahnt, welche neuen Konflikte ihr Entschluss auslösen würde, hätten sie zweifellos sorgfältiger nachgedacht. Aber sie hatten keine Ahnung, womit – und mit wem – sie es hier zu tun hatten. »Ich hatte ehrlich gesagt den Eindruck, wir hätten einen dümmlichen, tollpatschigen Amateur gefasst«, sagte Frederick DeKuyper, Hauptanwalt der Johns Hopkins University, den die Bibliothekare der Peabody gleich nach Blands Ergreifung zu Rate zogen. »Keiner von uns wusste um diese Zeit etwas von seinen früheren Aktivitäten.«

Nachdem DeKuyper mit den Sicherheitsbeamten gesprochen hatte, billigte er den Plan, auf Blands Festnahme zu verzichten, wenn dieser 700 Dollar Schadensersatz zahlte. Der Verdächtige, der laut Bericht große Mengen Bargeld bei sich trug, war über diesen Deal mehr als glücklich. Während die Götter offenbar wieder auf ihn herablächelten, lief er eilends aus der Bibliothek – zu eilig, wie sich herausstellte.

Das ist das Besondere an den Harpyien: Sie quälen einen über den Kopf. Bei den alten Griechen hießen sie die »Raffferinnen«, weil sie Kinder, Seelen und andere Kostbarkeiten stahlen, und sie zeigten sich erfindungsreich im Foltern ihrer Opfer. Als Zeus den Wahrsager Phineus zu immer währendem Hunger verurteilte, wurde das Urteil von den Harpyien vollstreckt. Immer wenn Phineus zu essen versuchte, rauschten die Harpyien herein und nahmen ihm das Essen weg oder verpesteten es mit Exkrementen, gerade wenn er es in den Mund schieben wollte.

Und nun – als Gilbert Bland der Freiheit so nahe war, dass er sie gewissermaßen schmecken konnte – ereilte unseren Helden ein ähnliches Schicksal. Waren es die Harpyien, die das Notizbuch aus seiner Erinnerung und seiner Reichweite verbannten, als er die Peabody Library verließ? Wenn ja, passte dies hervorragend zu ihrer traditionellen Rolle als Folterer derer, die schändlichen Neigungen verfallen sind. Doch gleichgültig, ob es nun durch Eingreifen der Göttinnen oder durch simple Gedankenlosigkeit geschah – die verhängnisvolle Tatsache bleibt bestehen, dass Bland sein Notizbuch zurückließ. Kurz nachdem der Dieb hinausgegangen war, bemerkte Sicherheitschef Donald Pfouts das Buch und beschloss, es sich einmal näher anzusehen. Sehr bald entdeckte er etwas, das Bibliotheken in ganz Amerika erschüttern sollte.

Um die Sicherheitsanforderungen, denen sich Einrichtungen wie die Peabody Library gegenübersehen, plastisch darzustellen, kehren wir kurz zum Washington Monument in Baltimore zurück, jenem »hoch aufragenden Mast«, an dem Bland bei seinem erfolglosen Fluchtversuch vorbeigekommen war. Das Denkmal wurde 1829 fertig gestellt; es ist das älteste öffentliche Denkmal für George Washington und nimmt einen wichtigen Platz in der Geschichte der Stadt ein. In einer Tourismusbroschüre steht: »Es setzt Baltimore auf die Weltkarte.« Fachleute halten den Entwurf des Architekten Robert Mills noch immer für eines der hochrangigsten Beispiele des romantischen Neoklassizismus – aber auch Durchschnittsmenschen können sich dafür begeistern. Als es 1980 restauriert werden musste, war die Stadt pleite und hatte kein Geld, um diese Arbeit anständig durchzuführen. Da sprangen Geschäftsleute ein und erklärten das Denkmal zu einem »Nationalheiligtum«.

Betrachten wir nun ein ganz anderes Nationalheiligtum, auch dies eine Arbeit von Robert Mills. Ich spreche nicht von seinem *zweiten* Washington-Denkmal, dem berühmten in der Hauptstadt der USA, oder von seinem Treasury Building, dem bekannten Gebäude auf der Rückseite des Zehndollarscheins. Ich spreche von seinem *Atlas of the State of South Carolina*. Der bekannte Architekt Mills war nämlich obendrein ein bedeutender Kartograph. Sein Meisterwerk von 1825 war nicht nur an sich ein schönes Kunstwerk, sondern als erster Atlas eines Bundesstaates der USA auch ein Werk von historischer Bedeutung. Doch nicht alle Nationalheiligtümer sind gleich. Wenn das Washington Monument verunstaltet würde, ginge ganz bestimmt ein Aufschrei durch die Öffentlichkeit. Aber wenn jemand eine Ausgabe des *Atlas of the State of South Carolina* beschädigte, würde sich kaum jemand beklagen. Ich gehe jede Wette ein, dass das Verbrechen überhaupt niemandem auffiele.

Auch wenn die breite Öffentlichkeit fast nichts vom *Atlas of the State of South Carolina* weiß – und sich noch weniger darum schert –, so wird er doch von einer kleinen Schar von Kartensammlern und Antiquaren hoch geschätzt. Heute würde eine Ausgabe des Atlanten in makellosem Zustand mehr als 30 000 Dollar bringen, eine einzelne Karte des Bezirks Charleston ließe sich für 2000 Dollar oder mehr verkaufen. Und wofür Sammler und Händler bereitwillig zahlen, das werden Diebe leider immer bereitwillig stehlen.

Und so stieß Donald Pfouts, als er Gilbert Blands Notizbuch durchblätterte, auf folgende Stelle:

Für Händler MD
1. Currier & Ives (90%)
2. Kellogg
3. Haskell & Allen
4. Baillie
Mills County Atlas of S. C.

Pfouts erkannte augenblicklich die beunruhigende Bedeutung dieser Eintragungen. Fast jede Seite war mit Listen voll geschrieben, die zumeist Namen von Kartographen und die Bezeichnungen bestimmter Karten enthielten, in einigen Fällen, wie im oben angeführten, auch die Namen von Künstlern und ihren Werken. Neben vielen Eintragungen standen Preise. Pfouts kam rasch zu einer alarmierenden Folgerung: Das Notizbuch war eine Hitliste. Schlimmer noch, es war ein deutlicher Beweis, dass Blands Besuch in der Peabody alles andere war als ein einzelner Zwischenfall, wie die Beamten angenommen hatten, er war Bestandteil von etwas viel Größerem. Das Buch enthielt die Namen und manchmal auch Adressen von anderen Bibliotheken, in denen die jeweiligen Karten zu finden waren. Zusätzlich lag zwischen den Seiten gefaltetes Informationsmaterial von Institutionen wie der Alderman Library der University of Virginia, ein beunruhigender Hinweis, dass womöglich schon andere Diebstähle stattgefunden hatten. Dann standen da die ominösen Worte »Für Händler MD«, ein mögliches Anzeichen, dass die Manuskripte in Kommission gestohlen wurden. Und schließlich fand sich eine Anzahl eventuell belastender Notizen, die Bland offenbar für sich selbst aufgeschrieben oder vielleicht an einen unbekannten Komplizen weitergegeben hatte. Sie zeigten deutlich, dass der Eindringling im Auftrag handelte und höchst systematisch und umsichtig vorging. »Können die mich nicht in Ruhe lassen? Ich kann jetzt nicht. Jetzt okay«, stand in einem der säuberlich geschriebenen Absätze. »Die 2 jetzt erledigt. Gott sei Dank«, stand woanders. »Die hält mich nur auf, die fette Kuh«, hieß es in einem dritten. Und schließlich: »Der Bowen-Atlas – so ein Pech – Was ist hier los. Krieg ich diese Bowens nicht endlich? Was wird aus mir?«

Das war eine Frage, die mittlerweile auch die Bibliothekare der Peabody stark interessierte – besonders als sie ihre eigenen Bestände durchsahen und merkten, dass noch mehr Karten fehlten, und zwar aus Bänden, die Bland bei diesem Besuch und einem anderen im vergangenen September vermutlich in die Hand bekommen hatte. Hatte er seine Bowens bekommen? Es schien so. Vier Tafeln fehlten aus diesem nun eindeutig unvollständigen Werk *Vollständiger Atlas oder Genaue Ansicht der Bekannten Welt* des Kartographen Emanuel Bowen aus dem 18. Jahrhundert, und außerdem Arbeiten von Mathew Carey, Jacques Nicolas Bellin, Entick und Pierre-François-Xavier de Charlevoix. Insgesamt waren allein aus der Peabody 27 Blätter verschwunden. Hatten andere Einrichtungen ähnliche Verluste erlitten? Nun wurde es den Bibliothekaren von Hopkins erschreckend klar, dass sie es mit einem groß angelegten Raubzug zu tun hatten. Cynthia Requardt, die bei der Entscheidung, Bland laufen zu lassen, nicht dabei gewesen war, rief eilends die in dem Notizbuch offenbar angepeilten Bibliotheken an. Dann ging sie an ihren Computer und verschickte über ExLibris, eine elektronische Diskussionsrunde für Liebhaber seltener Bücher und herausragender Sammlungen, folgende Nachricht:

> Am 7. Dezember wurde Gilbert Joseph Bland jr. dabei ertappt, wie er in der George Peabody Library der Johns Hopkins University in Baltimore aus Büchern des 18. Jahrhunderts Karten entwendete.
> Bland benutzte den falschen Namen James Perry. Er ist weiß, männlich, 46 Jahre alt, 1,75 bis 1,78 groß, hat hellbraunes Haar (Stirnglatze) und einen hellbraunen Schnurrbart. Es gibt ein Foto von ihm.
> Als Bland gefasst wurde, wies er einen in Florida ausgestellten Führerschein vor. Statt Anklage zu erheben, akzeptierte die Bibliothek eine Schadensersatzzahlung und ließ Bland laufen. Im Nachhinein haben wir Grund zu der Annahme, dass Bland noch andere wissenschaftliche Bibliotheken an der mittleren Atlantikküste aufgesucht hat.

Requardt, Pfouts und den anderen Mitarbeitern von Hopkins blieb nichts übrig als zu warten – und zu hoffen, dass ihre schlimmsten Befürchtungen nicht wahr wurden.

KAPITEL 5

Karten erstellen, Karten stehlen

Teil eins

Es dauert tausende von Jahren. Eine einzelne Karte, so schreibt Denis Wood in *The Power of Maps*, ist kein von allem losgelöstes Dokument, sondern eine Zusammenstellung dessen, was »andere gesehen, gefunden oder entdeckt haben, andere, die oft noch leben, öfter aber schon gestorben sind. Was sie erfahren haben, hat sich Lage um Lage angehäuft, sodass wir, selbst wenn wir eine scheinbar simple Abbildung betrachten, durch ganze Zeitalter kultureller Errungenschaften hindurchblicken.«

Dazu gehören natürlich die geographischen Entdeckungen, aber bevor man Land erkunden kann, muss man den Himmel erkunden. »Die Wissenschaft der Kartographie konnte immer erst in Folge der Entwicklungen in der Astronomie Fortschritte machen«, schreibt der Kartenhistoriker Lloyd A. Brown, »und unsere Weltkarte von heute wurde erst möglich durch die hochgradige Genauigkeit der Astronomen.« Diesen Gedanken in den Griff zu bekommen dauert schon Jahrtausende, und dann braucht man noch das richtige Werkzeug. Die Sonnenuhr im alten Babylonien und Ägypten, die Magnetnadel im alten China, das Astrolabium im alten Griechenland, der Jakobsstab im 14. Jahrhundert, der Davis-Quadrant, das Teleskop und der Theodolit im 16. Jahrhundert, der Quadrant im 17. Jahrhundert, der Oktant, der Sextant und das Chronometer im 18. Jahrhun-

Druckerpresse aus dem 18. Jahrhundert.

dert – diese Instrumente machen es möglich, Größe und Gestalt der Erde zu messen. Trotzdem können sie stets nur Bruchstücke von Informationen liefern. Wer eine Karte entwirft, ist zusätzlich auf die Augenzeugenberichte von Seefahrern, Soldaten, Kaufleuten, Abenteurern, Aufschneidern und Betrugskünstlern angewiesen. Er wird die Leistungen anderer Kartographen zu Rate ziehen, und wenn alles andere versagt, greift er zurück auf begründete Vermutungen und gelegentlich auf altehrwürdige Hypothesen (sprich: Mythen).

Es ist eine unglaublich schwierige Arbeit. Nehmen wir an, wir arbeiten im 17. oder 18. Jahrhundert, in einem Zeitalter, in dem Kartographen manchmal als »Weltbeschreiber« bezeichnet wurden. In der Geometrie heißt *beschreiben* eine Figur zeichnend darzustellen, in der Dichtung bedeutet es, das Wesentliche einer Sache zu erfassen und ihm auf gleichzeitig überraschende wie schöne Weise Leben einzuhauchen. Wir müssen hier beide Arten von Beschreibung praktizieren – und dies bei einem teils visuellen, teils mathematischen Medium, das obendrein auch noch Texte beinhaltet, eine komplizierte Mischung aus Maßstab, Orientierung, Projektion, Kartennetz, Zeichen, Symbolen, Linien, Farben und Worten. Man hat oft gesagt, in der Herstellung von Karten verbinden sich Wissenschaft und Kunst, aber es steckt noch viel mehr darin. Joan Blaeu, ein legendärer holländischer Kartograph des 17. Jahrhunderts, schrieb: »Karten befähigen uns, zu Hause und unmittelbar vor unseren Augen Dinge zu betrachten, die weit entfernt sind.« Das Ferne nah zu machen, das Unsichtbare sichtbar – das ist weit mehr als Wissenschaft und Kunst. Das ist Alchemie.

Es dauert zuweilen Monate, sogar Jahre, eine einzige Karte zu zeichnen. Wir müssen uns nicht nur um Kontinente, Ozeane, Berge, Seen, Flüsse und politische Grenzen kümmern. Da gibt es noch die Kartusche (ein schmuckes Kästchen mit gedruckten Angaben wie Kartentitel und Name des Kartographen) und allerlei anderes schmückendes Beiwerk – Entfernungsmaßstab, Kompass, Windköpfe, Schiffe, Seeungeheuer, bedeutende Persönlichkeiten, Figuren aus der Heiligen Schrift, malerische Eingeborene, Menschen fressende Eingeborene, verführerisch halb nackte Eingeborene, Planeten, die sieben Weltwunder, Flora, Fauna, Regenbogen, Strudel, Sphinxe, Sirenen, Putten, heraldische Embleme und/oder Früchte.

Und wenn wir mit unserer Weltbeschreibung endlich fertig sind, müssen wir sie für den Druck auf eine Kupferplatte übertragen. Auch dies braucht Zeit. Wir suchen uns ein Stück Kupfer, nicht zu weich und nicht zu hart, und hämmern es, um zu sehen, ob es fest ist und keine Löcher oder Fehler aufweist. Dann müssen wir die feinere Seite polieren, bis sie spiegelglatt ist – erst mit Wasser und einem Schleifstein, dann mit Bimsstein, dann mit Wasser und Ölstein, dann mit gehärteter Holzkohle und schließlich mit einem Polierstahl. Hier ist Perfektion unabdingbar, jeder kleinste Kratzer kann als Strich auf unserer Karte erscheinen und eine kleine Nation unabsichtlich in zwei noch kleinere teilen.

Als Nächstes übertragen wir die gezeichnete Karte auf die Kupferplatte. Dies ist ein schwieriger Vorgang, bei dem wir die Platte erwärmen, mit einer Feder eine Wachsschicht aufbringen und schließlich mühsam das Spiegelbild unserer Karte in die Wachsschicht einritzen. Nun heißt es, die Zeichnung auf die Kupferplatte zu übertragen. Dies können wir über einen Ätzvorgang machen – dazu kratzen wir mit einer Nadel die Konturen der Karte in die Wachsschicht und gießen in diese Vertiefungen Säure, die unsere Zeichnung in die Platte ätzt. Wahrscheinlicher jedoch ist es, dass wir die Platte gravieren, das heißt, wir schneiden die Zeichnung in die Platte und benützen dazu verschiedene Werkzeuge, den Grabstichel, den Schraffierstichel, das Hohleisen, den Fadenstichel und die Roulette. Das ist Präzisionsarbeit, und es erfordert normalerweise viele Mitarbeiter und eine Menge Zeit, nicht zuletzt deshalb, weil der Vorgang immer wieder überprüft und gegebenenfalls korrigiert werden muss, indem man die Fehler mit einem Polierstahl sorgfältig glättet und die Stelle noch einmal graviert.

Als Nächstes kommt die Druckerschwärze. Wir bestreichen die Platte damit und wischen den Überschuss sorgfältig ab, sodass nur in den eingravierten Furchen Tinte zurückbleibt. Dann erwärmen wir die Platte, legen sie auf die Druckerpresse und bedecken sie mit einem dicken, feuchten Blatt Papier. Wenn die Presse angezogen wird, saugt das feuchte Papier die Druckerschwärze aus den eingeritzten Linien auf der Platte, und endlich haben wir eine gedruckte Karte vor uns.

Aber damit sind wir unter Umständen noch nicht fertig. Vielleicht müssen wir unsere Kupferstichkarte auch noch kolorieren, und dabei hilft uns keine Maschine. Wir müssen das von Hand erledigen und mit dem Pinsel Wasserfarben auf die frisch gedruckte Karte auftragen – eine akribische Arbeit! Wenn etwas schief geht, war alle bisherige Mühe umsonst, aber wenn es richtig gemacht wird, erstehen leuchtend bunte Ozeane und lebensprühende Nationen. Auf einer besonders reichen Karte müssen wir vielleicht sogar noch Lichter aus Blattgold aufsetzen.

Nach all dieser Arbeit haben wir erst eine einzige Karte hergestellt. Und wenn wir einen ganzen Atlas fabrizieren müssen? Der Wissenschaftler C. Koeman hat einmal abzuschätzen versucht, wie lange der große holländische Kartograph Joan Blaeu gebraucht haben mag, um seinen berühmten *Atlas Major* von 1663 zu drucken. Koeman nahm eine relativ kleine Auflage von 300 Stück für jede der drei Erstausgaben des Atlanten (die lateinische, französische und holländische) und schätzt, dass das Setzen mit acht Vollzeitbeschäftigten 1000 Arbeitstage beansprucht haben könnte, das Drucken der Textstellen an neun Druckerpressen 330 Arbeitstage, das Kupferstechen der Karten und anderen graphischen Elementen an sechs Druckerpressen 900 Arbeitstage und das Binden durch drei Buchbinder noch einmal 300 Arbeitstage. »Die Planung, die für diese drei Ausgaben… über einen Zeitraum von drei oder vier Jahren nötig war«, schließt Koeman, »übersteigt unsere Vorstellungskraft.«

Eine Karte herzustellen ist also ein sehr mühsamer Prozess, er erfordert außerordentliche Geschicklichkeit bei allen Beteiligten, doch es herrscht eine riesige Nachfrage. Die Druckerpresse verändert viele Lebensbereiche, doch keinen mehr als die Art, wie die Menschen die Erde wahrnehmen. Diese bahnbrechende Erfindung gestattet nicht nur, Karten genau und einheitlich zu produzieren, sondern auch, die geographischen Abbildungen weithin zu verbreiten. Zum ersten Mal ist die ganze Welt in der Lage, die Welt als Ganzes zu sehen.

Teil zwei

Es dauert überhaupt nicht lang. Und man braucht nur ein einziges Werkzeug. Ein abgelegener Ort ist wünschenswert, aber nicht notwendig, bei ausreichender Geschicklichkeit und Kühnheit kann man es mitten in einem umtriebigen Handschriftenlesesaal tun. Während das Herstellen von Karten eine wahre Zauberkunst ist, erfordert das Stehlen nur Fingerfertigkeit. Hören wir uns an, wie Gilbert Bland es gemacht hat: »Wenn gerade niemand herschaute, zog er eine einseitig geschliffene Rasierklinge aus der Tasche, wie man sie benutzt, um Schmutz von einer Glasscheibe zu kratzen«, erklärte Clay Williams von der Abteilung für öffentliche Sicherheit der University of South Carolina, der nach den Diebstählen mit Bland gesprochen hatte. »Er konnte die Klinge so unter den Fingern halten, dass sie niemandem auffiel. Man sah nur, wie er mit der Hand von oben nach unten über die Seite fuhr. Daran war nichts Ungewöhnliches, es sah aus, als verfolge er den Text mit dem Finger. Aber in Wirklichkeit schnitt er die Seite heraus. Die ganze Geschichte dauerte nur ein paar Sekunden.«

Dann schiebt man die Seite unter den Mantel und geht durch die Tür, und hunderte von Jahren Geschichte sind verschwunden, in kürzerer Zeit, als die Druckerschwärze auf einer Karte zum Trocknen braucht.

Das Schwierige ist nicht das eigentliche Stehlen, sondern wie man rein- und rauskommt. Selbst in der am wenigsten gesicherten Bibliothek muss man einen Ausweis vorlegen, sich in eine Liste eintragen, vielleicht sogar an einem Wachmann vorbeigehen und erklären, aus welchem Grund man gekommen ist. Das ist der Augenblick, wo einem am beklommensten zu Mute ist, wie einem Schmuggler, der über die Grenze geht. Und eigentlich geht man ja auch über eine Art Grenze. Als Kartenliebhaber kennt man sich aus mit Grenzen. Man weiß, dass das nicht nur Striche auf einem Blatt Papier sind, sondern mächtige psychische Metaphern. »Das Überqueren einer Grenze symbolisiert das Übertreten moralischer Gebote oder das Eindringen in einen verbotenen Bereich«, sagt Avner Falk, ein Psychologe, der sich mit dem Zusammenhang zwischen Karten und Verstand beschäftigt.

Und machen wir uns nichts vor: Ein Handschriftenlesesaal ist ein verbotener Bereich. Die Wissenschaft nimmt an, dass Bibliotheken sich aus alten »Tempelsammlungen« entwickelt haben, die die wichtigsten Schriften einer Religion beherbergten. »Die theologische Sammlung wurde an einem geweihten Ort aufbewahrt, mit einem Priester als Vorsteher«, schreibt Michael H. Harris in *History of Libraries in the Western World*. »Nur die hochrangigsten Tempelbeamten hatten Zugang zu dieser Bibliothek.« Ein Beispiel für eine Tempelsammlung ist das Allerheiligste in der jüdisch-christlichen Überlieferung, das tief im Innern verborgene Heiligtum der jüdischen Stiftshütte, Aufbewahrungsort der Bundeslade mit den Originalsteintafeln der Zehn Gebote. Die Bundeslade war so heilig, dass Gott einen jeden zerschmetterte, der sie berührte.

Und nun kommt einer, der das moderne Gegenstück zu diesem Tempel entweihen will, eine Kammer, zu der den meisten der Zutritt verboten ist und in der unsere Kultur ihre kostbarsten Dokumente aufbewahrt. In diesen verbotenen Ort einzudringen, erfüllt ihn nicht nur mit Furcht, sondern vielleicht auch mit einem gewaltigen wohligen Schauder. »Manche Menschen suchen anscheinend den Reiz der Grenzüberschreitung, und wenn die konventionellen Grenzen nicht mehr aufregend genug sind, suchen sie eindrucksvollere ... Allein die Möglichkeit, eine gefährliche Grenze zu überschreiten, verleiht manchen Individuen das notwendige Machtgefühl«, schreibt der Psychiater G. Raymond Babineau.

Babineau war von 1967 bis 1970 Leiter der Psychiatrie im US-Army-Hospital in Berlin. Dort hatte er Gelegenheit, viele »zwanghafte Grenzgänger« zu beobachten, ruhelose Seelen, die immer wieder gefährliche Ausflüge durch den Eisernen Vorhang machten, um »den einen psychischen Zustand loszuwerden und sich in einen neuen, besseren zu katapultieren«. Vielleicht wird unser Mann von ähnlichen Impulsen getrieben. Vielleicht leidet er wie die von Babineau Interviewten an Depressionen. Vielleicht erlaubt ihm der Schritt durch die Bibliothekstüren, sein Minderwertigkeitsgefühl und seine Versagensängste für ein Weilchen hinter sich zu lassen und in eine Welt einzutreten, in der er geschickt und mächtig ist. Vielleicht kommt er wie Babineaus Grenzgänger aus einer zerrütteten Familie. Wenn ja, so ist sein Besuch in der Bibliothek am Ende eine »Identitätssuche«, wie Babineau es formuliert. Die Geschichte zeigt, dass Menschen oft einen neuen Charakter annehmen, wenn sie Grenzen überschreiten, beispielsweise im Alten Testament, wo Jakob zu Israel wird, nachdem er den Jabbok überschritten hat, oder Ellis Island, wo zahllose Einwanderer neue Namen erhielten. Vielleicht versucht auch der Eindringling durch das Betreten der Bibliothek wiedergeboren zu werden. So wurde Gilbert Bland zu James Perry, wenn er durch die Tür ging.

Neben diesen Grenzgängern hat sich Babineau noch mit einem jungen Mann namens Lee Harvey Oswald beschäftigt. Unser Mann hat vielleicht mehr mit ihm gemein, als er denkt. Freilich, es ist ein langer Weg vom Kartenstehlen zum Präsidentenmord. Aber schauen wir uns einmal den Bericht der Warren-Kommission an, ob wir da nicht etwas wiedererkennen:

> Das auffallendste Ergebnis dieser Studie ist, dass Oswald der Welt, in der er lebte, völlig entfremdet war. Sein Dasein war gekennzeichnet von Isolation, Frustration und Versagen. Er hatte, wenn überhaupt, nur sehr wenige enge Beziehungen und fand anscheinend keinen sinnvollen Platz für sich auf der Welt... Marina Oswald glaubt, dass er nirgendwo glücklich geworden wäre, »nur auf dem Mond, vielleicht«.

Vielleicht stiehlt man Karten, weil man nach einem Zuhause sucht.

Womöglich reizt einen aber auch nur die dunkle Lust der Aneignung. Denn auch dies haben Grenzen an sich: Mit ihnen lässt sich prächtig stehlen. »Zahllose Regierungen haben auf Karten eingezeichnete Grenzen benutzt, um eingeborene Völker zu unterdrücken, zu vertreiben oder zu vernichten«, schreibt der Geograph Mark Monmonier in *Drawing the Line: Tales of Maps and Cartocontroversy*. Und wenn wir schon von Zauberkunst reden: Mit einer einzigen zittrigen Linie wird aus *dein* plötzlich *mein*. Unser Mann hat erkannt, wie leicht das ist. Deshalb fügt er in diesem Augenblick einer Karte eine neue Grenze hinzu. Aber er hält keinen Bleistift in der Hand. Er zieht seine Grenze mit kaltem Stahl.

Peaboady Library, *das Große Magazin, nach einem Stich von 1879.*

KAPITEL 6

Der unsichtbare Raubzug

Der Geist von Lloyd A. Brown war irritiert. Unsichtbar schwebte er in der staubigen Luft des Magazins, kaute nervös auf seiner Pfeife oder rieb sich über die Glatze, die buschigen Augenbrauen angespannt hochgezogen. Zu Lebzeiten war Brown Chefbibliothekar in der Peabody gewesen. Er ließ die erste moderne Belüftungsanlage einbauen, revidierte den veralteten Karteikatalog und ließ hunderte von Büchern entrußen. Dazu überprüfte er persönlich den Inhalt sämtlicher Regale auf allen sechs Etagen. Aber die größte Leistung während seiner Amtszeit 1942 bis 1956 vollbrachte er nicht als Bibliothekar, sondern als Autor. Sein bahnbrechendes Werk *The Story of Maps*, veröffentlicht im Jahr 1949, setzte Maßstäbe für alle künftigen Geschichtswerke über Kartographie und wird nach mehr als 50 Jahren immer noch gedruckt. Ohne richtige kartographische Ausbildung schien Brown nicht unbedingt dazu berufen, solch ein Buch zu schreiben, aber verschiedene Umstände erleichterten ihm die Arbeit. Erstens war er besessen von alten Karten. »Wen der Floh beißt, der muss mit ihm leben«, witzelte er einmal. Zum Zweiten stand ihm die außergewöhnliche Sammlung seiner eigenen Bibliothek zur Verfügung. Bei den Recherchen zu *The Story of Maps* hatte Brown mehr als 500 Bücher zu Rate ziehen müssen. Stolz und glücklich erzählte er, dass er bis auf zehn alle in den Regalen der Peabody gefunden hatte.

Seit seinem Tod 1966 führt Lloyd A. Brown eine glückliche Existenz als Geist inmitten seiner geliebten Bücher – oder zumindest stelle ich ihn mir so vor. Wie wunderbar muss dann das Lesen sein, unbehelligt vom irdischen Zeitdruck! Man könnte bei jedem Wort verweilen. Kein Band wäre zu dick, keine Passage zu anspruchsvoll, kein Thema zu ungewöhnlich, keine Metapher zu dunkel, keine fremde Schrift zu unverständlich. Man müsste nicht wie im Leben verzweifeln angesichts der Bücher, die aufzuschlagen oder erneut aufzuschlagen man nie die Zeit haben wird. Lloyd A. Brown ist in den Himmel gekommen, und der hieß das Große Magazin.

Und so wäre es wahrscheinlich geblieben, wenn nicht dieser Störenfried erschienen wäre – jenes Scheusal, das eines Tages in die Bibliothek gekrochen kam, sich an einen von Browns alten Lieblingstischen setzte und Bücher zu zerschneiden begann, während der Geist hilflos über ihm schwebte. Schlimmer noch: Bücher mit Karten – die Brown so oft und so zärtlich in Händen gehalten hatte, die seinem Verstand und seiner Phantasie auf die Sprünge geholfen, seinem Leben ein Ziel gegeben und ihm versprochen hatten, dass sein Name weiterleben würde, lange nachdem er ins Reich der Geister eingegangen war. Es war, als zerschneide die Rasierklinge nicht nur Papier, sondern als durchtrenne sie Browns Bindung an das Reich der Lebenden. Er tobte, heulte, schüttelte seine körperlosen Fäuste, vergoss unsichtbare Tränen. Es half alles nichts. Ich stelle mir vor, dass Lloyd A. Brown, selbst als der Mann gefasst worden war, als trostloser Geist umherwanderte und Flüche murmelte, die von niemandem gehört wurden. Er war zum ruhelosen Geist geworden. Der Eindringling hatte ihm klargemacht: Selbst wenn er für immer durch dieses Stück Luft geistern würde, konnte alles, was er so mühsam geschaffen hatte, Seite für Seite, Buch für Buch, Regal für Regal, Wand für Wand verschwinden, bis die Peabody nur noch eine Sehenswürdigkeit auf einem alten Stadtplan war, die letzte blasse Spur seines Lebens. Was nützt uns die Ewigkeit ohne die Vergangenheit?

Die Stimmung unter den Lebenden in der Peabody war nicht viel besser. In den Tagen nach Cynthia Requardts Internetmeldung über Gilbert Bland waren alle Nachrichten schlechte Nachrichten. Requardt sah ihre Botschaft als »Versuch, die anderen zu warnen, damit sie sich in Zukunft vor Bland in Acht nahmen«, so erklärte sie später. Doch damit hatte sie die Beamten von Hopkins unbeabsichtigt der Kritik ausgesetzt – einem regelrechten Sturzbach von Kritik, wie sich herausstellte. Einer nach dem anderen schrieb an die ExLibris News Group und beschimpfte die Universität, weil sie Bland hatte laufen lassen. Diese Kritik verletzte Requardt. Sie sei einfach »nicht vorbereitet« gewesen auf die »offenen Urteile« ihrer Kollegen, meinte sie später. Doch so weh diese Angriffe auch taten, noch niederschmetternder waren die Berichte aus anderen Bibliotheken. James Perry war in der University of Virginia gewesen, in der Duke University, in der University of North Carolina und in der Brown University in Providence. An all diesen Orten fehlten in den Büchern, die der geheimnisvolle Mann ausgeliehen hatte, Karten und Graphiken. Die Regenstein Library in der University of Chicago hatte Perry am 31. Oktober 1995 besucht, an Halloween, fünf Wochen, bevor Bland in Baltimore gefasst wurde. Er spazierte gelassen in die Bibliothek, setzte sich in den Saal mit den Sonderbeständen und öffnete eines der aufregendsten Bücher der westlichen Welt, ein *Theatrum Orbis Terrarum* (»Welttheater«) von 1584, zusammengetragen und herausgegeben von Abraham Ortelius, dem Vater der modernen Geographie. Ortelius, ein flämischer Kartograph, lebte in einer Periode unerhörter Entdeckungen. Kolumbus war in Amerika gelandet, Magellan hatte den Erdball umrundet, und Kopernikus lieferte Argumente für ein heliozentrisches Weltbild. Die Kartographie jedoch war im Verzug. Die Karten waren schlampig, erschienen in allen möglichen Größen und Darstellungsweisen, und viele basierten noch immer auf den Vorstellungen des Ptolemäus und anderer Geographen der Antike, die natürlich nichts von der Existenz Nord- oder Südamerikas gewusst hatten. Das wollte Orte-

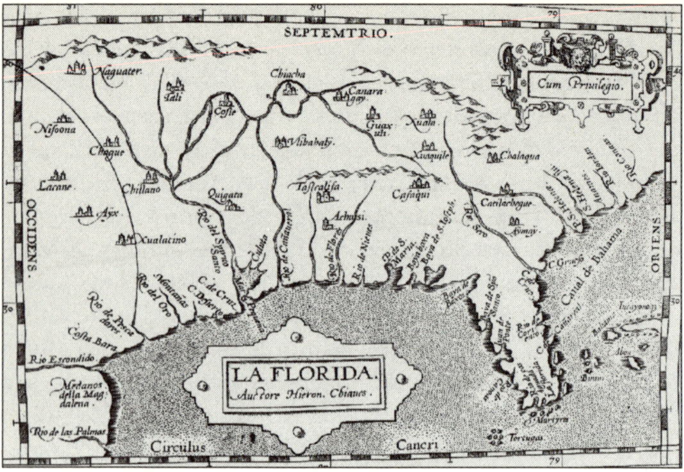

Die Karte von »La Florida« aus Ortelius' bedeutendem Atlanten Theatrum Orbis Terrarum.

lius ändern. Er sammelte gewissenhaft die besten Karten der ganzen bekannten Welt und stellte sie zusammen, alle gleich in Größe und Format. Das *Theatrum Orbis Terrarum*, erstmals 1570 veröffentlicht, war der erste moderne Atlas. Ortelius stellte dem Reisenden die ganze Welt auf eine vereinheitlichte Weise zur Verfügung – ein Meilenstein in der Geschichte der menschlichen Vorstellungskraft.

Doch nun war das Buch des großen Meisters in den Händen von einer Art Anti-Ortelius gelandet, einem professionellen Karten- und Buchzerstörer. Bland blätterte in dem Band, bis er zu einer Karte mit der Aufschrift *La Florida* kam, der ersten allgemein erhältlichen Karte des heutigen Staates im Südosten der USA. Ortelius fügte sie 1584 zum ersten Mal seinem *Theatrum Orbis Terrarum* hinzu. Und dort blieb sie 411 Jahre, bis der Eindringling sie vermutlich mit seiner Rasierklinge blitzschnell heraustrennte.

Obwohl das Buch 43 × 30,5 Zentimeter misst und seine Seiten so dick sind, dass sie beim Umblättern buchstäblich krachen, nimmt man an, dass Bland *La Florida* und zwei weitere Seiten aus diesem Atlas und noch zehn Karten aus einem anderen Buch herausgetrennt hat. Der Handschriftenlesesaal in der Regenstein Library ist eine Art Aquarium, ein Sicherheitstrakt. Die Wände sind aus Glas, und man darf keine Brieftaschen oder Schreibgeräte mit hineinnehmen. Dennoch hatte Bland die 13 Karten offenbar unter seine Kleidung geschmuggelt und war unentdeckt hinausspaziert. Sicherheitshalber hatte er auch noch das mit Bleistift geschriebene Inventar vorne im Ortelius geändert, sodass es aussah, als fehlten die von ihm entwendeten Karten schon seit Jahren.

Aber das war wohl nicht der einzige Diebstahl während seines kurzen Aufenthalts in Chicago. Am Tag zuvor hatte er die Charles Deering McCormick Library of Special Collections der Northwestern University aufgesucht, ein Kabinett wie eine Kapelle mit Rundbogenfenstern und voll gestopften alten Regalen, geschmückt mit Büsten von Dante, Einstein, Dylan Thomas, Samuel Johnson und Ezra Pound. Der Kurator R. Russell Maylone erinnert sich an den Mann als an den »sprichwörtlichen Mann im grauen Flanell, der nicht besonders ordentlich einen Haufen Bücher vor sich auf dem Tisch liegen hatte«. An diesem Tag soll Bland sechs Einzelkarten aus verschiedenen alten Atlanten entfernt haben, darunter einen Stadtplan von New York aus dem Jahr 1681 und drei Karten von der Karibik. Als Perry sich erhob, um zu gehen, sagte Maylone: »Ich hoffe, Sie haben gefunden, wonach Sie suchten.«

»Doch, ja, danke, das hab ich.« Das kann man wohl sagen.

Im Lauf der nächsten Wochen berichteten immer mehr In-stitutionen, auch sie seien von dem gefürchteten Perry heimgesucht worden. Schließlich waren es 19 Bibliotheken, die meisten im Osten und Mittelwesten, aber auch eine in Seattle und zwei in British Columbia. Die Liste umfasste unter anderem die University of Delaware, die University of Florida, die

Washington University in Saint Louis und die University of Rochester.

Niemand hatte die Polizei gerufen. Offenbar hatte gar niemand bemerkt, dass die Karten verschwunden waren. Es war ein unsichtbarer Raubzug, versteckt zwischen den selten geöffneten Seiten jahrhundertealter Bücher. Und der Täter war der unsichtbare Verbrecher. Abgesehen von der allgemeinen Beschreibung seines Äußeren charakterisierten ihn die Leute, die ihn gesehen hatten, später nur mit unbestimmten Begriffen: »sauber geschnittenes Haar«, »ruhig«, »höflich«, »freundlich«, »unscheinbar und verschlossen«. Und viele konnten sich gar nicht an ihn erinnern.

Was für eine nichts sagende Berufsbezeichnung hat unsere Kultur für jene ehrwürdigen Männer und Frauen, welche die Ägypter und Sumerer entweder die »Gelehrten Männer von der Magischen Bibliothek« nannten oder die »Schreiber vom Doppelten Haus des Lebens«, die »Herrinnen vom Haus der Bücher« oder die »Priester des Universums«. *Bibliothekar* – dieser Zungenbrecher, dieses anmutslos blubbernde Wort, nötigt einen geradezu, sich einen Versager mit hängenden Schultern, zwei verschiedenen Socken und vom vielen Microfiche-Lesen ständig zusammengekniffenen Augen vorzustellen. Wenn es nach mir ginge, würde ich das Wort völlig abschaffen und zur Bücherweisheit der Alten zurückkehren, die die Bibliothekare nicht als schwächliche Sortierer und Regalbauer sahen, sondern als heroische Wächter. In Assyrien, Babylonien und auch in der ägyptischen Kultur wurde denen, die sich an den Bücherregalen abmühten, oft ein stolzer, ja soldatischer Titel verliehen: Bewahrer der Bücher.

Ich glaube, viele Bibliothekare, besonders wenn sie mit wertvollen Büchern zu tun haben, sehen sich insgeheim immer noch so. Ich habe dutzende von ihnen kennen gelernt, als ich Blands Spuren folgte, und kam zu dem Schluss, dass die meisten ihre Arbeit so sehen, wie es der Wissenschaftler und Romancier Umberto Eco formuliert hat, nämlich als einen »Krieg gegen die Kräfte des Vergessens«. Wahrscheinlich führen sie diesen Krieg, weil sie wie die Historikerin Barbara Tuchman glauben, Bücher seien »gedruckte Menschlichkeit«, und sie, wie die Bewahrer der Bücher, nicht nur Papier hüten, sondern sterbliches Fleisch. Es steht viel auf dem Spiel. Wenn sie versagen, stirbt die Vergangenheit.

Nicht dass die Bibliothekare von sich in solchen Begriffen redeten. Ich habe sie als zurückhaltende, bescheidene, manchmal spöttische Leute kennen gelernt, ein Menschenschlag, bei dem es wenige Graham Araders gibt. Folglich dauerte es lange, bis ich Zugang zu dem fand, was in ihnen vorgeht. Ich gebe zu, dass mich das anfangs nicht allzu sehr belastete. Von den vielen Geheimnissen rings um den Fall Bland war das »Geheime Leben der Bibliothekare« nicht unbedingt das Erste, das ich lüften wollte. Aber im Lauf der Monate wuchs meine Hochachtung vor ihnen und auch meine Neugier auf ihre Tätigkeit. Doch so sehr ich mich auch bemühte, ich bekam kein rechtes Gefühl für ihre Bruderschaft, bis ich schließlich Gary L. Menges kennen lernte, einen meiner letzten Interviewpartner.

Als ich mit Menges telefonisch Verbindung aufnahm, hörte er sich genauso an, wie man es von einem Bibliothekar erwartet, von der näselnden Stimme bis zu der Präzision, ja Pingeligkeit, mit der er seine Worte wählte. Aber als ich nach Seattle reiste, um mich mit ihm in der University of Washington zu treffen, wurde ich von einem Mann begrüßt, der ganz anders war als der, den ich mir vorgestellt hatte. Menges war alles andere als ein lascher Biblio-Bürokrat, er wirkte vital und zielbewusst. Später erzählte er mir, er sei 61 – ich hatte ihn gut 15 Jahre jünger geschätzt. Unvergesslich ist mir neben seiner geschmackvollen, leuchtend orangeroten Krawatte sein plüschiger, sorgfältig gepflegter weißer Bart. Er erinnerte mich an einen äußerst adretten, gepflegten Weihnachtsmann, mit seinem Zwinkern in den Augen und dem entwaffnenden, kräftigen Lachen.

Menges führte mich in sein Büro im Untergeschoss der Kenneth S. Allen Library, wo er als Chef der Abteilung Sonderbestände und Restaurierung arbeitete. An der Wand hingen einige Neujahrskarten, die die Abteilung alljährlich an ihre Freunde und Gönner verschickte. Auf jeder befand sich das Werk eines ortsansässigen Künstlers und ein Zitat zum Thema Bücher. Auf einer stand: »Die Welt existiert, um ein Buch zu werden. – Stéphane Mallarmé«, auf einer zweiten: »Ich habe mir das Paradies immer als eine Art Bibliothek vorgestellt. – Jorge Luis Borges«, und auf einer dritten: »Behandle ein Buch, wie die Biene eine Blume behandelt. Genieße seine Süße, aber zerstöre sie nicht. – John Muir.« Menges erzählte mir, die Idee für die Karten stamme von ihm. Und mir wurde klar, dass auch die darauf abgedruckten Anschauungen den seinen entsprachen.

Doch ich war nicht gekommen, um über Grußkarten zu reden. Mitten im Raum stand ein Handwagen mit einem großen, ledergebundenen Buch.

»Aha«, sagte ich, »das wird *das Buch* sein.«

»Ja«, erwiderte er. »Ich dachte mir, dass Sie es sehen wollen.«

Das stimmte. Ich hatte schon viel über dieses besondere Buch gehört und war neugierig darauf. Aber ich wollte auch beobachten, wie Menges es ansah, berührte, darüber sprach. Menges, das wusste ich, hatte sich sehr viel Mühe gegeben, um diesen Band zu bekommen und für die Nachwelt zu erhalten. Ich war hergekommen, um aus erster Hand die Begeisterung eines Bibliothekars für einen einzelnen Text mitzuerleben.

Die Geschichte begann 1990, als ein ehemaliger Student der Universität aus Spokane mit Menges Kontakt aufnahm. Der Mann besaß eine Sammlung alter Bücher, die einst seinem Großvater gehört hatten, einem Geschichtsprofessor an der Northwestern University. Er hoffte, die Bibliothek hätte Verwendung für die Bücher. Menges freute sich natürlich über das Angebot, war sich aber auch bewusst, dass vielleicht nichts Besonderes dabei herauskam. Bibliotheken mit Spezialsammlungen sind ihrer Natur nach sehr wählerisch, und oft sind die Bücher, die die Leute verschenken wollen, historisch uninteressant, oder sie stehen schon in der Bibliothek. Aber man weiß nie, wann oder wo man auf Gold trifft. Einmal zum Beispiel hatte jemand ein paar alte Architekturzeichnungen aus einer Mülltonne gefischt und sie in die Bibliothek gebracht. Es waren die Originalpläne für ein bedeutendes Gebäude in der Stadt.

Ein Bewahrer der Bücher muss für alles offen sein. Menges stieg in ein Flugzeug nach Spokane, denn er war zu dem Entschluss gekommen, die Sammlung des Mannes sei zumindest eine persönliche Überprüfung wert. Dort fiel nun sein Blick zum ersten Mal auf das Buch. Der reich verzierte Lederrücken war ziemlich abgewetzt, aber der Titel in Goldbuchstaben war noch lesbar:

OGILBY'S
AMERICA

Menges musste kein Kurator sein, um zu erkennen, dass dies ein schönes Werk war. Das hätte jeder gemerkt, der diese 122 herrlichen Kupferstiche, darunter viele prächtige Karten, auch nur flüchtig durchgeblättert hätte. Aber Menges sah auch, dass es ein historisch bedeutsames Buch war. Der Autor, der schottische Kartograph John Ogilby, hatte unter dem englischen König Charles II. als königlicher Kosmograph und geographischer Drucker gearbeitet und *America* 1671 innerhalb einer Reihe von Bänden über mehrere Länder veröffentlicht. Es war kein besonders originelles Werk (die meisten Informationen stammten aus anderen Quellen) und auch kein besonders genaues (es versetzte zum Beispiel das Aztekenreich Montezumas nach Peru). Das Besondere daran ist, dass es die erste in Englisch publizierte Enzyklopädie über die Neue Welt ist. Außerdem wusste Menges, dass Ogilby noch andere Kartenwerke herausgegeben hatte, als berühmtestes die *Britannia*, den ersten nationalen Straßenatlas. Er erschien 1675 und wurde später immer wieder aufgelegt, unter anderem auch 1762, neu durchgesehen von John Senex und unter dem veränderten Titel *The Roads through England Delineated*, und dieser Band stand in seiner Bibliothek im Regal. Menges erfreute zumindest die Möglichkeit, zwei von Ogilbys wichtigsten Werken unter einem Dach zusammenzubringen. »Es war eindeutig eines der schönsten Bücher in der [Spokane-]Sammlung – wenn nicht das schönste«, erinnerte er sich. »Natürlich zeigte ich größtes Interesse.«

Doch er wusste, dass in der dornenreichen Welt der Stiftungen Interesse nicht immer zum Erwerb führt. Der Bewahrer der Bücher musste schmeicheln. Menges wunderte sich nicht, dass ihm der Mann das Buch nicht sofort überließ, sondern vor seiner Schenkung allerlei Zusicherungen haben wollte. »Es hatte ja seinem Großvater gehört, und es waren Familienerinnerungen daran geknüpft«, erklärte er, »er war besorgt, dass es auch in gute Hände kam.«

Was das anbelangte, so war Menges damals erfreulicherweise in einer idealen Situation. Seine Abteilung Sonderbestände und Restaurierung zog gerade in die brandneue Kenneth S. Allen Library um. Das Gebäude trug den Namen eines ehemaligen Universitätsbibliothekars, der – wie die meisten ehemaligen Universitätsbibliothekare – kein nach ihm benanntes großes Gebäude bekommen hätte, wenn er nicht der Vater des Microsoft-Mitgründers Paul Allen gewesen wäre. Dank einem Großteil der 10-Millionen-Dollar-Spende des Computermagnaten (damals die größte Spende in der Geschichte der Universität) konnte der Architekt Edward Larrabee Barnes den Neubau mit der modernsten Technik ausrüsten, von Spezialfiltern an den Leuchten und Fenstern zum Schutz gegen ultraviolette Strahlung bis zu computerüberwachten, klimatisierten Tresoren, in denen wertvolle Bücher wie der Ogilby aufbewahrt werden sollten.

»Das Buch wird für immer hier bleiben«, konnte Menges dem ehemaligen Studenten aus Spokane zuversichtlich versprechen. »Wir werden uns gut darum kümmern, und es wird auch gelesen werden.«

Mit solchen Versicherungen setzte Menges nicht nur den Ruf der Bibliothek aufs Spiel, sondern auch seinen eigenen. Wenn dem Buch etwas passierte, hatte er die wenig beneidenswerte Aufgabe am Hals, dem Spender die Sachlage zu erklären – ganz zu schweigen von der Verwaltung, den Journalisten und, das war das Schlimmste, anderen potenziellen Stiftern, die in der Folge vielleicht zögerten, ihm ihre geliebten Bände anzuvertrauen. Aber seine Verpflichtungen endeten damit nicht. Der Bewahrer der Bücher muss sich vor der Vergangenheit, der Zukunft und der Gegenwart rechtfertigen. Indem er für das Buch haftete, übernahm Menges die Verantwortung gegenüber allen, die es einst gelesen, die Karten studiert und es liebevoll in den Bücherschrank gestellt hatten. Sie waren mit dem Buch mehr als 300 Jahre sorgsam umgegangen, und Gary Menges fühlte sich verpflichtet, es nicht schlechter zu machen. Doch er hatte eine noch schwer wiegendere Pflicht, die heiligste von allen: das Buch für die kommenden Generationen in gutem Zustand zu erhalten, für die noch nicht geborenen Leser.

Doch diese Bürde nahm Menges nur zu gern auf sich. Das merkte ich sofort, als ich an diesem Morgen in seinem Büro saß – und ich überlegte, dass es dem Stifter aus Spokane auch aufgefallen sein muss. Genau wie mich hatte wahrscheinlich auch ihn die natürliche Begeisterung des Bibliothekars überzeugt, die Behutsamkeit und Selbstsicherheit, mit der Menges das Buch in die Hände nahm. Vielleicht wurde er auch durch die Art gewonnen, wie Menges das Buch betrachtete – nicht mit dem begehrlichen Blick des Liebhabers, auch nicht mit dem eifersüchtigen Auge eines Vaters, sondern mit dem stolzen und beschützenden Blick eines guten Großvaters. Je länger ich mit Menges redete, desto mehr schöpfte ich Verdacht, dass die endgültige Entscheidung des Stifters weniger mit den technischen Raffinessen der neuen Bibliothek zu tun hatte als mit dem ruhigen Charisma eines altmodischen Bibliothekars.

Als die Verhandlungen abgeschlossen, die rechtliche Seite geklärt und der Papierkram unterschrieben war, traf das Buch in Seattle ein. Und nun ging Menges' Arbeit erst richtig los. Als Erstes musste er das Buch so herrichten, dass man es ins Regal stellen konnte – keine leichte Aufgabe. »Der Zustand war nicht besonders gut«, erklärte er. »Der Buchblock [die eigentlichen Seiten] war in Ordnung, aber der Einband war zerschlissen. Das kann schon vorkommen, wenn ein Buch 300 Jahre lang häufig benützt wird.«

Menges griff nach einem Aktenordner und zog ein paar Fotos heraus, die aufgenommen worden waren, als das Buch in der Bibliothek ankam. Es sah aus, als habe es jemand an einen Landrover gehängt und sei damit querfeldein gefahren. Der Einband war eingerissen, fleckig und überall abgewetzt, das Leder gesprungen und brüchig. Die Ecken waren ausgefranst. Der vordere Buchdeckel hatte sich völlig abgelöst. Dazu kamen noch andere Probleme, wie zum Beispiel eingerissene Karten. Alles in allem, sagte Menges, beliefen sich die geschätzten Kosten für die Restaurierung auf fast 1000 Dollar – keine kleine Summe für ein einzelnes Buch, aber machbar bei einem entsprechenden Etat. Das Pech war nur, dass Gary Menges keinen solchen Etat hatte. Er musste das Geld selbst aufbringen.

Doch eines hatte Menges: einen Plan. Er nannte ihn »Rette ein Buch«. Er hatte das Programm vor einem Jahr ins Leben gerufen, und zwar nach einer simplen Formel. Erstens: Nimm ein schönes altes Buch in einem fürchterlich desolaten Zustand. Zweitens: Lege es in den Schaukasten, über den jeder Lesesaalbenutzer stolpert. Drittens: Drucke einen Packen Faltblätter, in denen du die ästhetische und historische Bedeutung des Buches rühmst. Viertens: Bettle, beschwatze, bettle wieder.

Menges war hoch begabt in dieser Kunst – das erfuhr ich, als ich mich mitten in unserem Interview dabei ertappte, dass ich mein Scheckbuch herauszog, um dem armen alten Sir Walter Raleigh, dem derzeitigen Objekt der Rette-ein-Buch-Aktion, zu helfen, dessen *History of the World* schlimme Zeiten durchgemacht hatte. »Alle möglichen Leute spenden«, erklärte Menges fröhlich, kurz bevor er mein bescheidenes Almosen entgegennahm. »Bei unserer ersten Rette-ein-Buch-Kampagne [für eine Schedelsche *Weltchronik*] kamen Spenden vom Rektor der Universität bis zu einem Studenten, der mir einen Dollar gab und sagte, mehr könne er leider nicht entbehren. Ich versicherte ihm, dass sein Dollar höchst willkommen war.«

Der Bewahrer der Bücher muss andere für seine Sache gewinnen. Aber auf der Liste der Spender für John Ogilbys *America* stand auch ein barmherziger Samariter namens Gary Menges mit einem Scheck über 50 Dollar. Als ich ihn danach fragte, wehrte er ab. »Ich spende immer für ›Rette ein Buch‹«, erklärte er nur. »Es ist ein wichtiges Programm.«

Als das Geld aufgebracht war, wurde *America* liebevoll verpackt und an die wenig spektakuläre Adresse »Browns Summit, North Carolina« geschickt, wo es ebenso behutsam wieder ausgepackt wurde. Gary Menges konnte seinen Kampf gegen das Vergessen nicht allein ausfechten, nun lag alles an dem Sachverstand von Don Etherington, einem Buchbewahrer allerhöchster Ordnung. Seit 50 Jahren arbeitete der in England geborene Etherington als Restaurator; er hatte zahllose alte Bände mit der ruhigen Hand eines Chirurgen und der geheimnisvollen Leidenschaft eines Geisterbeschwörers instand gesetzt. Seine unwahrscheinliche Karriere begann, als Etherington sich im Alter von 13 Jahren auf der Central School of Arts and Crafts in London für das Wahlfach »Buchbinden« einschrieb. Was um alles in der Welt lockte einen so jungen Menschen an einer solchen Geheimwissenschaft? »Ich hab keine Ahnung«, lachte Etherington bei unserem Telefoninterview. Vielleicht liege es ihm einfach im Blut. »Mein Onkel war jahrelang Leiter des Lesesaals in der British Library«, sagte er. »Und es mag seltsam scheinen, aber ich fand erst vor ein paar Jahren heraus, dass mein Ururgroßvater der Gemälderestaurator der Königin Victoria war.«

Etherington begann mit einer siebenjährigen Lehrzeit bei Harrison & Sons, dem Drucker der königlichen Familie, und arbeitete sich an die Spitze seines Berufsstandes in England empor. 1970 kam er in die Vereinigten Staaten, um in der Library of Congress ein Restaurierungsprogramm aufzubauen; ab 1980 hatte er in der University of Texas eine ähnliche Position inne, und seit 1987 ist er Leiter des Etherington Conservation Center, einer Tochterfirma der Information Conservation Inc. Im Lauf seiner Karriere hat Etherington einige höchst wichtige Dokumente der westlichen Welt bearbeitet. An der Library of Congress zum Beispiel restaurierte er Lincolns Rede von Gettysburg. Er hat an der Magna Charta von 1297 gearbeitet (die Ross Perot gehört), an der Carolina Charter von 1663, an der texanischen Unabhängigkeitserklärung von 1836 und an der Bill of Rights des Staates Virginia. Als ich ihn im September 1998 interviewte, kümmerte er sich mit einem Team um die neue Unterbringung und Präsentation der amerikanischen Unabhängigkeitserklärung.

Wer an solch außerordentlichen – und empfindlichen! – Urkunden arbeitet, braucht viel Talent und gute Nerven. »Gefühle haben hier nichts zu suchen«, erklärte Etherington. »Man darf sich nicht einschüchtern lassen. Man darf sich nur für die Arbeit interessieren, dafür, was an dem Gegenstand kaputt ist und was man braucht, um ihn restaurieren zu können. Wenn man sich ihm nähert, als hätte man Angst vor ihm, werden die Hände unsicher. Und dann passieren die Unfälle. Bei diesem Material braucht man eine sichere Hand und Selbstvertrauen – aber nicht zu viel.«

Außerdem braucht man jahrzehntelange Übung. Keine Universität biete ein spezielles Fach »Buchrestaurierung« an, erklärte Etherington. Es sei vielmehr ein weitgehend »kunsthandwerklicher Beruf«, einer der letzten, in denen das Können noch von einer Generation zur nächsten weitergegeben werde. Er verfüge zwar über eine größere Materialauswahl als seine Vorfahren, aber sonst »wenden wir noch heute die gleichen Methoden an wie im 5., 6. oder 7. Jahrhundert.«

An Menges Buch ging Etherington genauso heran wie an tausende anderer alter Texte. Wichtigstes Ziel war, so viel wie möglich von dem alten Material zu retten. In diesem Fall jedoch waren einige Teile hoffnungslos verrottet. »Der Einband war kaputt, und wir konnten ihn nicht restaurieren«, sagte Etherington.

»Die erste Entscheidung lautet also: Der Einband ist nicht zu retten, folglich kriegt es einen neuen. Man nimmt den alten Einband ab und säubert den Buchrücken. Dann untersucht man, ob der Buchblock in Ordnung ist, ob er eine Restaurierung braucht oder so – das ist eine wichtige Entscheidung. Wenn wir den Buchblock auseinander nehmen müssen, nennen wir das einen großen Eingriff, denn dann rührt man an das ursprüngliche Gefüge und verändert es vielleicht. Kleiner Eingriff heißt, wenn wir am ursprünglichen Aufbau des Buches nicht allzu viel ändern.«

Beim Ogilby war nur ein kleiner Eingriff nötig. Bis auf ein paar eingerissene Karten, die mit Japanpapier vorsichtig geflickt werden konnten, gab es am Buchblock nicht viel zu tun. Etherington und seine Mitarbeiter konnten sich auf den Einband konzentrieren. »Ein neuer Einband hat normalerweise neue Buchdeckel und neue Vorsätze«, sagte er. »Vorsätze sind die Papiere, die man vorne und hinten am Buchblock befestigt; sie verbinden Einband und Buch. Und dann entscheidet man, welchen Einband der Buchblock bekommt.«

Man entschied sich für einen Ledereinband, der zwar nicht so reich verziert war wie sein Vorgänger, aber doch dem Stil der Zeit entsprach, aus der das Buch stammte, und häufige Benutzung durch die Bibliotheksbesucher aushalten würde. Aber selbst solch ein Einband ohne Kinkerlitzchen erforderte penibles handwerkliches Können. »Man muss das Leder schärfen, das heißt, es an den Rändern ausdünnen«, erklärte er. »Dann bestreicht man es mit Kleister und legt es auf die Buchdeckel. Schließlich schlägt man es nach innen um, lässt es trocknen und klebt die Vorsatzpapiere darauf.«

Als die Arbeit beendet war, konnte das Buch nach Seattle zurückgeschickt werden. Auch wenn dies nicht Etheringtons anspruchsvollste Aufgabe gewesen war, blieb doch wie stets »die Befriedigung, etwas vor dem Zerfall oder dem Müllhaufen gerettet zu haben«, sagte er. »Das ist der Unterschied zwischen dem Buchrestaurator und anderen Restauratoren. Wir restaurieren Gegenstände, die wieder benützt und nicht nur in ein Museum gestellt werden … und das ist herrlich. Warum sollten wir etwas herrichten, nur damit es unter einen Glassturz kommt und nie mehr in die Hand genommen wird? Bücher sind nicht dazu geschaffen, *nicht* gelesen zu werden.«

Und endlich sollte auch dieses Buch gelesen werden. Als die Katalogisierung abgeschlossen war, wurde *America* im Juni 1995 dem Publikum der Allen Library zur Verfügung gestellt. Gary Menges' Bemühungen, es ins Regal zu bringen, hatten fünf Jahre in Anspruch genommen.

Vielleicht haben Sie schon erraten, was als Nächstes passierte. Es wird Sie also nicht überraschen, dass am 4. Oktober 1995 ein Fremder in die Abteilung Sonderbestände und Restaurierung kam und sich der Ausleihe näherte, wo Menges gerade arbeitete. Sie werden auch nicht erstaunt sein, dass der Mann laut Menges »völlig normal aussah. Er hätte Angehöriger einer Fakultät oder Büchersammler sein können. So wie er aussah und wie er sich verhielt, hätte ihn kein Mensch verdächtigt.« Vielleicht haben Sie sich inzwischen auch schon gedacht, dass der Mann eine Bestellung für John Ogilbys *America* ausfüllte. »Das sei ein wunderbares Buch, sagte ich und holte es ihm«, erinnerte sich Menges. Und wenn Sie all das schon selbst gefolgert haben, muss ich Ihnen nicht erzählen, dass der Fremde sich als James Perry auswies. Nur ein kleines, aber finsteres Detail kennen Sie noch nicht: Er war der erste Benutzer, der das Buch in die Hand bekam.

Als ich Gary Menges in seinem Büro interviewte, berichtete er ruhig über den Bibliotheksbesuch jenes Eindringlings, dann stand er auf und führte mich zu dem Buch hinüber. Der dicke, neue Ledereinband sah herrlich aus, aber darunter lag einiges im Argen. Eine der vier Karten, die der Dieb herausgeschnitten hatte, war immer noch verschwunden, wahrscheinlich für immer. Die drei anderen waren mittlerweile von der Polizei zurückgebracht worden und lagen nun neben dem Band. Man konnte sie wieder einfügen, vielleicht sogar so gut, dass ein flüchtiger Betrachter nichts von dem Schaden merkte – aber die Unversehrtheit und der finanzielle Wert des Buches hatten einen nicht wieder gutzumachenden Schaden erlitten. Vor allem, weil mehrere zusätzliche Seiten durch tiefe Schnitte entlang dem Falz übel zugerichtet waren. »Sehen Sie, wie er hier die Titelseite zerschnitten hat?«, fragte Menges und deutete auf eine von der Rasierklinge zerfetzte Seite. »Er wird wohl sehr schnell geschnitten haben, als gerade niemand herschaute. Und dabei hat er die darunter liegenden Seiten auch noch aufgeschlitzt, so wie hier.«

Ich hatte ähnlich beschädigte Bücher schon in anderen Bibliotheken gesehen, fand den Anblick aber immer aufs Neue grauenvoll. Und ich fragte mich, was ein Mensch wie Menges dabei empfand. Der Restaurator Don Etherington hatte mir gestanden, ihm tue es sogar weh, wenn ein billiges Taschenbuch schlecht behandelt werde. »Wenn man sein ganzes Leben lang mit dieser Arbeit verbringt, kann man es nicht einmal mit ansehen, wie die Leute Eselsohren in die Bücher machen«, sagte er. »Sie wissen schon: Wenn sie beim Lesen die Ecken umknicken, um eine Stelle wieder zu finden. Für mich ist das wie ein Schlag in die Magengrube. Am liebsten würde ich dann sagen: ›Bitte nicht!‹ Ich weiß, das klingt ein bisschen blöd, aber so ist man halt. Wer in diesem Beruf arbeitet, erträgt es einfach nicht, dass diese Dinge schlecht behandelt werden.«

Und was ist mit einem, der ein seltenes und schönes Buch wie den Ogilby zerstört? »Dem würd ich am liebsten die Eier abschneiden«, sagte Etherington.

Doch bei Menges merkte ich nichts von Etheringtons Wut. Er wirkte natürlich besorgt, aber ruhig. Auch bei dem Telefonat wenige Tage vor meinem Besuch in Seattle, als ich den Bibliothekar bat, mir seine Gefühle bezüglich dieses Diebstahls zu beschreiben, hatte ich keinen großen Zorn bei ihm gespürt. »Natürlich ärgert man sich«, sagte er, jedes Wort sorgfältig abwägend. »Man investiert viel eigene Arbeit, um ein Buch für eine Sammlung zu bekommen, es restaurieren zu lassen und dem Publikum zur Verfügung zu stellen. Und dann kommt der erste Benutzer daher und schneidet Karten raus. Natürlich ist man darüber nicht besonders glücklich.«

Als ich hierher fuhr, hatte ich mit einer leidenschaftlicheren Reaktion gerechnet. In meiner sentimentalen, theatralischen Phantasie hatte ich mir Szenen ausgemalt, in denen Menges sich über das Buch warf, die Bibliotheksgötter verfluchte und Ströme von Tränen über dem ruinierten Text vergoss. Nun merkte ich, wie dumm solche Erwartungen gewesen waren. Gary Menges klagte nicht über die Vergangenheit. Er blickte schon wieder in die Zukunft und schilderte mir, wie er das Buch reparieren lassen wollte. Er hatte es einmal dem Vergessen entrissen und würde es wieder tun. Ein Bewahrer der Bücher darf nie ruhen.

Wie groß ist die Welt? Für alle, die sich für die Herstellung von Karten interessieren, ist dies eine denkbar zentrale Frage. Doch nicht ein Kartograph hat als Erster den Erdumfang wissenschaftlich berechnet, sondern ein Bibliothekar.

Er hieß Eratosthenes und war von 235 bis etwa 195 v. Chr. Leiter der Bibliothek von Alexandria, einer der sagenumwobensten Stätten der Antike. Alexandria war damals die größte Stadt der Welt, der Mittelpunkt des hellenistischen Handels und der Wissenschaft. Die Stadt war etwa 332 v. Chr. von Alexander dem Großen gegründet worden. Ein paar Jahrzehnte später entstand die Bibliothek und begann rasch, Texte anzusammeln, wie Alexander Land angesammelt hatte. Unterhändler schwärmten in die ganze bekannte Welt aus mit dem Auftrag, die Werke von »Poeten und Prosaschriftstellern, Rhetorikern und Weisen, Ärzten und Wahrsagern, Historikern und allen möglichen anderen« einzuheimsen, wie es ein zeitgenössischer Beobachter beschrieb. Gelehrte wurden herangeschafft, die die Schriftstücke aus allen Kulturen von Europa bis Nordafrika und Indien übersetzen mussten. Schiffe, die den Hafen von Alexandria anliefen, wurden gezwungen, der Bibliothek jedes Buch zu leihen, das sie an Bord hatten. Am Ende bekamen die Eigentümer Kopien auf billigem Papyrus zurück, und das Original blieb in Alexandria. Die Bibliothek hatte sich das kühne Ziel gesetzt, unter ihrem Dach jegliches jemals geschriebene Buch zu versammeln.

Dieses Ziel wurde nie erreicht. Obwohl die großartige Bibliothek in ihrer Blütezeit tatsächlich 700 000 Papyrusrollen zusammengetragen hatte, war ihr ein unheilvolles Schicksal beschieden. Niemand weiß genau, was aus ihr wurde. Die vorherrschenden Theorien behaupten, dass sie a) von Julius Caesar im 1. Jahrhundert v. Chr. niedergebrannt, b) von fanatischen frühen Christen ausgeweidet, c) im 7. Jahrhundert n. Chr. von arabischen Eroberern zerstört oder d) langsam von der Zeit zerrieben wurde, oder aber dass e) alles oben Genannte zusammen an ihrem Untergang schuld war. Auf jeden Fall verschwand die Bibliothek – aber zuvor hatte sie dazu beigetragen, den Rest der Welt sichtbar zu machen. Wahrscheinlich hat sich hier Claudius Ptolemäus auf seine bahnbrechende *Geographia* vorbereitet. Auch ein anderer prominenter griechischer Geograph hat hier studiert, Strabo, der mit seiner Behauptung: »Es ist möglich, nach beiden Seiten um die bewohnte Welt zu segeln, nach Osten wie nach Westen« Kolumbus und andere Entdecker auf die Idee brachte, neue Wege nach Indien zu suchen. Und dann gab es noch Eratosthenes. Er kombinierte brillantes abstraktes Denken mit praktischer Geometrie (und ein wenig Glück) und errechnete den Erdumfang, indem er den Schatten eines einzigen Obelisken vermaß. Wir können seine Schätzung schwer einordnen, weil wir die alten griechischen Maße nicht genau kennen. Aber moderne Wissenschaftler sind der Meinung, dass er mit seiner Vermutung erstaunlich richtig gelegen hatte. »Eratosthenes' Berechnung dürfte den Erdumfang bis auf 200 Meilen genau getroffen haben«, schreibt der Kartenhistoriker Norman J. W. Thrower.

In jenen Zeiten waren Größe und Entfernung sehr wichtig. Die Philosophin Hannah Arendt nennt dies in ihrem 1958 [deutsch 1967] erschienenen Buch *Vita activa oder Vom tätigen Leben* eine Zeit, »... wo ... Ferne gewaltet hat«. Vielleicht war sie das einzige wirklich große Problem aller Kartographen und Entdecker bis ins 19. Jahrhundert. Kolumbus zum Beispiel glaubte, dass die Kanarischen Inseln vor der Nordwestküste Afrikas nur 4440 Kilometer von Japan entfernt lagen. Er wäre vielleicht nie in See gestochen – oder hätte die Erlaubnis dazu nicht bekommen –, wenn er gewusst hätte, dass er sich um etwa 15000 Kilometer verschätzt hatte. Und Magellan? Er »hatte nicht die geringste Ahnung von der Weite des Pazifischen Ozeans, den noch kein Europäer überquert hatte«, schreibt der Historiker Samuel Eliot Morison, der zu dem Schluss kommt, dass alle maßgeblichen Schätzungen, von denen Magellan gewusst haben könnte, mindestens 80 Prozent unter der wirklichen Entfernung lagen. Der Kapitän und seine Mannschaft waren für die pazifische Weite so schlecht gerüstet, dass sie sich von Ratten, Leder und Sägemehl ernähren mussten.

Diese beiden Entdeckungsreisenden, die so viele Schwierigkeiten gemeistert haben, vollbrachten ein Wunder: Sie machten die Welt größer. Und jahrhundertelang wuchs sie ständig. Doch als die Karte endlich voll war, passierte etwas Merkwürdiges: Die Welt wurde plötzlich wieder kleiner. In *Vita activa* beschreibt Hannah Arendt die »Zusammenschrumpfung des Erdraums und [die] Aufhebung von Entfernung durch Eisenbahn, Dampfschiff und Flugzeug«. Und seit Hannah Arendts Zeiten schrumpft die Welt noch deutlicher. Auf dem Schreibtisch vor mir liegt gerade ein Buch mit dem Titel *The Death of Distance*. Seine kühne These wird auf dem Schutzumschlag folgendermaßen zusammengefasst: »Geographie, Grenzen, Zeitzonen – all das wird plötzlich unwichtig… infolge der revolutionären Entwicklung der Kommunikation.«

Die Geographie *unwichtig*? Kolumbus und Magellan hätten einen solchen Gedanken absurd und niederschmetternd gefunden. Dennoch muss ich zugeben, dass Frances Cairncross, die Verfasserin von *Death of Distance*, ziemlich überzeugend darlegt, wie die neuen Techniken von Telefon, Fernsehen und Computer »die Welt schrumpfen lassen, sodass die Menschen erkennen, wie recht John Donne hatte: ›Niemand ist eine Insel für sich allein, jeder ist ein Stück des Kontinents, ein Teil des Ganzen.‹«

Als ich *The Death of Distance* las, kam mir zu Bewusstsein, dass es heutzutage zwei Arten von Abenteurern gibt. Die vom alten Schlag – die einst in die unbekannte Welt hinauswanderten, als noch so viel Unbekanntes übrig war, das man korrekterweise als Weite bezeichnen konnte – ist eine gefährdete Art, und keine glückliche. Die vom alten Schlag wollen nicht Teil des Ganzen sein. Sie sehnen sich nach Inseln. Im Global Village fühlen sie sich wie auf Grund gelaufen. Der Bergsteiger Gaston Rébuffat sagte einmal: »In der modernen Zeit ist wenig Wirkliches übrig geblieben. Man hat die Nacht verbannt und auch die Kälte, den Wind und die Sterne.« Und so finden sich die Alten eingepfercht in die letzten Reste einer »Wahre-Männer-contra-Natur-Wildnis«, in Abenteuerreservate wie den Mount Everest.

Die neue Generation spricht fast genau wie die alte; sie benützt die Sprache des Zeitalters der Entdeckungen, um die Begriffe des Informationszeitalters zu benennen (Netscape Navigator, Microsoft Explorer). Aber hier endet die Ähnlichkeit. Die Neuen brauchen keine reale Wildnis. Sie feiern die Tatsache, dass ganz wenig Wirkliches übrig geblieben ist, wie Rébuffat sagte. Sie tanzen auf dem Grab der armen alten Entfernung, denn sie glauben, im Cyberspace seien dem Blick in die Ferne keine Grenzen gesetzt. Am Beginn des 20. Jahrhunderts hat Theodore Roosevelt, eines der letzten großen Idole der alten Garde, den Standpunkt vertreten, das Herz eines Abenteurers müsse »für den Sattel schlagen, nicht für den Kamin«. Die neuen Abenteurer zu Beginn des 21. Jahrhunderts müssen sich nur noch für das sanfte Schimmern eines Bildschirms erwärmen.

Was Gilbert Bland und sein merkwürdiges Abenteuer betraf, so schien er mit der alten Garde einen gewissen Hang zum Risiko gemein zu haben. Aber überwiegend gehörte er doch zu den Neuen. Anfang der Neunzigerjahre, bevor er sich auf Karten verlegte, hatte Bland eine Computer-Consulting-Firma betrieben, und er hat sein technisches Können für seine Untaten offenbar gut zu nutzen gewusst. Natürlich hat er sich nichts direkt über das Netz angeeignet. Aber der Polizei zufolge hat er auf diesem Weg seine Objekte gesucht und gefunden; zum Beispiel bekam er mit Hilfe des Internets heraus, dass Ogilbys *America* in der University of Washington stand. Gary Menges sah darin eine bittere Ironie. »Da teilt man der Öffentlichkeit mit, dass man etwas hat, damit die Leute davon erfahren und damit arbeiten können«, sagte er. »Und dann gibt es welche, die diese Information nicht für wissenschaftliche Zwecke nutzen. Sie stellen damit ihre Hitlisten zusammen.«

Aber wenn der »Tod der Entfernung« Bland half, sich an die Bibliotheken heranzupirschen, so half er andererseits auch den Bibliotheken, Bland zur Strecke zu bringen. Früher hätte sich die Nachricht von seiner Ergreifung nur langsam verbreitet, durch Klatsch und andere vorwiegend inoffizielle Kanäle. Aber dank Cynthia Requardts Meldung in ExLibris – einer Newsgroup, die 1990 zum Informations- und Gedankenaustausch für Bibliotheken mit wertvollen Büchern und Manuskripten eingerichtet wurde – erfuhren Institutionen im ganzen Land schon wenige Stunden später von dem Verbrechen. »Das hat vieles erleichtert«, erinnerte sich Requardt später. »Ohne ExLibris hätte ich nicht gewusst, wie und mit wem ich Kontakt aufnehmen sollte. Ich hätte nur die Bibliotheken aus dem Notizbuch anrufen können… Doch so wurde Blands Fährte erstaunlich rasch sichtbar.«

Als die Bibliothekare ihre Verluste zusammenzählten, verbreitete sich allgemeine Wut in ihren Reihen. »Ich fühlte mich richtig als Opfer, als sei ich persönlich angegriffen worden«, sagte Evelyn Walker von der University of Rochester. »Ich bin seit etwa 15 Jahren hier, und einige meiner Kollegen noch länger. Wir fühlen uns für unsere Sammlungen in höchstem Grade verantwortlich und sind ihnen sehr verbunden. Wir bemühen uns eifrig, sie zu vergrößern, und sind glücklich, wenn wir etwas finden, das eine kleine Lücke schließt. Es ist mehr als ein Job. Es ist eine Berufung, eine Leidenschaft, wie immer man das nennen mag. Die Bibliothekare hier sind wirkliche Kuratoren, die das ihnen Anvertraute zu schätzen wissen und es anderen gern zur Verfügung stellen. Wir haben jeden willkommen geheißen, der

Einblick in unsere Karten nehmen und damit arbeiten wollte. Und jetzt sind sie fort.«

Und John E. Ingram von der University of Florida meinte: »Ich kann kaum nachvollziehen, dass da jemand reinkommt und einen Teil unseres gemeinsamen Erbes zerstört. Wir sind eine staatliche Institution, und der Kartendieb hat den gesamten Staat und das Land beraubt, nicht nur die Bibliothek. Von einem der Bücher zum Beispiel, *Modern History, or, the Present State of All Nations* von Thomas Salmon, besitzen wir die einzige vollständige Ausgabe in ganz Florida. Beziehungsweise wir *besaßen* die einzige vollständige Ausgabe.«

Die Bibliothekare, eine bekannt zahme Gattung, lechzten nach Blut. »Wenn mir Bland vors Auto liefe«, erklärte Russell Maylone von der Northwestern University, »würde ich ihn über den Haufen fahren – aber wie! Und dann würde ich noch mal zurückstoßen.«

Aber es war gar nicht so leicht, Bland wieder zu fassen zu kriegen. Nachdem er in Baltimore geschnappt worden war, blieb er offenbar ein paar Tage in seiner alten Heimatstadt Columbia in Maryland. Von dort aus rief er Donald Pfouts an, den Sicherheitschef des Peabody Institute, und bat ihn, ihm das Notizbuch zurückzuschicken. »Er sagte, er hätte sein Buch vergessen und bräuchte es dringend«, erklärte Pfouts. »Erst als er merkte, dass er sein Buch nicht mehr zurückbekam, muss er erkannt haben, wie es um ihn stand. Und da ist er geflohen.«

Die Beamten brauchten fast einen Monat, um ihn zu schnappen – wie sich herausstellte, eine kostspielige Verzögerung. Es lag nicht daran, dass der Unsichtbare noch einmal verschwunden war. Die Polizei wusste, wo Gilbert Bland zu finden war: in seinem Haus in Coral Springs, Florida. Aber dorthin zu gelangen und ihn zu verhaften erwies sich als ungeahnt anstrengende Reise. Bürokratie, Gleichgültigkeit und Unordnung können schwieriger zu befahren sein als der größte Ozean. Und dann scheint die Welt manchmal immer noch riesengroß.

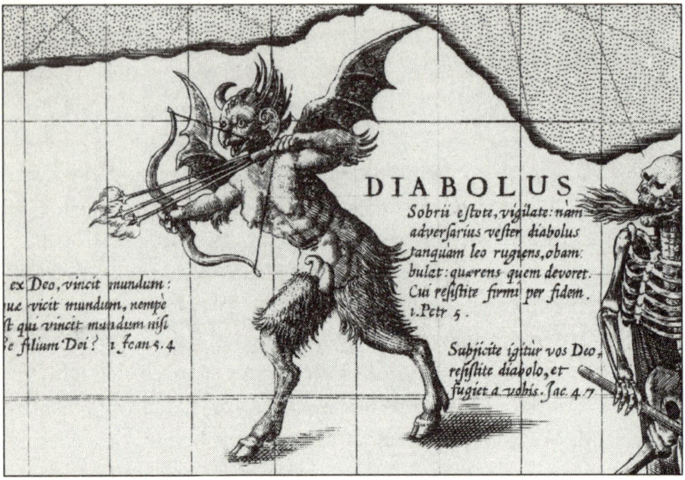

Ausschnitt aus einer Weltkarte von Jodocus Hondius um 1597, wo vor den Versuchungen des Satans gewarnt wird. »Seid nüchtern und wachsam«, so lautet der biblische Text, »denn euer Widersacher, der Teufel, geht umher wie ein brüllender Löwe und sucht, wen er verschlingen könne.«

KAPITEL 7

Kurze Geschichte des Kartendiebstahls

Da stand ich also ehrfürchtig vor der »Monsterkamera«, wie einer der Fotografen sie nannte, einem Apparat von gigantischen Ausmaßen, der zwei große Räume in Anspruch nahm und ein Negativ von 1,22 Meter Breite und 2,29 Meter Länge belichten, bis zum 500fachen des Originalformats vergrößern und in vergleichbaren Proportionen verkleinern konnte. Mit einem einzigen Zwinkern ihres riesigen Reptilienauges hätte sie mich aus einem 1,84 Meter großen Mann in einen 1000 Meter hohen Koloss oder in einen Mikroorganismus von einem halben Zentimeter verwandeln können, so wie sie einmal ganz Europa auf das Format einer Briefmarke reduziert hatte. Sie war ein technisches Wunderwerk, diese Kamera. Doch laut Vera Benson war sie auch ein »weißer Elefant«, der dereinst auf der Müllkippe landen würde.

Benson ist Leiterin der kartographischen Abteilung von American Map Corporation, einem Anhängsel der Langenscheidt Verlagsgruppe, die mit Rand McNally um den ersten Platz im Karteneinzelhandel der Vereinigten Staaten kämpft. Benson, eine ruhige Frau mit trockenem Humor und leichtem deutschen Akzent, führte mich durch die Firmenzentrale, ein schlichtes Backsteingebäude in einem Industriegebiet von Queens, New York. Würde ich Gilbert Blands Spuren streng folgen, hätte dieses Haus nicht auf meiner Route gelegen. Meines Wissens kam Bland nie hierher und hatte auch nie etwas mit American Map zu tun – es sei denn natürlich, er hat eine der weit verbreiteten Straßenkarten der Firma benutzt, um den Weg von einer Bibliothek zur nächsten zu finden. Aber ich werde auf meinen journalistischen Reisen und privaten Wanderungen immer wieder ein Opfer von Umwegen, Seitensträßchen, Touristenfallen, Aussichtspunkten und geschichtlichen Sehenswürdigkeiten. Doch diese Seitensprünge bereichern eine Reise auf jeden Fall, und ab und zu führen sie auch zu einer wichtigen Entdeckung. Ich war aus purer Neugier nach Queens gekommen. Ich hatte viel Zeit damit verbracht, die letzten 1000 Jahre dieses Berufs zu erkunden, nun wollte ich sehen, wie es um die Verlagskartographie an der Schwelle zum nächsten Jahrtausend stand.

»Wir betreiben hier sowohl konventionelle wie digitale Kartographie«, erklärte Vera Benson, als sie mir ihre Abteilung zeigte, ein lang gezogenes, offenes Untergeschoss mit niedrigen Decken. Aber auch ohne ihren Hinweis hätte ich gemerkt, dass sich American Map im technischen Umbruch befand. Ein Teil des Raums stand voller Zeichentische, übersät mit Stiften und dergleichen, und davor saßen etwas gehetzt wirkende Kartographen. Sie verfuhren nach einem Kartenherstellungsablauf, der vor gar nicht langer Zeit der letzte Schrei gewesen war, jetzt aber selbst einem oberflächlichen Betrachter wie mir schwerfällig und unbefriedigend erschien – neben vielen anderen irrwitzigen Details mussten sie buchstäblich zehntausende von Straßennamen von Hand auf ein Blatt montieren. Die Riesenkamera von American Map, dieses seinen Glanz verlierende Juwel des mechanischen Zeitalters, war der Mittelpunkt dieser Art von Kartographie; sie stellte die Negative her, nach denen alles gedruckt wurde, von der wandgroßen Weltkarte bis zu Stadtplänen von Midtown Manhattan im Westentaschenformat.

Ein anderer Teil des Raumes wirkte wesentlich ordentlicher. Hier waren die Tischplatten aufgeräumt und die Gesichter heiler. Statt sich mit Graphikermessern, Schönschreibutensilien, Federn, Papier und unhandlichen Astralonfolien herumzuschlagen, zeichneten diese Kartographen ihre Karten in den sauberen

Rahmen ihres Computerbildschirms. »Der Vorteil besteht darin, dass digitale Karten wesentlich leichter aktualisiert werden können«, erklärte mir Vera Benson. »Sie sind zwar sehr zeitaufwändig in der Herstellung – was der Laie nicht denken würde. Aber sie machen sich bezahlt, wenn man das Aussehen der Karte verändert, Merkmale löscht oder austauscht. Jedes Merkmal ist codiert, sodass man einzelne Objektgruppen einfach nach Belieben entfernen kann. Zum Beispiel lassen sich bestimmte Buchstabengrößen herausnehmen oder alle gelben Straßen in grüne verwandeln. Wenn man früher eine Karte in ihrer Gesamtheit fertig gezeichnet hatte und dann fand, die verwendete Schrift sei zu fett, blieb einem nichts anderes übrig, als das Ganze wegzuschaben und noch einmal 15 000 Namen von Hand zu montieren. Heute muss man nur noch auf einen Knopf drücken.«

Natürlich geht es nicht immer so leicht. Benson führte mich in einen anderen Teil des Raumes zu einem frustrierten Kartographen, der auf einem per Computer erstellten Straßenatlas, der Bergen und die Passaic Counties in New Jersey und die Rockland Counties in New York umfasste, nach »unerwünschten Nebenwirkungen« Ausschau hielt. »Wir haben gerade die Korrekturfahnen bekommen, und es sind jede Menge Fehler drin«, berichtete Benson. »Nur 12 000 Straßeneinträge für Bergen und davon 2300 Registerunstimmigkeiten ... Manchmal schafft es der Computer, uns mehr Probleme aufzuhalsen, als wir ohnehin schon haben. Wir haben nur noch nicht rausgekriegt, wieso.«

Wegen solcher technischer Schwierigkeiten und auch aus anderen praktischen Gründen werde es noch Jahre dauern, bis die Riesenkamera ihre letzte Aufnahme gemacht habe, weissagte Benson. In der Zwischenzeit müsse jeder Mitarbeiter, auch wenn er seine Karten nach der alten Methode zeichne, umfangreiche Computerlehrgänge absolvieren, denn die Firma wolle auf dem schnellsten Wege ins digitale Zeitalter einsteigen.

Doch trotz aller Veränderungen bei American Map war mein vorrangiger Eindruck nicht der einer Zäsur, sondern der von Kontinuität. Als Vera Benson mich durch die Anlage führte, hatte ich oft das Gefühl, als blickte ich gleichzeitig in Vergangenheit, Gegenwart und Zukunft der Kartographie. An den Wänden hingen zum Beispiel Satellitenfotos der Erde und Reproduktionen von Karten aus dem 17. und 18. Jahrhundert. Und als ich mich umsah, bemerkte ich amüsiert auf dem einen Schreibtisch einen supermodernen Computer und auf einem anderen einen Stapel Bücher über die Geschichte der Kartographie. Sie lagen dort, weil die Firma aus dem allseitigen Kartenfimmel Kapital schlagen wollte. »Wir machen aus einer unserer Weltkarten eine antike Karte«, erklärte Benson. »Die ist geographisch auf dem neusten Stand, sieht aber aus wie eine alte Karte. Die ist für Leute gedacht, die in ihrem Büro keine nüchtern-moderne Karte haben wollen, sondern sich lieber was Traditionelles aufhängen.«

Ich fragte, ob es auf diesem vom Computer entworfenen Gebilde auch Seeungeheuer geben werde.

»Aber natürlich!«

Obwohl Vera Benson einräumte, auf diesem Gebiet keine Fachkenntnisse zu haben, hegte sie offensichtlich eine Vorliebe für historische Karten. In ihrem Büro hing an der Wand die riesige Reproduktion einer Vogelperspektive auf Manhattan aus dem 19. Jahrhundert, und hinter ihrem Schreibtisch stand ein gerahmter Stich mit dem Porträt Johann Baptist Homanns, eines berühmten deutschen Kartographen des 18. Jahrhunderts. »Ein befreundeter Antiquitätenhändler meinte, ich würde mir Homann sicher gern ins Büro stellen, weil er ein deutscher Kartograph war und ich eine deutsche Kartographin bin«, erklärte sie mit einem Achselzucken. »Ich hatte noch nie von ihm gehört.«

Äußerlich waren sich die beiden Kartographen gewiss nicht ähnlich. Der Mann auf dem Kupferstich wirkte verschlossen, jeder Zoll so pompös wie sein Spitzenjabot und seine Manschetten, und er trug eine absurd gigantische Allongeperücke – als sei ein Schaf auf seinem Kopf notgelandet. Vera Benson hingegen hatte kurzes braunes Haar, trug eine vernünftige Brille und kleidete sich mit schlichter Eleganz, die gut zu ihrer geradlinigen, gelassenen Art passte. Doch je länger ich ihr zuhörte, desto mehr schien sie mit Homann und anderen Kartographen der Vergangenheit gemein zu haben. Benson hatte ihr Berufsleben in Deutschland als technische Zeichnerin begonnen und studierte anschließend, um Bauingenieurin zu werden. Doch daraus wurde nichts, als sie einen Amerikaner heiratete und in die Staaten zog. Dann arbeitete sie auf dem Kunstsektor – Graphik, Malerei, Lithografie, Fotografie und dergleichen, bis sie vor 20 Jahren zu American Map kam. Sie gab offen zu, dass sie keine richtig ausgebildete Kartographin war, aber sie entschuldigte sich nicht dafür. »Karten herauszugeben – und das machen wir hier – ist wirklich ein interdisziplinäres Gebiet, das Kartographie, Druck, Kunst und Fotografie vereint.«

Der Mann auf dem Stich war auch nicht richtig ausgebildet. Obwohl Homann am Ende seines Lebens den Titel »Der heil. Kaiserl. und Königl. kathol. Majestät Geograph« verliehen bekam, hatte er als normaler Kupferstecher begonnen. Wie Vera Benson hatte er Erfolg gehabt, weil er wusste, wie er Wissenschaft, kaufmännisches Denken und Kunst verbinden musste, um die wirkliche Welt auf gleichermaßen nützliche wie ansprechende Weise auf eine gedruckte Seite zu übertragen. Das Verlagsgeschäft ist heute ganz anders als zu Homanns Zeiten, aber der Instinkt und die Vorstellungskraft, die man braucht, um Karten herauszugeben, haben sich nicht geändert. Und, wie Benson betont, auch nicht das wichtigste Ziel: »Dem Benutzer mitzuteilen, wie er richtig und rechtzeitig wohin kommt... Das Schlüsselwort in der Kartographie lautet: neue Informationen.«

Neue Informationen hatten auch Ptolemäus und Ortelius und Homann angetrieben, genau wie Vera Benson und ihre Zeitgenossen. Aber so wie die Suche nach neuen Informationen gleich geblieben ist, so auch die Notwendigkeit, sie zu schützen. Ehe ich mit American Map Kontakt aufnahm, hatte Rand McNally meine Bitte um eine Führung durch die Firma abgelehnt; ein Journalist deutete an, man fürchte, dass Firmengeheimnisse preisgegeben würden. Vera Benson war offenbar weniger vorsichtig, aber auch sie stellte klar, dass Sicherheit für ihren

Verlag ein wichtiges Thema sei. American Map, so erklärte sie, wende einen Trick an, die so genannten »trap streets« [aus Copyrightgründen absichtlich integrierte Fehler in der Kartengraphik, A. d. Ü.], um die Konkurrenz, die das Copyright zu umgehen versucht, abzuschrecken. Bei diesem in der Branche durchaus üblichen Vorgehen wird auf jeder Karte eine erfundene Straße versteckt. »Wir platzieren diese ›Fallenstraßen‹ in Gegenden, wo sie relativ harmlos sind und keinen Kartenbenutzer in die Irre führen können, es sind nur Sackgassen am Ende einer Siedlung«, sagte Benson. »Ich lasse meinen Wissenschaftlern freie Hand bei den Namen, sie dürfen sie nach ihrer Frau oder ihrem Hund oder sonst was benennen. Auf diese Weise können wir mit einem kurzen Blick auf die Karten unserer Konkurrenten sehen, ob sie uns ins Handwerk gepfuscht haben. Es passiert ständig... Manchmal ist es ein harmloser Fehler, aber meistens ist es nicht so unschuldig.«

Und als ich so in Bensons Büro saß und mir Karten mit abgelegenen Straßen namens »Fido Lane« oder »Fritzie the Good Puppy Boulevard« vorstellte, erkannte ich, dass noch ein anderer großer Faktor in der Geschichte der Kartographie konstant geblieben ist: der Diebstahl.

Man mag mich besessen nennen, aber je mehr ich mich mit Kartendiebstahl beschäftigte, desto mehr entdeckte ich, dass er in entscheidenden Szenen unserer Vergangenheit hinter den Kulissen lauerte. Ich rede nicht von unbedeutenden Auftritten – es sei denn, Sie finden Kolumbus' Reise nach Amerika, Magellans Erdumsegelung oder die Invasion in der Normandie unbedeutend. Ich kam allmählich zu der Überzeugung, dass die Historiker bei ihrer ewigen Suche nach jenen Händen, die im Verborgenen den Lauf der Menschheitsgeschichte steuern, etwas Wichtiges übersehen hatten. Ich stieß ständig auf Hände im Verborgenen, und alle umklammerten gestohlene Karten. Nicht dass ich vorgab, ich hätte die Antwort auf alle Geheimnisse des

Lebens gefunden, doch ich sah in Gilbert Bland plötzlich den Erben einer uralten, wenn auch nicht edlen Tradition, die unsere Welt nachhaltiger geformt hat, als wir ahnen.

Karten sind fette Beute. Karten gibt es mindestens seit der Steinzeit: Eine gemalte Karte auf einer Wand in der berühmten Siedlung Catal Huyuk in der südlichen Türkei stammt etwa von 6200 v. Chr., fast 3000 Jahre, bevor die erste geschriebene Sprache auftaucht. Und jüngste Untersuchungen haben gezeigt, dass schon ganz kleine Kinder eine unheimliche Fähigkeit besitzen, Karten zu verstehen – Auftrieb für die Vermutung, dass wir mit dieser Fähigkeit geboren werden. Man nimmt an, dass alle Kulturen Karten in der einen oder anderen Form herstellten, und das aus gutem Grunde. Diese Karten halfen ihren Besitzern im Lauf der Geschichte, Schlachten zu gewinnen, Zugang zu kostbaren Rohstoffen zu bekommen und neue Länder zu beanspruchen.

Karten gab es früher als Geld. Auch das Verbrechen rings um die Karte ist tausende von Jahren alt. »Im Römischen Reich… waren Weltkarten ausschließlich für die Regierenden bestimmt, und es war ein Verbrechen, wenn Privatpersonen welche besaßen«, schreibt der Historiker Daniel J. Boorstin. Kaiser Augustus, der zur Zeit von Christi Geburt regierte, war dermaßen besorgt, die Karten seines Reiches könnten in falsche Hände geraten, dass er sie in die tiefsten Gewölbe seines Palastes einschloss. Nicht minder fürchteten Roms traditionelle Rivalen in Karthago einen Diebstahl. Einer Sage zufolge hat ein karthagischer Schiffshauptmann lieber sein Schiff versenkt als zugelassen, dass seine Seekarten in die Hände der Römer fielen. Seine Mannschaft ertrank, doch er wurde bei seiner Heimkehr als Held gefeiert.

Im Zeitalter der Entdeckungen hat der Kartendiebstahl buchstäblich die Welt verändert. Früher oder später wäre bestimmt irgendein europäischer Abenteurer über Amerika gestolpert, aber vielleicht nicht gerade Christoph Kolumbus und vielleicht nicht 1492 – wären da nicht ein paar Langfinger gewesen. Bevor Kolumbus für die spanische Krone arbeitete, lebte er fast neun Jahre in Portugal, wo sein Bruder Bartolomeo schon ein bekannter Kartograph war. Nachdem es Kolumbus nicht gelungen war, den portugiesischen König Johann II. für seinen Indienplan zu begeistern, beschloss er 1485, Spanien um Hilfe anzugehen. Er brach heimlich auf, »denn er fürchtete, der König werde ihn verfolgen und festnehmen lassen«, berichtet der Chronist Bartolomé de Las Casas im 16. Jahrhundert. Der Grund für diese verstohlene Abreise ist unklar – aber einige Historiker haben sich gefragt, ob Kolumbus nicht vielleicht mit einer Kopie der (nicht mehr existierenden) Weltkarte des florentinischen Kosmographen Paolo del Pozzo Toscanelli getürmt ist, die einen möglichen Weg nach Indien übers westliche Meer zeigte. Wenn ja, hatte der Seemann allen Grund für seine Befürchtung, er könne aufgehalten werden. Portugal war damals die führende Nation in der Seefahrt, eine Stellung, die es mit eiserner Faust verteidigte. Nautische Schriften und Karten zählten zu den Staatsgeheimnissen, und ihren Inhalt zu kopieren oder preiszugeben, war ein Kapitalverbrechen. Doch trotz dieser Verbote sollte bald darauf ein noch größeres Ding gedreht werden. Diesmal hieß der Übeltäter Bartolomeo Kolumbus; er war in Lissabon geblieben, um an einer großen Weltkarte mitzuarbeiten, die die allerneuesten, allergeheimsten Informationen der portugiesischen Entdecker enthalten sollte. Lisa Jardine schreibt in *Der Glanz der Renaissance*:

> Bartolomeo erklärte sich bereit [zu Christoph, dem das Geld ausgegangen war], nach Spanien zu ziehen und ihm bei seinem Vorhaben zu helfen. Bevor er Lissabon verließ, kopierte er eine Reihe portugiesischer Karten aus dem geheimen Archiv – auch die große Weltkarte (die er auf elf Bogen Papier übertrug, denn Papier war leichter und besser zu transportieren als Pergament). Die Kolumbusbrüder verkauften Bartolomeos wertvolle Karten in Italien gegen gutes Geld und sorgten so dafür, dass diese wichtigen Informationen nicht mehr nur auf Portugal beschränkt blieben.

In Sevilla setzten sie die Weltkarte wieder zusammen und veränderten sie durch neues Material. Wesentlich war dabei, dass ihnen das neue Material nahe legte, es sei nach der Umrundung des Kaps der Guten Hoffnung noch eine bedeutende Landmasse zu umschiffen, bevor man den Indischen Ozean erreiche. Die Karte der Kolumbusbrüder erwies sich den Fakten nach als inkorrekt, doch sie stellte ein leicht einsehbares starkes Argument für die westliche Route nach Indien dar. Nach dem Vergleich dieser Karte (auf der die Küstenlinie Afrikas zu lang ausfiel) mit ihrer eigenen ptolemäischen Karte (auf der Berechnungsfehler zu einer beträchtlichen Verkleinerung des Ausmaßes des Atlantiks geführt hatten) kamen die spanischen Monarchen Ferdinand und Isabella 1492 zu ihrer Entscheidung, das Unternehmen zu finanzieren.

All das infolge einer geklauten Karte. Kein Wunder, dass Lissabon seine Geheimnisse fest verschlossen hielt – und zwar so fest, dass von den portugiesischen Karten vor 1500 fast keine überlebt hat, und das bedeutet, dass beinahe alles, was wir über die portugiesische Kartographie wissen, von den relativ wenigen Karten stammt, die das Land unerlaubt verließen. Die berühmteste ist die so genannte Karte von Cantino, eine einzigartige Weltkarte mit einer bunten und ungeheuerlichen Geschichte. Als wohl älteste noch existierende Karte von Lissabons Entdeckungen in Ost und West (und eine der Ersten, die den amerikanischen Kontinent zeigt) trägt die Karte von Cantino nicht den Namen des unbekannten portugiesischen Kartographen, der sie gezeichnet, sondern den des italienischen Geheimagenten, der sie 1502 aus dem Land geschmuggelt hat. Verkleidet als Händler für reinrassige Pferde war Alberto Cantino nach Lissabon gekommen. In Wirklichkeit sollte er für den Herzog von Ferrara Informationen sammeln. Und er sammelte sie in der Tat, indem er einen Kartographen bestach und so an eine brandneue Ausgabe des *padrão real* gelangte, der Standardkarte, in die fortlaufend alle Neuentdeckungen eingefügt wurden.

Auf dieser verschwenderisch illustrierten Seekarte sticht besonders die unvollständige brasilianische Küstenlinie ins Auge, markiert mit portugiesischen Flaggen und geschmückt mit prächtigen roten Papageien. Erst zwei Jahre zuvor hatte der Abenteurer Pedro Álvarez Cabral dieses neue Land gesichtet, das er »für einen eigenständigen Kontinent hielt«, wie auf der Karte geschrieben steht. Das war etwas ganz Neues. Christoph Kolumbus behauptete bis zu seinem Tod 1506 felsenfest, er sei in Asien gelandet, doch andere europäische Seeleute begriffen allmählich, dass sich das Gesicht der Erde von dem Dreikontinentebild auf ihren ptolemäischen Karten drastisch unterschied. Es war ein sehr plötzlicher, hochdramatischer Ruck in der Geschichte des menschlichen Denkens und führte zu einem wütenden Wettstreit um die jeweils neuesten kartographischen Daten, und das hieß bei den damaligen Verhältnissen häufig: um geschmuggelte Daten.

Auch Ferdinand Magellan nutzte diesen neu entstehenden schwarzen Markt. Er verließ 1517 sein Heimatland Portugal und ging nach Spanien, im Gepäck die Geheiminformation, am äußersten Ende Südamerikas gebe es vielleicht eine schiffbare Meerenge. Als Magellan sich in Spanien mit Kaiser Karl V. traf, »brachte er einen schön bemalten Globus mit, der die ganze Welt zeigt«, schreibt Las Casas, »und zeichnete den Kurs ein, den er vorschlug, nur die Straße ließ er absichtlich frei, damit ihm niemand zuvorkommen konnte«.

Die Gelehrten sind sich über die Herkunft dieses Globus nicht einig. Manche halten ihn für eine Kopie oder eine auf den neuesten Stand gebrachte Version des berühmten Globus des Martin Behaim von 1492, der ältesten heute noch existierenden europäischen Erdkugel. Behaim war ein geheimnisvoller Mathematiker, Kaufmann und Abenteurer, der einstmals in Portugal Kartograph der Regierung gewesen war, dann jedoch seine Dienste den Stadtvätern von Nürnberg angeboten hatte. »Als Behaim den Deutschen den Globus fertigte«, erklärt Lisa Jardine, »wurde er richtiggehend in eine Handels- und Industriespionage verwickelt... Behaim verarbeitete die kartographischen Informationen, zu denen er in Lissabon Zugang gehabt hatte – die geheimsten und am sorgfältigsten gesicherten Informationen, die es zu jener Zeit gab.«

Andere Historiker vermuteten jedoch, was Las Casas beiläufig einen Globus nennt, sei in Wirklichkeit eine Weltkarte gewesen – höchstwahrscheinlich eine des portugiesischen Kartographen Jorge Reinel, der in Lissabon in Schwierigkeiten geraten und nach Spanien geflohen war. Diese Sicht wird unterstützt von einem Bericht des Lissabonner Botschafters in Sevilla aus dem Jahr 1519, der dem portugiesischen König meldete, Reinel habe eine Karte hergestellt, um Magellan die Vorbereitung seiner Reise zu erleichtern. Reinels Vater, der angesehene Kartograph Pedro Reinel, war nach Sevilla gereist, um seinen ungeratenen Sohn heimzuholen. Aber dem Botschafter zufolge hatte auch der ältere Reinel der spanischen Karte Einzelheiten hinzugefügt.

Auf jeden Fall ist klar, dass Magellan von Kartengeheimnissen profitierte, die man den Portugiesen abgeluchst hatte. Ein Augenzeugenbericht über seine Reise unterstellt, dass er ohne diese Informationen die berühmte Straße, die heute seinen Namen trägt, nie gefunden hätte. Am 21. Oktober 1520, mehr als ein Jahr, nachdem er in See gestochen war, kam er an einen Felsvorsprung, wo die südamerikanische Küstenlinie anscheinend Richtung Westen abbog. War dies endlich die lang gesuchte Öffnung zum Pazifik? Der Italiener Antonio Pigafetta, der auf dieser Entdeckungsreise mitfuhr und später darüber schrieb, war sich dessen nicht sicher. Wie die anderen Mitreisenden hatte er erwartet, die Meerenge sei eine offene Durchfahrt, durch die man durchsehen konnte wie bei der Straße von Gibraltar. Dieses »allseits verschlossene« Kap weckte keine großen Hoffnungen. Aber Magellan war überzeugt, dass sie an der richtigen Stelle angekommen waren – und offensichtlich aus gutem Grund. Pigafetta erklärte: »Er wusste, wo er hinsegeln musste, um die verborgene Straße zu finden, da er sie auf einer Karte in der Schatzkammer des Königs von Portugal gesehen hatte.«

Die Historiker sind sich noch nicht klar, welche Karte Magellan gesehen hat und ob sie ihm überhaupt viel nützliche Informationen hat geben können. Denn keine Karte hätte das Schiff durch die vor ihm liegende unerforschte Meerenge lotsen können, einen Irrgarten aus engen Durchfahrten und kleinen Inseln, durchtost von unbekannten Winden. Magellans Fähigkeit als Navigator ist nicht zu unterschätzen. Dennoch wäre die erste Erdumrundung ohne die gesetzwidrige Information aus Lissabon womöglich nie versucht oder vollbracht worden.

Doch die Portugiesen waren mit ihrer Angst vor Kartendiebstahl nicht allein. Spanien errichtete in der Neuen Welt rasch ein Handelsmonopol, das mit den portugiesischen Besitzungen in Afrika und Asien um die Vormachtstellung kämpfte. Und wie Daniel Boorstin in *Entdeckungen* feststellt, hatte das neue Weltreich seine eigenen Sicherheitsprobleme.

> Die Spanier bewahrten ... ihre offiziellen Karten in einer verschlossenen Lade mit zwei Schlössern und zwei Schlüsseln auf, von denen einen der Generalsteuermann (der Erste war Amerigo Vespucci) hatte und den anderen der oberste Kosmograph. Aus der Befürchtung heraus, dass die amtlichen Karten entweder absichtlich verfälscht würden oder nicht die neuesten authentischen Angaben enthielten, schuf die Regierung im Jahr 1508 eine Mutterkarte, den *Padrón Real*, die von einer Kommission der fähigsten Steuerleute überwacht werden sollte. Doch all diese Vorsichtsmaßnahmen reichten nicht aus. Der in Venedig geborene Sebastian Cabot ... versuchte während seiner Dienstzeit als Generalsteuermann unter Kaiser Karl V. »das Geheimnis der Meeresdurchfahrt« sowohl an Venedig als auch an England zu verkaufen.

Wahrscheinlich war den Spaniern keine Person verhasster als der Mann, den sie den »Meisterdieb der unbekannten Welt« nannten. Auf seiner legendären Weltumseglung 1577–1580 half Francis Drake mit, Spaniens Besitzungen auf dem amerikanischen

Kontinent zu zerstückeln, und kehrte außerdem mit gut 40 Tonnen Gold- und Silberbarren von spanischen Schiffen und Vorposten nach England zurück. Doch dies war nicht seine einzige Beute. Als seine Männer am 20. März 1579 ein kleines feindliches Schiff vor Costa Rica enterten, erbeuteten sie zwei große Navigationskarten vom Pazifik und eine Sammlung von Seekarten, die den spanischen Weg nach China zeigten. Nuño da Silva, ein portugiesischer Lotse, den Drake damals gefangen hielt, bezeugte später, der englische Freibeuter habe sie »höchlich gepriesen und sich sehr darüber gefreut«. Drake hatte allen Grund zur Freude. Viele Historiker sind der Ansicht, dass er bei seiner Abreise aus England nicht unbedingt eine Weltumseglung geplant hatte. Aber als jetzt die spanischen Schiffe die ganze südamerikanische Pazifikküste nach ihm absuchten, konnte er nicht gut durch die Magellanstraße zurückfahren. Die Seekarten vom Pazifik waren also »genau das, was er brauchte«, schreibt Alexander McKee in *The Queen's Corsair: Drake's Journey of Circumnavigation, 1577–1580.* Und der Historiker John Hampden meint: »Drakes reibungslose Fahrt von der amerikanischen Küste nach Ostindien war nicht nur seinem navigatorischen Genie zu verdanken; er hatte spanische Seekarten erbeutet.«

Andere verwegene Kerle suchten nach ähnlicher Beute, wie es Lloyd A. Brown in *The Story of Maps* beschreibt:

> Im 16. Jahrhundert waren authentische spanische Seekarten von jedem beliebigen Teil Amerikas für die Seefahrer ein echter Gewinn, der von den Franzosen und Engländern ebenso hoch geschätzt wurde wie die Goldbarren, die in den Tresorräumen der Schiffe lagen. Einen solch unermesslich wertvollen Fang machte auch der englische Abenteurer und Freibeuter Woodes Rogers. Als er im Auftrag von Kaufleuten aus Bristol vor der Küste von Peru und Chile kreuzte, erbeutete er einige Karten, die so »brandneu« waren, dass sie sofort in London gedruckt und von John Senex veröffentlicht wurden.

In einem anderen berühmten Fall kaperten englische Piraten unter der Führung von Bartholomew Sharp 1681 das spanische Schiff »Rosario« vor der Küste Ecuadors. An Bord fanden sie »ein großes Buch voller Seekarten und Landkarten, mit einer peinlich genauen Beschreibung sämtlicher Häfen, ausgeloteter Wassertiefen, Bäche, Flüsse, Kaps und Küsten, welche zur Südsee gehören, sowie auch aller Schiffsreisen, welche die Spanier gewöhnlich über diesen Ozean unternehmen«, so beschreibt es einer der Freibeuter. Ein spanischer Matrose versuchte diesen *derrotero* (Segelhandbuch) ins Meer zu werfen, aber einer der Piraten hinderte ihn daran. »Die Spanier schrien auf, als ich das Buch packte«, schrieb Sharp später.

Sharp konnte nicht ahnen, dass ihn dieser *derrotero* bei seiner Heimkehr 1682 vor dem Galgen bewahren würde. Da zwischen England und Spanien gerade Frieden herrschte, wurden der Seeräuber und zwei Mitglieder seiner Mannschaft auf Geheiß des spanischen Botschafters der Piraterie und des Mordes angeklagt. Vor dem Gerichtsverfahren bekam der englische König Charles II., der persönliches Interesse an dem Fall zeigte, eine Abschrift des gestohlenen Handbuches überreicht. Bald darauf wurden Sharp und die anderen freigesprochen – ein Urteil, das womöglich dem »königlichen Einfluss« zu verdanken war, so meinen Derek Howse und Norman J. W. Throwers, die Verfasser des Buches *A Buccaneer's Atlas*, das über diesen Vorfall berichtete.

Charles II. scheint übrigens eine echte Leidenschaft für die Mantel-und-Degen-Seite der Kartographie gehabt zu haben. 1683 bot der englische Botschafter in Frankreich dem König an, ihm »Pläne von einigen befestigten Orten [zu schicken], die, wie ich glaube, sehr genau sind. Wenn Eure Majestät … daran Gefallen finden, kann ich zweifellos in kürzester Zeit Zeichnungen von allen anderen Befestigungen in Frankreich beschaffen.« England und Frankreich waren damals Verbündete. Aber das spielte keine Rolle; bald kam die Antwort, und der Botschafter erfuhr, Charles habe die Pläne erhalten und »sie in sein Privatgemach mitgenommen, wo er sie überflog … höchst erfreut wirkte und … dem Wunsche Ausdruck verlieh, man solle davon so viele wie möglich besorgen«.

Ein anderer Befehlshaber, der eine gute Karte aus zweiter Hand zu schätzen wusste, war George Washington. Als ehemaliger Landvermesser wusste der General genau, wie wichtig es war, im Krieg das Gelände genau zu kennen. 1777 hatte er in der Schlacht am Brandywine mehr als 1200 Mann verloren, nicht zuletzt, weil er keine genaue Umgebungskarte gehabt hatte. »Washington wies seine Spione ausdrücklich an, wenn irgend möglich Karten zu beschaffen«, schrieb der Kartenhistoriker J. B. Harley. »Die Männer waren bereit, für die richtigen Karten ihr Leben zu riskieren (und verloren es oft genug).«

Die englische Krone hatte ihre eigenen Spione. Benedict Arnolds Plan, sich den Briten anzuschließen, wurde erst entdeckt, als seine geschmuggelten Karten – die Pläne für West Point – im Stiefel eines Komplizen gefunden wurden. Andere Überläufer mit Karten in den Taschen hatten mehr Glück. 1776 eroberten die Briten Fort Washington in New York, und das hatten sie zumindest teilweise dem Verrat eines amerikanischen Offiziers namens William Demont zu verdanken, der später bekannte, er habe den Briten »die Pläne von Fort Washington geliefert, und dadurch konnten die Truppen Seiner Majestät das Fort einnehmen«.

Gestohlene Karten standen erneut hoch im Kurs während des amerikanischen Bürgerkriegs – besonders bei den Südstaaten, denen es meist nicht nur an erfahrenen Kartographen fehlte, sondern auch an grundlegendem Handwerkszeug und Material wie Vermessungsgeräten, Druckpressen, Papier und Druckerschwärze. Zeitweise war die Lage so schlimm, dass ein General der Konföderierten erklärte, seine Offiziere »kennen die [lokale] Topographie des Landes nicht besser als die von Zentralafrika«. Spione des Südens waren ganz scharf auf kartographische Informationen – und mussten oft nur in die Zeitungen aus dem Norden schauen, in denen die Kriegsberichte regelmäßig mit Karten vom Schlachtfeld illustriert waren. »Ich *weiß*, dass die großen

Zeitungen des Nordens regelmäßig und schnell beim Feind eintreffen«, ereiferte sich General William Tecumseh Sherman und fand, dieses Problem habe »unser Land an den Rand des Untergangs gebracht«.

Doch manche Verbündete der Konföderierten bedienten sich auch pikanterer Methoden, um an Karten zu gelangen. Rose O'Neal Greenhow war eine schöne Witwe mit guten Beziehungen, zu deren Verehrern auch einflussreiche Politiker und Offiziere des Nordens gehörten. Von ihrem luxuriösen Haus in Washington aus betrieb Mrs. Greenhow bemerkenswert erfolgreich Spionage – einmal entlockte sie einem US-Senator hochwichtige militärische Geheimnisse, auf Grund deren der Süden die Schlacht von Bull Run gewann. Endgültig als Spionin entlarvt wurde sie von dem berühmten Privatdetektiv Allan Pinkerton. Am 21. August 1861 beobachtete Pinkerton – auf den Schultern zweier Gehilfen stehend – durchs Wohnzimmerfenster der Greenhow, wie die lüsterne Geheimagentin einen jungen Offizier der Union empfing. Pinkerton sah, wie ihr der Soldat eine militärische Karte aushändigte und den Inhalt detailliert beschrieb. Danach, so berichtete der Detektiv, bat Mrs. Greenhow den Offizier in ein anderes Zimmer, und nach einer Stunde kamen die beiden »Arm in Arm« wieder heraus. »Wenn man Pinkertons Bericht Glauben schenken darf, bestand kein Zweifel, dass die hübsche Witwe den Offizier für die Auslieferung der brisanten Karte mit einem Schäferstündchen belohnt hatte«, schreibt der Schriftsteller Jay Robert Nash.

Während des 1. Weltkriegs hüteten beide Seiten ihre Geheimnisse so eifersüchtig, dass die Karten von der Front jeweils nur die feindlichen Schützengräben zeigten. Das führte dazu, dass die Truppen Karten von der anderen Seite zu erbeuten suchten, um sich in den eigenen Befestigungsanlagen besser bewegen zu können. Auch die mit den Operationsplanungen beauftragten Generalstabsoffiziere im 2. Weltkrieg waren besessen von der Notwendigkeit, die Karten ihrer Verteidigungsanlagen geheim zu halten – manchmal vergebens. 1943 ließen sich Nazioffiziere in der französischen Stadt Caen von einem Mann namens René Duchez ihr Hauptquartier frisch streichen. Duchez bemerkte dort auf einem Schreibtisch eine zusammengelegte große Karte mit der Aufschrift »Sonderplan« und dem Stempel »Streng geheim!« Ein gewöhnlicher Malermeister hätte sich um seine eigene Arbeit gekümmert, aber der Zufall wollte es, dass Duchez auch Mitglied der Résistance war. Als der deutsche Kommandant abgelenkt war, versteckte Duchez die Karte irgendwo im Büro und holte sie wieder hervor, als er ein paar Tage später weiterarbeitete. Die gestohlene Karte war ein bemerkenswerter Fund, sie zeigte genau den geheimen »Atlantikwall« der Deutschen, ein ausgeklügeltes Verteidigungsnetz aus Unterwasserhindernissen, Panzersperren, Minenfeldern, Stacheldraht und Geschützstellungen – eine Information, die sich als sehr nützlich erwies für die Landung der Alliierten in der Normandie. General Omar Bradley erklärte später: »Sich des Plans vom deutschen Atlantikwall zu bemächtigen war eine unglaubliche Leistung – er war so aufschlussreich, dass wir bei der erfolgreichen Landung nur geringe Menschen- und Materialverluste erlitten.«

Doch nicht jeder Kartenraub im 2. Weltkrieg brachte so gute Ergebnisse. 1944 gelang 25 deutschen Kriegsgefangenen der umfangreichste und spektakulärste Ausbruch aus einem amerikanischen Gefängnis während des Krieges. Sie gruben einen 54 Meter langen Tunnel aus dem Kriegsgefangenenlager Papago Park der Navy in Arizona. Letztendlich wurden alle Männer wieder gefasst, aber bei einigen dauerte es mehr als einen Monat. Unter den Letzten waren drei deutsche Soldaten, die ihre tollkühne, wenn auch unglückselige Flucht mit Hilfe einer gestohlenen Straßenkarte von Arizona planten, auf der man sah, dass der Gila River in den Colorado River mündete und dieser schließlich Richtung Mexiko floss. Sie schmiedeten einen Plan, wie sie zu Wasser fliehen konnten, bauten sich unter den Augen der Aufseher ein Faltboot, probierten es in einem Behelfsbecken innerhalb des Lagers aus und schmuggelten es dann durch den Tunnel hinaus. Der Plan war perfekt – bis auf die Karte. Der Gila River war als stattliche blaue Wasserstraße eingezeichnet, doch er war kaum mehr als eine trockene Rinne.

Weil Karten sich so oft als ungenau, veraltet oder einfach nicht vorhanden herausstellten, hatten die militärischen Befehlshaber seit langem nach Möglichkeiten gesucht, auch ohne sie herauszukriegen, wie das Gelände beschaffen war. Schon 1794 wurden bemannte Beobachtungsballone eingesetzt, die dann im Bürgerkrieg und im spanisch-amerikanischen Krieg eine große Rolle spielten. Im 1. Weltkrieg beschafften mit Kameras ausgerüstete Flugzeuge Informationen, die auf veralteten Karten nicht zu finden waren, wie zum Beispiel die Truppenbewegungen oder Bombenschäden auf Bildern neuesten Datums. Die Luftspionage entwickelte sich weiter und stand während des 2. Weltkriegs und des Kalten Krieges in voller Blüte. Doch als 1960 die sowjetischen Streitkräfte eine U2 abschossen, ein amerikanisches Spionageflugzeug für große Höhen, arbeiteten beide Supermächte schon mit aller Kraft an der nächsten Stufe der Beobachtung von oben. Das Wettrennen im Weltraum hatte begonnen, und bald hing der Himmel voller Augen.

Doch die neue Satellitentechnik machte die Karten alles andere als überflüssig, sie führte vielmehr zu einer der produktivsten Perioden in der Geschichte der Kartographie, nur vergleichbar mit dem goldenen Zeitalter der Kartenherstellung im 16. und 17. Jahrhundert. Die LANDSAT-Satelliten der NASA, die genau genommen keine Fotografien von der Erde machen, sondern vielmehr die Wellenlänge der reflektierten Energie der Oberflächen messen, haben »die konventionelle Kartographie revolutioniert«, so formuliert es Stephen S. Hall in *Mapping the Next Millennium*. »Weil LANDSAT bei der elektromagnetischen Abtastung der Erdoberfläche mehr erkennen kann als der Mensch, enthüllt er neue Welten, die sich hinter der vertrauten Welt, die wir so gut zu kennen glauben, verbergen.« Unter anderem entdeckte man durch die LANDSAT-Bilder unbekannte

Seen, eine neue Insel vor der kanadischen Atlantikküste (die den Namen Landsat Island bekam) und ein auf den Karten noch nicht verzeichnetes Riff im Indischen Ozean.

Solche Bilder bereichern zwar die Landkarten, doch werden sie sie keineswegs so bald ersetzen. Das begriff ich, als ich eines Tages in Santa Barbara, Kalifornien, die Firma Map Link Inc. besichtigte, den bedeutendsten nicht staatlichen Karten- und Atlantengroßhändler Nordamerikas. Ich wurde herumgeführt von Will Tefft, dem PR-Manager der Firma, der regelmäßig in die fernsten Winkel der Erde reist und nach kartographischen Schätzen sucht. Als er mich durch die Firma führte, einen höhlenähnlichen ehemaligen Limonenabpackbetrieb, erklärte mir Tefft, er und seine Mitarbeiter hätten ein hoch gestecktes Ziel: jede moderne Karte eines jeden Kartenverlags auf Erden vorrätig zu haben. Wenn eine gewünschte Karte nicht lieferbar ist oder nicht existiert, verlegt Map Link sie selbst. Zu ihren Kunden zählte die kuwaitische Botschaft in Washington, die bei der irakischen Invasion 1990 Karten von ihrem eigenen Land kaufte, und das US-Militär, das während des Golfkriegs ebenfalls umfangreiche Bestellungen von Karten dieser Region aufgab.

Tefft weiß besser als die meisten Menschen, wie wichtig Satellitenfotos für die moderne Kartographie sind – und doch ist er der festen Meinung, dass kein Foto auf Erden eine Karte ersetzen kann. »Zwar werden die Menschen überflutet mit Filmen, Fernsehnachrichten und all den anderen elektronischen Medien«, sagte er, »überall sind Kameras, es ist einfach unglaublich. Aber eine Kamera vermittelt keine Ortsnamen – nichts, das der Mensch benennt, vom Mount McKinley bis zum internationalen Flughafen von Los Angeles –, und eine Kamera hilft dem Reisenden nichts, wenn er hier etwas sieht und jenseits des Horizonts etwas ansteuern will.«

Diese Worte fielen mir kurze Zeit später wieder ein, als die NATO-Streitkräfte 1999, auf dem Höhepunkt des Luftkriegs über Jugoslawien, versehentlich die chinesische Botschaft in Belgrad bombardierten, drei Menschen töteten und eine fürchterliche diplomatische Krise auslösten. Bei der Vorbereitung zum Einsatz der Lenkbomben hatten die NATO-Befehlshaber die neuesten verfügbaren Satellitenbilder benutzt. Aber keines zeigte ihnen, wo genau die Botschaft lag und wo das angepeilte Ziel, nämlich das jugoslawische Rüstungsbeschaffungsamt. Die daraus resultierende Tragödie war ein deutlicher Beweis, dass selbst in einer Zeit, in der wir mit Hilfe von Satelliten uns und unsere Welt bis zum Wahnsinn beobachten können, eine gute Karte unersetzlich ist.

Wen wundert es da, dass es noch immer einen Schwarzmarkt für Karten gibt, die auf dem neuesten Stand sind. 1995 zum Beispiel wurde ein Mann aus Michigan namens Bill Stewart verhaftet, weil er streng geheime US-Computertapes mit dreidimensionalen Karten des Mittleren Ostens verkauft hatte. Doch in einer Zeit, wo man sich per Mausklick eine Karte von fast jedem Fleck der Erde auf den Bildschirm holen kann, wo man für ein paar Scheinchen Satellitenaufnahmen seines eigenen Hauses erhält oder sogar aus dem Weltraum in den Hinterhof des verhassten Nachbarn spionieren kann, haben zeitgenössische Karten auf dem Schwarzmarkt weitgehend an Wert verloren. Heute ist eine neue Art von Kartenräuber aufgetaucht – Leute, die nicht um der Zukunft willen stehlen wie Kolumbus oder Magellan, sondern um eine verloren gegangene und ersehnte Vergangenheit zurückzuholen.

Wer könnte im Zusammenhang mit alten Büchern Vertrauen erweckender wirken als zwei Priester? Als die Mönche Michael Huback und Stephen Chapo – Angehörige der griechisch-katholischen Kirche, einer mit Rom unierten östlichen Kirche – von November 1970 an regelmäßig in die Sterling Memorial Library von Yale kamen, schlug ihnen von Seiten des Personals offenbar kaum Misstrauen entgegen. Die Geistlichen wurden Stammkunden im Magazin bis März 1972, als ein Antiquar aus Chicago der Yale University eine der drei noch existierenden Ausgaben eines Atlasses des holländischen Kartographen Hendrick Doncker von 1670 zum Kauf anbot. Entsetzt stellten die Bibliothekare fest, dass das angebotene Buch dasselbe war, von dem sie dachten, es stünde sicher bei ihnen im Regal. Der gestohlene Atlas wurde rasch mit Huback und Chapo in Verbindung gebracht, und als die Bibliothekare ihre Atlantenbestände überprüften, entdeckten sie, dass noch nahezu 200 weitere Bücher fehlten. Doch Yale war offenbar nicht das einzige Opfer. Als FBI-Beamte das Kloster in New York durchsuchten, in dem Huback und Chapo lebten, entdeckten sie Bücher aus zahlreichen anderen Hochschulen, darunter die University of Chicago, das Dartmouth College, die Harvard University, die University of Notre Dame, das Manhattan College, die University of Washington und die University of Indiana. Das Motiv des geistlichen Gespanns, das alsbald expatriiert wurde, schien entschieden weltlicher Natur gewesen zu sein. Wie schon der heilige Hieronymus einst spöttelte: »Einen Geistlichen, der auch Händler ist, den meide wie die Pest.«

Die jüngeren Annalen des Kartendiebstahls sind voll von dergleichen farbigen Geschichten. Die Täter kommen aus den verschiedensten Milieus, aber fast alle haben eines gemeinsam. Wie Gilbert Bland kämpften sie mit bizarren Alter Egos, als zeigten die gestohlenen Karten ihnen Geheimpfade zu den entlegensten Orten ihres Innern. Zu den denkwürdigsten Gestalten dieses ungewöhnlichen Verbrecheralbums gehören die Folgenden:

Andrew P. Antippas, Englischprofessor an der Tulane University, wurde »von seinen Studenten verehrt wie nur wenig auserwählte Professoren«, schreibt 1979 die *New Orleans States-Item*. Der charismatische Dozent, der manchmal mit den Tränen kämpfte, wenn er seinen Studenten Gedichte von Keats vorlas, wurde offenbar so hoch geschätzt, dass der Studentenbeirat der Universitätszeitung *Hullabaloo* lieber nicht berichten wollte, dass Antippas im November 1978 wegen Diebstahls von fünf alten Karten aus der Sterling Memorial

Library in Yale – die damals an die 20 000 Dollar wert waren – verurteilt wurde. Er gab außerdem zu, Karten aus der Newberry Library in Chicago gestohlen zu haben. Den Kartensammler und Teilzeitantiquar hatte offenbar der Teufel geritten. »Ich war da drin und erlag der Versuchung. Wer kann so was erklären?«, sagte er damals. Als er im Januar 1979 zu einem Jahr Gefängnis verurteilt wurde, hielt er sein Leben und seine Karriere für ruiniert. Aber rückblickend betrachtet hat er wohl übertrieben. Heute ist Antippas Besitzer der Barrister's Gallery, einer eleganten Galerie in New Orleans, die sich auf südliche Volkskunst spezialisiert hat.

Charles Lynn Glaser, eine berühmt-berüchtigte Jekyll-und-Hyde-Figur des Kartendiebstahls, war eine anerkannte Autorität im Antiquariatswesen, und sein 1970 erschienenes Buch *Engraved America* war von dem Fachblatt *AB Bookman's Weekly* einst als »Standardnachschlagewerk für frühe amerikanische Ikonographie« bezeichnet worden. Aber er war auch ein zwanghafter Kartendieb, dessen kriminelle Karriere drei Jahrzehnte umspannte. Schon bevor er sich mit dem Gesetz anlegte, zeigte sich Glaser von Betrügereien merkwürdig fasziniert. In seinem 1968 herausgekommenen Buch *Counterfeiting in America: The History of an American Way to Wealth* verstieg er sich zu einem Lobgesang auf die »wenigen großen Fälscher... Männer von ungewöhnlicher Geschicklichkeit oder Gerissenheit, die das Verbrechen durch Phantasie und Fleiß adelten«. Man weiß nicht, wie Glaser selber zum Verbrecher wurde. Er verkaufte die gestohlenen Karten – aber als ich seine Exfrau Nosta Boll Glaser aufsuchte, meinte diese: »Ich glaube nicht, dass er es wegen des Geldes getan hat.« Sie hatte eine andere Theorie: in den Siebzigerjahren habe ihr damaliger Mann an Größenwahn gelitten und sei zutiefst frustriert gewesen, dass sich sein eigenes Antiquariat für Karten und dekorative Graphiken nur mühsam über Wasser hielt, während ein anderer Mann aus Philadelphia, der aufdringliche und dreiste Graham Arader, große Geschäfte machte. »Arader war ein junger Mann, der sich rasch und erfolgreich breit machte. Und mein Exmann hat seinen Erfolg und seine Allgegenwart wohl nicht verkraftet«, erklärte sie. »Lynn empfand sich als Arader *moralisch überlegen* – das ist seine Formulierung, nicht meine. Und angesichts dieser moralischen Überlegenheit begriff er nicht, wieso Arader so viel Erfolg haben konnte ... Ich glaube, er hat die Diebstähle gerechtfertigt, indem er sich einredete, er sei moralisch überlegen, werde aber nicht genug gewürdigt.«

Im Juli 1974 wurde Glaser festgenommen, weil er aus der Kartenabteilung des Dartmouth College acht Atlanten des 16., 17. und 18. Jahrhunderts gestohlen hatte, darunter auch Thomas Jefferys berühmten *American Atlas* von 1776. Er wurde zu sieben Jahren Gefängnis verurteilt, saß gut sieben Monate hinter Gittern und wurde dann auf Bewährung entlassen. Aber das hielt ihn nicht davon ab, erneut straffällig zu werden. 1978 stahl Glaser zwei Karten des Entdeckers Samuel de Champlain aus der James Ford Bell Library der Universität von Minnesota. Die Karten, erschienen 1613 beziehungsweise 1632, waren damals etwas über 10 000 Dollar wert (und dürften heute zwischen 100 000 und 300 000 einbringen). Glaser, der zugab, auch zwei Karten aus der Newberry Library in Chicago gestohlen zu haben, wurde 1982 zu sechs Monaten Gefängnis, 5500 Dollar Schadensersatz und viereinhalb Jahren auf Bewährung verurteilt. Trotz alledem gab er sich weiterhin als distinguierter Bibliophiler und schrieb 1989 ein weiteres Buch: *America on Paper.* »Seit 25 Jahren habe ich nun mit vergilbtem Papier zu tun, meist in Kalbsledereinbänden mit Bünden und Goldprägung, die irgendwie bis ins späte 20. Jahrhundert überlebt haben«, schrieb er in diesem Buch. »Auch wenn ich ein Werk nicht im Original lesen konnte, kam ich schon durch den Umgang mit ihm in Tuchfühlung mit der Zeit.« Die Bibliothekare müssen getobt haben bei der Vorstellung von einem Buchvandalen, der das Überleben von Büchern pries, vor allem, nachdem er im März 1992 für schuldig befunden wurde, eine Karte aus Sebastian Münsters berühmter *Cosmographia*, der Ausgabe von 1628, aus der Free Library in Philadelphia gestohlen zu haben. Einen knappen Monat später, er war noch auf Bewährung, wurde er im Magazin der Lehigh University wieder erwischt – und zwar angeblich mit OP-Handschuhen und einem Hammer. Vielleicht ist er immer noch da draußen in irgendwelchen Handschriftenlesesälen und beschäftigt sich mit seinem geliebten »vergilbten Papier«.

Robert M. »Skeet« Willingham jr., Bibliothekar, Schriftsteller, Sonntagsschullehrer und Mitglied des Stadtrats von Washington, Georgia, wurde von Freunden und Nachbarn als »Mr. Ehrlich«, »perfekter Gentleman« und »äußerst netter Kerl« beschrieben: Aber irgendwann muss dieser mustergültige Bürger und Kurator für wertvolle Bücher der University of Georgia ein zweites Ich entwickelt haben. Katherine Leab, Herausgeberin von *American Book Prices Current* und Sicherheitsexpertin für Bibliotheken, formuliert es so: »Er wurde zu seinem eigenen Doppelgänger: zum *bösen* Willingham.« Im Juni 1986 bemerkte ein Mitarbeiter der Hargrett Rare Book and Manuscript Library der Universität, dass eine wertvolle Karte von South Carolina fehlte. Eine flüchtige Überprüfung der Kartenbestände zeigte, dass noch andere Karten entwendet worden waren. Die Polizei, die vom Kartenkönig Graham Arader einen Tipp bekommen hatte, durchsuchte das säulengeschmückte Haus des Bibliothekars und förderte 17 gerahmte Karten zu Tage, von denen einige auf der Verlustliste der Universität standen. Aber das war nur die Spitze des Eisbergs. Im September 1980 befand ein Geschworenengericht Willingham in 13 von 14 Fällen für schuldig des schweren Diebstahls. Er hatte sich ein riesiges Depot aus Bibliotheksbeständen angelegt, unter anderem eine achtbändige Ausgabe mit Blumenkupferstichen von

Pierre Joseph Redouté, die damals etwa 500 000 Dollar wert war (und heute sogar 600 000).

Fitzhugh Lee Opie, ein Nachfahre des Südstaatengenerals Lee und des berühmten Gouverneurs von Virginia Henry »Light-Horse-Harry« Lee, gebärdete sich gern als Hüter der Geschichte. Als Virginia überlegte, ob es den Martin-Luther-King-Feiertag übernehmen sollte, fand Opie, der in Alexandria als Buchhändler lebte, diese Idee »eine Schande« und argumentierte, der ermordete Führer der Bürgerrechtsbewegung stamme weder aus Virginia, noch sei er ein Patriot gewesen. Seine demonstrative Heimatliebe hielt Opie jedoch nicht davon ab, zehn Jahre lang die Library of Congress auszuweiden – den Polizeiberichten zufolge kam er mehrmals pro Woche und stahl Karten, Bücher und Graphiken. Der Schwindel flog auf, als Opie im März 1992 mit zwei Karten der Pacific Railroad aus der Mitte des 19. Jahrhunderts geschnappt wurde. Er hatte sie unter den Pullover gestopft.

William Charles McCallum, Absolvent der Yale University und der Boston College Law School, wurde vom *Boston Globe* als »aufgehender Stern« im Amt des Generalstaatsanwalts von New Hampshire bezeichnet. McCallum, schlank, elegant und kultiviert, mit einer Schwäche für Kunst und Antiquitäten, konnte so gute juristische Zeugnisse vorweisen, dass David Souter, später Richter am Obersten US-Gerichtshof und damals am Obersten Staatsgericht, ihn einmal persönlich beförderte. Doch sein äußerer Erfolg, so argumentierten später seine Verteidiger, täuschte nur über McCallums absonderliches, von zwanghaften Ritualen beherrschtes Privatleben hinweg – er aß sein eigenes Haar und putzte sich bis zu fünfzigmal am Tag die Zähne … und stahl fast alles, was ihm unter die Finger kam, auch Unterwäsche und Strümpfe aus Waschsalons. (»Er fühlte sich nur in gestohlenen Sachen wohl«, erklärte sein Anwalt.) Als ihn die

Polizei 1996 endlich schnappte, war sein Haus im Kolonialstil in Londonderry voll gestopft mit Gemälden, Büchern, Möbeln und Graphiken im Wert von mehr als 100 000 Dollar; das meiste war gestohlen aus öffentlichen Bibliotheken und Hochschulbibliotheken. Besonders beeindruckend in dieser unrechtmäßig erworbenen Sammlung war eine Anzahl kartographischer Kuriositäten, darunter Thomas Moules Karte der englischen Grafschaft Hampshire von 1845, gestohlen aus dem Anselm's College in Manchester, New Hampshire; Jean Baptiste Bourguignon d'Anvilles 1755 gedruckte Karte von Nordamerika, gestohlen aus der Thayer School of Engineering in Dartmouth, und zwei alte Ausgaben von Strabos *Geography*, die der Baker Library des Dartmouth College gehört hatten.

Last, but not least der geheimnisvolle DANIEL SPIEGELMAN aus Yonkers, New York. Den Bibliothekaren ist Spiegelman als einer der unverfrorensten Diebe der letzten Zeit in Erinnerung, denn er raubte aus der Rare Books and Manuscript Library in der Columbia University New York Bücher, Urkunden und Handschriften im Wert von fast 1,3 Millionen Dollar, darunter auch mehr als 250 historische Karten. Aber noch berühmter ist er bei den Anhängern der Verschwörungstheorie, besonders bei denen vom rechten Flügel.

So viel gilt als sicher: 1994 entdeckte das Personal des Handschriftensaals der Columbia University, dass eine große Zahl wertvoller Dokumente gestohlen worden war – von einmaligen mittelalterlichen Handschriften bis zu Briefen und Urkunden mit den Unterschriften amerikanischer Präsidenten. Der Täter hatte nicht in der Öffentlichkeit gearbeitet, sondern war nach den Öffnungszeiten in das verschlossene Magazin eingedrungen, wahrscheinlich über ein stillgelegtes Förderband, so meinte die Bibliotheksleiterin Jean Ashton. Als Ashton und andere Mitglieder der Universitätsverwaltung die Diebstähle entdeckten, setzten sie sich sofort mit Antiquariaten auf der ganzen Welt in Verbindung – eine Strategie, die sich bald auszahlte. Im Juni 1995 wurde Spiegelman in den Niederlanden festgenommen, als er versuchte, einem Utrechter Antiquar eine mittelalterliche Handschrift zu verkaufen, die dieser als gestohlen erkannte.

Und nun nahm die Geschichte eine seltsame Wendung. In den Niederlanden, wo der Verdächtige festgehalten wurde, begannen die Zeitungen zu berichten, Spiegelman habe wahrscheinlich Verbindungen zu Timothy McVeigh und Terry Nichols, die unter dem Verdacht standen, an dem Bombenanschlag auf das Alfred P. Murrah Federal Building in Oklahoma City beteiligt gewesen zu sein. Die Berichte zitierten einen holländischen Justizbeamten, Spiegelman werde »verdächtigt, den mutmaßlichen Tätern des Bombenanschlags von Oklahoma Waffen geliefert zu haben«. Die Anschuldigung, die später von der holländischen Regierung zurückgenommen wurde, hatte ihren Ursprung offenbar in der Tatsache, dass Spiegelman in den USA wegen illegaler Waffenkäufe in Phoenix und Scottsdale, Arizona, gesucht wurde. Holländische Zeitungen berichteten außerdem, ein Safe in New York, der Spiegelman gehöre, enthalte eine Liste mit nahezu 40 Personen, die angeblich mit dem Anschlag zu tun hatten.

Doch das US-Justizministerium verneinte wiederholt, dass zwischen beiden Fällen ein Zusammenhang bestünde. Und Spiegelman selbst stritt jede Beteiligung an dem Bombenanschlag von Oklahoma City ab und erklärte den holländischen Medien: »Damit habe ich ebenso viel zu tun wie mit dem Mord an John F. Kennedy.« Trotzdem verselbständigte sich die Geschichte, angeheizt von McVeighs Verteidiger, der fand, Spiegelman habe auffallende Ähnlichkeit mit John Doe Nr. 2, dem geheimnisvollen Unbekannten, der in Zusammenhang mit den Bomben seit langem gesucht werde. Bald hagelte es entsprechende Andeutungen im Internet. Als Beispiel dafür ein weit verbreiteter Artikel mit dem Titel: »30 Fragen zu Oklahoma City«, der auf Websites wie Big Sky Patriot erschien (»Wir behandeln Themen wie die Korruption in der Regierung … die Milizbewegung, die Freemen«). Diesem Artikel zufolge, dessen Verfasser sich nur Monte nannte, war keine »Nachrichtensperre je umfassender als die über den Namen Daniel Spiegelman verhängte. Es ist, als sei er vom Erdboden verschwunden. Wer ist Daniel Spiegelman? Welche Verbindung hat er zu Oklahoma City? Ist er John Doe Nr. 2?«

Als ich Anfang 1999 Jean Ashton bei einem Telefoninterview einige dieser Fragen stellte, erhielt ich die Antwort, sie wisse es offen gestanden nicht – und außerdem sei es ihr ziemlich egal. Für sie sei in erster Linie wichtig, dass Spiegelman an die Vereinigten Staaten ausgeliefert und dort im April 1997 vor einem Bezirksgericht in Manhattan schuldig gesprochen worden sei; zweitens, dass Richter Lewis A. Kaplan die Bundesrichtlinien für die Urteilsfindung nicht beachtet und mit fünf Jahren Gefängnis eine ungewöhnlich hohe Strafe ausgesprochen habe, mit der Begründung, das sei schwer wiegender als bloßer Gelddiebstahl; und drittens, dass die Polizei die Beute zu einem großen Teil sichergestellt habe.

Das waren alles gute Nachrichten, doch als ich sie nach dem Schicksal der gestohlenen Karten fragte, wurde sie still. Von den mehr als 250 Karten, die Spiegelman vermutlich gestohlen hat, tauchten nicht einmal 50 wieder auf. Schlimmer noch: Viele stammten aus einem außerordentlich wertvollen Exemplar des *Atlas Major* des holländischen Kartographen Joan Blaeu von 1667, der in seinem ursprünglichen Zustand mindestens 300 000 Dollar wert gewesen war. Auf der ganzen Welt hatten nur zwei intakte deutschsprachige Ausgaben dieses Buches existiert, erzählte sie, und das Exemplar der Columbia hatte obendrein einmal Alexander Anderson gehört, einem berühmten Kupferstecher des frühen 19. Jahrhunderts, der das Original um eigene Karten erweitert hatte. »Eigentlich war der Blaeu der schwerste Verlust bei dem ganzen Diebstahl«, meinte sie.

Es war einmal ein Mann, der glaubte, man könne einen Verbrecher ebenso leicht einordnen, wie man Bücher nach der Deweyschen Dezimalklassifikation sortierte. Er hieß Johnny Jenkins und war in bibliophilen Kreisen berühmt als extravaganter texanischer Antiquar und Präsident der Antiquarian Booksellers Association of America. 1982 schrieb Jenkins in seiner Eigenschaft als Sicherheitschef dieser Vereinigung einen Artikel, in dem er behauptete, alle Bibliotheksdiebe könne man in fünf Grundtypen einteilen: in den Kleptomanen, den Dieb, der für sich selbst stiehlt, den Dieb, der aus Wut stiehlt, den Gelegenheitsdieb und den Dieb aus Profitgier. Es sei ganz leicht, sich in den Kopf eines Gauners zu versetzen, meinte Johnny Jenkins, denn Verbrecher »neigen dazu, klassifizierbare Eigenschaften zu zeigen«.

Sechs Jahre nach diesem Artikel wurde der nämliche Johnny Jenkins im Colorado River gefunden; er hatte sich offenbar umgebracht. Kurz zuvor war die Nachricht durchgesickert, dass einige der äußerst wertvollen und teuren Dokumente, die Jenkins im Lauf der Jahre verkauft hatte, Fälschungen waren. Viele Geheimnisse umgaben diesen Fall – nicht zuletzt die Frage, ob Jenkins persönlich in die Herstellung dieser Fälschungen verwickelt war. Sie bleiben bis heute Geheimnisse. Johnny Jenkins entzieht sich sowohl durch seine widersprüchliche Karriere als auch durch seinen rätselhaften Tod einer einfachen Einordnung. »Ich vermute, er hat zwei Leben gelebt«, äußerte sich ein alter Freund gegenüber Calvin Trillin vom *New Yorker*. »Oder vielleicht auch drei.«

Dies habe ich immer im Hinterkopf, wenn ich versucht bin, die Motive heutiger Kartendiebe über einen Kamm zu scheren. Zwar scheinen einige von ihnen auf den ersten Blick recht gut in die von Johnny Jenkins aufgestellten Kategorien zu passen, aber bei näherer Betrachtung waren die meisten wohl doch von komplexen und widersprüchlichen Regungen getrieben. (Ein Schwurgericht in New Hampshire zum Beispiel lehnte die Einrede der Unzurechnungsfähigkeit bei William McCallum ab und befand, er habe zwar eine Vorliebe für gestohlene Unterwäsche und gestohlene Karten, sei aber kein Kleptomane.) Wenn ich dennoch ein grundlegendes Motiv herausgreifen müsste, dann jenes, was den Kartendiebstahl jahrhundertelang angetrieben hat: die schiere Habsucht. Wie schrieb ein spanischer Diplomat des 16. Jahrhunderts über Lopo Homem, offiziell portugiesischer Seekartenmeister und inoffiziell Schmuggler: »[Er und sein Gehilfe] haben Anweisung, Karten nur für den König anzufertigen. Doch manchmal riskieren sie es, wenn einer genug zahlt.«

Doch es gibt noch einen anderen Beweggrund, den Johnny Jenkins nicht genannt hat, der aber bei seinem eigenen moralischen Verfall eine Rolle gespielt haben könnte. Einfach formuliert: Die Wahrscheinlichkeit, bei einem Bücherdiebstahl erwischt zu werden, ist relativ gering, und die Wahrscheinlichkeit, empfindlich bestraft zu werden, noch geringer. Dies trifft ganz besonders auf den Kartendiebstahl zu – nicht zuletzt auf Grund der besonderen Beschaffenheit dieses Marktes. Die Bibliothekarin Jean Ashton von der Columbia University – die kaum zu hoffen wagte, dass ihre verschwundenen Karten jemals wieder auftauchen – erklärte die Lage so: »Der Kartenhandel ist – wie soll ich sagen – viel unkontrollierter als zum Beispiel der Handel mit mittelalterlichen Handschriften. Frühe Landkarten werden nicht nur von Wissenschaftlern oder exklusiven Sammlern gekauft. Sie werden als Schmuckgegenstände verkauft, nicht als wissenschaftliche Objekte. Und sie können auf allen möglichen Wegen verkauft werden, die nicht durch das von Antiquaren und Sammlern gespannte Sicherheitsnetz erfasst werden – zum Beispiel auf Flohmärkten. Dadurch lässt sich eine einzelne Karte viel schwerer aufspüren.«

Ashton ging nicht so weit, die Antiquare direkt zu beschuldigen, denn sie wusste sehr wohl, dass selbst die gewissenhaftesten eine gestohlene Karte oft nicht erkennen können, wenn sie aus einem Buch herausgeschnitten ist. Aber als ich das Thema mit Graham Arader diskutierte, gab sich dieser nicht so diplomatisch.

Er behauptete, seine Konkurrenten gingen oft nicht gründlich genug vor, wenn sie die Herkunft ihrer Ware prüften. »Dabei ist es ganz einfach«, sagte er. »Man muss nur fragen: ›Wo haben Sie diese Karte her?‹ Dann hört man sich die Geschichte an und sagt: ›Haben Sie was dagegen, wenn ich Ihre Quellen überprüfe?‹ Und wenn er dann irgendwas daherschwafelt, sagt man: ›Verschwinden Sie bitte aus meinem Antiquariat, Sir.‹ Und wenn man wirklich glaubt, die Sache stinkt, zeigt man ihn an.«

In zahlreichen Fällen hat Arader praktiziert, was er predigte. So hatte er die Ermittlungen gegen Skeet Willingham in Gang gesetzt, indem er der Verwaltung der University of Georgia 1985 meldete, es habe ihm jemand einen Brief von Nathanael Greene angeboten, einem Helden aus dem Unabhängigkeitskrieg – ein Autograph, das eigentlich in der Sammlung der Universität liegen sollte. Doch auch Arader musste Fehler eingestehen; einmal hatte er von Andrew Antippas 62 Karten gekauft und nicht gemerkt, dass dieser mehr als 40 davon aus der eigenen Uni geklaut hatte. Dass es sich um heiße Ware handelte, kam erst an den Tag, als Arader einige von ihnen einem texanischen Sammler namens Walter Reuben anbot, der die Karten als Eigentum von Yale erkannte. »Antippas hat mich regelrecht übers Ohr gehauen«, gab Arader zur.

Aber streitlustig, wie er ist, schiebt der Kartenmagnat die Hauptschuld an der anhaltenden Diebstahlwelle unverblümt den Bibliothekaren zu, von denen er sagt, sie seien einfach nicht wachsam genug. »Die meisten Bibliothekare sind unfähig, langweilig und schwerfällig«, sagt er. »Und sie machen sich das Leben sehr leicht. Viele empfinden ihre Sammlungen als ihr persönliches Lehen. Aber sie kümmern sich nicht richtig um ihr Zeug. Es ist doch nicht schwer, einen Dieb und einen rechtmäßigen Benutzer auseinander zu halten. Wenn man nicht schlau genug ist, um die Burschen zu erkennen, soll man nicht Kurator werden.«

Man kann sich schon vorstellen, dass die Bibliothekare Arader nicht besonders schätzen. Trotzdem würden nur wenige von ihnen abstreiten, dass die Abteilungen für wertvolle Bücher vor ernsten Sicherheitsproblemen stehen. Nun mögen die Kuratoren – besonders jene, die sich über den primitiven Umgang mit Schloss und Riegel erhaben dünken – mit Sicherheit einen Teil der Schelte verdienen, aber auch die Institutionen selbst trifft eine Schuld. Bis in die Neunzigerjahre hatten viele Universitätsbibliotheken nicht einmal in den Abteilungen mit den wertvollsten Büchern Überwachungskameras, ein Mangel, den die Hochschulverwaltungen weitgehend ignorieren. Bücher zu hüten »findet die Gesellschaft einfach nicht wichtig«, stellt die Sicherheitsexpertin Katharine Leab fest. »Wenn wir die Wahl haben, ob wir mit Spendengeldern das Bibliotheksmagazin inventarisieren oder einen neuen Bus für das Footballteam kaufen, was machen wir dann? Wir kaufen natürlich einen Bus für das Footballteam.«

Aber nicht nur Antiquariate und Bibliotheken haben zu wenig unternommen, um Kartendiebe abzuschrecken, sondern auch der Gesetzgeber. Willingham saß nur 30 Monate seiner 15-jährigen Haftstrafe ab, da wurde er schon auf Bewährung freigelassen. Allerdings war seine Strafe verhältnismäßig hoch ausgefallen. McCallum, der angesichts der fast 70 Anklagepunkte für den Rest seines Lebens ins Gefängnis hätte wandern können, bekam nur drei bis sechs Jahre*. Die Mönche Huback und Chapo erhielten jeder nur 18 Monate. Antippas wurde zu einem Jahr verurteilt und Opie für seine jahrzehntelangen Beutezüge nur zu sechs Monaten. Glaser, ein Gewohnheitstäter, wurde 1992 nur zu drei Jahren auf Bewährung verurteilt. Und selbst Spiegelman – bei dessen Bestrafung sich der Richter besonders anstrengte – bekam nur fünf Jahre Gefängnis (von denen er schon mehr als die Hälfte abgesessen hatte) und 314 150 Dollar Strafe (von der er wahrscheinlich nur einen Bruchteil wird abstottern können).

* Strafmaß sechs Jahre; erste Möglichkeit, wegen guter Führung auf freien Fuß zu kommen, nach drei Jahren.

»Wenn jemand aus einem Museum einen Picasso oder Rembrandt oder dergleichen stiehlt«, meinte Carol Miller, frühere Sicherheitschefin der Free Library in Philadelphia, »dann erregt das großes Aufsehen, und es gibt schwere Strafen. Aber wenn einer was aus einem Buch stiehlt, ist das Strafmaß lächerlich niedrig. Es heißt: ›Ach, das ist ja nur ein Buch.‹ Und welche Botschaft vermittelt das den Kerlen, die so eine Tat planen? Wir sagen: ›Nur weiter so, viel kann euch nicht passieren.‹ Das ist doch ein Witz!«

Auch als die Preise für wertvolle Karten Mitte der Neunzigerjahre in die Höhe kletterten, blieben die Sicherheitsprobleme, die den Bibliotheken und Antiquariaten jahrzehntelang das Leben schwer gemacht hatten, weitgehend ungelöst oder wurden nicht einmal in Angriff genommen. Und damit war die Bühne frei für den unspektakulären Auftritt des produktivsten Kartendiebs in der amerikanischen Geschichte.

Gilbert Bland stahl sie aus der University of Washington. John Ogilby stahl sie von Arnold Montanus, und dieser hatte sie schon von einem anderen gestohlen. Ogilbys Karte von Virginia aus dem Jahr 1671 – eine von denen, die Bland in Seattle geklaut hatte – ist ein Beweis dafür, dass auch die Kartographen längst vergangener Zeiten schamlose Gauner waren. Ogilbys Biographin Katherine S. Van Eerde formuliert zart fühlender, er habe »nicht erwähnt«, dass er sich die Karte von Montanus ausgeliehen hatte – der seinerseits den Hinweis vergaß, dass er sie von älteren Kartographen entliehen hatte. Abgesehen von einigen dekorativen Einzelheiten glichen Ogilbys und Montanus' Karten von Virginia aufs Haar einer Arbeit aus dem Jahr 1630 von Willem Janszoon Blaeu, dem bedeutendsten holländischen Kartographen des 17. Jahrhunderts (und Vater des in diesem Kapitel bereits erwähnten Joan Blaeu). Willem Blaeu wiederum versuchte solchem Plagiieren Einhalt zu gebieten. Lloyd A. Brown schreibt, Blaeu habe »Holland und Friesland dringend gebeten, ihn vor den Geiern zu schützen, die Raubdrucke von seinen Karten herstellten, und gemeint, er könnte seine Familie dank der Gnade Gottes auf ehrlichem Wege ernähren, wenn gewisse Personen nicht immer seine neuesten Karten abkupfern würden, noch ehe die Druckerschwärze getrocknet sei.« Aber auch Blaeu war sich nicht zu gut für einen Diebstahl, wie seine eigene Karte von Virginia aus dem Jahr 1630 beweist. Er kaufte die Kupferplatte für die Karte von seinem Konkurrenten Hondius und ersetzte dessen Namen durch seinen eigenen (die ausgekratzten Buchstaben hinterließen noch eine schwache Spur). Doch auch die Familie Hondius hatte keinen rechtmäßigen Anspruch auf diese Arbeit gehabt. Von all denen, die das Verdienst für diese Karte in Anspruch nahmen, hatte nur der englische Abenteurer John Smith das Recht dazu, der sie 1612 zeichnete.

Smith war seinen Nachahmern gegenüber im Vorteil: Er war tatsächlich in Virginia gewesen. Aber der Unterschied zwischen Autoren und Imitatoren hatte oft nichts damit zu tun, ob einer die Gegend aus erster Hand kannte. Zebulon Montgomery Pike zum Beispiel hat ausgedehnte Entdeckungsreisen durch den amerikanischen Westen unternommen, wohingegen Alexander von Humboldt nie seinen Fuß dorthin setzte. Aber Pikes *Karte der inneren Provinzen von Neuspanien* aus dem Jahr 1810, die angeblich auf »Skizzen von… Captain Zebulon M. Pike« beruhte, war in Wirklichkeit das nackte Plagiat einer Karte, die Humboldt 1804 bei einem Besuch in Washington im Außenministerium hinterlassen hatte.

In einem Entschuldigungsbrief an Humboldt bedauerte Thomas Jefferson, dass Pike sich so »unedelmütig« der Karte bedient habe, und behauptete, dies sei nur geschehen, »um das Wissen zu vermehren und nicht wegen der paar lumpigen Schillinge«. Aber ebendieser Hunger nach der »Vermehrung des Wissens« unterschied die beiden Kartographen. Pike, ein Berufssoldat der US Army, war gut, wenn es darum ging, Befehle auszuführen, aber ihm fehlte der notwendige Eifer, um selbst zum Kern der Dinge vorzudringen. Auf seiner Expedition von 1806/07 brach er mit viel Getöse auf, um einen »gewaltigen Gipfel« zu erklimmen, den er in der Ferne ausgemacht hatte. Aber kaum musste er ein wenig hungern und frieren, gab er den Plan auf – Meilen vor dem Gipfel, der heute Pikes Peak heißt. Humboldt hingegen war davon besessen, in unbekannte Gegenden vorzudringen. Als auch er sich an eine gefährliche Bergbesteigung wagte – an den Chimborasso in Ecuador –, trotzte er dem schlechten Wetter und erreichte »die höchste Höhe, die ein menschliches Wesen bisher in der Geschichte erreicht hat«, schreibt sein Biograph Douglas Botting. Er war nicht nur ein großer Entdecker – in fünf Jahren reiste er mehr als 10 000 Kilometer durch Südamerika –, sondern auch ein glänzender Physiologe, Zoologe, Botaniker, Anthropologe, Archäologe und Meteorologe. Heute lebt er wohl am ehesten im Gedächtnis der Menschen weiter als einer der Begründer der modernen Geographie, ein Wissensbereich, der schon die Einbildungskraft des Knaben beflügelt hatte. »Ich hatte von meiner ersten Jugend an ein sehnliches Verlangen empfunden, in entfernte, von Europäern wenig besuchte Länder zu reisen«, schrieb er einmal. »Dieser Drang charakterisiert einen Zeitraum des Lebens, in welchem uns dieses wie ein Horizont ohne Grenzen erscheint, wo nichts größeren Reiz für uns hat als Bilder physischer Fährlichkeiten und die starken Bewegungen der Seele.«

Ebendiese Wissbegier befähigte Humboldt, eine Karte des Westens zu zeichnen, die der Fachmann Carl I. Wheat eine »wirklich glänzende kartographische Leistung« nannte. Humboldt konnte von einem Ort, den er nie gesehen hatte, eine Karte zeichnen, indem er, so sagte er selbst, »eine Menge Zahlen« benutzte anstelle von »ungefähren Vermutungen«, denn er war mit jener leidenschaftlichen Wissbegier begabt, die uns so selten begegnet und daher oft verblüfft. Ich rede von jener Neugier, die nicht bittet, sondern fordert, die nicht sagt »Ich frage mich«, sondern »Ich muss es wissen«, die dazu führt, dass man sich Hals über Kopf in ein Thema stürzt und immer wieder darüber nachdenkt, bis man es auch anderen erklären und damit dem eigenen Leben in gewisser Weise eine neue Bedeutung geben kann. Unter solchem Zauber können Menschen Außerordentliches vollbringen. Man muss kein Genie sein wie Alexander von Humboldt, um ungesehene Welten sichtbar zu machen.

Der Mann, der Gilbert Bland vor Gericht brachte, war kein hoch angesehener FBI-Beamter oder fulminanter Krimialinspektor einer Großstadtpolizei. Er war ein Uni-Polizist, auf der Stufenleiter der Vollzugsbeamten nicht viel weiter oben angesiedelt als ein bescheidener Privatwachmann. Doch Thomas W. Durrer besaß einen scharfen Verstand und, noch wichtiger, eine beunruhigende Neugier. Als Ermittler der Polizeiwache an der University of Virginia hatte Durrer wenig gemeinsam mit dem klassischen Fernsehkommissar. Er beschäftigte sich meist mit so banalen Themen wie Schlafsaaleinbrüchen und gestohlenen Rucksäcken. Aber er hatte Spaß an solcher Kleinarbeit, die andere vielleicht langweilig fanden, wenn er all den winzig kleinen Beweisen nachging und scheinbar beziehungslose Tatsachen zusammensetzte, bis sie eine ganze Geschichte ergaben. Und ab und zu passierte auch was Größeres in Charlottesville, und Durrer geriet glücklicherweise an einen Fall, wo man, wie er sagte, »seine Phantasie einsetzen muss und sehen, wie weit man damit kommt«.

Anfang Dezember 1995 zog er einen solchen Auftrag an Land. Die Verwaltungsbeamten der Alderman Library meldeten, ihnen seien mindestens sieben wertvolle Karten abhanden gekommen, darunter Arbeiten der Kartographen Herman Moll und Andrew Ellicott aus dem 18. Jahrhundert. Die Bibliothekare hatten den Verlust entdeckt, nachdem sie von der Johns Hopkins University angerufen worden waren, die im Notizbuch des Diebes den Vermerk »Alderman« gefunden hatten. Nach Durchsicht der Besucherliste stellte sich heraus, dass tatsächlich ein James Perry in der Alderman Library gewesen war, und zwar am 5. und 6. Dezember, kurz vor Gilbert Blands verhängnisvollem Aufenthalt in Baltimore.

Der Fall schien verwickelt und ein wenig seltsam – genau das, was Durrer gefiel. »Ich wusste, das war wahrscheinlich schwieriger als meine sonstigen Fälle«, sagte er. »Ich wusste, das ging tiefer. Und solche Nachforschungen gefallen mir. Das mach ich gern.«

Der 52 Jahre alte, kräftig gebaute Durrer mit seinem Anflug von Förmlichkeit und dem konservativen Schalk des Südstaatengentlemans hatte das Auftreten eines gewitzten Kleinstadtsheriffs. Und zumindest bei diesen Ermittlungen schien er mit seinen Ahnungen von Anfang an absolut richtig gelegen zu haben. Da der Dieb die Bibliothek zwei Tage hintereinander besucht hatte, müsse er, folgerte Durrer, in der Stadt übernachtet haben. »Ich überprüfte die Motels und fand heraus, wo Bland abgestiegen war«, sagte er. »Es war ein Howard Johnson's in Charlottesville, und er hatte sein Zimmer mit der Kreditkarte bezahlt. Über diese Karte ermittelte ich seine Adresse, ließ sie mir amtlich bestätigen und verschaffte mir über das Kfz-Ministerium von Florida ein Foto. Anhand dieses Bildes haben ihn dann die Beamten aus der Bibliothek identifiziert.«

Durrer teilte seine Ergebnisse umgehend den anderen Universitäten mit. »Keiner von uns hat wohl geahnt, wie groß dieses Ding noch werden würde«, meinte er. »Damals nahm ich an, ich hätte da einen Sammler, der sich ein paar Karten zusammengestohlen hatte. Als ich mich aber näher mit ihm beschäftigte, erkannte ich ein Schema, das sich über alle Universitäten hinzog. Es war ganz klar, was er machte.«

Durrer erzählte, manche Institutionen wie die University of Florida hätten gar nicht gewusst, dass sie bestohlen worden waren, bis er sie auf die Möglichkeit aufmerksam machte. Solche Entdeckungen spornten ihn an. »Als sich der Fall ausweitete, ging ich ihn ein bisschen schneller und härter an. Kaum hatte ich eine Sache herausgefunden, tauchten schon zwei oder drei neue auf.«

Seine Hartnäckigkeit zahlte sich aus. Als die Liste allmählich Opfer überall in den Vereinigten Staaten aufwies, schaltete sich das FBI ein, nunmehr gerüstet mit stichhaltigen Beweisen, die Gilbert Bland mit einem Tatort in Verbindung brachten. Nun könnte man natürlich sagen, solche Beweise zu sammeln sei simple, gediegene Polizeiarbeit, die jeder Kriminaler an den dutzenden von Orten, die Bland heimgesucht hatte, genauso gut hätte schaffen können. Doch es bleibt die Tatsache bestehen, dass nur ein einziger Mann die Initiative ergriff. Dank Thomas Durrers Neugier sollte der Kartendieb schließlich im Gefängnis landen.

Wenige Monate nach meinem Besuch bei Vera Benson in der American Map Corporation rief ich sie an; ich musste ihr etwas erzählen. Ich hatte mir gerade zwei Karten aus dem frühen 18. Jahrhundert angeschaut, die weitgehend das heutige Staatsgebiet der USA zeigen. Die erste stammte von dem Kartographen Guillaume Delisle und beruhte auf Informationen französischer Entdecker aus erster Hand. Die zweite war – abgesehen von einem Priester, einem Pelikan, einem Bild der Niagarafälle, einer Indianerfamilie, ein paar Büffeln und einigen nackten Hintern – eine genaue Kopie von Delisles Arbeit. Der Mann, der diese Kopie hergestellt hatte, war der Kartograph J.B. Homann, jener alte Stutzer, dessen Porträt hinter Bensons Schreibtisch stand.

Als ich ihr erzählte, dass sie einen bekannten Kartendieb beherberge, begann sie zu kichern. »Meine Güte, so was hat's immer gegeben«, seufzte sie, »aber es enttäuscht mich doch zutiefst, dass auch mein deutscher Landsmann so was gemacht hat!«

Wir lachten beide, und dabei fiel mir etwas ein, das Benson mir bei meinem Ausflug nach Queens erzählt hatte: Heutzutage sei ein gewisses Maß von kartographischem Raubkopieren nicht nur vertretbar, sondern sogar notwendig. Ihre Firma kopiere ständig Karten, genau wie die Konkurrenz – und zwar die Basiskartenelemente des U.S. Geological Survey, der Zentralbehörde für die Herstellung topographischer, geologischer und hydrographischer Karten, die »jeder als eine Art Ausgangskarte oder Grundgerüst benutzt, um daraus die eigenen Karten zu entwerfen«. Da die grundsätzliche Gestalt der Erde keine Frage mehr sei, bestehe die Herausforderung für die Kartographen weniger in der Genauigkeit und im Zeichenschlüssel der Basiskarten als im Herausnehmen der Kartenelemente, »die wir nicht brauchen, wie Höhenlinien und andere Kartenobjekte, die auf einer Straßenkarte fehl am Platz sind«, sowie im Einfügen der jüngsten Daten aus Satellitenbildern und verschiedenen anderen Quellen.

»Wir verbessern die existierenden Karten immer noch«, hatte Benson gesagt, »aber niemand stellt mehr eine Karte her, indem er hinauszieht und das Land vermisst.«

An diese Worte dachte ich und musste noch mehr lachen – diesmal über meine eigene absurde Situation. Die Suche, auf die ich mich vor Monaten im Kopi begeben hatte – damals aus reiner Neugier –, war zu einer immer komplizierteren und frustrierenderen Aufgabe geworden. Nun befand ich mich selbst in einem merkwürdigen kartographischen Projekt, für das es keine Basiskarten gab. Meine Aufgabe war noch schwieriger als Alexander von Humboldts Versuch, einen Ort zu zeichnen, den er niemals gesehen hatte. Ich versuchte das Leben eines Mannes nachzuzeichnen, eines anonymen und schwer fassbaren Mannes, eines Mannes, den ich nicht kannte, eines Mannes, der deutlich gemacht hatte, dass er mich nicht sehen wollte. Und das alles wäre nicht einmal so schlimm gewesen, wenn ich irgendwie einen Weg in seinen Kopf gefunden und mich in seine Lage hätte versetzen können. Aber Bland und ich waren völlig verschieden. Abgesehen von ein paar oberflächlichen Ähnlichkeiten – beide waren wir weiße Männer, Rechtshänder, Kartenliebhaber – hatten wir nur wenig gemeinsam. Unsere familiären Hintergründe waren sehr verschieden (Bland: eine zerrüttete Familie, ich: ein stabiles Elternhaus), wir stammten aus verschiedenen Generationen (Bland aus den turbulenten Sechzigern, ich aus den langweiligen Siebzigern), waren konträr veranlagt (Bland extrem introvertiert, ich stark extrovertiert) und kämpften gegen grundverschiedene Dämonen (Bland suchte die Gefahr, ich hatte Angst, Fehler zu begehen). Je mehr ich von ihm wusste, desto fremder erschien er mir. Ein *Fremder* – das englische Wort *stranger* verbindet sich mit Begriffen aus der Geographie; seine etymologische Wurzel bedeutet »außerhalb der üblichen Bindungen und Grenzen«. Das war Bland: außerhalb meiner Grenzen. Die Suche nach ihm hatte mich in einen Landvermesser verwandelt, der ein unbekanntes und vielleicht nie zu ergründendes Land vermessen muss, und nie konnte ich ganz sicher sein, was ich tat oder wohin ich ging. In den absurdesten Augenblicken fühlte ich mich auf unheimliche Weise einem anderen Landvermesser verbunden – K., dem Helden aus Franz Kafkas *Schloss*, einem Menschen, der »immerfort das Gefühl hat, er verirre sich oder er sei so weit in der Fremde, wie vor ihm noch kein Mensch, einer Fremde, in der selbst die Luft keinen Bestandteil der Heimatluft habe, in der man vor Fremdheit ersticken müsse und in deren unsinnigen Verlockungen man doch nichts tun könne als weitergehen, weiter sich verirren«.

KAPITEL 8

Pfadfinder

Wortlosigkeit gleicht einer Wildnis. Oft genug bin ich durch sie hindurchgetrottet bei dem Versuch, Gilbert Blands Welt auf eine Karte zu bannen. Sie war da nach jedem Brief, den ich ihm schickte, war da, wenn ich an seine Anwälte schrieb, wenn ich an seine Frau schrieb, und wenn ich all diesen Briefen Telefonate hinterherschickte. Sie erstreckte sich vor mir, wüst und abweisend, und machte es mir schwer, die Entfernungen zu messen, die Richtungen einzuschätzen, die Landschaften zu entschlüsseln. Sie war entmutigend, diese Wildnis, und doch seltsam verführerisch. Je öfter ich ihr begegnete, desto entschlossener war ich, sie zu überwinden. Nicht dass ich Gilbert Bland sein Schweigen besonders übel nahm. In einer Zeit, da fast jeder mit fast allem an die Öffentlichkeit gehen will, empfand ich unwillkürlich Bewunderung für etwas, das so fremd war, dass es fast exotisch wirkte. Manchmal, wenn es sich wie der Sand aus den Wüsten Arabiens ausbreitete und alles darunter Liegende verdeckte, fand ich es fast atemberaubend. Aber schließlich musste ich doch der Tatsache ins Auge sehen, dass es keine Fata Morgana war, dass es nicht verschwinden würde und dass es, wenn ich es nicht bezwang, mich bezwingen würde.

Merkwürdigerweise war es der Kartendieb selbst, der mir ungewollt zeigte, wie ich vorgehen musste. Ich hatte allmählich den Eindruck gewonnen, dass Gilbert Bland, wenn er all diese Bücher zerschnitt, nicht nur Papier herauslöste, sondern auch Geschichten, hunderte von uralten Geschichten über Entdecker

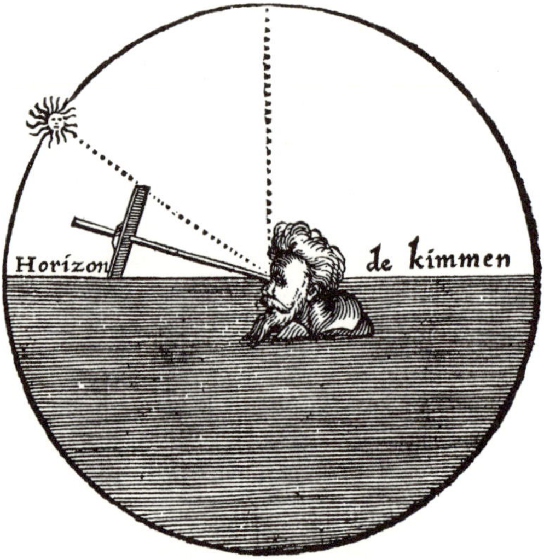

Eine Illustration aus Willem Janszoon Blaeu,
The Light of Navigation, *auf der gezeigt wird,*
wie man mit Hilfe eines Jakobsstabs
den Breitengrad bestimmt.

und Wissenschaftler und Landvermesser, über Könige und Königinnen und Kartographen, deren Lebensläufe so fest und unauslöschlich wie Druckerschwärze auf diese Karten gepresst waren, Geschichten, die sich in meiner Vorstellung langsam mit der Geschichte des Kartendiebs verwoben. Und so begann ich mit den Toten zu reden, auf der Suche nach einem Führer, nach jemandem, dessen Vergangenheit meine Reise durch die dunkle Wildnis der Gegenwart erhellen würde. Endlich wählte ich einen Mann, der dafür berühmt geworden war, dass er sich einen Weg durch Landstriche bahnte, die, wie er selbst einmal sagte, »zum Reisen besonders ungeeignet sind«. Man nannte ihn den Pfadfinder.

John Charles Frémont hat wahrscheinlich mehr als jeder andere Entdecker des 19. Jahrhunderts dazu beigetragen, den amerikanischen Westen bekannt zu machen. Frémont erwarb sich seinen berühmten Beinamen, als er sein Armeekorps auf topographische Expeditionen führte, bei denen kaum bekannte Gegenden im Westen vermessen und aufgezeichnet werden sollten. Seine veröffentlichten Reiseberichte machten ihn landesweit berühmt. Die Historiker betonen gern, dass der Pfadfinder in Wirklichkeit nicht viele Pfade gefunden hat. Der Pulitzerpreisträger Bernard DeVoto zum Beispiel behauptet, dass Frémont »weiter kaum etwas Bedeutendes geleistet hat als die Längen- und Breitengrade vieler Orte zu bestimmen, die die Menschen in den Bergen [bereits] kannten«. (Ganz zu schweigen von den Ureinwohnern Amerikas.) Das stimmt freilich – aber diese Sichtweise vernachlässigt einen wichtigen Punkt. Der Pfadfinder begriff, dass allein derjenige eine Wildnis wirklich erobert hat, der nicht nur selbst darin überlebt, sondern sie für andere erschließt. Seine Karten – meist erstellt mit oder von dem begabten Kartographen Charles Preuss, der ihn auf zahlreichen Expeditionen begleitet hat – lösten eine der größten Völkerwanderungen in der amerikanischen Geschichte aus. Weit verbreitet war Preuss'/Frémonts Karte mit dem *Bericht der Forschungsexpedition in die Rocky Mountains* aus dem Jahr 1845. Da sie zum ersten Mal ein zusammenhängendes Bild des Kontinents von Kansas City bis zur Pazifikküste bot, spielte sie für all jene, die Frémont in dieses Land folgten – Eisenbahnbauer, Siedler und Goldsucher – eine lebenswichtige Rolle. »Diese Karte … änderte das kartographische Bild des Westens gründlich und dauerhaft«, schreibt Carl I. Wheat in *Mapping the Transmississippi West*. »Natürlich gab es ein paar Rückschläge, aber seit Frémonts zuverlässige Karte und der dazugehörige Bericht in Tausenderauflagen gedruckt wurden, gab es keine vernünftige Entschuldigung für einen Kartographen, die wichtigsten geographischen Eigenschaften des Westens nicht richtig wiederzugeben.«

Frémonts Regeln für das Erstellen einer Karte waren einfach. Einmal gab er folgende Anleitung, wie man »die Ergebnisse einer mühsamen Reise durch wildes Land auf ein kleines Blatt Papier bannt und ihnen einen dauerhaften Platz auf dem Antlitz der Welt gibt«:

> Erst muss man durch Felduntersuchungen die Grundlagen schaffen, dann die Längen- und Breitengrade errechnen und diese auf die Karte projizieren; dann werden die durch Beobachtung gewonnenen Positionen festgelegt, und schließlich trägt man entsprechend den angefertigten Skizzen den Verlauf der Flüsse, die Form der Seen und die Umrisse der Berge ein.

Ich fragte mich, ob diese einfache Formel zum kartographischen Erfassen unbekannten Landes auch funktionierte, wenn man ein unbekanntes Leben nachzeichnen wollte. Inzwischen wusste ich genau, was Frémont mit einer »mühsamen Reise durch wildes Land« meinte. Ich hatte bergeweise Zeitungs- und Zeitschriftenartikel zu diesem Fall gesammelt, dutzende von Personen interviewt, die mit Bland zu tun gehabt hatten, war seinen Raubzug zum großen Teil nachgewandert und hatte hunderte von Auszügen aus öffentlichen Akten zu seiner persönlichen, finanziellen und kriminellen Geschichte zusammengetragen. Die Felduntersuchungen waren fast abgeschlossen. Nun hieß es, »die durch Beobachtung gewonnenen Positionen festzulegen«.

Auch hier ließ ich mich vom Pfadfinder inspirieren. Frémont und Preuss hatten keine Hemmungen, auf ihren Karten riesige weiße Flächen stehen zu lassen. Sie erkannten, dass eine einzelne Karte nicht alles über einen Ort aussagen kann, und so entschieden sie sich, vorsichtshalber nur die aus eigenen Beobachtungen stammenden Informationen einzutragen. Dennoch machten sie Fehler. Auf einer Karte verbanden sie den Großen Salzsee und den Utah-See zu einer einzigen Wasserfläche. Auf einer anderen vermittelten sie den falschen Eindruck, dass das innere Becken des heutigen Nevada von Bergketten umgeben sei. Auch wenn alle Messungen gemacht sind, bleibt immer noch einiges zu klären. Der Pfadfinder brachte mich auf die Idee, beim Erkennen von Wendepunkten in Blands Leben meinem Instinkt zu vertrauen – und die leeren Flächen stehen zu lassen.

So machte ich mich daran, meine Karte zu zeichnen, und ich begann mit zwei Koordinaten, die zeitlich nah beieinander lagen, aber durch eine halbe Welt getrennt waren.

40,40° nördlicher Breite, 74,06° westlicher Länge; 17. Juni 1968

Um 22.55 Uhr nahm die Polizei in Bayonne, New Jersey, einen dünnen, rothaarigen Jungen aus dem nahen Ridgefield Park fest, weil er sich im Besitz eines gestohlenen Kraftfahrzeugs befand. Er war 18 Jahre alt, sah aber zwei oder drei Jahre jünger aus. Das heute verblasste Foto zeigt ihn mit verkniffener, finsterer Miene und einer den Beatles nachempfundenen Mähne. Aus seinen Augen sprach weniger Furcht oder Wut als vielmehr Benommenheit, als blickte er durch die Kamera hindurch statt auf sie, als versuchte er, sich aus dieser Polizeiwache hinauszuträumen.

Er war in einer brenzligen Lage. 1968 konnte New Jersey für den Besitz eines gestohlenen Kraftfahrzeugs als Höchststrafe 5000 Dollar und zehn Jahre Gefängnis verhängen – keine schöne Aussicht für einen Jungen, der gerade die High-School abgeschlossen hatte. Andererseits war der junge Gilbert Bland offenbar üble Situationen gewöhnt. Er war 1949 in Indianapolis geboren, wo sein Vater Gilbert Lee Joseph Bland (auf der Geburtsurkunde des Jungen als Bäcker aufgeführt) und seine Mutter, die 19-jährige, in New Jersey beheimatete Julia Patricia Bland in einem winzigen, eingeschossigen Haus im Schatten einer Gießerei von International Harvester wohnten. Heute liegt dieses Haus in einer düsteren Arbeitersiedlung, gleich in der Nähe von Ron & Deb's Tobacco Outlet und dem Paradise Cove, einem selbst ernannten »Gentleman's Club«. Welches Glück seine Eltern auch immer dort gefunden haben mochten – es währte nicht lange. Das Paar trennte sich, als Bland gerade drei Jahre alt war, so berichtete Blands Anwalt in einem späteren Fall. Etwa zwei Jahre später, 1954, reichte der Vater die Scheidung ein. Nachdem Julia Bland dreimal nicht vor Gericht erschienen war, entschied das Landgericht in Marion, dass »die Behauptungen der Klageschrift, welche die vorgeschriebenen Scheidungsgründe geltend machen, zutreffen«. Die erhaltenen Gerichtsprotokolle führen die genauere Beschaffenheit dieser Scheidungsgründe nicht auf. Aber wie es auch immer gewesen sein mag, Julia Bland bekam das Sorgerecht für den Jungen, zog mit ihm heim nach New Jersey und heiratete irgendwann wieder.

Zum Zeitpunkt seiner Festnahme lebte der Junge in Ridgefield Park, einer Vorstadt von New York am Ufer des Hackensack, einer hübschen Stadt mit baumbestandenen Straßen, malerischen Schiefertrottoirs und einer der längsten Aufmarschstraßen für die Parade zum Unabhängigkeitstag. Doch Blands Leben dort schien alles andere als ein amerikanischer Traum gewesen zu sein. Der zweite Mann seiner Mutter »hat ihn verbal und körperlich misshandelt«, berichtete ein Anwalt bei einer späteren Verhandlung. Doch wie unangenehm sein Leben zu Hause auch sein mochte, es erschien ihm bestimmt nicht schlimmer als die Aussicht aufs Gefängnis. Ich kann mir nicht vorstellen, dass er während dieser Nacht in der Untersuchungshaft besonders gut geschlafen hat.

Aber anderntags gewährte das Stadtgericht von Bayonne Bland eine glückliche Verschnaufpause – die erste von vielen in seinem Umgang mit dem Gesetz. Die Vertreter der Anklage änderten die Anklage in ein geringfügigeres Vergehen: unrechtmäßige Wegnahme eines Kraftfahrzeugs. Er wurde schuldig gesprochen und musste 100 Dollar Strafe zahlen. Nachdem man ihm seine persönliche Habe abgenommen hatte – 1,25 Dollar in bar, Schlüssel, eine Armbanduhr und einen Kamm –, verließ Gilbert Bland als freier Mann das Gerichtsgebäude.

Wie hat er es fertig gebracht, mit einer so leichten Strafe davonzukommen? Dies ist eine der Stellen, wo ich das Gelände für den Entwurf meiner Karte nur schwer erkennen kann. Die offiziellen Protokolle sagen nicht, warum ihm ein geringfügigeres Vergehen vorgeworfen wurde, und als ich Richter a. D. Harvey L. Birne aufsuchte, der damals auf dem Richterstuhl gesessen hatte, erinnerte er sich nicht an den Fall oder den Angeklagten. »Das ist mehr als 30 Jahre her«, seufzte Birne, der heute als Anwalt für Zivilrecht arbeitet.

Doch er riskierte eine Vermutung, was geschehen war: »Wenn man die Absicht zu stehlen nicht eindeutig nachweisen konnte – wenn es nur unbefugter Gebrauch eines Fahrzeugs war oder nur das Auto eines Freundes entwendet wurde –, dann stufte man das Vergehen gewöhnlich niedriger ein. Bei einem regelrechten Diebstahl wäre dies nach meiner Erfahrung nicht möglich gewesen … Das Urteil wirkt sehr mild. Vermutlich war es ein geringfügiges Vergehen und die strafbare Handlung einer nicht vorbestraften Person.«

Das klingt glaubwürdig. Dennoch kann ich nicht umhin, mich zu fragen, ob sich an jenem Tag vor Gericht nicht etwas ganz anderes abgespielt haben könnte, etwas, das sich auf Blands Leben dauerhaft auswirken sollte. Mein Verdacht gründet sich auf eine einzige aufregende Tatsache: Eine gute Woche, nachdem Gilbert Bland das Gefängnis von Bayonne verlassen hatte, erschien er in Fort Dix, New Jersey, zwecks Eintritts in die US-Army. Mag sein, dass diese beiden Ereignisse nichts miteinander zu tun haben – aber vielleicht doch. Aus polizeilichen Quellen in New Jersey erfuhr ich, dass während des Vietnamkrieges manche Bezirksanwälte und Richter jungen Angeklagten einen Handel vorschlugen. Der lautete etwa so: »Bürschchen, du sitzt deine Zeit so oder so ab. Du kannst sie in einem Gefängnis absitzen und deine Jugend verplempern, oder du kannst zum Militär gehen und dein Land verteidigen. Du hast die Wahl: Geh zur Army oder geh ins Gefängnis.«

Wurde Bland solch ein Handel angeboten? Nach einer Quelle, die ihn früher kannte, scheint es so gewesen zu sein. Aus dieser Quelle, die nur mit mir sprechen wollte, wenn sie anonym blieb, erfuhr ich, Bland habe selbst immer wieder behauptet, eine drohende Gefängnisstrafe habe ihn zur Army getrieben. Eine weitere – wenn auch nicht unbedingt überzeugende – Bestätigung dieser Version findet sich in den Regierungsunterlagen. Das Zivilrecht verbietet zwar dem Militär, bekannt zu geben, ob ein Soldat sich freiwillig gemeldet hat oder eingezogen wurde, doch Blands Anwälte behaupteten bei einer späteren Verhandlung, ihr Klient habe sich freiwillig zur Army gemeldet. Auch Blands Militärnummer, die ich aus Polizeiberichten habe, weist darauf hin, dass er sich freiwillig gemeldet hat. Doch die Vorstellung von einem übereifrigen Gilbert Bland, der aus Vaterlandsliebe zum Militär geht, passt für meine Begriffe nicht zu seinem Wesen. Er scheint nie ein Mitläufer irgendwelcher Art gewesen zu sein, schon gar nicht bei dem Horror von Vietnam, und seine politischen Ansichten tendierten entschieden nach links, sagen Menschen, die ihn früher gekannt haben. Es ist wahrscheinlicher, dass er genötigt war, sich zu melden, sei es aus wirtschaftlichen, familiären oder juristischen Gründen.

Richter Birne kann sich an einen Deal mit Bland oder anderen, wo der Militärdienst als Alternative zum Gefängnis angeboten worden wäre, nicht erinnern – »nicht dass ich gegen diesen Vorschlag etwas einzuwenden hätte«. Wenn es eine besondere Behandlung gegeben habe, meint er, so vielleicht deshalb, weil Bland sich schon bei der Army verpflichtet hatte, als er vor Gericht erschien. »Wenn wir wussten, dass er [zum Militär] geht«, erklärte Birne, »dann haben wir möglicherweise das Strafmaß gemildert und ihn gehen lassen.«

Aber gleichgültig, ob ihn diese Episode direkt zum Militär führte oder nicht, sie scheint entscheidend für Bland gewesen zu sein. Er war zum ersten Mal in Haft und hatte eine wichtige Lektion gelernt, nämlich, wie er das Gesetz zu seinem Vorteil manipulieren konnte. Das sollte er nie mehr vergessen. Eine zweite wichtige Lektion jedoch hatte er nicht gelernt: Er ließ sich nicht davon abbringen, Dinge zu stehlen.

Eben jetzt fährt mein Finger über eines jener Dinge (oder zumindest eine Reproduktion davon), betitelt: *Karte zur Illustration einer Forschungsreise in das Land zwischen Missouri und Rocky Mountains, entlang dem Nebraska oder Platte River. Von Lieut. J. C. Frémont, Corps of Topographical Engineers.* Der Pfadfinder hat sie mit Preuss' Hilfe gezeichnet, als Illustration zu dem Bericht über seine Reise von 1842, seine erste große Expedition in den Westen. Leicht folgt meine Fingerspitze dem Verlauf dieser Reise, beginnt mit der Stelle, wo sich im heutigen Nebraska der nördliche und der südliche Flussarm des Platte River treffen, gleitet westwärts nach Fort Laramie im heutigen Wyoming und weiter zum South Pass, auf der Hauptroute des Oregon Trail durch die Rockies. Von dort lasse ich meinen Finger nach Norden laufen, in den Gebirgszug Wind River Range, der mit dramatischen Schraffierungen als Relief dargestellt ist. Hier beendete Frémont die westlichste Etappe seiner Reise mit einem für ihn typischen Bravourakt, indem er den (wie er befand) »höchsten Berg der Rocky Mountains« bestieg und auf den Gipfel eine extra hierfür entworfene amerikanische Flagge pflanzte. Der Berg sollte sich zwar nicht annähernd als der höchste herausstellen, aber die symbolische Geste hatte dennoch Bedeutung. Der Aufstieg machte den Namen des Pfadfinders zu einem Begriff.

Doch nicht Frémonts Heldentaten sind der Grund, warum

ich mich jetzt über diese Karte beuge. Eher im Gegenteil. Ich bewege meinen Finger nach Süden, dann nach Osten, folge der Expedition auf ihrem Rückweg und suche nach einer Stelle, wo sich die Persönlichkeit des Pfadfinders von einer dunklen, selbstzerstörerischen Seite zeigte, einer Stelle, die genau der entspricht, die ich in meiner Karte von Gilbert Bland einzeichnen will. Ja, da ist sie schon – genau da, wo der Sweetwater River und der nördliche Arm des Platte River zusammentreffen, etwas südwestlich vom heutigen Casper, Wyoming. Bemühen Sie sich nicht – auf modernen Karten existiert diese Stelle nicht mehr. An ihrer statt befindet sich nun ein Etwas namens »Pathfinder Reservoir« – eine eigenartige, zwiefache Hommage an John Charles Frémont, die einerseits an seine Leistungen erinnert und andererseits den Schauplatz einer seiner größten Dummheiten buchstäblich fortgewaschen hat. Hier tat Frémont etwas »Dummes« und »Tollkühnes« (das sind Preuss' Worte), das nicht nur den Erfolg seiner Expedition gefährdete, sondern seine ganze Zukunft.

Denn dies ist der zweite Grund, warum ich den Pfadfinder zum Führer wählte: Er erinnerte mich häufig an Bland. Nicht so sehr wegen ähnlicher Wesenszüge als wegen einer gemeinsamen Leere, eines emotionalen Vakuums, das anscheinend beide Männer ihr Leben lang auszufüllen versucht hatten. Frémont stammte wie Bland aus einem zerrütteten Zuhause und verlor früh den Vater. Der Pfadfinder war das uneheliche Kind einer verheirateten Dame aus besseren Kreisen in Virginia und ihres Geliebten, des geheimnisvollen Charles Fremon, der unterschiedlichen Berichten zufolge Französisch unterrichtete, Fechtstunden gab, als »Tanzmeister« tätig war und/oder »gelegentlich Polsterarbeiten« verrichtete. Fremon lief mit der Mutter des Jungen davon, ließ sie entehrt und ohne einen Pfennig sitzen und starb, als John Charles erst fünf Jahre alt war. Bald darauf begann sich dieser Knabe – wie Bland – mit Phantasiegeschöpfen zu beschäftigen. Schon früh im Leben erschuf er sich selbst neu, indem er seinem Namen ein »t« anhängte und auf das »e« einen

Akzent setzte. »Niemand weiß, warum«, schreibt John Moring in *Men with Sand: Great Explorers of the North American West.*

Andrew Rolle, Verfasser von *John Charles Frémont: Character as Destiny*, wollte hierauf unbedingt eine Antwort finden. In seiner 1991 geschriebenen Biographie bediente sich Rolle »psychiatrischer Betrachtungsweisen ..., um den Mann besser zu verstehen«. Er schrieb das Verhalten des erwachsenen Pfadfinders hauptsächlich einem »beeinträchtigten Selbstwertgefühl« zu, als Folge der Trennung von seinem Vater. »Da Frémonts prägende Kindheitsjahre von langen Schatten verdunkelt waren«, folgerte Rolle, »formte er ein Bild von sich, das sich größtenteils auf Phantasie gründete.«

Dieses Bild war natürlich das eines kühnen Abenteurers. Doch das private Verhalten des Pfadfinders wich erstaunlich davon ab. »Frémonts Zeitgenossen«, schrieb Rolle, »benutzten oft Begriffe wie *verbindlich (bland)*, *gentlemanlike*, *ruhig*, *zurückhaltend*, wenn sie von ihm sprachen – selbst auf den Expeditionen.« Die Kursivsetzung stammt von Rolle – aber die Wörter klingen genau wie jene, mit denen der Kartendieb wiederholt beschrieben wurde. Und wie Bland war Frémont ein Einzelgänger mit einer entschiedenen Abneigung gegen Autoritäten, was ihn oft dazu verführte, Regeln zu verletzen.

In einem wichtigen Punkt jedoch waren Frémont und Bland total gegensätzlich: Das Leben des Pfadfinders verlief ebenso Aufsehen erregend wie das des Kartendiebs leise und anonym. Aber auch dies machte ich mir zu Nutze. Ich überlegte, dass mir Frémont wie jeder wirklich gute Reiseführer auch als Dolmetscher dienen sollte. Ich begann sein Leben zu studieren, in der Hoffnung, dadurch den richtigen Blick für Blands Leben zu bekommen. Dieser Prozess, der Wochen in Anspruch nahm, hat mich dorthin geführt, wo ich jetzt sitze, an meinen Schreibtisch, wo ich wieder dem seltsamen Gesang einer alten Karte lausche und mit dem Finger auf eine Stelle zeige, die es nicht mehr gibt.

Genau hier beschloss Frémont am 24. August 1842 in einem Anfall »rücksichtslosen Ungestüms«, wie es sein Biograph Allan

Nevins nennt, die kostbaren Aufzeichnungen und Ausrüstungsgegenstände der Expedition in ein Schlauchboot zu laden und ohne irgendwelche vorherigen Erkundigungen die reißenden Stromschnellen des Platte River hinunterzufahren. Der Pfadfinder hatte nur eine äußerst dürftige wissenschaftliche Rechtfertigung für dieses Unterfangen, er schien hauptsächlich am Nervenkitzel interessiert. Und den fand er. Er stieß mit fünf anderen Männern vom Ufer ab – drei von ihnen konnten nicht schwimmen – und wurde bald ohne Steuerungsmöglichkeit flussabwärts gerissen. An einer Stelle watete Charles Preuss mit dem Chronometer der Expedition an Land und versuchte das kostbare Instrument zur Längengradmessung zu Fuß in Sicherheit zu bringen. Doch da er die Felsen nicht überwinden konnte, musste der Kartograph wieder ins Boot steigen, das sich jetzt in einer noch gefährlicheren Lage befand. »Zurück konnten wir nicht mehr«, schrieb Frémont im Expeditionsbericht, »der Katarakt vor uns war eine schäumende Fläche, und das Wasser, in der Kluft gefangen durch die Felsen, welche sich an manchen Stellen über unseren Köpfen zu berühren schienen, brüllte ohrenbetäubend... Wir umschifften einen Felsen nach dem anderen und schossen einen Wasserfall nach dem anderen hinunter, und unser kleines Boot schien mit dem Katarakt zu spielen.«

Da erhob sich ein weiterer Felsen vor ihnen, den Blicken durch den Schaum entzogen. Dies war der Unsichtbare, der den Namen des Pfadfinders tragen sollte, der das Boot hochwerfen, Frémont und seine Männer beinahe töten und ihnen den Sextanten, das große Teleskop, zwei Kompasse, nahezu alle Nahrung und Kleidung sowie ein Tagebuch mit wichtigen Wetter- und Kartographiedaten rauben sollte. Aber er hätte größeres Unheil anrichten können, dieser letzte Fels. Er schonte nicht nur Frémonts Leben, sondern auch die meisten wissenschaftlichen Aufzeichnungen. Wären diese Beobachtungen in dem tosenden Wasser verschwunden, so wäre mit ihnen wahrscheinlich auch Frémonts Karriere untergegangen. Doch während der Pfadfinder sich diesem Unterwasserfelsen näherte, dachte er nicht an

Ausschnitt aus der Titelseite eines Atlanten von Pieter van den Keere, 1617.

mögliche Gefahren. Wenn er später von diesem Ereignis sprach, erinnerte er sich nur an das herrliche Gefühl, »siegreich dahinzuschießen, Arm in Arm mit der Gefahr«.

Vermutlich durchschauerte Gilbert Bland ein ähnliches Gefühl, als er sich aus der Bibliothek der University of Rochester schlich, laut FBI ein gestohlenes Exemplar ebendieser Karte von Frémont und Preuss bei sich. Dieser Vorfall soll sich am 10. Oktober 1994 ereignet haben, ziemlich zu Anfang seines Beutezugs. Aber vielleicht hatte er wie der Pfadfinder auf jenem Fluss vor 152 Jahren bereits das Gefühl, dass er nicht mehr zurückkonnte. Und vielleicht verzehrte er sich genau danach: von einem übermächtigen Fluss in rasender Geschwindigkeit fortgerissen zu werden, sich an jeder Biegung einer Katastrophe zu nähern, sein Glück herauszufordern, sich intensiv am Leben zu fühlen. *Sieg-*

reich dahinzuschießen, Arm in Arm mit der Gefahr – wir alle haben diese besondere Lust irgendwann einmal erlebt. Die einen finden sie beim Klettern, beim Fallschirmspringen, beim Bungeespringen oder anderen Sportarten, bei denen wir mit unserem eigenen Begräbnis liebäugeln können, und andere suchen sie in gewöhnlicheren Beschäftigungen, rasen auf der Autobahn, sausen mit der Achterbahn in die Luft, wetten bei Pferderennen oder begehen Ehebruch. Aber während die meisten von uns nur ab und zu eine Kostprobe der Gefahr brauchen, sind andere süchtig nach ihr. Der Pfadfinder zum Beispiel schien aus dem gerade noch glimpflich abgelaufenen Unfall auf dem Platte River nichts gelernt zu haben. Wieder und wieder suchte er ähnliche Situationen, im Beruf (1848 bestand er darauf, die Rockies mitten im Winter zu überqueren; das kostete zehn Menschen das Leben und zwang andere zum Kannibalismus) wie auch privat (infolge seiner Immobilienspekulationen und anderer riskanter Unternehmungen starb er 1890 völlig verarmt). Wieder führt sein Biograph Andrew Rolle sein Verhalten auf den Verlust des Vaters in der Kindheit zurück:

> Da er keine fürsorglichen Eltern gehabt hatte, die seine Bedürfnisse verstanden, handelte Frémont, wie wir gesehen haben, wiederholt so, als wolle er seine uneheliche Herkunft und das Fehlen einer heilen Familie in der Kindheit wettmachen… Kinderpsychologen haben nach der Untersuchung hunderter von Patienten ein unverarbeitetes Gefühl des Verlassenseins nachgewiesen, das vom Verlust eines Elternteils in der Kindheit herrührt. Diese modernen Mediziner haben festgestellt, dass sich bei solchen Patienten eine ernsthafte emotionale Beeinträchtigung oft durch das ganze Leben zieht.

Neuere Erkenntnisse bezüglich früher Trennungen und Verluste sind also entscheidend für das Verständnis eines später scheinbar unerklärlichen Verhaltens, das oft eine verhüllte Wiederholung früher Trauer ist. In solchen Fällen findet sich häufig ein heftiger Widerstand gegen Autoritäten. Möglicherweise versuchen Menschen, die sich immer wieder gefährlichen Situationen aussetzen, sich seelisch einen Weg zu einem ungelösten Konflikt zurückzubahnen.

Ich habe zwar keine Ahnung, ob Rolle den Pfadfinder richtig beurteilt hat, doch ich bin immer misstrauisch, wenn ein Schriftsteller sich bei seinem Thema allzu sehr auf populärpsychologische Verallgemeinerungen verlässt. Und da ich auf dem Gebiet der Seele absolut kein Fachmann bin, will und kann ich zu Bland keine derartigen Pauschalurteile abgeben. Meine einzige sichere Folgerung lautet, dass auch er einen selbstzerstörerischen Hang zur Gefahr besaß, und dies schon seit langem. Vielleicht schon 1968 in jener Sommernacht in Bayonne. Wenn ja, hätte er wieder etwas mit John Charles Frémont gemeinsam – auch der war mit 18 in Schwierigkeiten geraten, als er aus dem College flog wegen »notorisch unvorschriftsmäßigem Verhalten und unverbesserlicher Fahrlässigkeit«. Anschließend gingen sowohl Frémont wie Bland zum Militär, wo beide auf Grund ihrer speziellen Begabung Aufgaben im technischen Bereich zugewiesen bekamen, und von wo sie schließlich unehrenhaft entlassen wurden (Frémont schied nach einer Verhandlung vor dem Kriegsgericht aus dem Dienst, bei der er wegen »Meuterei, Ungehorsam und Disziplinlosigkeit« verurteilt worden war). Doch lange vorher begaben sich beide Männer an Orte, die ihr Leben verändern sollten – an Orte »voll seltsamer Vorfälle und Begebenheiten«, wie Frémont sagte. Beim Pfadfinder war dieser Ort natürlich der amerikanische Westen. Beim Kartendieb handelte es sich um eine ganz andere Wildnis.

13,46° nördlicher Breite, 109,14° östlicher Länge; 4. Mai 1969

So beginnt Michael Herrs wichtiges Buch über den Vietnamkrieg, *An die Hölle verraten*:

> Eine Karte von Vietnam hing in meiner Wohnung in Saigon an der Wand, und wenn ich manchmal abends spät in die Stadt zurückkam, legte ich mich bloß auf mein Bett und sah sie mir an, zu müde, um noch irgendwas zu machen, als gerade mal die Stiefel auszuziehen. Diese Landkarte war was Fabelhaftes, besonders jetzt, wo sie nicht mehr stimmte. Denn erst mal war sie sehr alt. Sie war Jahre zuvor von einem anderen Mieter zurückgelassen worden, wahrscheinlich einem Franzosen, denn die Karte war in Paris gedruckt. Das Papier hatte sich in seinem Rahmen nach Jahren feuchter Saigoner Hitze gewellt, was eine Art Schleier über die Länder legte, die drauf abgebildet waren. Vietnam war in seine älteren Gebiete Tonkin, Annam und Kotschinchina eingeteilt, und westlich von Laos und Kambodscha lag Siam, ein Königreich. Die ist alt, erklärte ich Besuchern, das ist 'ne wirklich alte Karte.
> Wenn tote Erde wieder aufstehen und dich heimsuchen könnte wie Tote, dann hätten sie meine Karte als AKTUELL bezeichnen und die verbrennen können, die sie seit 64 benutzen, aber verlass dich drauf, so was sollte nicht geschehen. Es war jetzt Ende 67, auch die detailliertesten Karten verrieten nicht mehr viel: sie zu lesen, war wie der Versuch, in Vietnamesengesichtern zu lesen, und das war wie der Versuch, im Wind zu lesen. Wir wussten … dass es jetzt jahrelang hier kein Land mehr gegeben hatte, nur den Krieg.

Ich dachte oft über diese Worte nach, als auch ich im Bett lag und versuchte, Vietnam zu verstehen – oder zumindest die Vietnamerfahrungen eines gewissen Obergefreiten Bland. Wie bei Michael Herr gab es die Gegend, die ich auf meiner Karte einzeichnen wollte, in Wirklichkeit gar nicht mehr. Es war ein Land, wo kein Verlass mehr war auf handfeste Fakten und wo normale Regeln nicht galten, wo ein Mensch als eine bestimmte Person auftrat und als eine völlig andere wieder verschwand. Wie sollte ich hoffen, Blands Leben zu verstehen in einem Land, das kein

Land war, sondern ein Krieg? Es war, mit Herrs Worten, als versuche man, im Wind zu lesen. Und doch musste ich es versuchen. Der Vietnamkrieg hatte gewaltige Auswirkungen auf alle, die daran teilgenommen hatten – aber auf Bland warf er einen besonders riesigen Schatten. Zumindest argumentierte so sein Anwalt, als er über ein Vierteljahrhundert später vor einem Bundesgericht geltend machte, Blands Serie von Kartendiebstählen habe ihren Ursprung im Krieg. Der Anwalt Paul R. Thomson jr. behauptete, bei seinem Klienten finde sich »ein vorwiegend durch Depressionen ausgelöstes Problemverhalten, weit verbreitet bei posttraumatischer Belastungsreaktion«. Nicht dass Thomson bereit gewesen wäre, mir Einzelheiten mitzuteilen. Wie gewöhnlich orientierte ich mich in dieser fremden Umgebung durch ungefähre Berechnung.

Die Marines brauchen ein paar gute Männer. Das Army Signal Corps braucht ein paar kluge. Das Signal Corps ist zuständig für den Militärfernmeldedienst, ein anspruchsvoller Aufgabenbereich, der so alt ist wie der Krieg selbst. In alten Zeiten benutzten die Heere Trommeln, Glocken, Banner und Flaggen, um Nachrichten zu übermitteln, spätere Militärs nahmen Lampen, Pistolen, pyrotechnische Hilfsmittel und Brieftauben, dann den Telegraphen, den Fernschreiber, das Radio, das Radar und das Telefon. Zur Zeit von Vietnam war das Army Signal Corps »den kommerziellen Telefongesellschaften jener Zeit eigentlich voraus. Es benutzte als Erstes Satelliten zur Kommunikation«, erzählte mir John D. Bergen, ein Fachmann in Sachen Signal Corps.

Um dieses hochmoderne System einsetzen zu können, brauchte die Army außergewöhnlich intelligente Soldaten. Die fand sie unter den Rekruten, die mit Hilfe von Tests auf ihre Intelligenz und ihr technisches Geschick hin geprüft wurden. »Es war das militärische Äquivalent zu den College Boards. Und die mit den besten Noten kamen in diesen Tätigkeitsbereich«, erklärte Bergen in seinem Buch *Military Communications: A Test for Technology* über die Geschichte des Signal Corps in Vietnam.

Gilbert Bland schloss bei diesen Tests offenbar so gut ab, dass man ihm anbot, ins Signal Corps einzutreten und nach der Grundausbildung eine Spezialschulung zu durchlaufen. Er sagte Ja – vielleicht, weil das Angebot mit einem Zusatzköder versehen war. Joseph Zottarelli jr., der in derselben Kompanie diente wie Bland, erinnerte sich, er habe »beim Eintritt jede Menge Zeug von den Personalfeldwebeln gekriegt: ›Jetzt mach mal [den Test], dann brauchst du nicht nach Vietnam. Dann gehst du wahrscheinlich nach Deutschland.‹« Aber kaum war Zottarelli in Fort Monmouth, New Jersey, angekommen – dem Ort, an dem auch Bland seine elektrotechnische Ausbildung erhielt –, merkte er schnell, dass »fast die ganze Ausrüstung, mit der wir umzugehen lernten, in Vietnam war … Ich glaube, 90 Prozent von den Jungs, die die Signal School abschlossen, gingen dorthin.«

Bland war dabei. Seine Militärakte zeigt, dass er am 4. Mai 1969 in Vietnam ankam und ein Jahr dort blieb. »Sie brachten die Jungens in normalen Flugzeugen hinüber«, erinnerte sich Zottarelli, der einige Monate nach Bland eintraf. »Und wenn man den Flieger verließ, hieß es: ›Schickt euch, verschwindet, das Flugzeug muss wieder abheben.‹ Sie wollten es nicht zu lang am Boden lassen, sonst bekam es Minenwerfer und Raketenfeuer ab. Man kam also ins Land und fragte sich, was zum Teufel ist hier eigentlich los?«

Bland kann dort nicht glücklich gewesen sein. Aber er muss gewusst haben, dass die meisten Soldaten in Vietnam viel schlimmere Jobs hatten. Er war dem 361. Fernmeldebataillon zugeteilt, seine offizielle Postadresse lautete Qui Nhon; das war ein ehemaliges Fischerstädtchen, das die US-Truppen in eine wuselnde Hafenstadt mit einem Flottenstützpunkt und einem Truppenstandort verwandelt hatten – eine durch den Krieg so verkommene Stadt, dass der Bürgermeister, wie es hieß, seinen Amtssitz in einen Massagesalon für amerikanische Soldaten umgewandelt hatte. Doch es ist unklar, ob oder wie lang Bland tatsächlich in

Qui Nhon lebte. Seine Personalakte deutet an, das er möglicherweise an mindestens einen anderen Ort versetzt wurde. Das war nicht ungewöhnlich für Mitglieder des 361. Bataillons, die auf kleine Außenposten verteilt waren, um Fernmeldeverbindungen im ganzen Land herzustellen. Diese »Peilstationen« bestanden normalerweise aus zwei einstöckigen Containern voller Elektronik, umstellt von riesigen Parabolantennen. Manche lagen am Rand riesiger Militäranlagen, andere in abgeschiedeneren Gegenden. In beiden Fällen war es kein besonders gefährlicher Job.

»Ich wurde wirklich nicht oft beschossen«, berichtete Frank Dapuzzo, der in derselben Kompanie diente wie Bland. »Manchmal warf [der Feind] ein paar Raketen und Minenwerfer herüber – aber glauben Sie mir, es gab viel Schlimmeres als das, was ich durchgemacht habe. Manche, die es wirklich schlimm getroffen hat, fanden, wir hockten auf der Sonnenseite.«

Wie andere aus der Kompanie, mit denen ich gesprochen habe, kann sich auch Dapuzzo nicht mehr an Bland erinnern – was vielleicht weniger mit der Unscheinbarkeit des Kartendiebs zu tun hat als damit, dass die Einheit so weit verstreut war. Dapuzzo zum Beispiel war an einem koreanischen Truppenstandort in Nonh Hoa stationiert und hatte wenig persönlichen Kontakt zu anderen Angehörigen des 361. Bataillons. Doch man kann sicher annehmen, dass Blands tägliches Leben in Vietnam sich von dem der anderen Mitglieder seiner Kompanie nicht wesentlich unterschied. Er arbeitete auf diesen Peilstationen im Nachrichtenkommando, zwölf Stunden Dienst, zwölf Stunden Freizeit, in einem klimatisierten Raum, wo der Hauptfeind wahrscheinlich die Langeweile war, nicht der Vietcong oder der Nordvietnamese.

»1968, 69 war die Umgebung dieser Peilstationen in Vietnam recht zivilisiert, zumindest an den Truppenstandorten«, erzählte mir Bergen. »Die größeren Posten waren meistens an Standorte angegliedert, wo es Gehsteige gab, ein Kaufhaus und ein Schwimmbecken. Das wäre in den Staaten nicht anders gewesen. Andere Horchposten an Orten wie Monkey Mountain vor Da Nang lagen da schon abgeschiedener. Aber wenn die auch kein Kaufhaus hatten und keinen Swimmingpool, so doch Schlafsäle mit Klimaanlage, sauberes Wasser, Generatoren und so Zeug... Die Gefahr bei einem solchen Job, verglichen mit der für einen Infanteristen oder einen Funker bei der Infanterie – das war wie Tag und Nacht.«

Gerald Streett, ein anderes ehemaliges Mitglied von Blands Kompanie, zeichnete ein ähnliches Bild. »Du stehst auf, kontrollierst deine Ausrüstung, erledigst das Nötigste, machst zum Beispiel vor dem Container sauber, überprüfst wie jeden Morgen die Einstellungen deiner Abhörgeräte. Und das ist schon alles... Wenn man ins Kampfgebiet fahren musste, war das geradezu ein toller Job. Es sind nicht gerade lieb gewordene Erinnerungen, aber es gab verdammt noch mal haufenweise schlimmere Stellen, an die es einen verschlagen konnte.«

Der Feind hatte sich nämlich abgewöhnt, auf Streetts Arbeitsplatz am Rand des Luftwaffenstützpunktes Nha Trang zu schießen – und das aus gutem Grund. »Wir hatten doch diese 18 Meter hohen Antennen. Auf denen waren rote Fliegerwarnlichter angebracht, und diese Lichter benützte [der Feind] als Orientierungspunkte für andere Ziele in der Umgebung. Wir saßen am einen Ende des Flugplatzes, und natürlich wusste Charlie [Bezeichnung der GIs für den vietnamesischen Feind] so weit über den Stützpunkt Bescheid, dass er sich sagen konnte: ›Diese Lichter sind das 361. Bataillon; wenn ich mich eine Viertelmeile nach rechts halte, treff ich den und jenen, und eine Achtelmeile weiter links treff ich einen anderen.‹ Nicht dass sie uns geliebt hätten, sie haben nur gedacht: ›Die sind prima, diese Antennen.‹ Die Lichter brannten eben 24 Stunden am Tag. Und so waren wir Charlies bester Freund.«

Nichts in Blands Personalakte deutet darauf hin, dass er Kampfhandlungen direkt miterlebt hat. Seine Auszeichnungen zum Beispiel sind alle nichts sagend, die meisten verraten nur, dass er bestimmte Geschicklichkeitsprüfungen bestanden hat. Es klingt unwahrscheinlich, dass derlei Kriegserlebnisse einen Soldaten für den Rest seines Lebens traumatisieren sollten.

Unwahrscheinlich, ja, aber nicht unmöglich, meint Don R. Catherall, Psychologe und Leiter des Phoenix Institute in Chicago, einer Klinik, die sich auf die Behandlung von posttraumatischen Belastungsreaktionen spezialisiert hat. »Es hat Fälle gegeben, bei denen Menschen in Vietnam anerkanntermaßen unter traumatisierendem Stress litten, obwohl kein traumatisierendes Ereignis im eigentlichen Sinn vorlag, wie zum Beispiel, dass auf sie geschossen wurde oder sie an einem Kampf beteiligt waren«, erklärte Catherall, selbst Vietnamveteran. »Das ganze Land war in einem Zustand, dass ein Mensch dort Dienst tun konnte, ohne kämpfen zu müssen, und sich dennoch nie sicher fühlte. Es gab zahlreiche nicht vorhersehbare Guerillaanschläge und natürlich Terrorismus. Selbst ganz hinten, wo niemand Waffen trug, gab es die Möglichkeit von Raketenangriffen. So ist es möglich, dass manche Soldaten in einem Zustand ständiger innerer Anspannung lebten ... Der Kern des Traumas ist oft ein Gefühl der Hilflosigkeit.«

Dieses Gefühl war auch anderen Angehörigen von Blands Kompanie nicht fremd. »Man greift den Feind nicht richtig an, aber man kann auch nicht weglaufen«, beschreibt Gerald Streett den Dienst an den Stützpunkten.

In seinem Buch über das Signal Corps schreibt John Bergen, das Dasein in den Stützpunkten habe »seine eigenen Gefahren und Schrecken gehabt«, die vielfach davon herrührten, dass man Tag für Tag »in einem fensterlosen Gebäude arbeitete ... und keine Ahnung hatte, was draußen passierte«.

Bei diesen Worten wurde mir schlagartig klar, welch tödlich klaustrophobische Erfahrung es gewesen sein musste, in einem solchen Container gefangen zu sitzen, während draußen, irgendwo in der unsichtbaren Ferne, der Krieg lauerte wie ein riesiges Ungeheuer mit feuerroten Augen. Die Angst vor dem Unbekannten – gehört sie nicht zu den ältesten und furchtbarsten Ängsten des Menschen? Der Wissenschaftler G. Malcolm

Lewis hat sich sogar gefragt, ob nicht eben sie zur Erfindung der Karten geführt hat. Für die Menschen der Frühzeit, schrieb er, mag die Verfertigung einer Karte »denselben Dienst geleistet haben wie das, was die moderne Psychotherapie als Desensibilisierung bezeichnet: die Furcht verringern durch wiederholte Vorführung des Gefürchteten. Vermutlich gefährliche *terrae incognitae* in Kartenform darzustellen, als Erweiterung des bekannten Gebietes, mag durchaus geholfen haben, die Furcht vor der Welt jenseits der eigenen Grenzen zu verringern.«

Sie quält uns noch immer, diese Angst vor dem Dunkel dahinter. »In manchen Fällen reagiert man nicht auf das, was draußen ist, sondern auf das, was man draußen vermutet«, erklärt Catherall in seinem Buch *Back from the Brink: A Family Guide to Overcoming Traumatic Stress.* Es ist also zumindest möglich, dass der Krieg extrem starke Auswirkungen auf Bland hatte. Und sein Kamerad Joseph Zottarelli jr. meinte, die Rückkehr aus Vietnam sei für alle schwierig gewesen, ob sie nun richtig gekämpft hatten oder nicht. »Wir haben alle einen Knacks gekriegt, als wir zurückkamen«, sagte er. »Die ganze Zeit da drüben haben wir alles verpasst, was hier so vor sich ging. Und es hat sich viel verändert in den Staaten. Es hat lange gedauert, bis wir uns wieder zurechtfanden.«

Zu einem hat Gilbert Bland nicht lange gebraucht – wieder mit dem Gesetz in Konflikt zu geraten. Am 20. Oktober 1970, knapp sechs Monate nach seiner Rückkehr aus Vietnam, wurde er in Woodcliff Lake, New Jersey, wegen Fahnenflucht festgenommen. »Wir bekamen einen Anruf, dass in einer Obstplantage ein verdächtiges Gefährt steht. Damals gab es noch viele Obstplantagen«, erinnerte sich der Polizeichef von Woodcliff Lake, Richard Poliey, der damals Streifenpolizist war. »Ich hab den Anruf entgegengenommen. Ich ging der Sache nach und fand einen Weißen, der später als Gilbert A. Bland identifiziert wurde.«

Poliey erinnerte sich, dass Bland »irgendwie ramponiert wirkte. Er passte nicht in die Gegend. Ich tippte auf Trunkenheit am Steuer.« Als die Polizei feststellte, dass der Kfz-Brief, den der Verdächtige vorwies, nicht mit dem Nummernschild übereinstimmte, ließ Poliey Blands Namen vom National Crime Information Center überprüfen. »Ich erhielt den Hinweis, er sei desertiert... Daraufhin kam die Militärpolizei und nahm ihn mit, und das war's dann.«

Damals wie heute stand auf Fahnenflucht im schlimmsten Fall die Todesstrafe. Doch solch ein Strafmaß war angesichts von Blands Hintergrund und der damaligen politischen Situation höchst unwahrscheinlich. Trotzdem war er allen Anzeichen nach in ernsten Schwierigkeiten. Anstatt nach Fort Riley, Kansas, zurückgeschickt zu werden wo er vorher stationiert gewesen war, kam er ins nahe Fort Dix. Dort wurde er den Militärakten zufolge in eine Spezialabteilung gesteckt, die Daniel Zimmerman, Kurator des Fort Dix Museums, beschreibt als »eine Einheit... zu der alle kamen, die auf ihre Verhandlung vor dem Kriegsgericht warteten, auf ihren Abschied oder auf Verlegung in eine Haftanstalt, zum Beispiel in Polizeigewahrsam. Er wurde nicht ins Gefängnis gesperrt, sondern in die Baracken.«

Das hielt ihn indes nicht davon ab, am 21. Januar 1971 wieder festgenommen zu werden, diesmal in seiner Heimatstadt Ridgefield Park. Nach den Aufzeichnungen der Polizei war er angezeigt worden, weil er Einbruchswerkzeug besaß, dies nicht erklären konnte und in Privateigentum eingedrungen war. Er wurde freigesprochen, aber die Polizeiakten hielten dennoch fest, dass er zur Zeit seiner Festnahme *AWOL* war (= *absent without leave*, d. h., er hatte sich ohne Erlaubnis von der Truppe entfernt). Er wurde nach Fort Dix zurückverfrachtet, doch etwa sechs Monate später, am 6. Juli 1971, nahm ihn das FBI erneut fest, angeblich wieder wegen unerlaubter Entfernung von der Truppe. Was dann geschah, bleibt ein Geheimnis. Blands Personalakte zeigt, dass er seine letzten sechs Monate beim Militär zumindest teilweise in Untersuchungshaft zubrachte – aber aus dieser Akte geht nicht hervor, ob es jemals zu einer Verhandlung kam. Vielleicht war es einfach zu viel Aufwand, einen Soldaten, dessen militärische Laufbahn ohnehin fast vorüber war, vor ein Kriegsgericht zu stellen. (Allerdings verbieten die Gesetze zum Schutz der Privatsphäre, dass das Militär solche Informationen weitergibt.) Wie dem auch sei, Gilbert Bland verließ am 31. August 1971, im Alter von 22 Jahren, den Militärdienst für immer und war größeren Problemen mit dem Gesetz offenbar zum zweiten Mal in seinem kurzen Leben ausgewichen.

Zu Zeiten des Pfadfinders enthielten viele Karten des amerikanischen Westens eine riesige Wasserstraße namens Rio Buenaventura, die von den Rocky Mountains zum Pazifik floss. Es war die jüngste Verkörperung eines jahrhundertealten Mythos namens Great River of the West. Wie jedes unerforschte Land war auch dieses die Heimat vieler wundersamer Orte, die nie jemand gesehen hatte und an deren Existenz dennoch alle glaubten. Da gab es Cíbola, von einem angeblichen Besucher beschrieben als »ein Land voller Gold, Silber und anderer Reichtümern«, mit sieben »großen Städten«, deren Einwohner so wohlhabend waren, dass die Frauen goldene Gürtel trugen. Es gab Quivira, wo der Sage nach die gewöhnlichen Essteller aus Gold und die Fische so groß wie Pferde waren. Und es gab das Land der Madokianer, ein hellhäutiges Volk, das von einem walisischen Prinzen abstammen sollte, dessen angebliche Entdeckung Amerikas im Jahr 1170 den Briten Argumente für die Behauptung lieferte, sie hätten berechtigtere Ansprüche auf den Kontinent als die Spanier. Wie diese Orte war auch der Great River of the West eher das Ergebnis der Sehnsucht als der Vernunft. Seit die Europäer Nordamerika betreten hatten, phantasierten sie von einem Fluss oder einem ganzen System von Wasserstraßen, das sie sauber, sicher und billig zum Pazifik und in den dahinter liegenden Orient bringen würde. »Er musste existieren, weil sie ihn brauchten«, schrieb der Historiker Bernard DeVoto über diesen Great River. »Das forderte die logische Folgerung aus Bekanntem und Erträumtem – in beiden Fällen völlig unbegründet. So existierte er in privaten Geschichten und theoretischen Abhandlungen, in Verträgen und auf Karten unter den verschiedensten Namen und floss in die unterschiedlichsten Richtungen.«

1776 unternahm ein Franziskanerbruder namens Silvestre Vélez de Escalante eine bemerkenswerte, 1500 Meilen lange Reise durch den Südwesten, auf der er auch durch das heutige Dinosaur National Monument zwischen Colorado und Utah kam. Dort stieß er auf den Fluss, den wir heute Green River nennen. Escalante jedoch gab ihm einen anderen Namen: San Buenaventura. Sein Kartograph Bernardo de Miera zeichnete diesen Wasserweg später auf einer Karte ein, aber statt ihn nach Süden fließen zu lassen, in die Richtung, in die der Green River tatsächlich fließt, schickte er ihn Richtung Südwesten zum Meer. Miera hatte den Buenaventura nie mit dem Pazifik verbunden, aber seine Nachfolger waren nicht so vorsichtig. Es dauerte nicht lange, stellte der Schriftsteller Carl I. Wheat fest, »so war er… ein mächtiger Strom geworden und mündete, wie es der Logik entsprach, mehr oder weniger in die Bucht von San Francisco, und jahrelang ließen auch die bestinformierten Kartographen dieses Flüsschen und andere Gewässer unbekannten Ursprungs aus dem zentralen Gebirgszug und vom Großen Salzsee nach Westen Richtung Pazifik fließen.«

Im Frühling 1843, als John Charles Frémont seine zweite große kartographische Expedition nach Westen unternahm, waren ernsthafte Zweifel aufgetaucht, ob es wirklich einen Rio Buenaventura gab. So behauptete beispielsweise der Forschungsreisende Benjamin L. E. de Bonneville nach ausgedehnten Reisen in dieses Gebiet, es gebe kein solches Gewässer. Auf Bonnevilles Karte von 1837 wie auch auf denen des ehemaligen Finanzministers Albert Gallatin von 1836 und des Geographen im Repräsentantenhaus David H. Burr von 1839 fand sich kein Buenaventura, doch auf anderen häufig benutzten Karten dieser Zeit blieb der Fluss unangetastet. Im November 1843, als der Pfadfinder im Westen schon bis Fort Vancouver in der Nähe des heutigen Portland vorgedrungen war, beschloss er, die Frage ein für alle Mal zu klären. Anstatt geradewegs auf dem Oregon Trail nach Hause zu ziehen, entschied er sich für einen Umweg nach Süden. Wie er später erklärte, wollte er damit hauptsächlich »die Existenz eines großen Flusses, der von den Rocky Mountains in die Bucht von San Francisco fließt«, endgültig beweisen oder widerlegen. Es war ein typisch unbesonnener und gefährlicher Schritt. Auf eigene Verantwortung führte Frémont seine 25 Männer genau bei Wintereinbruch in eine weitgehend unbekannte Wildnis. Sie wanderten in die Sierra Mountains und rechneten »bei jedem Bach … mit dem großen Buenaventura«, schrieb Frémont später. Je höher sie stiegen, desto mehr schneite es. Wie stets wartete schon die Katastrophe auf den Pfadfinder.

Kritiker zitieren diese Reise oft als Beweis für Frémonts Rücksichtslosigkeit. Sein Biograph Allan Nevins zum Beispiel bezeichnete sie als »erschreckend tollkühn«. Dennoch kann ich, wenn ich davon lese, nicht umhin, seinen Versuch zu bewundern. Damals suchte ich selbst gewissermaßen nach einer Wasserstraße, nach einem Ereignisbächlein, das sich durch mehr als 25 Lebensjahre eines Mannes zog. Wenn ich Blands Anwälten Glauben schenkte, hatte der Vietnamkrieg genauso unbezweifelbar zu seinen Diebstählen geführt, wie ein Strom zum Meer floss. Blands Kritiker hingegen vertraten den Standpunkt, seine angebliche posttraumatische Belastungsreaktion sei nur eine bequeme Erfindung, das juristische Pendant zum Rio Buenaventura. Doch beide Seiten hatte nicht viele Beweise anzubieten. Und so kam es, dass ich wieder dem Beispiel des Pfadfinders folgte und eine Expedition machte, um die Wirklichkeit vom Mythos zu trennen.

Ich machte mancherlei Entdeckungen auf dieser Reise. Auf den Bahamas traf ich einen Kartenantiquar namens Jonathan Ramsay, der eng mit Bland zusammengearbeitet hatte und ihn nicht schlechter als andere in der Branche zu kennen schien. »Eines seiner Themen war der Vietnamkrieg«, erzählte Ramsay.

»Er war drüben gewesen, und es hatte ihn ziemlich mitgenommen. Er hat über seine Gefühle im Vietnamkrieg und über die Leute dort oft gesprochen... An Einzelheiten kann ich mich nicht mehr genau erinnern, aber ich glaube, er hat dort in einer Schule unterrichtet. Er konnte in der Stadt, wo er stationiert war, vietnamesische Kinder unterrichten, und er sagte, das sei eine der lohnendsten Aufgaben in Vietnam gewesen. Ich weiß nicht mehr genau, was es war, eine katholische Schule oder eine staatliche Waisenschule oder was. Aber er war offenbar sehr angetan. Es gab ihm das Gefühl, etwas Positives beizusteuern.«

An der Ostküste besuchte ich eine von Blands Töchtern aus der ersten Ehe mit Carol Ann Talt Bland, die er 1971 geheiratet hatte und von der er 1978 geschieden worden war. Heather Bland erzählte mir, der Kartendieb habe sie oder ihre Schwester Melissa selten besucht oder angerufen. Dennoch konnte sie sich an eine alte Familiengeschichte über seine Zeit in Vietnam erinnern.

»Es hieß, dass der Krieg ihn sehr mitgenommen hatte«, sagte sie. »Vom Hörensagen kannte ich eine bestimmte Geschichte; ich weiß nicht, inwieweit sie stimmt. Er soll in Vietnam miterlebt haben, wie einer seiner Vorgesetzten einer Frau was antat, sie vergewaltigte oder so. Mein Vater soll ihn windelweich geprügelt haben und in Einzelhaft gekommen sein. Es hieß, das habe ihn ziemlich kaputtgemacht.«

Diese Geschichte wurde mir im Lauf meiner Expedition von niemandem bestätigt. Aber in Hackensack, New Jersey, fand ich einen Aktenvermerk des Gefängnisses bezüglich Blands Festnahme am 6. Juli 1971 wegen unerlaubter Entfernung von der Truppe. Darin stand, er behauptete, ein »Nervenleiden« zu haben, dessentwegen er von der Army Medikamente bekomme. Die Unterlagen führten ihn auch als »drogenabhängig«. In einem anderen Vermerk in denselben Akten – es handelte sich um eine Verhaftung sechs Monate früher – »leugnete« Bland, »krank und drogenabhängig« zu sein.

Wie auch immer, ich entdeckte zahlreiche Beweise für den

chaotischen Zustand von Blands Leben nach dem Krieg. Im Staatsarchiv von New Jersey fand ich einen Brief, den er am 29. September 1972, wenige Monate, bevor Heather Bland geboren wurde, an den damaligen Gouverneur William T. Cahill schickte. Er schrieb aus dem Sussex County Jail in Newton, New Jersey – wo man ihn tags zuvor mit Marihuana erwischt hatte –, und bat den Gouverneur, bei seiner 19-jährigen schwangeren Frau Gnade walten zu lassen. Sie sei zwar bei seiner Festnahme im Playboy Club bei ihm gewesen, erklärte er, doch mit den in seinem Auto gefundenen Drogen habe sie nichts zu tun. Trotzdem sei auch sie ins Gefängnis geworfen worden, behauptete er. Er werde »noch wahnsinnig« in einer Lage, die »ich in Nazideutschland oder im kommunistischen Russland erwarten würde«, und flehte den Gouverneur an, die »Verfolgung« seiner Frau aufzugeben.

Es fiel mir schwer, den Verfasser dieses Briefes nicht zu bemitleiden, ihn nicht als zutiefst verstörten, schrecklich naiven jungen Mann zu sehen, vielleicht sogar als Opfer. Und ebenso schwer fiel mir die Vorstellung, dass solch ein Simpel eines Tages in der Lage sein sollte, sich mit Worten Zugang zu einer elitären, von Akademikern der nobelsten Universitäten dominierten Szene zu verschaffen. Zumindest waren dies meine ersten Eindrücke. Aber wie ich bald begriff, waren erste Eindrücke hinsichtlich des Kartendiebs – meine oder die anderer Leute – oft irreführend. In Polizei- und Gerichtsakten in Kalifornien und Florida fand ich Beweise für einen Bland, der ganz anders war als jener verzagte Briefschreiber. Das war der Gilbert Bland, der Phantasiegeschöpfe erfand, das System ausnützte, ein professioneller Betrüger, eine Persönlichkeit, die vielleicht schon in jener Gefängniszelle in New Jersey existiert hatte. Die Akten des Falles von Sussex County zeigen, dass Bland alias James J. Edwards nie vor Gericht erschien, um sich der Anklage wegen Drogenbesitzes zu stellen, und dass am 22. Juni 1973 ein (offenbar bis heute gültiger) Haftbefehl ausgestellt wurde. (Aus denselben Gerichtsakten sowie aus den örtlichen Polizeiberichten geht hervor, dass Blands Frau, entgegen seinen Andeutungen, nie angeklagt worden war.) Das nächste Mal tauchte dieses Alter Ego in Kalifornien auf, wo im September 1973 Bland alias Jason Michael Pike alias Jack Arnett wegen schweren Diebstahls infolge groß angelegten Kreditkartenbetrugs festgenommen wurde. Und anders als der Bland von vor einem Jahr – der von juristischen Vorgängen scheinbar so wenig Ahnung hatte, dass Gouverneur Cahill ihm raten musste, »sich einen Rechtsbeistand zu nehmen« – erwies sich dieser vor Gericht als gewitzter Verhandler. Angesichts einer möglichen Höchststrafe von zehn Jahren Gefängnis und 5000 Dollar Geldbuße willigte er in ein *plea bargain** ein: Er bekannte sich schuldig und erhielt nur fünf Jahre auf Bewährung. Doch dies schien seiner Karriere als Betrugskünstler keinen Abbruch zu tun. Am 30. Dezember 1975 schnappten ihn FBI-Beamte in Florida, nachdem er unter falschem Namen Arbeitslosenunterstützung kassiert hatte. Und diesmal war es aus mit seiner langen Glückssträhne vor Gericht. Trotz eines weiteren *plea bargain* wurde er zu drei Jahren verurteilt.

In den Akten dieses Falles fand ich einen Brief, den er kurz nach seiner Ankunft im Bundesgefängnis El Reno, Oklahoma, geschrieben hatte. In diesem Schreiben bat Bland den Richter, der ihn verurteilt hatte, um Hilfe. Die anderen Gefangenen hätten ihn ungerechtfertigter Weise des »Verpfeifens bezichtigt, eines Vergehens, das hier drin mit dem Tod bestraft werden kann«. Er führte es näher aus:

> Jeder hier drin gehört zu einer »Clique« oder Bande. Da ich ein Außenseiter bin, lebe ich gefährlich. Ich bete, bevor ich mich schlafen lege, dass ich am nächsten Morgen aufwache. Jeder von den Insassen weiß, dass man für Verpflegung im Wert von 30 [Dollar] einen Mord bestellen kann. An Waf-

* Ein Geschäft zwischen der Anklagevertretung und der Verteidigung: Der Angeklagte bekennt sich schuldig, und der Anklagevertreter beantragt eine milde Strafe (A. d. Ü.).

fen zu kommen ist nicht schwer hier drin. Ich weiß genau, dass ich noch einen Verfolgungswahn krieg, weil ich fürchte, es ist nur eine Frage der Zeit, bis mir was passiert... Ich weiß nicht, wie lang ich diesen Druck aushalte. Ich weiß nicht, mit wem ich reden soll. Mein Anwalt sagt, wenn ich kämpfe, um Platz und Zeit zu gewinnen, und viel Lärm mache, kommen die Wachleute und trennen uns, bevor ich ernsthaft verletzt bin. Ich weiß nicht, ob ich kämpfen kann. Ich bin nicht gewalttätig, und ich hab geglaubt, ich komm an einen Ort, wo es keine Gewalttäter gibt, aber das ist hier nicht der Fall... Ich glaub nicht, dass Sie solch einen Druck als Strafe für mich im Sinn hatten. Es ist entsetzlich, hier die ganze Zeit in Angst und Schrecken zu leben...

Waren dies die Worte eines unter einer Kriegsneurose leidenden Veteranen, der sich erneut in einer fensterlosen Kiste gefangen sah und sich vor Geräuschen im Dunkeln fürchtete? Oder waren es einfach die jüngsten Erfindungen eines berechnenden Schwindlers? Ich war mir nicht sicher. Und ich wusste auch nicht, ob Gilbert Bland seinen eigenen Worten glaubte, als er demselben Richter elf Monate später schriftlich versprach: »Ich habe nicht die Absicht, jemals wieder eine gesetzeswidrige Handlung zu begehen.«

Der Pfadfinder hatte die Sierras überlebt, aber nur knapp. Als er und seine Männer bis über den Kopf im Schnee stecken blieben, verschwanden ihre indianischen Führer. Ein hungernder, bereits halluzinierender Teilnehmer der Expedition wanderte in die Wildnis hinaus und ward nie mehr gesehen. Der Kartograph Charles Preuss, der von der Hauptgruppe abgekommen war und drei Tage lang umherirrte, musste sich von Ameisen ernähren, um überleben zu können. Doch als die benommenen Abenteurer endlich ins Sacramento Valley hinunterstolperten, war ihnen zumindest eines klar. John Noble Wilford formulierte es in seinem

Buch *The Mapmakers* so: »Frémonts Marsch in den Süden Kaliforniens löschte den Buenaventura von der Karte.«

Meine eigene Expedition war nicht so erfolgreich. Ich fand ein paar viel versprechende Bäche und viele ausgetrocknete Flussläufe, aber keinen Kanal, der Blands Erlebnisse in Vietnam unzweifelhaft mit seinem Kartenraubzug in Verbindung brachte. Andererseits konnte ich diesen Zusammenhang auch nicht endgültig als reinen Mythos abtun. Mittlerweile hatte ich gelernt, dass man die Wildnis manchmal auch mit einem Führer nicht erobern kann. Ich sollte in den kommenden Monaten viele neue Koordinaten in meine Karte eintragen, aber gerade diese eine sollte sich meiner geographischen Erfassung immer widersetzen. Am Ende blieb mir nur eine letzte, bedenkenswerte Geschichte über den Rio Buenaventura. Jahrhundertelang vertraten Kartographen die Theorie, der Great River of the West und die anderen großen Flüsse des Kontinents hätten ihre Quelle alle in ein und demselben Gebiet, einem so genannten Hochland. Anfang des 19. Jahrhunderts führte diese Theorie ein kurzes Leben als kartographisches Faktum, als nämlich Zebulon Montgomery Pike behauptete, er sei auf einer Reise ins heutige Colorado »ohne jeden Zweifel« diesem »großen Reservoir der Schneefälle und Quellen« ganz nahe gekommen. Er hätte es besser wissen müssen. Der wahre Ursprung der Dinge ist nie so leicht zu finden.

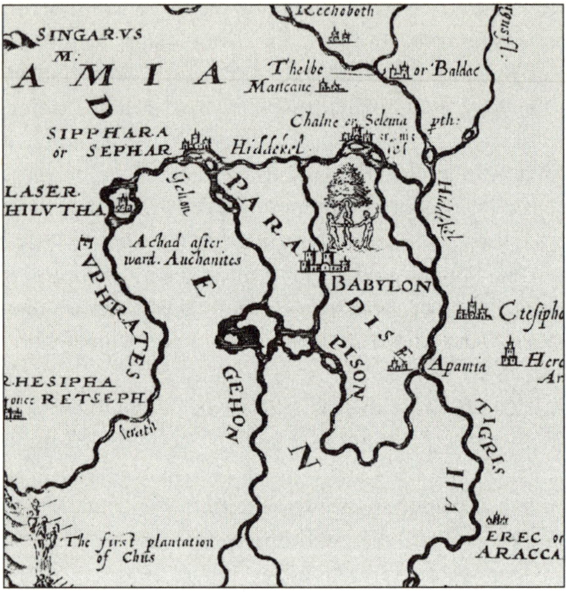

Diese Karte aus Walter Raleigh, History of the World *(einer Ausgabe von 1614), siedelt das irdische Paradies in Mesopotamien an.*

KAPITEL 9

Die Wasser des Paradieses

Florida war immer ein Land des Neuanfangs gewesen. Selbst der Bursche, der das Land auf die Karte setzte, kam auf der Suche nach einer Verwandlung hierher. Juan Ponce de León, spanischer Beamter in Westindien, hatte allerlei gehört über eine sagenhafte Insel mit »einem stetig rinnenden Quell von solch wundersamer Kraft, dass selbiges Wasser, so man es trinket und vielleicht noch eine besondere Kost hinzufüget, alte Männer wieder jung mache« – so die Worte eines Chronisten aus dem 16. Jahrhundert. Merkwürdig: In den europäischen Sagen gab es einen ähnlichen Brunnen, der meist in einem fernen, verzauberten Garten angesiedelt wurde – manchmal sogar im Garten Eden. Vielleicht erinnern Sie sich, dass jener rätselhafte Sir John Mandeville aus dem 14. Jahrhundert, mit dem wir uns schon früher befasst haben, behauptet hatte, er kenne einen »feinen und schönen Brunnen, dessen Wasser lieblich munden und duften wie nach verschiedenen Gewürzen«. Mandeville, kein Mann der Untertreibungen, berichtete: »Wer davon trinkt, scheint immer jung zu bleiben. Es soll dies Wasser aus dem irdischen Paradies stammen und ist daher so gut.« Konnte es bloßer Zufall sein, dass diese Sagen, eine halbe Welt voneinander entfernt, so ähnlich klangen? Ponce de León schien dies nicht zu glauben. Da er sich mit seinen 53 Jahren nicht mehr im Vollbesitz seiner Kräfte fühlte, verließ er Berichten zufolge Puerto Rico 1513 auf der Suche nach Gold und einem Heilmittel gegen *el enflaquecimiento del sexo*, nachlassende Potenz. Den Jungbrunnen fand er zwar nicht, doch stieß er stattdessen auf ein viel kostbareres Juwel: Nordamerika.

Und eigenartig – Ponce de Leóns Suche fand nie ein Ende. Bis heute ist Florida ein Mekka für alle, die einen Neuanfang machen wollen. Kaum ein Staat in den USA hat einen so kleinen Anteil an »eingeborenen« Bürgern und ein so hohes Bevölkerungswachstum; der Staat wimmelt von reichen Rentnern aus dem Norden der Vereinigten Staaten, ehrgeizigen Einwanderern aus der Karibik und einer wilden Mischung aus zahllosen anderen, die auf der Suche nach einem neuen Aufschwung hierher gekommen sind. Das Gefühl der Wurzellosigkeit ist so schwül und schwer wie die Luft im Hochsommer.

Auch Gilbert Bland begann in Florida ein völlig neues Leben – und das gleich zweimal. Das erste Mal nach seiner Entlassung aus der Bundesstrafanstalt Ende Dezember 1977. Nach der Entlassung aus einer offenen Anstalt in Florida im März 1978 zog Bland in die Gegend von Fort Lauderdale und ließ sich dort im Mai desselben Jahres von seiner ersten Frau Carol Ann Talt Bland scheiden. Es zeigte sich, dass er nicht nur mit einem einzelnen Menschen brach, sondern mit seiner ganzen Vergangenheit. Laut Heather Bland nahm ihr Vater mit ihr oder ihrer Schwester Melissa, während sie heranwuchsen, fast nie Kontakt auf. »Er hat seine beiden Kinder völlig vernachlässigt; er hätte sich nicht weniger um sie kümmern können«, sagte sie.

Doch nun schien Bland seinem Leben eine andere Richtung geben zu wollen, zumindest für einige Jahre. Er heiratete wieder und hatte mit seiner neuen Frau noch einmal zwei Kinder. Nachdem er das Broward Community College in Fort Lauderdale absolviert und ein Dreivierteljahr an der Florida Atlantic University studiert hatte, zog er in den Achtzigerjahren nach Maryland und arbeitete dort fünf Jahre lang bei der Allied Signal Corporation. Kann sein, dass in dieser Zeit auch seine Vorliebe für Antiquitäten entstand. Spätere Äußerungen Blands gegenüber anderen Händlern und der Polizei deuten darauf hin, dass sich seine Begeisterung für Karten aus einem allgemeinen

Interesse an Antiquitäten entwickelte, zu denen offenbar auch alte Aktien und Wertpapiere sowie wertvolle Bücher zählten. Diese Ansicht wurde später von einem seiner Anwälte bestätigt: »Seine Vorliebe für Karten entwickelte sich aus einem schon vorher vorhandenen Interesse an Antiquitäten und durch das Sammeln alter Bücher, die teilweise Karten enthielten.«

1992 gründete er mit seiner Frau in Columbia eine eigene Firma für Computertraining und -leasing, Pacific Data Systems. Nach den amtlichen Unterlagen des Staates Maryland gehörte die Firma Karen Bland – wahrscheinlich war ihr Mann nach seinen Verurteilungen wegen Betrugs nicht gerade kreditwürdig. Das Paar arbeitete offenbar außer Haus, da die Firma als Adresse ein Postfach in Columbia angab. Ich konnte über die Schwerpunkte der Arbeit von Pacific Data nicht viel in Erfahrung bringen, aber in den Gerichtsakten eines späteren Falles finden sich ein paar fesselnde Details. Danach war einer von Blands »Hauptkunden« eine Organisation, mit der er bald auf eine ganz andere Weise zu tun bekommen sollte: das FBI. Blands Anwälte behaupteten, er habe »zahlreiche Geschäftsabschlüsse« mit dem FBI in Maryland getätigt und dort »Beamte für die entsprechenden Geräte ausgebildet und ... beim Umgang mit Computern in Überwachungsanlagen technische Hilfestellung geleistet«.

Das FBI bestätigte mir, dass 1993 tatsächlich eine Firma namens Pacific Data Systems aus Columbia, Maryland, nicht näher bezeichnete Arbeiten für die Bundeskriminalpolizei erledigt hatte. Aber trotz des Regierungsauftrags schien die Firma nicht zu florieren. Paul R. Thomson jr., einer der Anwälte des Kartendiebs, sollte später vor Gericht anführen, dass durch den sich wandelnden Markt Anfang der Neunzigerjahre das Konzept des Computerleasings »nicht mehr ... wirtschaftlich war«. Da Blands Aufträge immer spärlicher wurden, beschlossen er und seine Frau, nach Florida zu ihrer Mutter zu ziehen, die »vor kurzem Witwe geworden war«, so Thomson.

Im Februar 1994 eröffneten die Blands in Tamarac, am Stadtrand von Fort Lauderdale, ihren Laden Antique Maps & Collectibles, Ltd. in The Gardens, einem verschlafenen kleinen Büro- und Geschäftszentrum, dessen Innenhof nicht vom Lärm der Kunden widerhallte, sondern vom rastlosen Plätschern der Brunnen zwischen den leeren Gehwegen. Vielleicht freute sich Gilbert Bland, während er auf diese Brunnen hinausstarrte, dass ihm gelungen war, was Juan Ponce de León nicht geschafft hatte: sich von der Vergangenheit rein zu waschen und seine Potenz zurückzugewinnen. Vielleicht fühlte er sich beinahe wieder jung, als er wenige Monate vor seinem 45. Geburtstag eine neue Karriere in einer neuen Stadt begann.

Aber vielleicht wollte er auch nur in Ruhe gelassen werden. »Normalerweise war der Mann ganz allein«, sagte der Barkeeper Jan English aus dem Beverly Hills Café, einem Lokal in The Gardens. Und ein Angestellter aus einem Geschäft gegenüber fügte hinzu: »Der Laden war fast immer leer. Eines Tages saßen wir da und überlegten, womit der eigentlich Geld verdiente. Und wir fragten uns: ›Wer will eigentlich solche alten Karten?‹«

Die Ortswahl für den Laden muss flüchtigen Beobachtern seltsam erschienen sein. Verloren in Südfloridas ausuferndem Bauland mit seinen endlosen Einkaufsstraßen – wo, so James Howard Kunstler in seinem Buch *The Geography of Nowhere* über die Zerstörung der Landschaft, »jeder Ort nach nichts aussieht« – war The Gardens so ungefähr der letzte Fleck, wo man damit rechnen konnte, ein Kartenantiquariat zu finden. Andererseits war dies vielleicht ein Kartenantiquariat, das gar nicht gefunden werden sollte.

Die Kartenantiquare trauten mir nicht, das war von Anfang an klar. Wenn ich sie anrief, wimmelten sie mich oft irgendwie ab; manche erklärten höflich, sie wären für ein Gespräch in absehbarer Zeit einfach zu beschäftigt, andere empfahlen mir unverblümt, ich solle mich um meinen eigenen Kram kümmern. Als ich sie, wieder einmal auf Blands Spuren, auf der Internationalen Geographica-Messe 1998 in Miami traf, senkten sie ihre Blicke, wenn ich näher kam, oder sie unterbrachen ihr Gespräch und nahmen es flüsternd wieder auf, sobald ich vorüber war. In einigen Fällen dauerte es Jahre, bis ich ihr Vertrauen gewonnen hatte, und auch dann sprachen sie meist nur unter der Bedingung mit mir, dass sie anonym blieben.

Erst schrieb ich ihre Vorsicht schlichter Verlegenheit zu. Viele von ihnen hatten ziemlich häufig mit dem jetzt berüchtigten Kartendieb Geschäfte gemacht, eine Tatsache, von der sie hofften, dass ihre Kollegen sie vergäßen und ihre Kunden sie nie erführen. Aber mit der Zeit begriff ich, dass noch ein komplizierterer Faktor eine Rolle spielte. Die Welt der alten Karten ist klein und fein. Obwohl ihre Läden über den ganzen Erdball verstreut sind, treffen sich die Antiquare regelmäßig bei denselben Veranstaltungen (zum Beispiel auf der Geographica-Messe in Miami), lesen dieselben Zeitschriften (wie das Hochglanzmagazin *Mercator's World* oder das Fachblatt *Imago Mundi*) und besuchen dieselben Internetforen (das bekannteste ist die *Map History Discussion List*), wo sie mit Bibliothekaren, Wissenschaftlern und Sammlern Interna austauschen, Strittiges ausfechten und Kartographenwitze weitererzählen. (»Was schenkt der Kartograph seiner Liebsten am Valentinstag? Ein dutzend Windrosen.«) Ich war ein völliger Außenseiter in dieser erlesenen Szene. Trotzdem hatte ich das Gefühl, dass ich in normalen Zeiten willkommen gewesen wäre. Doch dies waren keine normalen Zeiten. Vor drei Jahren war ein anderer Außenseiter zu ihnen gekommen, einer, den die Händler nicht besser gekannt hatten als jetzt mich, und hatte um ihr Vertrauen gebeten. Sie hatten den Fehler begangen, es ihm zu schenken. »Es ist eine sehr eng verbundene Gemeinschaft«, erklärte F. J. Manasek, ein bekannter Antiquar aus Vermont, Beobachter der Branche und Autor des Buches *Collecting Old Maps*. »Wir sind alle befreundet, auch wenn wir geschäftlich konkurrieren. Wir haben einen hohen Ehrbegriff, und wahrscheinlich konnte Bland deshalb so leicht Zutritt erlangen.«

»Der Kartenhandel ist normalerweise ein Geschäft per Handschlag«, erläuterte George Ritzlin, ein anderer gestandener Antiquar aus Illinois. »Wir vertrauen einander. Beträchtliche Mengen wertvoller Bücher und Graphiken werden tausende von Meilen weit verfrachtet, nur auf einen Telefonanruf hin, ohne jede weitere schriftliche Bestätigung. Deshalb konnte Bland so erfolgreich sein. Es war unglaublich schamlos von ihm, sich als Antiquar auszugeben. Man nimmt immer an, dass ein Antiquar seine Ware ehrlich erworben hat. Diebe gehen normalerweise nicht so vor wie er. Sie verhalten sich eher bewusst unauffällig.«

Da sie sich schon einmal die Finger verbrannt hatten, zeigten die Antiquare jetzt wenig Neigung, sich einem anderen Außenseiter zu öffnen, besonders keinem, der alte Wunden aufreißen wollte. Damit hatte ich nicht gerechnet. Irgendwie war ich überzeugt gewesen, sie würden mich als Verbündeten betrachten. Es dauerte lange, bis ich begriff, dass sie, wenn sie mich so geringschätzig beäugten, in mir Gilbert Bland sahen.

Einer der wenigen Händler, die offen über das Thema sprachen, war Barry Lawrence Ruderman, selbst relativ neu im Geschäft. Von Beruf Anwalt für Konkursrecht, entdeckte der heute 38-jährige Ruderman die alten Karten mit Ende 20, als ihm eines Tages »langweilig« war und er ein Kartenantiquariat betrat. Es war, so sagte Ruderman, »Liebe auf den ersten Blick«, und seine Leidenschaft entwickelte sich bald zu dem, was er und andere Kartensüchtige als Kartomanie bezeichnen.

»Kartomanie ist eine Krankheit«, erklärte er, »ein Zwang. Wenn man erst einmal bis zu den Knöcheln drinsteht, will man bis zu den Knien rein und dann bis zum Bauch. Aber ich finde immer, es ist eine schöne Krankheit, denn alle Menschen brauchen Dinge, die sie geistig anregen und sie zur Leidenschaft verführen. Andererseits vertun viele von uns wahnsinnig viel Zeit mit dem Kartensammeln. Es ist eine verrückte Freizeitbeschäftigung. Aber was ist daran schlimm?«

1992 machte Ruderman aus seiner Krankheit einen Nebenberuf und eröffnete das Old Historic Maps & Prints in La Jolla,

Kalifornien, ein Unternehmen, das wertvolle Karten per Post und Internet verkaufte. Zwei Jahre später erhielt er aus Tamarac, Florida, einen Katalog von einem anderen Neuling im Kartenantiquariat. »Er wirkte ein wenig unprofessionell, ziemlich einfach«, erinnerte sich Ruderman. Der Katalog enthielt zwar »eine groteske Mischung«, auch viel Wertloses, doch von einigen Angeboten war Ruderman fasziniert, besonders von Karten aus dem amerikanischen Westen. Er wurde einer von Gilbert Blands ersten Kunden.

Aber man täusche sich nicht: Die Tatsache, dass Ruderman als einer von wenigen Antiquaren freimütig und öffentlich über seine Geschäfte mit Bland sprach, heißt keineswegs, dass er der Einzige war, der solche Geschäfte tätigte. Tatsächlich scheinen die meisten von Gilbert Blands Kunden Antiquare gewesen zu sein, darunter auch einige der angesehensten. Der Kartendieb und seine Frau unternahmen wenig, um Laufkundschaft in ihren Laden in Florida zu locken, der wie das nagelneue Haus, das sie für 151 400 Dollar in nahen Coral Springs gekauft hatten, Karen Bland gehörte. Stattdessen bemühten sie sich, einen weit entfernten Kundenstamm aufzubauen, indem sie in internationalen Fachzeitschriften warben und Kataloge verschickten. Im Nachhinein betrachtet, scheinen sie erstaunlich rasch und erfolgreich in die Welt der historischen Karten eingedrungen zu sein.

Blands Introvertiertheit wirkte sich vorteilhaft aus. Ein anderer in seiner Lage hätte vielleicht versucht, sich einzuschmeicheln, Freunde zu suchen, ein unentbehrliches Mitglied der Gruppe zu werden, kurz, das zu tun, was ein Schwindler tut, nämlich das Vertrauen der anderen zu erobern. Doch ob nun absichtlich oder aus natürlicher Veranlagung – Bland war weniger ein Bluffer als ein Niemand, er verführte seine Partner zu mangelnder Wachsamkeit und wiegte sie in dem beruhigenden Glauben, dass er gar keinen Gedanken wert war. Wie es ein Antiquar später ausdrückte: »Mr. Bland war *bland*. Er sah nichts sagend aus. Da gab es keine Persönlichkeit, gar nichts.«

In eine ähnliche Richtung gingen auch Rudermans Erinnerungen: »Ein angenehmer, nicht grandioser, aber doch ganz netter, ganz freundlicher Gesprächspartner, in Gesellschaft vielleicht ein kleines bisschen unbeholfen. Ein richtiger Durchschnittsmensch … Nichts, weswegen man gestutzt hätte, außer vielleicht die Tatsache, dass er ein riesiges Geheimlager hatte mit Waren, wie sie bisher keiner angeboten hatte.«

Und zu Blands Glück brauchten viele in der Branche damals gerade solch ein »riesiges Geheimlager«. Als Bland auftauchte, durchlebte das Geschäft mit antiquarischen Karten gerade eine tief greifende Veränderung. Infolge der zahlreichen neuen Sammler und Händler, die auf den Markt drängten, war die Nachfrage größer denn je. Aus nahe liegenden Gründen blieb jedoch der Gesamtbestand immer ziemlich gleich. Das bedeutete nicht nur höhere Preise, sondern auch weniger Karten im Umlauf. Für die Hauptakteure wie Graham Arader, die sich enorme Ankaufspreise leisten konnten, war dies kein Problem. Aber bei den mittleren und kleinen Antiquaren reichte das Kapital, mit dem früher fünf oder zehn Karten bezahlt werden konnten, nun vielleicht für eine – wenn sie überhaupt erhältlich war. Unter dem Druck, eine adäquate Auswahl an Karten anbieten zu können, kämpften diese Antiquare um neuen Nachschub. Kein Wunder, dass es sich rasch herumsprach, irgendwo in Florida gebe es ein Geschäft mit einem unglaublichen Vorrat an Karten unterer und mittlerer Preisklasse.

Ruderman selbst hat »bei Bland wahrscheinlich sechs oder acht Monate lang eingekauft«. Manchmal beschlichen ihn Zweifel hinsichtlich seines Geschäftspartners, zumal dieser so wenig von Karten zu verstehen schien. Einmal unterzog Ruderman »Bland einer Art Kreuzverhör« bezüglich der Herkunft seines Angebots. Bland erwiderte, er und seine Frau hätten sich mit Scripophilie beschäftigt – dem Sammeln historischer Wertpapiere – und wären dadurch per Zufall in den Besitz von alten Karten geraten. »Das war eine annehmbare Erklärung«, berichtete Ruderman, »denn ehrlich gesagt gibt es auch angesehene Antiquare, auf die dieser Modus Operandi passen würde.« Am

Ende, so schloss Ruderman, »hatte Gil den Schnuppertest bestanden«.

Doch anderen stieg der Geruch aus Südflorida allmählich faulig in die Nase. Zu denen, die Ware von Bland gekauft hatten, gehörten auch zwei Antiquare, die schon seit Jahrzehnten ein renommiertes Kartenantiquariat betrieben. Die beiden, die mit mir nur unter der Bedingung sprechen wollten, dass sie anonym blieben, schöpften zunehmend Verdacht, brachen die Beziehung zu Bland schließlich ab und informierten insgeheim andere Händler von ihren Bedenken. Wir wollen sie hier Gebranntes Kind und Feuerscheu nennen.

Ihr erster Kontakt zu Gilbert und Karen Bland kam im Mai 1994 zu Stande, nur drei Monate nach der Gründung von Antique Maps & Collectibles. »Wir hatten durch einen anderen Händler, mit dem wir eng befreundet waren, von ihm gehört«, erinnerte sich Gebranntes Kind. »Bei einem Telefongespräch meinte er: ›Dieses Paar in Florida scheint allerlei zu haben. Vielleicht wollt ihr euch mit ihnen in Verbindung setzen?‹ Und das taten wir denn auch. Anfangs waren die Blands sehr angenehm… Sie schienen nicht gerade furchtbar viel Ahnung zu haben, aber sie wirkten lernwillig. So versuchten wir ihnen zu helfen, so wie anfangs andere Kollegen uns geholfen haben.«

Damit begann eine kurzlebige Beziehung, bei der die älteren Antiquare als Kunden und Berater der Blands fungierten und den Neulingen beibrachten, was sie falsch machten und wie sie es besser machen konnten. Es gab viel zu besprechen. Unter anderem fanden sich in den ersten Katalogen der Firma aus Florida zahlreiche »versehentlich ungenaue« Beschreibungen, so Feuerscheu. Zum Beispiel führten die Blands als Kartographen einer französischen Karte von China aus dem 18. Jahrhundert fälschlich einen gewissen *Échelle* an. Sie hatten dieses Wort offensichtlich in der Kartusche gefunden, jenem Teil der Karte, wo meist der Name des Kartographen steht. Aber, oh weh, Monsieur Échelle war gar kein Kartograph! Der Arme existierte nicht einmal! Échelle, so belehrten die beiden Alten die Blands pflichteifrig, ist das französische Wort für Maßstab.

Die Neulinge ihrerseits schienen stets dankbar für solcherlei Aufklärung, wie demütigend sie auch sein mochte. In einem unterwürfigen Brief lobte Gilbert Bland die »Überlegenheit und Erfahrung auf dem Gebiet der Kartographie/des Kartensammelns« seiner beiden Geschäftspartner und versprach, ihre Vorschläge »anzunehmen und meinem eigenen begrenzten Wissen von diesem Geschäft einzuverleiben«.

Auch Karen Bland hatte regelmäßig Briefverkehr mit dem Paar. Es muss ausdrücklich darauf hingewiesen werden, dass gegen die Frau des Kartendiebs niemals Anklage erhoben wurde, obwohl sie, so Gebranntes Kind und Feuerscheu, mit den täglichen Vorgängen im Laden eng vertraut schien. »Mein Eindruck war, dass sie genauso viel wusste wie er«, berichtete Gebranntes Kind. »Ich hatte das Gefühl, wenn wir ein Geschäft mit ihnen abschließen wollten, konnten wir uns ebenso gut an sie wenden. Ich ging davon aus, dass sie an dem Geschäft aktiv beteiligt war.«

Trotz der herzlichen Beziehung dauerte es nicht lange, bis Gebranntes Kind und Feuerscheu merkten, dass einige ihrer wichtigsten Ratschläge ignoriert wurden. Besonders enttäuschte sie, dass das Paar die in den Katalogen angebotene Ware nach wie vor nicht korrekt beschrieb. Das war nicht nur eine Frage hochnäsiger Benimmregeln. Die Blands führten die Karten so auf, dass man annehmen musste, sie seien in hervorragendem Zustand, obwohl viele sich in Wirklichkeit »in erbärmlicher Verfassung« befanden, so Feuerscheu. »Wir haben Material zurückgeschickt und gesagt: ›Hört zu, wir sind nicht pingelig. Aber die Leute erwarten dies und jenes, und so und so solltet ihr es beschreiben.‹ Dann erschienen dieselben Posten völlig unverändert auf der nächsten Liste. Und Gil schob es immer auf den Computer – irgendwie blieben seine Korrekturen nicht im Computer hängen.«

In ihrem Eifer, im Zweifelsfalle für die Neulinge zu entscheiden, gaben ihnen Gebranntes Kind und Feuerscheu Ratschläge, welche Software das Problem vielleicht lösen könnte – sie ahnten ja nicht, dass die Blands in einem gar nicht so fernen Leben als Computerspezialisten gearbeitet hatten. Doch nach einigen frustrierenden Vorfällen war die Geduld des alten Paares am Ende. »Ich weiß noch, an einer Karte, die sie uns geschickt hatten, fehlte ein ganzes Stück«, erzählte Gebranntes Kind. »Wir haben sie zurückgeschickt. Aber im nächsten Katalog war sie wieder aufgeführt, ohne jeden Hinweis darauf, dass sie unvollständig war... Da war es eindeutig klar, dass sie betrügen wollten. Wenn jemand unmissverständlich gesagt bekommt, dass eine Karte unvollständig ist, dass ein Stück fehlt und sie nicht so beschrieben werden sollte, wie sie beschrieben worden ist – und wenn er sich dann entscheidet, sie wieder so anzubieten, dann fällt einem keine Entschuldigung mehr ein. Sie waren ja nicht dumm.«

Zu dem Zeitpunkt, als sie ihre Beziehung zu Antique Maps & Collectibles abbrachen, Ende 1994, hegten Gebranntes Kind und Feuerscheu bereits einen weitergehenden Verdacht gegen Gilbert Bland. Zum Beispiel beunruhigte sie sein »bizarres« Geschäftsgebaren. Blands Preise waren von Haus aus ziemlich niedrig, und dennoch schien er immer bereit, ein noch niedrigeres Angebot anzunehmen. »Er handelte nie«, erzählte Gebranntes Kind. »Er sagte nur: ›Okay.‹ ... Rückblickend wissen wir, dass er sich nicht allzu sehr um den Preis scherte, wenn er nur *irgendwas* bekam. Es war ja alles reiner Gewinn.«

Und schlimmer noch: Allmählich wurden die beiden misstrauisch, was die Herkunft von Blands Ware betraf. Anfangs, so erklärte Gebranntes Kind, hatten sie angenommen, dass er »durch einen glücklichen Zufall auf etwas gestoßen war. Vielleicht hatte er ein Antiquitätengeschäft gekauft, und im Keller lagen haufenweise Karten oder so was.« Aber im Lauf der Zeit kam ihnen der Verdacht, dass es sich um dubiosere Quellen handelte.

An dem Tag, als ich die beiden in ihrem Laden interviewte, zogen sie einige von Blands alten Katalogen heraus und erinnerten sich kopfschüttelnd, wie sich sein Bestand auf geheimnisvolle

Weise erweitert hatte und schließlich mehrere Exemplare ausgesprochen seltener Karten enthielt. »Es war frustrierend, als wir merkten, dass dieser Kerl, den ich für einen klassischen Trottel hielt, Zugang zu Material hatte, auf dessen Auftauchen wir, die wir so lang schon im Geschäft waren, manchmal jahrelang warten mussten«, sagte Feuerscheu.

Da sie keine konkreten Beweise gegen Bland hatten, gingen die beiden nicht zur Polizei und denunzierten ihn auch nicht öffentlich. Doch sie fingen an, ihren Verdacht anderen Händlern mitzuteilen. »Aber wir haben nicht alle angerufen und gesagt: ›Passt auf, wir nehmen an, dass dieser Kerl stinkt‹«, erklärte Feuerscheu. »In dieser Branche reden alle dauernd miteinander. Wir sind so klatschsüchtig wie ein Haufen alter Weiber. Blands Name tauchte einfach im Gespräch auf.«

Bald merkten sie, dass andere ähnliche Bedenken hatten. »Als einige von uns alten Hasen sich allmählich fragten, wo dieser Kerl immer neues interessantes Material herkriegte, sagte ich einmal zu einem anderen Antiquar: ›Wenn ich Geld hätte, würde ich einen Privatdetektiv anheuern.‹ So misstrauisch war ich«, erzählte Feuerscheu.

Aber während einige Antiquare sich allmählich von Bland lösten, waren andere immer begeisterter von seinem wachsenden Warenlager, das mittlerweile auch zahlreiche ältere, seltene und teuere Exemplare enthielt. Sein Ansehen stieg, und Bland ließ sich mit seiner Frau 1995 bei zwei großen Veranstaltungen der Branche sehen – im Februar auf der Miami International Map Fair und im Oktober bei der Messe der International Map Collectors Society in San Francisco. »Bland trat auf beiden Messen groß auf«, erinnerte sich James Hess, Inhaber des Heritage Map Museum and Auction House in Lititz, Pennsylvania. »Er präsentierte sich dort mit den großen Antiquaren.«

Barry Lawrence Ruderman, der bei der Messe in San Francisco mit Bland zu Abend aß, meinte hierzu: »Vor allem wollte er gerissen sein. Er wollte große Geschäfte machen. Mit Zahlen konnte er eindeutig besser umgehen als mit Karten.«

»Das ging so weit«, erinnerte sich ein angesehener Antiquar, »dass die Händler sagten: ›Ach, Karten von der Stadt X verkaufen sich gerade ziemlich gut. Haben Sie nicht Karten von X?‹ Dann sagte Bland: ›Ich muss mal nachschauen, ich melde mich dann bei Ihnen.‹ Und schon in der nächsten Woche rief er an und sagte: ›Tja, zufällig hab ich da eine Karte von X.‹«

Natürlich hätte genau dies die Antiquare hellhörig machen sollen. Die Tatsache, dass viele weiterhin mit ihm Geschäfte machten, bis er in der Peabody Library Pech hatte, sagt weniger über die Natur des Kartenhandels aus als über die älteste menschliche Schwäche, die Versuchung. Fast keiner meiner Interviewpartner glaubte, dass Blands Kunden aus erster Hand über seine Verbrechen Bescheid wussten. Wahrscheinlich ließen sich die Händler eher von dem Grundsatz mancher Antiquare lenken: »Man muss nicht alles wissen.« Mit den Worten von Gebranntes Kind: »Bestimmt haben einige Leute beide Augen zugedrückt. Das fällt einem leicht, wenn es ums Geldverdienen geht.«

Denn Gott weiß, dass, welches Tages ihr davon esset, so werden eure Augen aufgethan und werdet sein wie Gott und wissen, was gut und böse ist.« Mit diesen Worten wurde niedergeschrieben, was ehedem in »Eden gegen Morgen« geschah. Ja, fragten sich die Menschen späterer Epochen, aber wo genau lag dieses Eden? Das Paradies war verloren, im eigentlichen Sinn des Wortes – und jahrhundertelang waren Theologen, Gelehrte, Pilger und Kartographen von dem Wunsch besessen, es wieder zu finden.

Die frühen Kulturen von den Sumerern bis zu den Griechen dachten sich ursprünglich einen üppigen, duftenden Garten als Paradies – ein Wort, das sich aus dem Altpersischen *apiri-daeza* entwickelt hat, was so viel heißt wie *ummauerter Obstgarten*. Die hebräischen Schriften bauten dieses Mythos aus und gaben scheinbar konkrete Hinweise darauf, wo sich dieser Zaubergarten befand. Laut dem zweiten Kapitel der Genesis floss ein Strom durch das irdische Paradies, der sich in vier Flüsse teilte, den Pison, in dem man später den Indus, den Ganges oder die Donau vermutete, den Gihon oder Nil, den Hidekel oder Tigris und schließlich den Euphrat. Doch diese Beschreibung erzeugte mehr Fragen als Antworten – nicht zuletzt die, wie vier Flüsse, deren Oberläufe so weit voneinander entfernt waren, aus derselben Quelle entspringen sollten. Einige frühchristliche Gelehrte erklärten derlei Bedenken für unwichtig, da die Schilderung der Bibel nur symbolisch gemeint sei. Aber zahlreiche mittelalterliche Theologen behaupteten steif und fest, der Garten Eden sei ein real existierender Ort, dessen Flüsse unterirdisch flössen, ehe sie ihre scheinbaren Quellpunkte erreichten. Der hochgebildete heilige Isidor aus Sevilla zum Beispiel siedelte Eden im Fernen Osten an, umgeben von einer »Feuerwand, deren Flammen bis zum Himmel aufsteigen und den Garten für die Menschheit unzugänglich« machen. Solche Vorstellungen geben die *mappae mundi* des Mittelalters wieder, die den Garten zumeist am östlichen (oberen) Rand der Welt zeigten, manchmal als ummauertes Gebiet auf dem Festland, manchmal als Insel jenseits des »fernsten Indien«. Dies waren Standardauffassungen bis zum Zeitalter der Entdeckungen, als neue Deutungsmöglichkeiten entstanden, insbesondere in der Neuen Welt, wo Christoph Kolumbus behauptete, er habe am Orinoko »deutliche Hinweise auf das irdische Paradies« gefunden. Die Suche ging jahrhundertelang weiter, wenngleich sich das Hauptziel allmählich verlagerte: Man wollte nicht mehr wissen, wo ein noch immer existierendes Paradies liegen mochte, sondern wo es einmal gelegen hatte. Sir Walter Raleigh – der die Ansicht vertrat, der Garten selbst könne nicht mehr gefunden werden, da »die Sintflut und andere Ereignisse jener Zeit« Eden wieder zu gewöhnlichen Feldern und Wiesen gemacht hätten – siedelte ihn in Mesopotamien an. Andere verlegten ihn nach Armenien, Palästina, Afrika oder Ceylon. Noch im 19. Jahrhundert berichtete der britische General Charles Gordon, er habe absolut sichere Beweise dafür, dass der Garten Eden auf der Insel Praslin im Indischen

Ozean existiert habe. Der Kriegsheld und religiöse Eiferer war fest überzeugt, dass es sich bei einer bestimmten Palmenart auf der Insel um den Baum der Erkenntnis handle. Schließlich, so schrieb er, trage die Pflanze Früchte mit zweierlei Geschlecht, wobei die männliche einem Phallus gleiche und die weibliche, »wenn sie geöffnet wird, wie ein (Frauen-)Körper mit Schenkeln geformt ist«. Wozu sollte eine solch aufreizende Vegetation gut sein, wenn nicht zu dem Beweis, dass Adam und Eva auf der Insel gelebt hatten?

Heute würde natürlich auch der gläubigste Mensch nicht mehr wagen, das Paradies in eine Karte einzutragen. Doch trotz des Zynismus unserer Zeit haben wir Menschen nicht den Drang verloren, nach diesem Ort vollkommener Zufriedenheit zu suchen; wir finden ihn nie ganz, aber wir geben auch die Hoffnung nie ganz auf und kommen ihm manchmal so nahe, dass wir den schwachen, lieblichen Duft seiner Blüten fast riechen oder das ferne Glitzern seiner Wasser erspähen können. Ich weiß noch immer nicht genau, was Gilbert Bland veranlasste, diesen Laden in Südflorida zu eröffnen. Seine Gegner meinen, er habe von Anfang an Böses im Sinn gehabt, und verweisen darauf, dass James Perrys Besuche in den Universitätsbibliotheken schon wenige Monate nach der Geschäftseröffnung begannen. Das stimmt freilich, aber dennoch würde ich irgendwie gern glauben, dass Blands Motive komplizierter waren. Mein Verdacht – oder vielleicht auch einfach meine Hoffnung – sieht so aus, dass er zumindest am Anfang aufrichtig wünschte, ein neues Leben zu beginnen. Aber wie die Geschichte im Einkaufszentrum auch immer begann, sie endete als tragikomische Trash-Kultur-Allegorie: »Und der Sünder und sein Weib wurden vertrieben aus The Gardens, und ihre Sorgen waren zahlreich, und sie wussten, dass sie nackt waren vor dem allmächtigen Mediengötzen.«

Blands Vertreibung aus dem Paradies geschah Mitte Dezember 1995, eine Woche nachdem er in der Johns Hopkins University erwischt worden war. Während ihm Thomas Durrer von der University of Virginia und das FBI schon dicht auf den Fersen waren, kehrte Bland nach Florida zurück. Irgendwann zwischen dem Nachmittag des 14. Dezember und dem frühen Morgen des 15. Dezember räumte er seinen Laden leer, verließ The Gardens für immer und hinterließ seinem Vermieter nur einen Zettel: »Bis bald.«

»Ich kam rein, und viele Karten waren fort«, erzählte Laurie Bregman, eine Geschäftsfrau aus The Gardens, deren Laden genau gegenüber von Antique Maps & Collectibles lag. »Ich dachte, vielleicht renoviert er, oder vielleicht hat er so viel verkauft. Aber es stellte sich heraus, dass er den Laden in einer Nacht-und-Nebel-Aktion leer geräumt hatte.«

Nun war es Bland damit zwar erst einmal gelungen, der Festnahme zu entgehen, doch der öffentlichen Aufmerksamkeit konnte er sich nicht mehr entziehen. Eine Anzahl größerer Presseorgane, darunter die *Sun* aus Baltimore und *Associated Press,* hatten schon über die Diebstahlsserie berichtet, und viele andere wie die *Washington Post*, die *Chicago Tribune* und das *National Public Radio* sollten bald folgen.

Die Nachricht verbreitete sich rasch in der Branche und rief zweierlei höchst unterschiedliche Reaktionen unter den Antiquaren hervor. Für die einen war es eine vollendete Tatsache. »Ich wunderte mich keineswegs, als die Geschichte ans Licht kam«, erinnerte sich Feuerscheu. Für andere war es jedoch ein regelrechter Schock. »Mir fiel der Unterkiefer runter«, sagte Jonathan Ramsay, Inhaber eines Ladens für Karten und dekorative Graphik auf den Bahamas. »Der Kerl war doch grundehrlich. Wenn so was passiert, versteht man die Welt nicht mehr.«

Ramsay, der nicht nur geschäftliche, sondern auch private Beziehungen zu Bland hatte, erfuhr durch einen Freund aus Florida, der ihm einen Zeitungsausschnitt faxte, dass der Kartendieb mit dem Gesetz in Konflikt geraten war. »Ich rief meinen Freund an und sagte: ›Du machst wohl Witze!‹ In diesem Augenblick hörte ich ein Geräusch im Laden und drehte mich um, und da standen diese drei Typen. Ich sagte: ›Ja, womit kann ich dienen?‹ Und da sagte der eine: ›Ich bin vom FBI.‹ Er war genau hinter mir gestanden, als ich telefonierte. Er sagte: ›Ich merke an Ihrem Telefongespräch, dass Sie die Nachricht schon erhalten haben.‹«

Ein anderer Antiquar, der Bland Karten abgekauft hatte und ihm auch persönlich begegnet war, teilte Ramsays Verblüffung. »Bland sprach immer so leise und war so rücksichtsvoll«, sagte er. »Das war ein Widerspruch: Am Telefon und persönlich war er so ruhig, und dann hat er solch unfasslich freche Verbrechen begangen. Er war anscheinend ein riesiger Schwindler.«

Verzeihlich, wenn auch die Nachbarn der Familie Bland in der gut situierten Vorstadt über die Nachricht entsetzt waren. Das italienisch angehauchte Haus mit seinen vier Schlafzimmern und zweieinhalb Bädern strahlte Anständigkeit und Wohlstand aus. Aber Gilbert Blands Leben waren voll von irreführenden Fassaden, und diese war keine Ausnahme: Die finanzielle Situation der Familie war keineswegs so rosig, wie es den Anschein hatte. Am 3. November 1995, einen guten Monat vor Blands kurzer Festnahme in Baltimore, hatte Karen Bland, eingetragene Eigentümerin von Haus und Laden, Bankrott angemeldet. Aus den Gerichtsakten ist ersichtlich, dass sie allein über 40 000 Dollar Kreditkartenschulden hatte.

Blands Anwälte behaupteten später, der Misserfolg der Computerleasingfirma in Maryland habe zu dieser finanziellen Schieflage und schließlich auch zu seinem Seriendiebstahl geführt. Aber das war womöglich nicht der einzige Faktor. »Ich biete Ihnen mal ein anderes Szenario an«, meinte Jonathan Ramsay. »Er kam etwa vier- oder fünfmal hierher [auf die Bahamas] – und er hat gern gespielt. Dann sagte er immer: ›Ich bin auf Spieltour hier.‹ Erst hat er mich besucht, und dann zog er ab ins Casino.«

Bei Gilbert Blands offenkundiger Neigung zum Risiko wäre eine Spielleidenschaft nicht ganz abwegig. Aber ob nun wegen Spielschulden oder aus ganz anderen Gründen – er brauchte eindeutig verzweifelt dringend Bargeld, und ihm fiel eine Methode ein, wie er sich das beschaffen konnte. »Er fand einen bequemen Weg, um an Geld zu gelangen, und er ist ihn einfach zu weit gegangen«, sagte Clay Williams vom Sicherheitsdienst der University of North Carolina, einer von mehreren Vollstreckungsbehörden, die inzwischen mit dem Fall befasst waren. »Es wuchs ihm über den Kopf. Er wurde süchtig. Ich glaube nicht, dass er ahnte, welche Anklagen auf ihn zukommen konnten.«

Und sie kamen auf ihn zu – aber langsam, sehr langsam. Während die Nachricht von den Diebstählen sich im ganzen Land verbreitete, blieben die Versuche des FBI, einen gerichtlichen Durchsuchungsbefehl für Blands Laden zu bekommen, im Verwaltungswust stecken. »Ein Durchsuchungsbefehl muss aus dem selben Gerichtsbezirk kommen, in dem er durchgeführt wird«, erklärte der FBI-Beamte Henry F. Hanburger vom FBI in Columbia, Maryland. »Und die Zeit war furchtbar knapp, wegen der Weihnachtsferien und weil die Leute nicht arbeiteten, in der Staatsanwaltschaft und bei uns ... Wir haben's einfach nicht geschafft, dass der zuständige Staatsanwalt einsah: ›Verdammt noch eins, wir brauchen einfach einen Durchsuchungsbefehl.‹ Das hat uns einiges gekostet.«

In der Tat sollte diese Verzögerung die Verfolger schließlich viel kosten – und die Staatsanwaltschaft noch mehr. Erst einige Tage, nachdem Bland seinen Laden leer geräumt hatte, spürten ihn die FBI-Beamten in Florida auf. Und erst zwei Wochen später, am 2. Januar 1996, stellte sich der Kartendieb der örtlichen Polizei. Endlich war Bland in Haft. Doch nun waren seine Karten nirgendwo zu finden.

KAPITEL 10

Die Lust am Entdecken

Der Admiral setzt sich hin, um einen Brief zu schreiben. Von außerhalb der Kajüte kommen Geräusche, die ihm so vertraut sind, dass er sie nicht einmal hört: das Knarzen von Holz, das Schlagen und Flattern der Segel, das raue Schlingern der See. Er segelt auf einem Schiff namens Niña nach Osten. Als er sich über die Seite beugt, verengen sich seine blauen Augen vor Aufregung, und er gönnt sich ein zufriedenes Lächeln. Auf dem Brief steht das Datum »15. Februar Anno Domini 1493«, und er ist an einen spanischen Beamten gerichtet. Mehrere tausend Worte stehen darin, von denen nur drei wirklich zählen:

Ich habe entdeckt…

Der Admiral weiß nicht genau, was er entdeckt hat; er wird es bis zu seinem Tod nicht wissen. (Vorläufig beschreibt er es als mehrere Inseln, auf denen unzählige Menschen leben.*) Er weiß auch nicht, wie umfassend seine Entdeckung die Welt verändern wird und wie schnell. Innerhalb von Monaten werden Abschriften dieses Briefes in einem Dutzend Ausgaben und in drei Sprachen durch Südeuropa zirkulieren. Innerhalb von Monaten wird der Admiral eine Berühmtheit sein, umjubelt von Scharen von Gratulanten und gefeiert von Königen, Königinnen, Höflingen und Geistlichen. Innerhalb von Monaten werden andere Reisende Pläne vorlegen, um die Route des Admirals nachzufahren. Auch sie werden Entdeckungen machen, aber keine, die sich mit seiner vergleichen ließen. Der Admiral hat ein von niemandem vermessenes Meer überquert und eine auf keiner Karte eingezeichnete Welt betreten:* Denn obwohl einige etwas über diese Inseln geschrieben oder gesagt haben, so taten dies doch alle nur in Andeutungen und Vermu-

Allegorie zur Erinnerung an Kolumbus' Entdeckungen in der Neuen Welt aus einem Buch von 1621.

tungen, und niemand beansprucht für sich, diese Inseln tatsächlich gesehen zu haben. *Suchen und finden – das war fast von Kindheit an sein Traum gewesen. (»Ihn faszinierten die Legenden, die sich um das Unbekannte rankten«, sollte sein Biograph Gianni Granzotto später schreiben. »Sie erregten seine Phantasie, und er begann nachzudenken und zu träumen. So lernte er, auf dem unsichtbaren Seil zwischen Wissen und Schwärmerei zu balancieren.«) Suchen und finden – und nun, schreibt er, ist es geschehen:* Die Eroberung des scheinbar Unmöglichen. *Der Admiral hat alle Hindernisse überwunden – die Gefahr, die Entbehrungen, die schreckliche Ungewissheit, die Tatsache, dass gelehrte und mächtige Männer behaupteten, es wäre undurchführbar. Suchen und finden – dies ist allein sein Triumph, das weiß er, aber er weiß auch, dass er bedeutungslos bleibt, solange er nicht mit anderen geteilt wurde, umgewandelt von einem Ereignis in eine Geschichte und von dieser in eine Legende. Deshalb kehrt er mit Proben zurück: Gold, Bernstein, Baumwolle, Kräuter und Chilis, Papageien und andere exotische Vögel in Käfigen, ja sogar Menschen:* Ich bringe Inder mit. *Deshalb schreibt er jetzt diesen Brief. Deshalb diese Worte, die von der noch nassen Tinte glänzen:* Die gesamte Christenheit soll fröhlich sein …

Ich habe es mir zur Regel gemacht, bei Besuchen nicht unaufgefordert die Kleidung meiner Gastgeber zu kommentieren. Aber nicht jeder Gastgeber kommt in Südseeinseln gewandet an die Tür.

»Ihr Hemd ist ja eine Karte«, platzte ich heraus.

Diese ungewöhnliche Form der Begrüßung schien den weißhaarigen Mann nicht zu stören, der auf der anderen Seite der Fußmatte stand und mich wie die Katze aus *Alice im Wunderland* anlächelte.

»Ja, klar«, erwiderte er gut gelaunt. »Ich habe Kartenhemden, Kartenkrawatten, Karten auf fast allem. Kommen Sie rein.«

Und so begann mein Besuch in dem außergewöhnlichen Haus eines noch außergewöhnlicheren Menschen. In den nächsten Stunden gab mir mein Gastgeber einen weit gespannten, temperamentvollen Überblick über die Geschichte der Karten, von denen ein verblüffend großer Teil an den Wänden dieses riesigen Hauses hing. Karten in den Schlafzimmern. Karten im Wohnzimmer. Karten im Esszimmer. Karten im Salon. Karten in den Fluren. (»Es gibt ein paar Räume *ohne* Karten«, gestand er, und seine jungenhaften Augen zwinkerten hinter einer großen, viereckigen Brille. »Werden aber immer weniger.«) Karten auf Regalen, in Schränken und Vitrinen. Karten auf Tischen ausgebreitet. Aber nicht irgendwelche Karten – diese hier gehörten zu den kostbarsten und wichtigsten Karten, die jemals gedruckt worden waren; es war eine so reichhaltige, bedeutende Sammlung, dass kein Geringerer als Graham Arader sie als »unglaublich« bezeichnet hatte. Und Araders Meinung über meinen Gastgeber? »Ha, der ist ein Gigant! Ein gigantischer Sammler!«

Mein Besuch hier war ein weiterer Abstecher von meinem Bland-Highway. Sammler hatten im Allgemeinen nur eine kleine Rolle im Drama des Kartendiebs gespielt; mein Gastgeber war, so viel ich wusste, überhaupt nicht beteiligt gewesen. Dennoch war ich inzwischen der Meinung, dass meine Nachforschungen unvollständig blieben, solange ich das Wesen des Sammelns nicht begriffen hatte. Ich wusste natürlich, dass der Sammeltrieb letztlich den Markt für Blands gestohlene Karten schuf. Zudem hoffte ich, dieser Trieb werde mir vielleicht erklären können, warum der Kartendieb seinen verbotenen Schatz erst angehäuft und ihn dann vor der Polizei verschwinden ließ. Aber mir war, als hätte er für die Geschichte eine noch tiefere, wenn auch weniger unmittelbare Bedeutung. Ich wusste damals noch nicht, dass meine Suche nach Antworten sich in eine Selbstentlarvungsreise verwandeln würde. Ich hatte nur das Gefühl, eine Untersuchung sei nun angebracht, und an welchem Ort hätte ich besser damit beginnen können als in diesem exorbitanten Tempel voller kartographischer Wunder?

Ich sollte vielleicht erwähnen, dass das Haus extrem gut gesichert war, doch weil sein Inhalt buchstäblich unersetzlich ist, habe ich mich entschlossen, weder seine Adresse noch den Namen seines Besitzers preiszugeben. Wir wollen unseren »gigantischen Sammler« einfach Mr. Atlas nennen, nicht nur, weil er das ganze Universum an seinen Wänden hochzustemmen schien, sondern weil mir das Haus selbst wie ein Atlas vorkam – vielerlei Ansichten der Welt, aus der sich eine einzige Weltsicht ergibt, ein offenes Buch über die Besessenheit eines einzelnen Mannes.

Denn machen wir uns nichts vor: Mr. Atlas ist besessen. Wer das nicht an seinem Hemd gemerkt hat (welches, so klagte er, keine genaue Reproduktion einer konkreten Karte war, sondern eine »zusammengeschusterte« Darstellung von »Cooks Reisen in den Südpazifik – obwohl ich noch viele andere habe«), der hätte es erkannt an den Porträts in der Eingangshalle. Nein, diese bärtigen Herren waren nicht seine Vorfahren. Das Paar in dem Doppelporträt, jeder mit einem Globus in der Hand, waren der legendäre Kartograph Gerhard Mercator und der Amsterdamer Kupferstecher und Kartenhändler Jodocus Hondius, dessen Atlanten Mercators Werk berühmt gemacht haben. Und der Bursche neben ihnen mit dem winzig kleinen Kopf auf der riesigen plissierten Halskrause war niemand anderer als der große Abraham Ortelius, dessen Name und Gesicht in der Familie Atlas wohl bekannt waren. »Als wir vor etwa einem Jahr einen Antiquar besuchten«, erzählte unser gigantischer Sammler, »und mein Enkel dort eine Kopie dieses Orteliusporträts sah, begriff er nicht, wieso das Ortelius sein konnte. Den hatte doch Opa schon zu Hause.«

Kurzum, ich kam zu dem sicheren Schluss, dass Mr. Atlas ernsthaft an jenem Leiden erkrankt war, welches auf einem Poster im Treppenhaus zum Untergeschoss wie folgt beschrieben wurde:

VORSICHT
ANTIQUARISCHE KARTENPEST
Ansteckungsgefahr!
Kein Heilmittel bekannt!
Krankheitsanzeichen: Schwindel und Schweißhände
beim Lesen von Kartenkatalogen.
Oft begleitet von Atemnot und Begierde.

Weitere pathognostische Symptome:
Verlust freier Wandflächen und selbst verschuldete Armut.
Bei Ansteckung gehen Sie nicht zum Arzt,
sondern suchen Sie Hilfe bei einem Antiquar,
der Sie zwar nicht heilen,
aber Ihre Beschwerden lindern kann.

Doch es soll nicht der Eindruck entstehen, Mr. Atlas sei eine Art halb verrückter Exzentriker. Wortgewandt, vornehm und hochintelligent, war er ein Mann, dessen Leidenschaft für Karten nur noch von seinem Wissen über sie übertroffen wurde. Er hatte sich aus dem Geschäftsleben zurückgezogen und arbeitete jetzt an einem akademischen Institut, wo er forschte und gelegentlich über Themen aus der Geschichte der Kartographie schrieb. Zusammen mit seiner Frau ermöglichte er Ankäufe für Bibliotheken und finanzierte eine Vortragsreihe sowie ab und zu Museumsausstellungen. Und natürlich war sein Haus selbst ein Museum, eine im Lauf von etwa 35 Jahren sorgfältig zusammengetragene Sammlung. Als ich eine Führung zu seinen »Schätzen« bekam, fühlte ich mich geehrt, nicht nur, weil ich so wunderbare Kunstwerke greifbar vor mir sah – einige davon waren wirklich nur innerhalb dieser Wände zu finden –, sondern weil ich den Mann kennen gelernt hatte, der sie gesammelt hatte.

Das leise, leichte Lächeln, das unverwandt auf seinem vollen Mund lag, verlieh Mr. Atlas das Aussehen eines etwas zerstreuten Weisen – eines Mannes, der sein Wissen gern an einen willigen, wenn auch manchmal peinlich unbedarften Schüler weitergibt. »Mit wie vielen Menschen kann ich das hier teilen?«, fragte er und zeigte auf die Wände. »Den meisten bedeutet es nichts.« Und so begann er langsam und nachsichtig wie ein besonders geduldiger Lehrer über seine Karten und sein Leben zu sprechen.

»Seit ich denken kann, habe ich gesammelt, seien es Muscheln, Mineralien, Postkarten, Briefmarken oder Münzen – meist auf dem Niveau eines Kindes«, erklärte er. »Ich weiß nicht, ob man einfach mit einem Hang zum Sammeln geboren wird. Vermutlich ist man entweder ein Mensch, der Sachen anhäuft, oder einer, der sich ihrer entledigt. Ich habe zum Beispiel eine Aktenschublade, die ich erst ausmiste, wenn sie nicht mehr zugeht.«

Er stieß auf die alten Karten, als er Anfang der Sechzigerjahre als Investmentberater arbeitete. Ein Geschäftspartner hatte soeben sein Büro von einem Innenarchitekten neu gestalten lassen, und dieser fand, »Karten sorgen für das richtige Image«. So kam es, dass an der Wand dieses Mannes zwei dieser Kunstwerke hingen. »Ich glaube, das eine war Frankreich und das andere Mitteleuropa«, sagte Mr. Atlas. »Ich weiß es nicht einmal mehr genau. Aber ich sagte zu ihm: ›Die sind aber schön, Bob. Wo hast du die her?‹ Er murmelte bloß irgendwas, ihm waren Karten vollkommen egal. Aber bei mir hatte es gefunkt. Ich hatte mich immer für Kunstgeschichte und Geographie interessiert, und nun sagte ich mir, diese Dinger vereinigen beides in sich. Und sie müssen auch bezahlbar sein, sonst hätte dieser Kerl sie nicht an der Wand hängen. So ging es los. Ich rief den Innenarchitekten an und bekam heraus, wo die Karten her waren, und das brachte mich zu einem der führenden Antiquare der USA. Es hatte sich etwas ganz Neues aufgetan.

Als ich mit den Karten anfing, erwarb ich eine bunte Mischung, die nur einen persönlichen Zusammenhang hatte. Ich kaufte eine Karte, weil ich an dem Ort schon mal gewesen war oder weil dort Verwandte lebten oder dergleichen. Aber nach ein paar Jahren merkte ich: Das ist nicht die richtige Vorgehensweise. So was ist keine Sammlung, sondern nur eine Ansammlung. Für mich liegt der Unterschied darin: Wenn ich ein Stück für eine Sammlung aussuche, dann nicht wegen seiner individuellen Vorzüge. Es geht darum, ob möglicherweise eine Beziehung zu anderen Objekten besteht. Das macht eine Sammlung aus: Wenn das Ganze wichtiger ist als die einzelnen Stücke.«

Und dann sagte Mr. Atlas etwas, das mir seither oft durch den Kopf gegangen ist: Sein Ziel als Sammler sei es, eine ausführliche Geschichte zu erzählen. Ich gebe zu, dass mir dieser Gedanke anfangs nicht einleuchtete und mich sogar ärgerte. Mein Eindruck war eher, dass Sammler Leute mit zu viel Zeit und zu viel Geld waren, passive Verbraucher. Sammeln war mir nie als besonders schöpferischer Akt erschienen, viel weniger als Erzählform. Und als leidlich fleißiger Schriftsteller fühlte ich mich ein bisschen auf den Schlips getreten, dass mein Gastgeber meinte, der Besitz von einem Haufen toller Sachen mache ihn auch zu einer Art von Autor.

Wenn Mr. Atlas meine Skepsis spürte, so äußerte er sich nicht dazu. Er verlor auch keine Zeit seine These zu untermauern. Stattdessen begann er ihre Richtigkeit zu beweisen – mit Karten. Eine dieser Beweisführungen begann mit einer Karte des Mississippi aus dem Jahr 1718 von dem französischen Kartographen Nicolas de Fer. Eine Nebenkarte zeigte die gesamte Küste des Golfs von Mexiko. Diese Wiedergabe der Küste, so erklärte er, sei wesentlich genauer gewesen als die bisherigen, ein großer Schritt in der Kartographie dieser Region. Dann zeigte er mir andere Karten mit der gleichen Küstenlinie, darunter Guillaume Delisles *Carte de la Louisiane* von 1718, die »häufig von anderen Kartographen kopiert wurde und ein halbes Jahrhundert lang die Kartengrundlage für diese Region war«.

Schließlich führte mich Mr. Atlas mit kaum gebändigter Erregung in einen anderen Teil des Hauses. »Jetzt schauen Sie sich *die* an«, bat er mich und holte vorsichtig ein letztes Blatt heraus. »Von *dieser hier* stammen *all die anderen* ab.«

Vor mir auf dem Tisch lag eine Arbeit, die nicht mit einer Druckerpresse, sondern von Hand hergestellt worden war – was die Historiker eine Manuskriptkarte nennen. An den Rändern war sie teilweise angesengt, aber ich erkannte deutlich den Verlauf der Golfküste – die gleiche Linie, die ich auf den anderen Karten gesehen hatte. Ja, meinte Mr. Atlas, ich sähe hier tatsächlich etwas Einzigartiges vor mir, die Urkarte, die von ebendem Mann verfertigt worden sei, der das Land vor fast 300 Jahren vermessen habe.

Dieses Blatt wirkte noch beeindruckender als alles, was ich heute schon gesehen hatte. Ich blickte auf diese krummen Tintenstriche hinunter, und mir war, als könnte ich fast sehen, wie sich die zeichnende Hand vorsichtig über die Seite bewegte. Dann stellte ich mir all die anderen Hände vor, die diese brüchige Urkunde im Lauf ihres langen Lebens gehalten haben mochten: die wettergegerbten Pranken der Seeleute und Entdecker, die nervigen Finger der Kartographen, die verweichlichten Samtpfoten der Könige, den liebend-klammernden Griff der Sammler. Und als da unmittelbar vor meinen Augen ein Kontinent Gestalt annahm, hatte ich plötzlich das Gefühl einer starken Verbindung mit der Vergangenheit – nicht nur das Gefühl, dass ich Geschichte wieder erlebte, sondern dass ich *ein Teil* von ihr war.

»Diese Karte wurde von einem Mr. Soupart gezeichnet, über den wir nichts wissen«, erläuterte Mr. Atlas. Nicht einmal der Vorname des Kartographen habe überdauert. Nur seine Karte – und nur in diesem Haus. »Es ist höchst selten, dass man die genaue Quelle [einer kartographischen Überlieferung] kennt. Es war ein wirklich toller Fund. Und noch etwas kommt dazu: Merken Sie, dass sie angesengt ist? Wir können es nicht beweisen, aber wir wissen, dass das Schiff, das aller Wahrscheinlichkeit nach an der Vermessungsexpedition beteiligt war, 1719 im Hafen von Pensacola verbrannt ist. Und es würde mich keineswegs überraschen, wenn diese Karte hier zu den damals geretteten Gegenständen zählte.«

Was für eine Geschichte, dachte ich. Was für ein vollkommen und unbestreitbar hinreißendes Seemannsgarn!

Ich empfand nicht nur wachsende Bewunderung für meinen Gastgeber, sondern im Lauf des Nachmittags auch etwas anderes, etwas, das ich nie vermutet hätte, als ich zur Tür hereintrat: Ich fand allmählich, dass Mr. Atlas und ich einiges gemeinsam hatten. Nicht dass ich plötzlich seine Besessenheit hätte nachvollziehen können. Aber je mehr Karten er mir zeigte – und mir dabei die Geschichte einer jeden erzählte und den Zusammenhang zu anderen herstellte –, desto weniger erschien mir sein Hobby als mysteriöse, fremdartige Freizeitbeschäftigung. War der Aufbau einer Sammlung nicht ein wenig wie das Schreiben eines Buches?

Hatten sein und mein Streben nicht dasselbe Ziel, nämlich Wissen zu erwerben? Suchten wir nicht beide dieses Wissen so zu ordnen – der eine auf einem Blatt Papier, der andere an seinen Wänden –, dass wir, wie er es formulierte, »die Quelle einer Sache genau bestimmen« konnten? War das Verlangen, die Quelle zu bestimmen, nicht genau das, was mich hierher getrieben hatte?

Gegen Ende des Tages war ich bereit, Mr. Atlas nicht nur einen Geschichtenerzähler zu nennen, sondern einen Chronisten epischer Ereignisse, den Tolstoi der Karten. Er hatte all seine Kräfte aufgeboten für zwei gewaltige historische Erzählungen. Die erste war die Entdeckung des amerikanischen Westens. Diese Periode faszinierte ihn hauptsächlich, weil hier die Forscher selbst zu Kartographen wurden. Und da die meisten Karten von Tagebüchern begleitet waren, »kann man die ganze Reise nachvollziehen«.

Um diesen Punkt zu unterstreichen, zog er eine Arbeit von Charles Preuss hervor, dem Kartographen meines alten Freundes, des Pfadfinders. »All diese Kommentare stammen aus Frémonts Tagebuch«, sagte er und zeigte auf Texte innerhalb der Karte. »Einiges ist recht interessant – wie dies hier: ›Den ersten Büffel gesehen, 13. Juni.‹ Und alle Lager sind eingezeichnet; dadurch sieht man, welche Entfernung sie an einem beliebigen Tag zurückgelegt haben.«

Seine zweite große Leidenschaft galt dem Zeitalter der Entdeckungen, einer Zeit, aus der sich in seiner Sammlung eine verwirrend unübersichtliche Fülle von Meisterwerken findet. Ich sah eine Arbeit von Martin Waldseemüller aus dem Jahr 1513, eine der ersten Weltkarten, die die Neue Welt abbilden. (In dem irrigen Glauben, Amerigo Vespucci habe die Neue Welt entdeckt, hatte Waldseemüller auf einer Karte von 1507 dem südlichen Teil der Landmasse den Namen ›Amerika‹ gegeben. Später erkannte er seinen Irrtum und strich den Namen in späteren Ausgaben, aber da war er schon hängen geblieben.) Ich sah eine kostbare Arbeit aus dem Jahr 1534, gezeichnet von Diego Ribero und gedruckt von Giovanni Battista Ramusio, mit der ersten eindeutigen Darstellung der Magellanstraße. Ich sah die erste gedruckte Karte der westlichen Hemisphäre, ein Werk des deutschen Humanisten Sebastian Münster. Ich sah Karten von Ortelius, Mercator, von dem französischen Reformer Oronce Finé, den Holländern Gerard und Cornelius De Jode und dem Briten John Speed. Die Liste nahm kein Ende. Nehmen Sie irgendeine wichtige Karte aus dem 16., 17. oder 18. Jahrhundert, und Sie finden sie wahrscheinlich in diesem Haus.

Was meine Phantasie jedoch so richtig fesselte, war ein kleineres Werk des weniger bekannten Kartographen Francesco Rosselli. Gedruckt in Florenz um 1508, ging dieses Exemplar kurz darauf verloren. Es blieb jahrhundertelang verschollen und wäre ohne eine glückliche Fügung vielleicht nie wieder aufgetaucht. »Man hat es offenbar wieder entdeckt, als ein altes Buch neu gebunden wurde«, erzählte Mr. Atlas. »In den vergangenen Jahrhunderten war es nicht ungewöhnlich, dass beim Binden andere Druckerzeugnisse, die mit dem Buch gar nichts zu tun hatten, als Füllmaterial für die Deckel verwendet wurden. Die waren außen aus Pergament, und um ihnen eine gewisse Fülle zu geben, stopfte man sie mit Papier aus. Und wenn heute ein Buch neu gebunden wird, weiß jeder Restaurator, dass er behutsam vorgehen muss, denn oft findet man auf diese Weise alte Graphiken und Ähnliches. Und so kam auch dies hier ans Licht.«

Ursprünglich im Besitz eines britischen Antiquars wurde das Stück in den Achtzigerjahren von einem Händler aus San Francisco gekauft, der es an einen südamerikanischen Sammler weiterverkaufte. Mr. Atlas wurde auf die Karte aufmerksam, als der Südamerikaner »wegen einer Scheidung einen Haufen Geld auftreiben musste« und beschlossen hatte, sie bei Sotheby's versteigern zu lassen.

Anfangs wusste Mr. Atlas nur wenig über das Stück. »Ich musste Nachforschungen darüber anstellen«, erklärte er. »Das ist eigentlich der spannendste Teil: die Arbeit, die man leisten muss, bevor man sich entscheidet, ob man ein Stück seiner Sammlung einverleiben will. Und wie immer die Entscheidung ausfällt, man hat viel gelernt. Ja, wirklich, darum geht's doch, schließlich ist es ja nur ein Blatt Papier. Aber der entscheidende Punkt ist, wofür dieses Blatt Papier steht. Wenn man die geschichtlichen und kulturellen Hintergründe einer Karte nicht kennt, entgeht einem das Beste.«

Es stellte sich heraus, dass die geschichtlichen und kulturellen Hintergründe in diesem Fall ziemlich bedeutend waren. Rosselli benützte für seine Karte als Erster eine Netzprojektion mit 360 Längengraden und 180 Breitengraden – und das machte sie »im wahrsten Sinn des Wortes zur ersten Karte der ganzen Welt«, so der Historiker Peter Whitfield. (Diese »ganze Welt« sah jedoch noch recht drollig aus mit ihrem einsamen südamerikanischen Kontinent – der als »Land des heiligen Kreuzes oder Neue Welt« bezeichnet war – und ohne Nordamerika, dafür mit einem verlängerten Asien.) Es war auch die erste Karte, die für einen immer noch hypothetischen Kontinent im Süden den Namen Antarktis einführte (griechisch für »Gegenteil von Norden«). Und sie verarbeitete als erste Karte Christoph Kolumbus' Entdeckungen, die er auf seiner vierten Reise von 1502 bis 1504 machte.

Ein wichtiges Werk, ja, aber mehr noch ein außerordentlich seltenes. Es erwies sich, dass nur zwei weitere Exemplare bekannt waren, eines im British National Maritime Museum in Greenwich und das andere in der Biblioteca Nazionale Centrale in Florenz. Mr. Atlas beschloss, dass das dritte wenn irgend möglich das seine werden sollte. »Es brauchte wesentlich mehr Nachforschungen als sonst, um herauszufinden, worum es sich hier handelte. Und ich sagte mir: ›Die ist großartig, die muss ich haben. Unbedingt.‹«

Das Glück stand auf seiner Seite. Statt das Werk auf einer Auktion anzubieten, die nur Karten und dekorativer Graphik vorbehalten war – wo es wahrscheinlich großes Interesse auf sich gezogen hätte –, bot Sotheby's es zusammen mit anderen Antiquitäten des südamerikanischen Sammlers an, zu denen auch andersartige Objekte wie Möbel gehörten. »Und es gab kein Foto im Katalog, folglich wurde auch hier keine Aufmerksamkeit darauf gelenkt«, erzählte Mr. Atlas.

Wie köstlich muss das Bewusstsein gewesen sein, dass dieses Juwel den Blicken anderer potenzieller Bieter entzogen war! Und wie nervenaufreibend der Gedanke, sie könnten womöglich dahinter kommen! Ich kenne die Chronik des Sammelns gut genug, um zu wissen, dass die begehrtesten Erwerbungen stets die »Funde« sind. Da gibt es zum Beispiel die Geschichte von Henry Stevens, einem berühmten Buchhändler des 19. Jahrhunderts, der im Haus eines Bekannten »zufällig eine kleine Kupferkugel, ein Kinderspielzeug, über den Boden rollen« sah. Stevens, der später erzählte, sein Gastgeber habe sie »in einer französischen Stadt für ein Butterbrot erworben«, erkannte sofort, dass das kein Trödel war, sondern eine Weltkugel aus dem frühen 16. Jahrhundert, ein kostbarer, einzigartiger Kunstgegenstand, der sich heute in der New York Public Library befindet. Im Vergleich dazu war das Wiederauftauchen der Rosselli-Karte natürlich nicht ganz so dramatisch. Dennoch meinte Mr. Atlas: »Ich wusste, dass ich keine zweite Gelegenheit bekäme, sie zu kaufen. Und da stellt sich dann die Frage, wie dringend man etwas haben will.«

Ziemlich dringend. Er wollte zwar nicht verraten, wie viel er für die Karte bezahlt hatte, deutete aber – merklich vergnügt – an, dass er »sie für wesentlich weniger bekommen hatte«, als der Verkäufer seinerzeit dafür geblecht hatte. Dennoch war klar, dass der Geldwert der Karte für ihn kaum eine Bedeutung hatte. »Der einzige Zeitpunkt, an welchem Geld eine Rolle spielt«, erklärte er, »ist der Moment der Entscheidung, *ob* man etwas kaufen wird.«

Aber wenn ihn die finanziellen Aspekte des Sammelns nicht motivierten, warum war er dann so versessen auf diese Rosselli-Karte? Wegen ihrer historischen Bedeutung? Bestimmt. Wegen ihrer Schönheit? Natürlich. Wegen ihrer Seltenheit? Zweifellos. Wegen des Ansehens, das sie ihm einbringen würde? Vielleicht. Doch schien etwas anderes eine noch größere Rolle zu spielen als all das – etwas, das er nie aussprach, das mir aber trotzdem mit einem Mal bewusst wurde, als ich sah, wie er diese Karte genau studierte und seine Augen von einer Stelle zur anderen tanzten, als suchten sie ein bisher unbemerktes Detail. Vielleicht war es ganz einfach. Vielleicht entspringen der Drang, Karten zu sammeln, und der Drang, sie zu erstellen, dem gleichen Verlangen. Vielleicht war das, was Liebhaber wie Mr. Atlas antrieb, genau das Gleiche, was Entdecker wie Kolumbus angetrieben hatte: die schiere Lust am Entdecken.

Das Suchen, das Träumen, das Segeln über fremde Meere und das Überwinden von Hindernissen – all das führt zu dem Augenblick, in dem das Unbekannte bekannt ist, das Unerreichbare erreicht, das Unüberwindliche überwunden. In einem Essay über das Sammeln beschreibt der Philosoph und Kritiker Walter Benjamin – selbst ein unheilbarer Bibliophiler – diesen glanzvollen Augenblick als den »letzte[n] Schauer«, den »Schauer des Erworbenwerdens«. Kolumbus hat es anders ausgedrückt: die Eroberung des scheinbar Unmöglichen.

Eine unmögliche Eroberung – kein Bild beschriebe besser, wie Mr. Atlas in den Besitz dieses lange verschollenen Dokuments gekommen war. Aber ich weiß auch, dass nicht alle Entdeckungsreisen so glücklich enden. Wenn ich dafür einen Beweis bräuchte, so fände ich ihn genau vor mir, auf dieser Karte, die an die letzte einsame Reise des berühmtesten Entdeckers aller Zeiten erinnert.

Wieder setzt sich der Admiral hin, um einen Brief zu schreiben. Zehn Jahre sind vergangen, und viel hat sich verändert. Er ist bei der Krone in Ungnade gefallen und wird von seinesgleichen verachtet. Er hat Arthritis, er hat Malaria. Seine Augen bluten, sodass er immer wieder für längere Zeit blind ist. Zurzeit ist er auf Jamaica, von der Außenwelt abgeschnitten, meilenweit entfernt von jeder Hoffnung auf Hilfe, und seine Männer stehen kurz vor der Meuterei. Er schreibt: Ich habe kein Haar mehr auf dem Kopf, das nicht grau wäre, und mein Leib ist krank. *Er schreibt:* Ich bin … gebrochen. *Er hätte all das vermeiden können, wenn er sich nach seiner großen Entdeckung zurückgezogen hätte. (»Jeder andere wäre mit so viel Ruhm, Reichtum,*

Entdeckungen und einem so dramatischen gesellschaftlichen Aufstieg zufrieden gewesen. Nicht so Kolumbus«, sollte sein Biograph Felipe Fernández-Armesto dereinst schreiben. »Sein Blick war unverwandt auf ungemachte Entdeckungen, unbeachtete Anregungen, unzureichende Gewinne und vereitelte Kreuzzüge gerichtet.«) Der Jubel über jenen ersten Triumph ist köstlich gewesen, doch kurzlebig, und seither versucht er, ihn zurückzuholen. Dreimal ist er übers Meer gesegelt, und dreimal endete seine Reise mit einer Enttäuschung. (Einmal ist er in Ketten nach Europa zurückgebracht worden, wegen seiner Misswirtschaft in den neuen Kolonien.) Er hat viele neue Entdeckungen gemacht, natürlich, aber sie haben ihn nicht befriedigt. Er will mehr: mehr Land, mehr Ansehen, mehr Ruhm, mehr Reichtum. Er schreibt: Gold ist das Allerhöchste. *Er schreibt:* Gold macht reich, und wer es besitzt, kann in der Welt tun, was er will. *Suchen und finden und immer weitersuchen – es ist, als habe sich sein Traum in eine nicht zu stillende Besessenheit verwandelt.*

Ich machte es mir in Werner Muensterbergers Apartment in Midtown Manhattan auf dem Sofa bequem, umgeben von aufregend schönen Stücken alter afrikanischer Kunst: grübelnde Gestalten, die in den Ecken lauerten wie verschwommene, beunruhigende Erinnerungen, phallische Totems, wild blickende Masken, die mich so durchdringend anstarrten, dass ich fast errötete. Diese Objekte schienen aus einem mächtigen »Es« herausgeschnitzt, und das passte durchaus, denn ich war hierher gekommen, um die Schattenseiten der menschlichen Seele zu erörtern. Muensterberger, ein charmanter, gebildeter, tadellos gekleideter Achtzigjähriger, galt als Kapazität auf dem Gebiet der Psychologie des Sammelns. Mit seiner dicken Brille, dem nach hinten gekämmten weißen Haar und den drahtigen Augenbrauen sah er Zoll für Zoll aus wie ein Psychoanalytiker und emeritierter Professor (was er ja war), und auch sein deutscher Akzent, den er einer Kindheit in Deutschland und den Niederlanden verdankte, klang danach. Ich war mit Muensterbergers

Ansichten über das Sammeln schon ziemlich vertraut, denn ich hatte sein Buch gelesen und ihn am Telefon interviewt. Doch ich hatte nicht gewusst, dass sein Interesse an diesem Thema offenbar weit mehr als akademisch war. Indes machte mich die Tatsache, dass er selbst ein eingefleischter Sammler war, nur umso neugieriger auf das Gespräch mit ihm. Wenn Mr. Atlas mich über die Schönheit des Sammelns aufgeklärt hatte, so würde Dr. Muensterberger mir nun hoffentlich Einblick in die dunkleren Aspekte dieser Leidenschaft gewähren – ein Thema, das er in seinem Buch *Sammeln – eine unbändige Leidenschaft* ausführlich dargestellt hatte.

Passenderweise begannen wir mit der afrikanischen Kunst. Muensterberger hatte soeben einen befreundeten Afrikasammler besucht, einen Mann, dessen Lebensgeschichte entscheidende Einblicke in das Wesen eines Sammlers bot. »Es war erst gestern Abend, deshalb sehe ich alles noch ganz genau vor mir«, erklärte Muensterberger. »Ich kam in das Haus, wo er seine Sammlung aufbewahrt, eine ziemlich große, spießige Angelegenheit, und da hingen lauter Geweihe an der Wand. ›Aha‹, sag ich, ›Sie sammeln auch Geweihe?‹ Daraufhin er: ›Na ja, ich war einmal ein großer Jäger.‹ Dann führte er mich ins Untergeschoss, wo er eine riesige Sammlung von präparierten und ausgestopften Gazellen, Antilopen und Löwen aufbewahrt, die er alle selbst in Afrika geschossen hatte.«

Muensterberger erklärte, dass sich der Mann nie besonders für primitive Kunst interessiert habe, bis zu einem schicksalsträchtigen Aufenthalt in Westafrika, als »er auf einem Markt plötzlich Stücke wie diese hier sah«. Überwältigt von ihrer fremdartigen Schönheit, beschloss der Mann schließlich, seine Gewehre an den Nagel zu hängen und das blutige Safaridasein gegen die elegante Welt der Auktionshäuser einzutauschen. Sein Leben war auf den Kopf gestellt worden – so schien es. Doch bei näherer Betrachtung, erklärte Muensterberger, hatte sich gar nicht viel verändert. Er hatte einfach »vom Sammeln der Tierschädel zum Sammeln afrikanischer Skulpturen gewechselt«.

»Schade, dass ich ihn noch nicht kannte, als ich mein Buch schrieb«, sagte er, »denn hier finden wir ein sehr wesentliches Element des Sammelns: die Jagd. Wenn man mit Sammlern spricht, spielt die Aggression – so verhüllt sie auch sein mag – beim Erwerb des Stücks oft eine Rolle.«

Wie die Großwildjagd biete auch die Jagd nach kostbaren Gegenständen etwas, das Muensterberger in seinem Buch als Suche beschreibt, die »– erfolgreich oder nicht –, immer wieder aufs Neue Hoffnung, Spannung, Aufregung und sogar Gefahr verspricht«. So überraschte es ihn nicht, dass sein Bekannter in den Kunstgalerien das gleiche Verhaltensmuster zeigte wie im Busch: Wenn er zu einer Expedition aufgebrochen war, ruhte er erst, wenn er die Beute erlegt hatte.

»Sobald er zwei oder drei wunderbare Tiere geschossen hatte, konnte er sich aus dem Staub machen und nach Amerika zurückkehren. Das ist jetzt, wo er afrikanische Kunst sammelt, nicht anders«, sagte Muensterberger. »Er hat mir erzählt, dass er nach Europa zu Händlern in Paris, London und Brüssel geflogen ist. Dann zeigte er mir ein Stück, das er dort gekauft hat. Wenn er also was gefunden hat, nimmt er es unter den Arm und kehrt von der Jagd heim.«

Muensterberger meinte, ein derartiges Verhalten ließe sich auf einen uralten Trieb zurückführen. Ganz früher, als Jäger und Sammler, hätten wir Menschen dem Animismus angehangen und geglaubt, dass beim Tod eines Menschen oder Tieres dessen restliche Lebensenergie oder Seele auf gewöhnliche Gegenstände übergehe. Diese Weltanschauung, die die schreckliche Endgültigkeit des Todes erträglicher gemacht habe, sei längst von vorgeblich rationaleren abgelöst worden. Trotzdem hätten wir noch immer animistische Regungen – und laut Muensterberger seien diese die Wurzel unseres Sammeltriebs. In seinem Buch schrieb er, es gebe »Grund zu der Annahme, dass der eigentliche Ursprung dieser Neigung der seelische Zustand ist, der zu dem mehr oder weniger permanenten Versuch führt, sich mit magischen Gegenständen zu umgeben … Die zwanghafte Beschäftigung damit, zu suchen, zu entdecken, dem eigenen Bestand, Besitz oder Harem etwas hinzuzufügen.«

Ich fragte ihn, warum das Gefühl der Entdeckung für den Sammler eine offenbar so wichtige Rolle spielt. »Denken Sie doch an das Wort *entdecken* – die Decke wegziehen und nachschauen, was darunter ist«, sagte er. »Das sitzt sehr tief bei einem Sammler: Ich will es herausfinden. In Wirklichkeit will er herausfinden: Wo komme ich her? Wo ist der Ursprung? Das heißt entdecken – etwas finden, was noch niemand kennt und was man auch selbst noch nicht kennt.«

Das stimmte überein mit dem, was ich von Mr. Atlas gehört hatte (dessen Suche nach der lange verschollenen Rosselli-Karte damit begonnen hatte, dass jemand ganz buchstäblich »den Deckel wegnahm«). Aber Muensterberger glaubte, dass solche Entdeckungen auch ihre Schattenseiten haben. Sie könnten dem Sammler großes Glück bescheren, meinte er, doch die Freude sei meist kurzlebig und weiche bald einem Gefühl der Enttäuschung. Und so gehe die Jagd weiter. »Die Suche endet nie«, schrieb er in seinem Buch. »Sie kann sich, wie sich immer wieder zeigt, nur wiederholen, während die höchste Erfüllung nur eine Fata Morgana bleibt.«

Die meisten Sammler scheinen diesen Widerspruch zu akzeptieren, ja sogar zu begrüßen – sie wissen, dass für den Liebhaber wie für den Abenteurer die Reise wichtiger ist als das Ziel. Mr. Atlas zum Beispiel scheint seinen Drang gut unter Kontrolle zu haben, er kauft inzwischen jedes Jahr nur einige wenige Karten. (»Eigentlich beschäftige ich mich deswegen mit Ausstellungen, Vorträgen und anderen Themen rund um die Karten«, hatte er mir erzählt, »weil ich nicht will, dass meine ganze Aufmerksamkeit nur auf die nächste Erwerbung gerichtet ist.«)

Doch bei manchen Sammlern kann das ursprünglich harmlose Hobby zu einer, so Muensterberger, »alles verzehrenden Leidenschaft werden, ähnlich wie die Hingabe des zwanghaften Spielers an den Spieltisch, bis zu einem Punkte, wo es tief in das Leben eines Menschen eingreift und die wichtigste Beschäftigung geworden ist, die alles andere – Arbeit, Familie, gesellschaftliche Verpflichtungen und Verantwortlichkeiten – überschattet. Uns sind zahlreiche Fälle bekannt, in denen durch die Leidenschaft des Sammelns moralische Maßstäbe, rechtliche Erwägungen und gesellschaftliche Tabus außer Acht gelassen wurden.«

Die Geschichte kennt mehr als nur einige wenige Sammler, die die Beherrschung verloren haben, wie zum Beispiel den berüchtigten Don Vincente, einen Buchhändler und ehemaligen Mönch aus dem Barcelona des 19. Jahrhunderts, den seine unheilvolle Bibliomanie dazu verführte, nicht weniger als acht Morde zu begehen. Es liegt nahe, solche Eiferer als geistesgestörte Minderheit abzutun, doch Muensterberger wies warnend darauf hin, dass auch angepasste und angesehene Menschen der Versuchung erliegen können, Gesetze oder moralische Prinzipien zu verletzen, nicht zuletzt deshalb, weil gerade das Überwinden der Hindernisse zwischen dem Sammler und dem begehrten Objekt als lustvoll erlebt wird. »Schauen Sie, ich spreche vom Entdecken«, sagte er. »*Découvrir* im Französischen, *to discover* im Englischen. Ich könnte alle möglichen Sprachen anführen, und immer hat es mehr oder weniger dieselbe Bedeutung: *die Decke wegziehen*. Als Sammler sucht man also etwas, das man nicht sehen oder besitzen sollte. Und daher ist eigentlich alles, was man entdeckt oder durch eine Entdeckung erhält, auf irgendeine Weise tabuisiert.

Es kann immer sein, dass man eine Grenze verletzt hat«, fuhr er fort und blickte auf seine im ganzen Zimmer verteilten geliebten Schätze. »Das trifft auch bei diesen afrikanischen Objekten zu.«

Er sammelte solche Stücke seit nicht weniger als sieben Jahrzehnten. »Ich habe die afrikanische Kunst bewusst im Alter von acht Jahren wahrgenommen, im Haus eines entfernten Verwandten. Ich war so ergriffen, dass ich mit 13 auf den Amsterdamer Flohmarkt ging und mir ein Stück aussuchte. ›Es kommt aus den holländischen Kolonien‹, sagte der Mann, ›aus Indonesien.‹ – ›Nein‹, antwortete ich, ›das stammt aus Afrika.‹ – ›Ach was, du Dummkopf‹, sagte er. Aber es war eindeutig ein sehr schöner afrikanischer Reiter auf seinem Pferd. Es war mein erster Kauf.«

All die Jahre seither hatte er versucht, keine Sachen zu kaufen, die noch im Kult standen oder den Menschen, deren Vorfahren sie hergestellt hatten, gestohlen worden waren, sondern nur Stücke, die ihnen entweder nichts bedeuteten oder die sie aufgegeben hatten.

»Doch manches war in der Erde vergraben und wird erst in jüngster Zeit entdeckt. Wem gehört das? In Italien fällt alles im Boden Befindliche automatisch dem Staat zu. Auch in Afrika hat man Gesetze – aber es gibt Stammesgesetze, nationale Gesetze und Provinzgesetze«, seufzte er.

»Es ist alles sehr verworren«, fuhr er fort. Dann verlor sich der Blick des alten Mannes sekundenlang auf einer der Skulpturen. Ich habe keine Ahnung, wohin ihn seine Gedanken in diesem Augenblick trugen. Meine waren, wie so oft in jenen Tagen, zu Gilbert Bland zurückgekehrt.

Von den vielen Legenden, die sich um das Leben des Christoph Kolumbus ranken, ist meine Lieblingsgeschichte die vom unbekannten Steuermann. Sie soll sich um 1480 zugetragen haben, als Kolumbus auf Porto Santo lebte, einer der Inseln der Madeiragruppe vor der nordafrikanischen Küste, und beginnt damit, dass ein aktionsunfähiges Schiff, den Wellen auf Gnade und Ungnade ausgeliefert, auf der Insel strandet. Alle Matrosen sind ertrunken, bis auf den Steuermann, der jedoch auch dem Tode nahe ist. Kolumbus holt den Seemann zu sich nach Hause, um ihn gesund zu pflegen. Dort enthüllt ihm der kranke Mann ein erstaunliches Geheimnis: Auf der anderen Seite des Ozeanischen Meeres (wie der Atlantik damals hieß) existiere eine andere Welt. Der Mann sei selbst an diesen fernen Küsten gewesen, nachdem sein Schiff durch einen Sturm vom Kurs abgekommen war. Mit Hilfe des Steuermanns zeichnet Kolumbus eine Karte mit der Route zu diesem neuen Land.

Dann stirbt der Mann und lässt unseren Helden allein mit dem Geheimnis, das den Lauf der Welt verändern wird.

Die Geschichte vom unbekannten Steuermann ist ein Mythos. Dessen dürfen wir ziemlich sicher sein, nicht nur, weil jeder Beweis dafür fehlt, sondern auch, weil sie so sehr nach einem Mythos *klingt*. Ersetzen wir den unbekannten Steuermann durch die Dame vom See und die geheime Karte durch Excalibur, dann sprechen wir plötzlich nicht mehr über Christoph Kolumbus und die Neue Welt, sondern über König Artus und den Heiligen Gral. In *Der Heros in tausend Gestalten*, seiner klassischen Untersuchung der Sagenwelt, schreibt Joseph Campbell, eine Schlüsselszene für die Reise des Helden sei »das Auftreten einer schützenden Figur (oft ein altes Weiblein oder ein alter Mann), die den Abenteurer mit Amuletten versieht gegen die Kräfte der Drachen, gegen die er kämpfen muss... Diese Figur repräsentiert die wohlwollende, beschützende Macht der Vorsehung. Das Phantasiebild ist eine Versicherung, ein Versprechen, dass der Frieden des Paradieses, den wir im Mutterleib erfahren haben, nicht verloren ist.«

Wenn uns die Mythen, wie oft behauptet, fundamentale Wahrheiten über uns selbst mitteilen, so zeigt die Sage vom unbekannten Steuermann, wie machtvoll die Karten die menschliche Vorstellungskraft in ihren Bann ziehen. Jahrhundertelang haben Menschen Karten nicht nur als nützliche Orientierungshilfen, sondern auch als verzauberte Gegenstände betrachtet – die Campbell »Amulette« nennt und Muensterberger als »kraftgetränkte Fetische« bezeichnet. Auch Kolumbus schien zu glauben, dass Karten eine Kraft besaßen, die über bloße geographische Fähigkeiten hinausging. Sie schürten seine Vorstellungskraft und beflügelten seine Phantasie, was seine große Entdeckung erst möglich machte. Bartolomé de Las Casas, der Chronist aus dem 16. Jahrhundert, berichtet, als Kolumbus Zugang zu einer Karte des florentinischen Gelehrten Paolo del Pozzo Toscanelli bekam, habe diese »seinen Geist befeuert«. Desgleichen schrieb Ferdinand Kolumbus, die Leidenschaft seines Vaters sei nach dem Erwerb einiger weiterer Seekarten »noch mehr entbrannt«.

Kolumbus, selbst Kartograph und Händler, zeichnete Karten, träumte von Karten, meditierte über Karten, lauschte den Karten und eignete sie sich bei jeder Gelegenheit an (manchmal unter sehr fragwürdigen Umständen). Selbst als er 1492 ins Unbekannte aufgebrochen war und sich weit jenseits des Bereiches befand, wo ihm Karten noch von praktischem Nutzen sein konnten, sinnierte er weiter über ihnen und befingerte ihre Ränder, wie ein Kind über das seidige Leinen seiner Decke streicht, als könnte ihn ihre bloße Gegenwart vor Gefahr bewahren und Land am Horizont auftauchen lassen. Ich stehe nicht an, Christoph Kolumbus als Kartennarr zu bezeichnen.

In den Jahrhunderten nach seiner Entdeckung wurden Karten immer wissenschaftlicher und immer weniger skurril. Doch fühlten die Menschen sich weiterhin von ihnen angezogen, aus Gründen, die mit ihrer Verwendbarkeit nichts zu tun hatten. 1570 zum Beispiel beschrieb der elisabethanische Mathematiker und Mystiker John Dee, weshalb manche Leute Karten sammeln:

> Etliche wollen ihre Hallen, Gemächer, Kammern, Galerien, Studierzimmer oder Bibliotheken schmücken, etliche fahren in ferne Lande oder suchen die Reisen anderer zu verstehen: Solche schätzen und lieben, erwerben und nutzen Landkarten, Seekarten und Erdgloben …

Aber was steckt hinter dem Schätzen und Lieben, ganz zu schweigen von dem Erwerben und Nutzen? Worin liegt der besondere Reiz von Karten, besonders von alten Karten? Warum fliegen manche Menschen auf Karten statt auf sagen wir Bücher, Porzellan, Bierdosen, Puppen oder Millionen anderer möglicher Sammelobjekte?

Als ich Muensterberger solche Fragen stellte, meinte er, die Kartenliebhaber, die er kenne, kämen meist aus einem zerrütteten Elternhaus oder aus Familien, die häufig umgezogen sind. Sie stürzen sich auf ihr Hobby auch deshalb, weil sie darin eine Methode sehen, mit einem Elternteil Verbindung aufzunehmen oder um ein dauerhafteres Ortsgefühl zu entwickeln. »Wer Karten sucht, besonders alte Karten«, sagte er, »sucht in Wirklichkeit nach der Vergangenheit – Woher komme ich? Wer waren meine Vorfahren? – und findet darin symbolischen Halt.«

Harriette Kaley, Psychologin und Psychoanalytikerin an einer Klinik in Manhattan, die sich ebenfalls mit dem Phänomen des Sammelns befasst hat, bietet eine ähnliche Interpretation an. »Die Analytiker bezeichnen die frühe Kindheit eines Menschen als seine Vorgeschichte«, sagte Kaley, die selbst in kleinem Umfang Karten sammelt. »Und tatsächlich erinnern sich die Menschen an diesen Zeitraum ihres Lebens wie an ein Phantasiegebilde, denn ein Erwachsener ist unfähig, sich zu erinnern, wie er als Kind gedacht war. Jedem von uns erscheint unsere frühe Kindheit wie eine ferne Vergangenheit und damit auch wie ein uraltes Land, weit weg, fremdartig, unbekannt. So fangen ja auch die Märchen an: ›Es war einmal vor langer Zeit in einem fernen Land …‹ Und am Kartensammeln muss etwas dran sein, was genau dies anspricht. In gewissem Sinn reichen alte Karten zurück in einen Teil des Lebens, den man nicht recht erfassen kann, und vermitteln einem eine Ahnung, woher man kommt. Sie geben einem das Gefühl, verwurzelt zu sein.«

Hilft uns das, die Handlungsweise unseres *Antihelden in tausend Gestalten*, Gilbert Bland, zu erklären? Seine Kritiker würden dies wahrscheinlich verneinen. Die meisten, die mit ihm Kontakt hatten, glauben im Nachhinein, sein Interesse an Karten sei nie aufrichtig gewesen, seine einzige Leidenschaft habe dem Betrug gegolten. Diese Theorie wird ein wenig von Bland selbst unterstützt, der, wie berichtet, dem FBI gesagt hat, er sei nur zufällig bei den Karten gelandet. Trotzdem neige ich dazu, Joseph Campbell Recht zu geben: »Freud hat nachgewiesen, dass Fehlleistungen sich nicht rein zufällig ergeben, sondern das Resultat verdrängter Wünsche und Konflikte sind. Wie verborgene Zuflüsse die Oberfläche eines Gewässers nur kräuseln, so können die Ursachen einer Fehlleistung so weit hinabreichen wie die Seele selbst. Ein Versehen kann sich zum Schicksal entwickeln.«

Ich kann nicht glauben, dass Bland sich von all den kriminellen Unternehmungen, unter denen ein Möchtegernverbrecher wählen kann, den Kartendiebstahl nur um des Geschäftes willen ausgesucht hat. Ich will nicht den Anschein erwecken, als erriete ich, welche unterdrückten Wünsche und Konflikte Bland zu den Karten hingezogen haben könnten; ich vermerke höchstens, dass seine etwas wurzellose Kindheit auf das gängige Muster für kartographische Kenner zu passen scheint, das Muensterberger entworfen hat. Und obwohl Bland streng genommen kein Sammler war, schien er doch das Verhalten eines besessenen Liebhabers zu zeigen. Wenn ich zum Beispiel die Einträge in seinem Notizbuch durchlese, sehe ich jemanden, der mit der zielstrebigen Entschlossenheit eines Jägers vorgeht. Jede Karte ist wie eine schwer zu greifende Beute, der Jäger schleicht sich spitzfindig heran, erst per Internet und dann in der Bibliothek selbst. Die Jagd ist voller Gefahr *(Können die mich nicht in Ruhe lassen? Ich kann jetzt nicht. Jetzt okay.)*, aber ebendieses Risiko macht die Eroberung am Ende so aufregend *(Die 2 jetzt erledigt. Gott sei Dank!)*. Und schließlich scheint ihn der Nervenkitzel süchtig gemacht zu haben, so süchtig, dass es fast aussieht, als hinge ein ganzes Leben von der nächsten Eroberung ab. *(Der Bowen Atlas – so ein Pech – Was ist hier los. Krieg ich diese Bowens nicht endlich? Was [wird] aus mir?)* Was uns wieder auf die Geschichte vom unbekannten Steuermann bringt. Es gibt nämlich eine zweite Version dieses Mythos, die das Verlockende einer Karte ganz anders veranschaulicht. In dieser stirbt der Seemann keines natürlichen Todes. In dieser drangsaliert Christoph Kolumbus den Mann so lange, bis er ihm die Karte aushändigt, dann bringt er ihn um und behält das Geheimnis für sich. In dieser wird der große Entdecker zu einem gewöhnlichen Verbrecher.

Einmal habe auch ich mich ein bisschen mit Kartensammeln beschäftigt. Mit 25 Jahren tapezierte ich das Schlafzimmer meiner Wohnung in Chicago mit Stadtplänen von allen Orten, in denen ich jemals zu Hause gewesen war, keine besonders kosmopolitische Liste, die Downers Grove, Carbondale, Champaign-Urbana und Springfield in Illinois beinhaltete, außerdem Washington, D.C., und Manchester, New Hampshire. Ich weiß nicht genau, was mich dazu trieb. Vielleicht blickte ich mit Hilfe dieser Karten einfach in meine Kindheit zurück, in dem Bewusstsein, dass mein Vater krank war und die Realitäten und Pflichten eines Erwachsenenlebens wohl bald mit aller Wucht auf mich zukämen. Sie hingen noch an den Wänden, als er starb, aber das Schicksal machte der Sammlung bald ein Ende. Ein Brandstifter legte Feuer in dem Gebäude, und die Wohnung wurde zerstört. (Zu meinem Glück – in mehr als einer Hinsicht – hatte ich in dieser Nacht doch woanders geschlafen.) Ich habe aus diesem Feuer eine Menge gelernt. Ich habe gelernt, dass ich ohne Besitz auskommen kann, aber nicht ohne Freunde und Familie. Es erinnerte mich auch daran, dass ich nach vorne schauen und mich nicht mit der Vergangenheit beschäftigen sollte. Ich habe diese Karten nie aus den Trümmern geborgen, sondern sie dort hängen lassen, rußgeschwärzt wie so manche verblasste Erinnerung.

Ich war auch nicht ernsthaft versucht, in all der Zeit, die ich an diesem Buch gearbeitet habe, alte Karten zu kaufen. Mir reichte es, wenn ich Reproduktionen davon in Büchern sah; anders als Mr. Atlas brauchte ich keine unmittelbare Berührung. Eigentlich habe ich nie viel gesammelt. Als kleiner Junge ein paar Baseballkarten, als Erwachsener ein paar Diaprojektoren aus den Fünfzigerjahren, aber auch dies war nur ein halbherziger Zeitvertreib, mehr von der Langeweile verursacht als von einer drängenden Leidenschaft. Ich redete mir immer ein, ich sei frei von diesem Trieb.

Ich habe mich geirrt. Diese Tatsache kam mir an jenem Nachmittag auf Werner Muensterbergers Sofa in Manhattan schlagartig zu Bewusstsein. Der alte Psychoanalytiker erging sich über die Beziehung zwischen sammeln und jagen, als mir plötzlich auffiel, dass ich, ohne es gemerkt zu haben, über Jahre meines

Lebens eine Sammlung aufgebaut hatte, und eine sehr ausgedehnte obendrein. Sie befand sich in den Regalen meines Büros in Chicago, säuberlich zur Schau gestellt in einer wachsenden Reihe von Schnellheftern. Gilbert Blands Geburts-, Hochzeits- und Scheidungsurkunden. Gilbert Blands Militärakte, Gilbert Blands Strafregister. Protokolle von seinen Prozessen. Gilbert Blands Gefängniskorrespondenz. Unterlagen über sein Geschäft und seine Immobilienkäufe. Formulare von dem Bankrott seiner Frau. Eine Kopie des Notizbuchs, das Gilbert Bland in der Peabody Library hinterließ. Fotos der von ihm gestohlenen Karten. Stapelweise Zeugenaussagen all derer, die mit ihm in Kontakt gewesen waren. Nie im Leben hatte ich auf irgendetwas so viel Zeit, Mühe oder Geld verwendet.

Alle Journalisten heben Aufzeichnungen auf – aber diese Papierfetzen waren viel mehr geworden. Ich erkannte, dass sie für mich zu Amuletten, zu Fetischen geworden waren. Jedes Mal, wenn neue Blandabilia per Post ankamen oder in einem Archiv auftauchten, überprüfte ich sie eilends in schwindliger Vorahnung, überzeugt, dass sie auf der Karte, die ich zu erstellen versuchte, eine entscheidende Ecke füllen würden. Oft traf dies zu – aber dann löste es auch unweigerlich neue Fragen aus, sodass sich zwar ein weißer Fleck schloss, aber ein anderer dafür aufsprang und meine Karte gleichzeitig kleiner und größer und Bland gleichzeitig realer und irrealer wurde. Dann wich die Erregung der Enttäuschung – aber fast ebenso rasch dachte ich an ein neues Dokument oder einen neuen Zeugen, der, wenn er aufgespürt war, vielleicht genau das richtige Puzzlestück liefern würde. Und so begann der Prozess von neuem, und ich machte mich auf die Suche nach einer neuen Entdeckung.

Doch wenn ich »die Decke wegzog«, sah ich manchmal mehr, als ich sehen wollte. Im Leben anderer Menschen herumzuschnüffeln ist ein ebenso notwendiger wie unangenehmer Bestandteil des Reporterberufs. In diesem Fall jedoch erschien mir das noch unangenehmer als sonst. Nicht dass mir Bland besonders Leid tat. Seine Taten hatten ihn zu einer öffentlichen Person gemacht, und ob ihm das nun gefiel oder nicht, öffentlichen Personen wird öffentliche Aufmerksamkeit zuteil. Doch infolge einer weit zurückliegenden Tragödie in meiner eigenen Familie wusste ich, dass nicht nur der Kartendieb selbst leiden musste. Zur Zeit der Weltwirtschaftskrise wurde mein Großvater wegen Veruntreuung in der Bank ins Gefängnis gesteckt – ein traumatisches Erlebnis, das in der Seele meiner Mutter anhaltende Narben hinterließ und indirekt auch mein Wesen formte. Dieser Vorfall, noch heute ein heikles Thema in meiner Familie, drängte sich im Lauf der Nachforschungen in meinen Gedanken immer weiter nach vorn.

Vielleicht war mir deshalb besonders unbehaglich zu Mute, wenn ich mich eingehender mit Themen befasste, die Blands Frau und Kinder betrafen. Als zum Beispiel eine seiner Töchter aus erster Ehe nach langem Zögern einwilligte, mit mir zu sprechen, erwies sich das Gespräch als für beide Seiten peinlich. Heather Bland wusste sehr wenig über ihren Vater, und die wenigen Erinnerungen, von denen sie erzählte, waren zumeist unerfreulich. Letzten Endes erfuhr ich mehr über ihr Leid als über sein Leben – und obwohl ich ihr dankbar war, fühlte ich mich auch erleichtert, als unser Gespräch vorüber war. In Florida wurde mir eine ähnliche Lektion erteilt. Ich unterhielt mich mit Leuten, die in Blands Straße wohnten, und versuchte meiner Sammlung ein weiteres kostbares Stückchen einzuverleiben, als ein Nachbar mich unterbrach und auf eine Gruppe von Kindern zeigte, die am Ende des Häuserblocks mit ihren Skateboards spielten. »Eins davon ist seins«, sagte der Mann finster. »Ist es wirklich so wichtig für Sie, genau jetzt hierher zu kommen?« Ich dachte eine Sekunde nach, dann schüttelte ich den Kopf, stieg in mein Auto und fuhr weg.

Doch so unerfreulich solche Zwischenfälle sein können – sie waren nicht die merkwürdigste Seite meiner Fahndung. Ich kann einfach nicht erklären, wie aberwitzig es war, jahrelang einen Mann zu verfolgen, dem ich nie begegnete, wie verwirrend, so viel von jemandem zu wissen und ihn dabei überhaupt nicht zu kennen. Anfangs war mir Bland als eine exotische, fesselnde Figur erschienen, aber – wie so oft bei zunehmender Vertrautheit – je mehr ich über ihn erfuhr, desto uninteressanter wurde er. Er war, so fand ich schließlich, ein ziemlich gewöhnlicher Mensch, der nur eben ein faszinierendes Verbrechen begangen hatte. An einem bestimmten Punkt erkannte ich, dass ich ihn unter normalen Umständen gar nicht gern kennen lernen würde. Aber selbst das hielt mich nicht davon ab, ihm nachzuspüren. Ich musste der Tatsache ins Auge sehen, dass meine Suche zu einem Zwang geworden war – vielleicht gar nicht so verschieden von dem, der Bland in jene Rara-Abteilungen gelockt hatte, oder von dem, den Rudyard Kipling in seinem Gedicht »Der Entdecker« von 1898 beschreibt:

> Was Verstecktes. Geh und find es. Geh und such es
> in der Ferne.
> Was Verlor'nes in der Ferne. Wo es auf dich wartet. Geh!

Dann kam ich eines Tages zu einer noch verwirrenderen Erkenntnis – dass nämlich meine Identität und die des Kartendiebs sich allmählich einander annäherten, dass er am Rand meines Bewusstseins bereits einen ständigen Wohnsitz hatte, eine Null, auf die ich Gedanken und Missverständnisse und Ängste projizierte, die nichts mit dem Fall zu tun hatten. Und in diesem Augenblick begriff ich, dass ich nicht mehr nur nach dem Kartendieb suchte. Ich war über Bland hinausgeschossen, jetzt jagte ich einen rätselhaften Bewohner meiner eigenen Psyche, eine Persona, die ich nicht kannte und auf die ich nicht besonders erpicht war. Doch ich konnte anscheinend nicht mehr zurück. Ich musste an das denken, was nach Aldous Huxleys Worten an den »Antipoden des Geistes« lauerte, und spürte, dass ich gleich mit einem dieser »fremdartigen Geschöpfe der Psyche, die ein selbständiges Dasein nach ihren eigenen Gesetzen führen«, zusammenstieß. Diese Entdeckung, fürchtete ich, wäre keineswegs mit Lust verbunden.

KAPITEL 11

Die Insel der verschwundenen Karten

Die Geschichte der Kartographie ist voll von merkwürdigen Inseln. Unter den Objekten, die Gilbert Bland aus der University of Virginia stahl, befand sich zum Beispiel die Nordamerikakarte des Kartographen Herman Moll aus dem 18. Jahrhundert. Sie zeigt einen amerikanischen Kontinent, der weitgehend dem heute von uns bewohnten gleicht – bis auf ein augenfälliges Detail. Parallel zur Westküste, vom heutigen Kanada bis nach Mexiko, zieht sich eine ausgedehnte, mit dem Kontinent nicht verbundene Landmasse hin – ein berühmter und häufig kopierter kartographischer Rechenfehler namens »Insel Kalifornien«. Auf anderen Karten finden sich noch groteskere Inseln. Eine Karte des arabischen Geographen Al-Idrisi aus dem 12. Jahrhundert zeigt El Wakwak, eine Insel, deren Bäume angeblich Früchte wie Frauenköpfe tragen, die ständig das bedeutungslose Wort »Wak-wak« psalmodieren. Die berühmte *Hereford mappa mundi*, gezeichnet um 1300, hat eine Insel »mit Sirenen im Überfluss«, so steht es im Begleittext, während eine andere Weltkarte aus dieser Zeit eine Insel aufweist, auf der »Männer leben, die ihre Väter umgebracht haben«. Der Katalanische Atlas, verfertigt um 1375, zeigt eine Insel, die »alles Getreide und alle Früchte hervorbringt, ohne dass man säen oder pflanzen muss«, und eine zweite, wo »es Bäume gibt, die Vögel tragen wie andere Bäume Früchte«. Martin Behaims zukunftsweisender Globus von 1492 zeigte die Inseln der Satyrn, deren Bewohner »haben schwänz gleich die thier«, sowie zwei wichtige Inseln im Indischen Ozean

Ausschnitt aus Herman Moll, Karte von Nordamerika, *1719, auf der Kalifornien als Insel dargestellt wird.*

namens Masculina und Feminea. »... sindt diese / zwo jnsel bewont ge/west jn der ain / eitel man in der / andern eitel frauen / weliche eins im jar / zusamben komen/«, steht in der Legende. Auch der große Ortelius veröffentlichte um 1570 eine Karte, die im Nordatlantik mehrere frei erfundene Inseln abbildete, unter anderem das vorgeblich von Kannibalen bewohnte Drogeo, dann Icaria, dessen König ein direkter Nachfahre von Daedalus sein sollte, und schließlich St. Brendan, wo der legendäre Ire einen toten Riesen wieder zum Leben erweckt hatte.

Von alters her nehmen Inseln in der Phantasie der Menschen eine Sonderstellung ein. In diesen Gefilden, unserer Welt so nah und dennoch außer Reichweite, war keine Lebensform undenkbar und kein Ereignis unmöglich. Homer verstreute mehrere Inseln über die Meere der *Odyssee*: Aia, wo die Zauberin Circe Männer in Schweine verwandelte, die Zyklopeninsel, auf der einäugige Riesen Menschenfleisch verspeisten, und das Land der Lotusesser, dessen Besucher nach dem Genuss der dort wachsenden Blumen ihre Freunde vergaßen und keinen Wunsch mehr verspürten, in ihr Heimatland zurückzukehren. Andere antike Klassiker beschrieben Inseln, auf denen Götterlieblinge sorgenfrei lebten – Hesiod und Pindar nannten sie die »Inseln der Seligen« –, und Plato lieferte den ersten schriftlichen Bericht über Atlantis, die herrliche, im Ozean versunkene Insel. Auch die keltische Sagenwelt ist voller zauberischer Auswüchse: Die Insel des Lachens, die Inseln »mit den Menschen, die seufzen und weinen«, die Insel der Frauen, die Insel der Lebenden und Toten, die Insel, wo die Zeit stillsteht, und die Insel für den Auserwählten, die vor dem einen Abenteurer aus dem Meer aufsteigt und vor dem nächsten wieder in der Tiefe verschwindet. Die Artussage kennt Avalon, eine paradiesische Insel mit neun Zauberinnen, auf die der große König nach seiner tödlichen Verwundung entrückt wurde. In *Tausendundeine Nacht* gibt es eine Insel, die der Nistplatz »des Riesenvogels Rock [ist], der sein Junges mit Elefanten füttert«, und eine andere, auf welcher der »Alte vom Meer« haust, ein gewaltiger Unhold, der seine Besucher zu Sklaven macht. Die Tantratexte des mittelalterlichen und modernen Indien berichten von einem »Eiland der Juwelen«, auf dem eine Göttin inmitten von wunscherfüllenden Bäumen lebt. Thomas Morus pflanzt sein *Utopia* 15 Meilen vor die Küste der Neuen Welt. Shakespeare lässt den *Sturm* auf einer Insel »voll Klänge, voll Tön' und süßer Lieder« spielen, die von einem guten Zauberer regiert wird. In den Sagen der amerikanischen Ureinwohner findet sich das Märchen von Maushope, einem Riesen auf Martha's Vineyard, der mit bloßer Hand Wale aus dem Meer zieht und sie roh verspeist. J. M. Barrie lässt *Peter Pan* im Nimmerland spielen, einer von verlorenen Kindern bevölkerten Insel, »wo die vier Jahreszeiten so schnell vergehen, wie wenn man einen Krug am Brunnen füllt«. Der Filmregisseur Merian C. Cooper dachte sich eine Insel »westlich von Sumatra« aus und bevölkerte sie mit riesigen Echsen und einem draufgängerischen Primaten namens King Kong. Und obwohl man heute solche verzauberten Inseln auf keiner Karte mehr findet, sprenkeln sie noch immer die dunklen Meere des kollektiven Unbewussten. Nicht zufällig wählte zum Beispiel Michael Crichton als Schauplatz für sein modernes Dinosaurierepos *Jurassic Park* einen aus dem Meer aufragenden Vulkan, dessen »bewaldete Flanken von Nebel umkränzt waren, was der Insel ein geheimnisvolles Aussehen verlieh«.

Und nun will ich von einer wundersamen Insel erzählen, die ich mit eigenen Augen gesehen habe. Wie so manche vergängliche Insel der Sage war auch sie schwer bestimmbar. Wären Sie dabei gewesen, als ich sie zum ersten Mal erblickte, hätten Sie womöglich gar keine Insel gesehen – nur einen Berg aus Plastiktüten und Aktenordnern, eine Kunstmappe mit Reißverschluss und einen Umzugskarton auf einem riesigen Konferenztisch im FBI-Büro von Richmond, Virginia. Doch in meinen Augen war es eine eigenartige, traurige Welt für sich, voller Wunder. Ihre Einwohner waren allesamt Vertriebene, Indianer, Eskimos, Kosaken, Eroberer, Kaiser, Präsidenten, Häuptlinge, Königinnen, Könige, Soldaten, Seeleute, Ungeheuer, Seejungfrauen, Schlangen, Seehunde, Wale, Löwen, Biber, Elefanten, Eisbären, feuerschnaubende Pferde, Götter und Engel. Als ich mich ihrer Küste näherte, schienen sie mich alle gleichzeitig anzusprechen und erzählten mir Millionen unterschiedlichster Geschichten in den verschiedensten Sprachen – Geschichten von überquerten Ozeanen und erspähten Küsten, von neuen Welten und in die Luft geflogenen orthodoxen Weltanschauungen, von gewonnenen und verlorenen Reichen, von geführten Kriegen, begangenen Völkermorden und versklavten Völkern, von vernichteten Wäldern, erbauten Städten, gezogenen Grenzen, verlegten Eisenbahnen und gesäuberten Prärien. Sie besangen die Geschichte der letzten 500 Jahre, die Einwohner dieser winzigen Insel, aber sie trugen auch vor, wie Geschichte vermittels einiger weniger heimlicher Handbewegungen und einer Rasierklinge vergessen gemacht werden kann. Ich habe diese Stätte seit Beginn meiner Reise gesucht. Nun lag sie endlich vor mir: die Insel der verschwundenen Karten.

Der Herr dieses seltsamen Reiches saß mir gegenüber. Gray Hill, ein hagerer Mann mittleren Alters, überragte seine Insel, wie einst Gulliver in Jonathan Swifts satirischem Roman seinen Schatten auf Liliput geworfen hatte. Ich wusste, dass Hill nicht aus eigenem Antrieb an diese Küste gekommen war. Wie Gulliver und tausend andere Inselhelden war er ein Schiffbrüchiger, den der unglaubliche Strom des Schicksals hierher gespült hatte. Hill war FBI-Beamter, kein Kartensammler – aber, um es mit den berühmten Worten eines schiffbrüchigen Reisenden aus dem *Sturm* zu sagen: »Die Not verschafft einem seltsame Bettgenossen.« Wir hatten nun Juli 1996, und er war schon vor etwa sechs Monaten gestrandet. Noch wusste er nicht, dass er jahrelang hier bleiben sollte, als sei die Insel der verschwundenen Karten verzaubert und als werde er, Hill, durch den Bannspruch eines Zauberers hier festgehalten. Und in gewisser Weise geschah ja genau das.

In seinem Buch über das Sammeln schreibt Werner Muensterberger, manchmal sei der Antiquitätenhändler mit geradezu magischen Kräften begabt. Viele Liebhaber sähen in den Dingen, die sie sammeln, keine leblosen Objekte, sondern Fetische mit »einer eigenen Seele oder Lebenskraft«. Dies führe dazu, so Muensterberger, »dass die Beziehung zwischen Sammler und Händler anders aussieht als die zwischen normalen Käufern und Verkäufern… vor allem wegen der immanenten Macht, die einem Lieferanten magischer Objekte erwächst. Dieses Dilemma ist einer der mächtigsten Aktivposten des erfolgreichen Händlers, der oft geradezu die Rolle eines Arztes, Priesters oder Schamanen spielt.«

Für Gilbert Blands Geschäftspartner muss der geheimnisvolle Händler aus Südflorida mit seiner Fähigkeit, Karten im Handumdrehen herbeizuzaubern, tatsächlich manchmal etwas von einem Schamanen gehabt haben. *Abrakadabra, bring uns einen Ortelius! Sesam, öffne dich, hier kommt ein Jefferys!* Zu denen, die eine Vorführung von Blands schwarzer Kunst aus erster Hand erlebten, gehörte ein berühmter Sammler aus Florida, der auf der Miami International Map Fair 1995 Blands Messestand besuchte. Glücklich, wenngleich verwundert, verließ er ihn wieder mit zwei Exemplaren einer schwer aufzutreibenden Karte von Florida aus dem Jahr 1845. »Er hatte drei davon«, beschreibt der Sammler Blands Vorräte. »Es waren die ersten drei [verkäuflichen], die ich seit sechs Jahren zu Gesicht bekommen hatte.«

Zu besitzen, was andere begehren – welch ein berauschendes Gefühl muss das für den Kartendieb gewesen sein, besonders nach seinem Reinfall mit dem Computergeschäft. Systems Integration Services, Arbeitsspeicheraufrüstung, Peripheriegeräte – das brauchen die Leute vielleicht, aber sie verzehren sich nicht danach, sie bleiben nicht nächtelang wach vor Verlangen, sie zu befühlen, zu sehen, zu riechen. Schon bevor seine Computerfirma den Bach hinunterging, muss Bland gewusst haben, dass er mit banalen Gütern handelte – mit solchen, die in den Neunzigerjahren jedermann feilbot. Aber der Überbringer wertvoller

Karten zu sein – das änderte alles. Plötzlich war Bland kostbar. Plötzlich war er gefragt. Plötzlich war er ein Dschinn mit der Macht, den Menschen ihre innigsten Wünsche zu erfüllen – oder zu verweigern.

Ich weiß nicht, wie Bland sich mit dieser neu gewonnenen Macht fühlte, ob sie ihn schaudern oder erschrecken oder lachen machte. Doch ganz bestimmt wusste er, wie er sie ausüben musste. Selbst nach seiner Festnahme ließ ihn seine Zauberkraft nicht im Stich. Auf merkwürdige Weise wurde sie sogar noch mächtiger. Bland war schon früher mit dem Gesetz in Konflikt geraten und hatte Geschick im Umgang mit der Justiz bewiesen. Er wusste, dass das Gerichtswesen dem Antiquitätenhandel nicht unähnlich war: Wenn man etwas besaß, was die andere Seite verzweifelt haben wollte, konnte man wahrscheinlich einen vorteilhaften Handel abschließen. Und so lieferte der Voodoo-Zauberer Bland, ehe er sich der Polizei stellte, den bemerkenswertesten Beweis seiner Fingerfertigkeit: Er ließ hunderte von alten Karten verschwinden, als hätten sie sich in Luft aufgelöst. Irgendwo hortete er New Jersey, Virginia und Maryland, Italien, Schweden und Norwegen. Er besaß die Befestigungsanlagen von Montreal und das Missouri Territory. Er hatte das chinesische und das japanische Kaiserreich und Indien jenseits des Ganges. Er hatte die östliche Halbkugel, die westliche Halbkugel und den Nordpol. Er hatte sogar die Passatwinde irgendwo weggesperrt.

Ich habe ständig Angst, dass das Zeug hier nass wird.«

Der FBI-Beamte Hill faltete behutsam eine brüchige Karte nach der anderen auseinander und warf einen misstrauischen Blick auf die Mineralwasserdose in meiner Hand. Auf dem Tisch vor uns lag eine vom Zufall bestimmte Ansammlung kartographischer Edelsteine ausgebreitet. Karten von Ortelius, Ogilby und dem Pfadfinder. Von Hondius und Mercator. Von Jacques Le Moyne de Morgues, der 1564 nach Florida kam und die erste genaue Karte dieser Region anfertigte; von Guillaume

Delisle und Jacques Nicolas Bellin, zwei führenden französischen Kartographen des frühen 18. Jahrhunderts; von Thomas Jefferys, dem offiziellen Geographen des britischen Königs George III. und Schöpfer eines der ersten bedeutenden Atlanten Nordamerikas, und vielen anderen, darunter auch dem großen Entdecker James Cook. Mein Blick wanderte von einer alten Karte zur anderen, und wieder war ich gefangen von ihrer seltsamen Schönheit, dem temperamentvollen Zusammentreffen von strengem Koordinatennetz und üppigen Konturen, von empirischer Wirklichkeitsnähe und romantischer Phantasie – als hätten sich die Kartographen nicht entscheiden können zwischen streng wissenschaftlichen graphischen Darstellungen und erotischen Kritzelkarikaturen von Mutter Erde. Es war verwirrend, sie so auf einem Haufen liegen zu sehen, Jahrhunderte von faszinierenden, historisch höchst bedeutsamen Dokumenten zwanglos auf der Tischplatte verstreut wie ein paar Tapetenmuster. Und hätte man den Dieb nicht gefasst, so wäre genau dies ihr Schicksal gewesen: Sie hätten Wände geschmückt. Nun hatte Hill die Aufgabe, Gilbert Blands Raubzug Blatt für Blatt ungeschehen zu machen, indem er jedes dieser verwaisten Meisterwerke in sein richtiges Zuhause zurückbrachte.

Hill zog eine Karte hervor, die aus dem berühmten Hondius-Mercator-Atlas stammte, aus der Ausgabe von 1607. »Noch so eine, bei der ich keine Ahnung habe, wo sie herkommt«, sagte er niedergeschlagen. Dann wandte er sich mir zu, und sein Stirnrunzeln verwandelte sich langsam in ein verschwörerisches Grinsen.

»Hey«, sagte er und hielt mir die Karte mit einem Zwinkern hin, »Sie haben doch bestimmt Ihr Scheckbuch dabei?«

Hill überraschte mich immer wieder. Der Umstand, dass ich als Kind jahrelang der Fernsehserie *FBI* ausgesetzt war, hatte bei mir zu der Erwartung geführt, alle FBI-Männer seien wie der steinerne Efrem Zimbalist jr., der seine Rolle so spielte, als brächte einen der Besitz persönlicher Eigenarten unweigerlich auf die Liste der zehn meistgesuchten Verbrecher. Dagegen schien der liebenswürdige Hill, der sich nun in seinem bequemen blauen Blazer in seinen Sessel zurücklehnte – über ihm ein Porträt des grimmigen alten J. Edgar Hoover (der aussah, als hätte er für das Foto den Gürtel ein klein wenig zu eng geschnallt) –, eine ganz andere Art von Polizist zu sein. Er konnte zweifellos hart rangehen, wenn es die Lage erforderte, aber im Augenblick war Hills gefährlichste Eigenheit sein wie ein Maschinengewehr knatterndes Gelächter.

Andererseits schien auf der Insel der verschwundenen Karten alles ein wenig durcheinander geraten. Normalerweise war es Hills Beruf, Gesetzesbrecher zu jagen, aber nun hatte er das Ziel gewechselt: Er jagte Opfer. Diese unkonventionelle Aufgabe war ihm kurz nach Blands Festnahme in den Schoß gefallen, als der Kartendieb nach Virginia ausgeliefert worden war. Die Staatsanwälte in Charlottesville – Hills Stützpunkt – warfen Bland vor, er habe bedeutendes Kulturgut gestohlen und Diebesgut über die Staatsgrenze gebracht. Wenn er gemäß der Anklage verurteilt wurde, sah sich der Kartendieb mit 20 Jahren Gefängnis ohne Bewährung und einer Geldstrafe von einer halben Million Dollar konfrontiert. Zudem wollten Gerichte in North Carolina und Delaware bald ähnliche Anklagen gegen Bland erheben, und andere Staaten drohten zu folgen. Kurzum, der Kartendieb war in Teufels Küche geraten – ungefähr dahin, wo bei den alten Kartographen immer »Hic sunt leones« steht. Andererseits hatte er einen – wie ein Mitarbeiter Hills es später ausdrückte – »äußerst wirksamen Trumpf in der Hand«.

Bland wusste nicht nur als Einziger, wo die Karten steckten, sondern auch, wo sie alle herkamen. Das FBI war also in einer echten Zwickmühle, erklärte Hill. »Nehmen wir das ganze Pfund Fleisch, oder sagen wir zu dem Angeklagten: ›Okay, gut, wir nehmen nur acht Unzen, dafür wollen wir aber wissen, wo du warst und was du gestohlen hast.‹ Wir haben uns entschlossen, nur acht Unzen Fleisch zu verlangen und vielleicht sogar noch ein bisschen weniger, wenn wir dafür alle Karten zurückerstatten können.«

Bland willigte schließlich in ein *plea bargain* ein, bei dem er mit einem milden Urteil in diesem und eingeschränkter Verfolgung in späteren Verfahren rechnen konnte. Im Gegenzug versprach er unter anderem, die FBI-Beamten bei ihren Bemühungen, die Karten den rechtmäßigen Besitzern zurückzuerstatten, rückhaltlos zu unterstützen. So kam es, dass der inhaftierte Kartendieb einige FBI-Beamte zu einem Schließfach in Palm Beach Gardens, Florida, führte, das er unter falschem Namen gemietet hatte. Als sie einen Blick hinter die hellorange Tür warfen, fanden sie eine außergewöhnliche Beute: insgesamt etwa 150 Karten, einige davon über 400 Jahre alt. Zusammen mit den etwa 100 weiteren, die die Behörden in der Folge bei Blands Kunden im ganzen Land eintreiben sollten, hatte die Diebessammlung mit ihren etwa 250 Karten einen geschätzten Marktwert von einer halben Million Dollar.

Die Bundesbehörden hielten sofort eine selbstbeweihräuchernde Pressekonferenz ab und verkündeten, die Karten seien »unbeschädigt sichergestellt«. Aber sicherstellen und zurückgeben waren zwei Paar Stiefel. Als ich das FBI besuchte, hatte es die Karten schon volle fünf Monate in seinem Besitz. Doch trotz anstrengender Nachforschungen hatte Hill erst bei etwa 70 Karten den Besitzer eindeutig feststellen können – bei weniger als einem Drittel.

Seine Bemühungen wurden durch drei große Hindernisse erschwert, und das erste hatte mit den Dokumenten selbst zu tun. In der Regel sind Karten nicht gekennzeichnet, bei vielen fehlt sogar eine Seitenzahl. Manche Einrichtungen bringen zwar Marken oder andere Identifikationszeichen auf ihren Karten an, aber für viele Bibliothekare ist dies eine schauderhafte Vorgehensweise – wie wenn man mit einer Schablone quer über die Mona Lisa schreiben würde: EIGENTUM DES LOUVRE. Außerdem führen Bibliotheken nicht immer Inventare der in Bücher gebundenen Karten – auch wenn ihnen eine fehlt, können sie selten sicher sein, wann sie verschwunden ist. Infolgedessen mussten FBI-Techniker wie bei einem Puzzle jede gestohlene Karte mit jedem beschädigten Buch zusammenbringen und mit Hilfe von UV-Licht klären, ob die Schnittkanten aneinander passten und das Papiermaterial auf beiden Seiten des Schnitts genau das Gleiche war. Es war eine laborintensive, zeitraubende Arbeit und erbrachte nicht immer die erwünschten Ergebnisse. »Nur weil jemand eine Karte vermisst, heißt das noch lange nicht, dass die Karte, die ich habe, zu dem Buch passt«, erläuterte Hill. »Ich habe Duplikate – vier- oder fünfmal die gleiche Karte. Manche Paare schauen fürs bloße Auge gut aus. Aber unter UV-Licht ist das etwas ganz anderes.«

Ein zweites Problem war die Einstellung mancher Bibliothekare. Die große Mehrheit der Institutionen half Hill zwar bereitwillig bei seinen Untersuchungen, doch an manchen Stellen stieß er erstaunlicherweise auf Widerstand. Einige Bibliotheken zum Beispiel hatten seine ersten Anfragen zurückgewiesen und behauptet, ihre Aufzeichnungen seien privat und Hill brauche eine Zeugenvorladung unter Strafandrohung, um sie einsehen zu dürfen. »Wir erklärten, dass die Karten ja schließlich nicht *uns* fehlten«, sagte Hill, »und dass jede Information, die sie über den Dieb hätten, ihnen genauso nützen würde wie uns.«

Trotzdem blieb zumindest eine Institution bei ihrem Dementi, es habe keine Diebstähle gegeben, selbst als unwiderlegbare Beweise vorlagen. »Ich habe mit einem Bibliothekar gesprochen, und der sagte: ›Er kann auf keinen Fall etwas hier rausgestohlen haben.‹ ›Na ja‹, meinte ich, ›ich weiß nur, dass Mr. Bland mir erzählt hat, er sei in Ihre Bibliothek gegangen und habe dort Karten gestohlen.‹ Aber sie wollten es nicht wahrhaben. Sie wollen nicht glauben, dass jemand sie bestohlen hat.«

Aber vielleicht glauben sie es nur zu sehr. Wie Robert Karrow, Kartenkurator an der Newberry Library in Chicago, einmal sagte: »Früher sind viele Bibliotheksdiebstähle gar nicht gemeldet worden. Na ja – man ist peinlich berührt und sagt sich vielleicht, was werden die Sponsoren denken? Und es widerstrebt einem, mit jemandem über die Sache zu reden, schließlich will man die Verrückten nicht auch noch auf solche Ideen bringen.«

Hill machte sich Sorgen, eine ähnliche Denkweise könnte auch jetzt manches Opfer davon abhalten, sich zu melden. Aber dagegen ließ sich nichts tun; er konnte nur resignierend die Hände heben und sagen: »Wenn sie vor mir sitzen und behaupten, ihre Sicherheitsvorkehrungen seien so toll, dass Bland unmöglich etwas gestohlen haben kann, was soll ich ihnen darauf noch antworten?«

Das dritte große Problem war Bland selbst. Gemäß den ausgehandelten Bedingungen des *plea bargain* war der Dieb gehalten, uneingeschränkt mitzuteilen, welche Bibliotheken er besucht und welche Karten er dort entwendet hatte und was daraus geworden war. Weitgehend hatte er dies auch getan, aber Hill wusste, dass Bland nicht ganz aufrichtig war. Der Dieb behauptete zum Beispiel, viele Stücke in der Sammlung des FBI gehörten ihm von Rechts wegen; er habe sie legal von anderen Händlern gekauft. Doch er konnte für diese vorgeblichen Käufe keine Quittungen vorlegen, und als Hill ihm eine kleine Falle stellte – er zeigte ihm einige Karten, die FBI-Techniker bereits als Eigentum einer bestimmten Bibliothek identifiziert hatten –, fiel der Dieb prompt hinein. »Die gehören mir!«, erklärte er.

»Ich habe nie einen Beweis für irgendeinen legalen Kauf gesehen«, spöttelte Hill. »Warum soll man was kaufen, wenn man es stehlen kann? Dann ist der Gewinn doch viel höher.«

Das stimmte, aber wenn all diese ungeklärten Karten nicht Bland gehörten, wem gehörten sie dann? Bis jetzt hatte Gray Hill darauf noch keine Antwort. »Manche Universitäten«, sagte er mit einem resignierenden Blick auf den Haufen, »wissen vielleicht noch nicht mal, dass ihnen diese Sachen fehlen.«

Robinson Crusoe auf der Insel der Verzweiflung, Napoleon auf Elba, Odysseus auf Ogygia, Al Capone auf Alcatraz, die Seelen der Verstorbenen in Dantes Fegefeuer – in Literatur, Sage und Geschichte sind Inseln oft Orte des Wartens. Und so war es auch mit der Insel der verschwundenen Karten. Die Zeit verging hier so langsam, dass es vielleicht verzeihlich war, wenn Gray Hill manchmal wie Robinson Crusoe glaubte, »jede Möglichkeit einer Befreiung... schien völlig geschwunden«.

Es waren nicht die Karten, die an seinen Nerven zerrten. Er fand die Geschichte der Kartographie ein »interessantes Gebiet«, auf dem er nun zufällig zu einer Art Fachmann geworden war – er konnte zum Beispiel blitzschnell den Unterschied zwischen zwei fast identischen Karten erkennen. Doch Hills Job war ein bürokratischer Alptraum geworden, und es sah allmählich so aus, als werde er noch an diesen Küsten festsitzen, wenn Gilbert Bland schon lange wieder aus dem Gefängnis entlassen worden war. »Ich kenne mein Material allmählich sehr gut, weil ich es wieder und wieder durchsehe«, seufzte er und legte ein weiteres jahrhundertealtes Blatt Papier auf den Stapel.

In den letzten Wochen hatte die Insel viele Besucher gehabt. Wie Abenteurer auf der Suche nach verlorenen Schätzen waren aus dem ganzen Land Bibliothekare mit zerschnittenen Büchern gekommen. »Manche Leute gehen sehr glücklich von hier weg«, berichtete Hill, »und manche sehr aufgeregt.«

Wenigstens eine Bibliothek bekam mehr Karten von Hill, als ihre Mitarbeiter überhaupt vermisst hatten. Aber nur relativ wenige Besucher hatten so viel Glück. Eine andere Institution suchte »wahrscheinlich 30 oder 40 Karten«, die zumindest theoretisch allen bestimmten Karten in der Sammlung des FBI entsprachen. »Sie kamen, brachten ihre Bücher mit, und wir versuchten, die passenden Karten zu finden«, sagte er. »Wir fanden *nichts*. In den Büchern fehlen diese Stücke zwar, aber von dem, was ich hier habe, gehörte nichts hinein.«

Trotz solcher Rückschläge gab Hill nicht auf. »Es wird zur Obsession«, meinte er, »so viel wie möglich von diesen Dingern loszuwerden.« Als Nächstes stellte er einen Band mit Fotos und genauen Beschreibungen aller verschwundenen Karten zusammen. Kopien dieser »langen schwarzen Liste«, wie sie einige Bibliothekare später bezeichneten, wurden im ganzen Land herumgereicht. »Anfangs gingen wir so vor: ›Sie sagen mir, was Ihnen fehlt, und wir schauen, ob wir das Passende finden«, erklärte Hill. »Jetzt gehen wir den umgekehrten Weg und sagen: ››Wir haben diese und jene Objekte, schauen Sie nach, ob Ihnen was davon fehlt.‹«

Hills Ausdauer wurde schließlich in vielen Fällen von Erfolg gekrönt. Sechs Monate nach meinem Besuch in Richmond entdeckten die British Columbia Archives in Victoria, dass im Oktober 1995 ein gewisser James Perry bei ihnen gewesen und mit 20 Karten wieder fortgegangen war. Diese Episode hatte Bland nicht erwähnt. Ein ähnlicher Aufenthalt an der University of British Columbia in Vancouver war dem Dieb offenbar ebenfalls entfallen. Mit Hilfe von Gray Hills schwarzer Liste erhielten diese beiden Institutionen viele ihrer Karten zurück. Und im Lauf der nächsten Monate sollte Hill noch für dutzende von anderen heimatlosen Dokumenten ein Zuhause finden. Und dennoch schwebte weiterhin manches Geheimnis über der Insel der verschwundenen Karten.

Es gibt eine berühmte Stelle im *Robinson Crusoe*: Der schiffbrüchige Erzähler stößt auf einen einzelnen, unerklärlichen Fußabdruck im Sand. Da er seit Jahren allein hier lebt, überkommen ihn sofort »wilde Ideen« und »seltsame, verrückte Einfälle«. Erst folgert er, Kannibalen müssten auf die Insel gekommen sein, um schließlich festzustellen, dass er selbst die Fußspur hinterlassen hat. Dann wieder meint er, »es wäre der Teufel … denn wie könnte je ein menschliches Wesen an diesen Ort gelangen?« Solche »Gedanken, Ängste und Betrachtungen« verfolgen ihn »viele Stunden, Tage, ja, ich kann sagen, Wochen und Monate«.

Ich kann ohne Übertreibung sagen, dass ich allmählich wie Crusoe von »unzähligen, durcheinander wirbelnden Gedanken« heimgesucht wurde und »wie ein vollkommen verwirrter Mensch neben mir stand«. Zunehmend beschlich mich das Gefühl, ich würde von einem Geist verfolgt – überall fand ich die Spuren seiner Anwesenheit, doch er selbst war nirgendwo zu sehen. Und in den kommenden Monaten fühlte sich dieses Gespenst immer mehr wie mein eigener Schatten an, bis es manchmal den Anschein hatte, Gilbert Bland folge meiner Spur, nicht ich der seinen. Aber als ich jetzt Gray Hill zusah, wie er eine Karte um die andere sinnierend betrachtete und über dem Geheimnis der Herkunft jeder einzelnen grübelte, erkannte ich, dass ich wenigstens nicht allein war. Der FBI-Beamte und ich folgten denselben Fußspuren. Es war ein merkwürdig tröstlicher Gedanke, auch wenn wir uns darüber nicht austauschen konnten. Erstens verboten es die Regeln unserer Berufe, Informationen weiterzugeben, und zweitens hatte Hill offensichtlich wenig Zeit zum Plaudern. Er musste sich mit dringenderen Fällen beschäftigen, zum Beispiel mit dem kürzlich vorgefallenen, in der Presse breit getretenen Mord an zwei Tramperinnen im Shenandoah National Park. Und offen gestanden war auch ich etwas in Eile. Endlich konnte ich hoffen, dass die Fußspur mich vor das Angesicht dessen führte, der sie hinterlassen hatte.

Ausschnitt aus John Ogilbys und
James Moxons Karte von Carolina, 1672.

KAPITEL 12

Eldorado

Dann kam die Stunde, da ich mich in der Karte auflöste. Ich saß bei 80 Meilen pro Stunde in einem schönen neuen Mietwagen, trank mein Dr. Pepper und klopfte mit dem Fuß den Takt zu einem Lied im Radio, als ich plötzlich – wusch! – gleichzeitig durch die Zeit rückwärts und durch den Raum vorwärts raste. Ein Teil von mir fuhr noch immer auf dem Interstate 85 südlich der Staatsgrenze zwischen Virginia und North Carolina, doch ein anderer Teil bewegte sich auf einer anderen Straße, einer Geisterstraße, die entlang dieser Route verlief, bevor es Beton und Autos, Pferde und Weiße gab. Sie hieß Great Indian Trading Path und war einer der ältesten Verkehrswege Amerikas, eine Nebenstraße, die sich einst auf einer Länge von über 500 Meilen von Virginia bis Georgia schlängelte. Ich hatte sie auf einer alten Karte von Carolina gesehen, 1672 in Kupfer gestochen von James Moxon und verlegt von John Ogilby, eine der Karten aus Gray Hills Sammlung. Der Handelsweg war nur eine dünne, graue Linie auf diesem Dokument, so flüchtig hingeworfen, dass ich die Augen zusammenkneifen musste, um sie zu erkennen, aber nun schien sie mir entgegenzukommen wie die Landebahn einem Flugzeug, so wirklich und nah, dass ich fast ihre heiße, staubige Luft schmecken konnte. So ist das also, dachte ich. So was passiert einem, wenn man stundenlang über den Rand von alten Karten lugt. Früher oder später fällt man hinein.

Aber vielleicht kam es auch nur daher, weil ich müde und

hungrig war und nervös wegen des Treffens, das eine Stunde später zustande kommen sollte – oder auch nicht. Aber was immer dieses Hirngespinst verursachte, ich kämpfte nicht dagegen an. Überlass dich der Karte, sagte ich mir. Geh weiter auf diesem Handelsweg. Klettere auf diese Gipfel – *Apalathean Mountains* steht da. Spring mit den nackten Indianern herum, die in dem glitzernden Bach abgebildet sind. Was hatte ich schon zu verlieren? Dieser ganze Ausflug den I-85 hinunter war sowieso ein einziges Hasardspiel. Da konnte ich genauso gut mit der Vergangenheit trampen, und sei es nur, um zu sehen, wohin sie mich mitnahm. Eben jetzt führte sie mich in ein auf der Karte eingezeichnetes Indianerdorf mit strohgedeckten Hütten. Heute heißt dieser Flecken Hillsborough, North Carolina, und wenn ich der Spur des alten Handelsweges genau hätte folgen können, hätte er mich in den Häuserblock mit Gilbert Blands Gefängniszelle geführt.

Einer der ersten Europäer, die den Ort besucht hatten, den Bland jetzt sein Zuhause nannte, war John Lederer, ein in Deutschland geborener Abenteurer, dessen geographische Beobachtungen später in die Ogilby-Moxon-Karte eingearbeitet wurden. Im Juni 1670 traf Lederer in der damaligen Eingeborenensiedlung am Eno River ein. Er fand die Menschen hier »habgierig und diebisch, stets versessen darauf, sich einen Peny [sic] zu verdienen«, womit mir auch der zuletzt eingetroffene Bewohner dieser Stadt treffend beschrieben schien. Doch die traurige Wahrheit war, dass ich den Kartendieb keinen Deut besser verstand, als Lederer die Indianer verstanden hatte. Nach all diesen Monaten kannte ich noch immer nur das *Was* seiner Geschichte, nicht das *Warum*. Um das herauszufinden, war ich gekommen. Ich bildete mir ein, dass Bland, dem Einfluss seiner Anwälte entzogen, vielleicht in ein Gespräch mit mir einwilligte, vor allem, wenn ich unangekündigt in der ihm verordneten Besserungsanstalt auftauchte. Es war jedenfalls einen Versuch wert.

Er musste sich hier wegen der Anklage verantworten, die ihm die Plünderung der University of North Carolina im nahe gelegenen Chapel Hill eingebracht hatte. Außerdem hieß es noch mit Anklagen aus Delaware und Virginia fertig werden. Zu diesem Zeitpunkt – im Juli 1996 – war keiner dieser Fälle abgeschlossen, und da Bland die Kaution von 75 000 Dollar nicht aufbringen konnte, wartete er den Prozesstermin im Orange County Jail in Hillsborough ab. Nervös angesichts des bevorstehenden Treffens, fuhr ich geradewegs dorthin, erfuhr aber, dass es an diesem Tag keine Besuchszeit gab. Wenn ich den Gefangenen sehen wolle, müsse ich am nächsten Morgen wiederkommen. In der Zwischenzeit, so versprachen ein paar gelangweilt aussehende Gefängniswärter, würden sie ihm mitteilen, dass ich in der Stadt sei.

»Das historische Hillsborough«, wie die Reiseführer dieses Dorf mit seinen 5000 Einwohnern nennen, ist voll gestopft mit Bauten aus dem späten 18. und frühen 19. Jahrhundert, eine Art lebendes Museum. Als ich durch den Ort wanderte – die Myrtensträucher standen in voller Blüte –, hatte ich erneut das Gefühl, in Vergangenheit eingehüllt zu sein. In einer Seitenstraße gab es ein Gasthaus aus dem Jahr 1759, das immer noch in Betrieb war und sich rühmte, so bedeutende Gäste wie den britischen General Charles Cornwallis beherbergt zu haben, der seine Truppen in den letzten Monaten der amerikanischen Revolution über diesen Handelsweg geführt hatte. Ich schlenderte hinein, und wenige Augenblicke später ließ ich mich in einem Zimmer nieder, das nur einen Häuserblock von Blands Gefängniszelle entfernt war.

In der Nacht passierte es wieder. Während ich dort im Dunkeln lag und die Klimaanlage am Fenster ihr »Om« murmelte wie ein Hindu-Mystiker, geriet ich an einen anderen Schauplatz auf der Insel der verschwundenen Karten. Diesmal lief ich nicht über einen Trampelpfad auf der Piedmont-Ebene, sondern rannte geradewegs in den südamerikanischen Dschungel zu einem Ort namens »Manoa & el Dorado«. Schuld an diesem unheimlichen Wachtraum war Sir Walter Raleigh, der mir schon den ganzen Tag durch den Kopf ging – nahezu unvermeidlich in einem Staat, in dem sogar die Hauptstadt, wo ich ein paar Stunden zuvor zu Mittag gegessen hatte, seinen Namen trug. Aber während die Einwohner von North und South Carolina Sir Walters gedachten, weil er zwischen 1584 und 1589 die ersten englischen Siedlungen in Nordamerika zu gründen versucht hatte, die unglückselige Roanoke-Kolonie, faszinierte mich mehr ein anderes Abenteuer, seine 1595 begonnene Suche nach einem legendären Goldland. Er fand es natürlich nicht – doch das hinderte ihn nicht, einen phantasievollen Reisebericht zu verfassen, in dem er behauptete, »der großen, goldnen Statt Manoa, so die Hispanier El Dorado nennen«, ganz nah gekommen zu sein. Er war auch der erste Entdeckungsreisende, von dem wir wissen, dass er Manoa auf eine richtige Karte gesetzt hat – und dank Raleighs Ruhm und Rang fand seine Ansicht bei anderen Kartographen Anerkennung. Jodocus Hondius, der Raleighs Karte von 1596 offenbar als Vorbild genommen hatte, übernahm Manoa 1598 in seine Karte von Südamerika. 1599 brachte der holländische Verleger Theodore de Bry eine lateinische Übersetzung von Raleighs Buch heraus, dazu eine Karte, die die goldene Stadt zeigte, mit der Überschrift: »MANOA oder DORADO, dise wirdt geacht für die größte Stadt in der ganzen welt«. Die sagenhafte Metropole tauchte weiterhin auf zahlreiche Karten des 17. Jahrhunderts auf – auch auf Gerard a Schagens *Totius Americae Descriptio*, in der ich mich im Augenblick gerade verlor – und hielt sich auf manchen sogar bis 1808.

Raleigh erdichtete nicht nur Orte und Menschen (unter anderem einen Stamm kopfloser Menschen, die er in seiner Schilderung von El Dorado beschreibt), sondern pflegte auch sich selbst immer wieder neu zu erfinden. Er war, mit den Worten des Schriftstellers Robert Silverberg, »ein Mann mit vielen Gesichtern« – eine von mehreren Eigenschaften, die er mit Bland gemein hatte. Beide waren in den Vierzigern, als sie sich auf die Suche nach dem plötzlichen Reichtum machten. Beide standen offenbar am Rand eines finanziellen Zusammenbruchs. (»Es gibt viele mögliche Gründe für seine Suche nach El Dorado«, schreibt Charles Nicholl in *The Creature in the Map: A Journey to El Dorado*, »aber wir wollen die nahe liegenden nicht vergessen: dass Raleigh zum Beispiel kurz vor dem Bankrott stand oder schon bankrott war.«) Wie Bland neigte Raleigh zu zwielichtigen Betrügereien (er hatte nebenberuflich als Erpresser und Pirat gearbeitet); wie Bland war er schon einmal im Gefängnis gesessen und sollte wieder dort landen.

Aber auch ich hatte etwas mit dem alten Sir Walter gemein. Trotz des großen Tamtams schien Raleigh aufrichtig geglaubt zu haben, dass seine Expedition dem Ort ganz nahe kam, »alwo die Grabstetten noch nicht für Gold geöffnet/die Gruben nicht mit Axt oder Beyhel zerstöret unnd die Götzenbilder nicht auss den Tempeln geraubet worden«. Die Hoffnung, dieses gelobte Land zu erreichen, verließ ihn nie. Da ich selbst von einer unvollendeten Suche verfolgt wurde, konnte ich das nachvollziehen. Ich konnte mich in ihn hineinversetzen, seine Träume träumen, mir vorstellen, wie er sich fühlte, als er aus dem dunklen Dschungel auftauchte und sich in einem saftig-grünen Tal wieder fand, »alwo seind allerley Thier in grosser Überfluss / die Vögel singen gen Abend auf den Bawmen tausenderley Melodey / die weißen / roten und rosenfarben Kränich & Reyger hocken am Wasser / die Luft ist frisch von einem linden Wind aus Morgen / und jedweder Stein … von goldner oder silberner Farb«. Und während diese Karte auf mich einstürzte und das Zimmer wie die Dunkelheit bis in die Ecken füllte, sah ich fast das Leuchten einer »großen, goldnen Stadt« irgendwo in den dunstverhangenen Bergen. So jagte ich bis tief in den Schlaf hinein El Dorado nach; schließlich wurde es Morgen, und ich zog los, Gilbert Bland zu besuchen.

Die gelangweilten Schließer kamen gleich zur Sache. Er wollte mich nicht sehen. Das war keine Überraschung, und eigentlich nicht einmal eine große Enttäuschung. Wenn überhaupt, so reagierte ich fürs Erste mit einem leichten Gefühl der Befreiung. Endlich konnte ich mich entspannen: Die Suche war zu Ende. So dachte ich zumindest. Später fragte ich mich, ob

Theodore de Brys Karte von Guiana aus dem 16. Jahrhundert zeigt »Manoa oder Dorado … di größte Stadt in der ganzen Welt« (siehe Nebenkarte), ganz zu schweigen von einem kopflosen Mann und einer Amazone.

diese gelangweilten Schließer sich überhaupt die Mühe gemacht hatten, ihm meine Botschaft auszurichten. Später glaubte ich, wenn sie es getan hatten, so hielten Bland nur die juristischen Verhältnisse zurück. Später hoffte ich, er werde in ein Gespräch einwilligen, wenn erst einmal seine Prozesse beendet waren. Aber all diese Bedenken lagen in der Zukunft, im Augenblick schien alles ganz einfach. Mir blieb in dieser Stadt nur noch eins zu tun. In einem Reiseführer stand, archäologische Grabungen am Eno, nahe dem Zentrum von Hillsborough, hätten Siedlungen amerikanischer Ureinwohner zutage gefördert, die bis in die Steinzeit zurückreichten. Das war wohl das Dorf, das ich auf der Karte von Ogilby und Moxon gesehen hatte, das ursprüngliche Ziel meiner Pilgerreise in die Vergangenheit. Wenn ich bei dieser leidigen Expedition schon sonst nichts zuwege brachte, so wollte ich wenigstens diese Reise zu Ende führen. Ich wollte mich noch einmal der Karte überlassen.

Der Grabungsort lag nur ein paar hundert Meter von Blands Gefängniszelle entfernt, auf Brachland in einer Biegung des Eno, gleich hinter einer Reihe biederer Einfamilienhäuser. Ich wanderte hinaus, vorbei an einem verrosteten International-Harvester-Traktor, der auch schon so antik wirkte, dass er für ein ausgegrabenes Artefakt einer lang vergessenen Kultur gelten konnte, und schlug mich durch ein übernatürlich großes Spinnennetz, das wie ein Phantom über meinem Weg schwebte. Eigentlich hatte die ganze Stätte etwas Gespenstisches, eher Fernes als Gegenwärtiges. Die Archäologen waren anscheinend den Sommer über nach Hause gefahren und hatten ihre Arbeit säuberlich mit Erdhaufen zugedeckt, die mich an frische Gräber erinnerten – die einzigen sichtbaren Zeichen einer mehr als 10 000 Jahre zurückreichenden Anwesenheit der amerikanischen Ureinwohner. Was war mit diesem Ort geschehen? Warum wurde er Anfang des 18. Jahrhunderts plötzlich aufgegeben? Die Liste möglicher Antworten, so erfuhr ich später, beinhaltete viele der üblichen Vermutungen wie Krieg mit anderen Indianern oder verheerende europäische Krankheiten (die, laut einem Chronisten des frühen 18. Jahrhunderts, an manchen Orten des Piedmont-Plateaus die Bevölkerung im Lauf von 50 Jahren zu mehr als 80 Prozent auslöschten). Aber schon während ich auf dieser leeren Ebene stand, erfasste ich die Rolle eines anderen, weniger deutlichen, aber vielleicht nicht weniger wichtigen Faktors: des Zusammenpralls zweier kartographischer Auffassungen. Als zum Beispiel der Abenteurer John Lederer 1670 den Great Indian Trading Path hinunterzog, besichtigte er keine Sehenswürdigkeiten. Lederer arbeitete unter der Schirmherrschaft des Gouverneurs von Virginia und als Vorhut einer systematischen Landaneignung – ein Bemühen, bei dem Karten oft eine ebenso große Rolle spielten wie Gewehre. Der Wissenschaftler Mark Monmonier schrieb in *Drawing the Line: Tales of Maps and Cartocontroversy:*

> Die amerikanischen Ureinwohner verständigten sich über Raum und Ort mit Hilfe von Märchen, Gebärden, Tänzen und kurzlebigen Zeichnungen, aber die Kartographie des Handels, der Seefahrt und der Kriege war nicht ihre Stärke. Landbesitz im profanen europäischen Sinn mit Kaufen, Verkaufen, Vererben, Dokumentieren und Besteuern war ihnen fremd. Die Indianer, die das Land als heilig und nicht »besitzbar« betrachteten, entwickelten niemals eine formalisierte Kartographie, die sich auf Grenzen und Vermessungen konzentrierte. Dieser Mangel an Karten – vielmehr der Mangel an dem, was die europäischen Einwanderer unter Karten verstanden – war eine der vielen technischen Ungleichheiten, die die zügige Eroberung der Neuen Welt nicht nur leicht machten, sondern sie in den Augen der Siedler und Priester auch moralisch rechtfertigten.

Selbst die Karte, die mich hierher gebracht hatte, war angefertigt worden, um Diebstahl zu begehen. Ogilbys und Moxons Arbeit sollte als Werbemittel englische Siedler in die neue Provinz Carolina locken, mit deren Kolonisierung man erst vor wenigen Jahren begonnen hatte, als König Charles II. sie unter acht reichen Lords aufteilte. Nicht von ungefähr tauchten überall auf der Karte die Namen der neuen Eigentümer auf (Ashley River, Cape Carteret, Clarendon County, Albemarle River usw.), denn sie vernichteten die Identität der Eingeborenen in diesem Land genauso, wie später die russischen Kommunisten die Erinnerung an ihre zaristischen Vorgänger auszulöschen versuchten, indem sie etwa die Hälfte der 700 000 großen und kleinen Städte in der künftigen Sowjetunion umbenannten. Mit ihrer Fähigkeit, das Land aus der Distanz zu verändern – es aufzuwerten, zu zerstückeln, aufzuteilen –, gab die Karte von Moxon und Ogilby den Siedlern ein Diebeswerkzeug in die Hand, das nicht weniger scharf und wirksam war wie Gilbert Blands Rasierklinge. Ja, mir wurde bewusst, dass dieses eine kleine Papier nicht nur die ganze lange Ausbeutungssaga der Neuen Welt in sich barg, sondern dass Bland, als er Hand daran legte, die Geschichte höchst ergreifend nachspielte. Seine Opfer hatten zu ihren Karten eine ähnliche Beziehung wie die Menschen an diesen Orten zu ihrem Land. Für Bibliothekare wie Indianer handelte es sich um »heilige, nicht besitzbare Schätze« – ein schönes Ideal, welches sich wie die meisten schönen Ideale leicht ausbeuten ließ. Ich kam hierher, um festzustellen, warum Bland seine Taten begangen hat. Na ja, vielleicht war es ganz einfach: Weil er es *konnte*. Bis jetzt hatte ich in ihm eine Art kulturelles Monster gesehen, ein Mann, dessen Handlungsweise außerhalb eines normalen Lebenslaufes lag. Aber als ich nun über dieses gespenstische Fleckchen Erde starrte, erschien er mir durchaus als Teil dieser Landschaft.

Ich hatte meine Taschen gepackt, meine Schlüssel abgegeben, hatte fertig gefrühstückt, war in mein Auto gesprungen und nur zum Spaß noch ein letztes Mal am Gefängnis vorbeigefahren. Vor mir lagen hunderte von Meilen, wenn ich am nächsten Tag mein Flugzeug erreichen wollte. Es war Zeit, die Klimaanlage anzustellen und auf die Straße zurückzufahren. Aber Moment mal. Sah ich recht? Da, an der Route 109 auf meiner offiziellen Straßenkarte von North Carolina, südlich von Healing Springs, nördlich von Mount Gilead, östlich von Misenheimer und westlich von Spies, mitten im Uwharrie National Forest, gab es einen Flecken namens Eldorado. Eldorado, der Ort, der immer vor dir liegt. Das Land, das nur im Kopf der Menschen existiert. Das Ziel, zu dem es, wie Charles Nicholl schreibt, »nur die Reise gibt, die Annäherung an etwas, das man nicht erreichen kann, an etwas… das man nicht zu erreichen wagt«. Oder… na, vielleicht wagte ich es trotzdem. Gut, es lag mindestens 100 Meilen in der falschen Richtung. Stimmt schon, ich hatte keinen einzigen vernünftigen Grund für eine weitere Jagd nach einem Phantom. Aber wie ein Erleuchteter, der reich wird, indem er in der zufällig aufgeschlagenen Bibel Rat sucht, glaubte ich allmählich an Zeichen und Wunder. Die Karten hatten noch häufiger als sonst zu mir gesprochen. Soll ruhig diese hier mein Ouija-Brett sein, sagte ich mir. Mach die Augen zu und frag, ob du weiterfahren oder bleiben sollst. Mach sie wieder auf. Was siehst du? Einen Ort, nicht weit von Eldorado: die Stadt Whynot [»Warum nicht«].

Und so brach ich auf, wie so viele Träumer, Desperados und Verrückte vor mir: Raleigh, den die Suche nach der goldenen Stadt seinen Sohn und später den eigenen Kopf kostete; Gonzalo Pizarro, dessen Männer gezwungen waren, Pferde, Hunde und Sattelleder zu essen, und schließlich ihre Reise aufgaben; Philipp von Hutten, dessen Expedition ein Chronist als »Theater des Elends« bezeichnet hatte, wo im Schlussakt der Anführer mit einer stumpfen Machete enthauptet wurde; Gonzalo Jiménez de Quesada, dessen unglückliches Abenteuer 250 Spanier und fast 1500 indianische Träger ums Leben brachte und laut Aussage der Überlebenden »zu nichts führte«; und schließlich der berüchtigte Lope de Aguirre, der wahnsinnige Anführer einer Meuterei im Urwald, der sich »Zorn Gottes« nannte, »Prinz der Freiheit, König von Tierra Firma«, bis ihn seine Gefolgsleute umbrachten und vierteilten und dann seinen Körper stückweise zur Schau stellten. »Die Berichte sind falsch«, schrieb Aguirre kurz vor seinem Tod über El Dorado. »Es gibt nichts… nur Verzweiflung.« Nicht gerade ein gutes Omen für meinen kleinen Umweg – aber wenn man eins mit Sicherheit über die goldene Stadt sagen kann, so dies, dass dieser Ort in jedem Menschen den Optimisten weckt. Und so machte ich vor dieser Country-and-Western-Polizeiwache kehrt und begab mich auf die Straße wie Edgar Allan Poes »hehrer Ritter«:

er suchte kühn,
es zog ihn hin
nach Eldorados Hallen.

Ich folgte dem Great Indian Trading Path alias Interstate 85 nach Westen bis Burlington, kürzte dann ab über die Route 62, vorbei an Julian und Climax bis zur Route 220 nach Süden. Alles ging ganz gut, doch dann kamen aus heiterem Himmel, wie Kamikazeflieger, schwere Regengüsse, sodass ich kaum noch das vor mir fahrende Auto im Auge behalten konnte und im Schneckentempo fahren musste. Als ich in Randleman eine Pause einlegte, hatte ich schon etwas an Schwung verloren.

Doch ward er alt,
und ein Schatten kalt
wollt' ihm aufs Herze fallen –
da nirgends fand,
in keinem Land,
er Eldorados Hallen.

Ich fuhr weiter, vorbei an Asheboro, nach Süden bis zur Route 134, folgte dieser zweispurigen Straße bis Troy, einer trostlosen Stadt mit Textilindustrie und Sägewerken. Als ich endlich zur Route 109 und in den Uwharrie National Forest kam, waren der Nachmittag und meine Geduld spürbar im Schwinden begriffen.

Und als seine Kraft
am Ende erschlafft',
da sah einen Schatten er wallen –
»Wo find' ich, sag an,
du Pilgersmann,
wohl Eldorados Hallen?«

»Hinter dem Mond,
wo die Stille wohnt,
im Tal, da die Schatten wallen –
dort findest du
wohl Rast und Ruh
in Eldorados Hallen!«

Ich fuhr munter weiter – dank einer weiteren Koffeininfusion des hilfreichen Dr. Pepper. Doch irgendwie hatte ich wohl die Mondberge und das Tal der Schatten übersehen und landete stattdessen in dem winzigen Städtchen Uwharrie in einem Gemischtwarenladen. Wo das wohl liegt – dieses Eldorado? Na ja, mein Junge, einfach die Straße noch 'n Stück weiter.

Als Erstes wurde mir an diesem Ort Folgendes klar: Auch wenn man ihn gefunden hat, ist er nicht wirklich da. Die Macedonia-Methodistenkirche, Adams Hühnerfarm, ein paar gottverlassene Häuser und klapprige Wohnwagen – willkommen in Eldorado, wo die Straßen keineswegs mit Gold gepflastert sind, manche sind gar nicht gepflastert. Das bei weitem eindrucksvollste Gebäude war das Eldorado Outpost, ein neuer Laden mit Jagd- und Fischereitrophäen an den Wänden, mit Lebensmitteln und Gewehrpflegeartikeln in den Regalen und einer Pizza unter Warmhaltelampen, die bessere Tage gesehen hatte. Ich erkundigte mich bei dem Mädchen an der Kasse nach der Geschichte der Stadt.

»Ach, es ist eigentlich gar keine richtige Stadt«, kicherte sie und suchte dann unter der Theke nach einem fotokopierten »Geschichtlichen Abriss« der Historischen Gesellschaft des Bezirks. Daraus erfuhr ich, dass 1885 in Eldorado Gold gefunden worden war. Welche kleinen Vermögen dort auch immer gemacht wurden, sie hielten offenbar nicht lange. Eldorado – das waren nur die Überreste gescheiterter Pläne und blinder Gier. Und plötzlich hatte ich das komische Gefühl, hier schon einmal gewesen zu sein.

KAPITEL 13

Mr. Bland, wenn ich nicht irre

Nach all den Rückschlägen gab es nun nur noch einen einzigen Ort, an dem ich Bland mit Sicherheit begegnen würde. Da sich seine Verfahren vor drei Gerichten langsam dem Ende näherten, füllte sich der Kalender des Kartendiebs mit Terminen, denen er sich kaum verweigern konnte. Und so fand ich mich an einem schönen, frischen Dezembertag des Jahres 1996 im Bundesgerichtssaal in Charlottesville, Virginia, ein, wo er erscheinen musste, um den Urteilsspruch zu vernehmen. Endlich sollte ich den Mann zu Gesicht bekommen.

Ich hatte dieses Ereignis mit einer an höchste Erregung grenzenden Spannung erwartet. Manchmal war mir fast so Angst und Bange wie dem Forschungsreisenden Henry Morton Stanley, der am 19. September 1872 irgendwo tief in Zentralafrika diese Worte niederkritzelte:

> ... ich habe einen feierlichen Eid geschworen, den ich halten will, solange mir noch eine Lebenshoffnung bleibt, mich von dem gefassten Entschluss nicht abbringen zu lassen, so lange zu suchen, bis ich Livingstone lebendig oder tot aufgefunden habe ... Ein gewisses, unbekanntes Etwas, sei es nun die mir eigene stets rege Hoffnungsseligkeit oder eine aus einer großen Lebenskraft entspringende natürliche Kühnheit oder das Produkt eines überschwänglichen Selbstvertrauens – gleichviel – ein Etwas sagt mir heute Abend: Ich werde ihn ganz bestimmt finden. Schon diese bloßen Worte

Gilbert Bland vor dem Gerichtsgebäude
in Hillsborough, North Carolina, am 1. Juli 1996.

inspirieren mich. Ich fühle mich glücklicher. Habe ich gebetet? Heute Nacht werde ich ruhig schlafen.

Stanleys Aufregung war verständlich. Er war auf der Suche nach dem vermissten Geographen und Missionar David Livingstone fast 1000 Kilometer durch öde Sümpfe und dichten Dschungel marschiert und hatte dabei Temperaturen von über 50 Grad Celsius ausgehalten, Wolkenbrüche, unfreundliche Eingeborene, meuternde Untergebene, Blut saugende Tsetsefliegen, Malariamücken und mausgroße Käfer und war nun, als er dies schrieb, halb verrückt von den »vielen Fieberschauern«. Und welche Entschuldigung hatte ich? Mittlerweile war klar, dass mich meine Suche in gefährlich gefühlsbeladenes Gebiet geführt hatte. Und nachdem ich monatelang versucht hatte, herauszubekommen, was in dem Kartendieb vorging, begann ich nun auch meine eigenen Beweggründe zu untersuchen. Wenn ich diese frustrierende Suche fortsetzen wollte, schuldete ich mir – und vielleicht auch Bland – genaue Aufklärung darüber, was ich eigentlich tat.

Ich merkte, dass meine Suche zumindest vom Geist her jener Art glich, die in den Annalen der Entdeckungen ziemlich häufig auftaucht. Schon zu Homers Zeiten, als Telemach aufbrach, um seinen verlorenen Vater zu suchen, waren große Teile unserer Erde von Entdeckern kartographisch festgehalten worden, die eigentlich kein neues Land suchten, sondern schwer fassbare Menschenwesen jagten. Im Mittelalter zum Beispiel reisten Generationen von Europäern nach Asien und später nach Afrika, um nach dem Priesterkönig Johannes zu suchen, einem ewig ungreifbaren christlichen König, in dessen gewaltigem, reichem Herrschaftsgebiet es »weder Diebstahl noch Speichelleckerei, weder Habgier noch Uneinigkeit« geben sollte. Wir mögen Karten wie Ortelius' *Das Königreich des Priesterkönigs Johannes* von 1573, die ein riesengroßes afrikanisches Reich zeigt, heute belächeln. Doch die Jagd nach diesem mythischen Machthaber hat zweifellos ihren Teil dazu beigetragen, der Isolation des mittelalterlichen Europa ein Ende zu setzen und das Zeitalter der Entdeckungen einzuleiten.

Auch andere Zeiten waren nicht gefeit gegen das, was Eric Leed, Verfasser von *Shores of Discovery: How Expeditionaries Have Constructed the World*, den »Lost-Boy-Complex« nennt. 1805 verschwand der schottische Entdecker Mungo Park am Niger. Er wurde nie mehr gefunden, aber die Männer, die ihm nachspürten, entzauberten so manchen geographischen Mythos über das Innere Westafrikas. Und als der britische Konteradmiral Sir John Franklin 1845 auf der Suche nach der mysteriösen Nordwestpassage verschwand, wurden dem Admiral und seinen Männern, die, so stellte sich heraus, alle umgekommen waren, mehr als 20 Trupps nachgesandt. »Die Sache mit Franklin war die größte Katastrophe in der Erforschung der Polargebiete«, schreibt Peter Whitfield, »doch da sie um 1850 dutzende von Suchexpeditionen nach sich zog, war sie mitverantwortlich für die Komplettierung der Arktiskarte.«

Meine eigene Suche hatte natürlich viele Beweggründe, nicht zuletzt Geld und beruflichen Stolz. Wie Stanley, den der *New York Herald* als Reporter nach Afrika geschickt hatte, war ich vor allem ein Journalist mit einem Auftrag. Außerdem war es eine intellektuelle Herausforderung. Je mehr Bland mir ausgewichen war, desto mehr musste ich auf meine eigene Findigkeit und Recherchierfähigkeit bauen, um die Bestandteile seines Lebens zusammenzusetzen. Aber noch etwas hielt mich in Gang, ein geradezu instinktiver Trieb, der offenbar mit dem Reiz des Unbekannten zu tun hatte. Er erinnerte mich merklich an diesen »Lost-Boy-Complex«. Und als ich die Berichte von Forschern durchlas, um aus diesem Phänomen schlau zu werden, tauchte allmählich ein merkwürdiges Muster auf. In auffallend vielen Fällen nahmen die Suchenden – bewusst oder unbewusst – Züge der vermissten Person an: Sie führten deren Forschungsauftrag zu Ende, erlitten dasselbe Schicksal oder verschmolzen sonst irgendwie mit ihr. Stanley zum Beispiel litt sein Leben lang an Identitätsproblemen. Als uneheliches Kind, das von seiner Mutter verlassen wurde und seinen Vater nie gekannt hatte, änderte er seinen Namen von John Rowlands in Henry Stanley, nach einem Mann, den er wie einen Vater verehrte. Seine Jagd nach Livingstone war auch eine Suche nach sich selbst, als fühlte er sich getrieben, den großen Abenteurer nicht nur *ausfindig zu machen*, sondern auch irgendwie wie Livingstone zu werden. Stanley machte selbst diesbezügliche Andeutungen in seinem Tagebuch. In der Gegenwart des älteren und berühmteren Mannes, schrieb er, »begann ... ich zu glauben, ich sei selbst jemand – was ich früher nie gedacht hatte«.

Livingstone verdiente es in vielerlei Hinsicht, dass man ihm nacheiferte. Als Arzt hatte er sich vorgenommen, die Leiden der afrikanischen Bevölkerung mit Hilfe der modernen Medizin zu lindern, als christlicher Missionar bekämpfte er den Sklavenhandel, und als Forscher sammelte er wesentliche geographische Erkenntnisse über den Kontinent. Ich konnte nachvollziehen, dass Stanley sich von ihm angezogen fühlte. Aber was fand ich nur an einem Mann wie Gilbert Bland?

Gesichter sind oft mit Karten verglichen worden. Schon Ptolemäus beschrieb das Verfertigen einer Karte mit Worten, als beschriebe er das Malen eines Porträts: In beiden Künsten müsse man sich nicht nur mit dem ganzen Kopf befassen (der ganzen Welt), sondern auch mit den einzelnen Zügen (den einzelnen Orten). Auch der niederländische Meister Jan Vermeer – ein Zeitgenosse der Kartographen des goldenen Zeitalters wie Joan Blaeu, Jan Jansson und Frederick de Wit – stellte das menschliche Antlitz dem Antlitz der Erde gegenüber. In seinen Gemälden *Das Maleratelier*, *Der Soldat und das lachende Mädchen*, *die Briefleserin*, *Junge Frau mit Wasserkanne am Fenster* und *Der Geograph* platziert Vermeer das Gesicht des Porträtierten vor eine Karte – als wolle er zeigen, dass Ersteres ebenso die innere Welt abbildet, wie Letztere die Welt im Großen beschreibt. Die gleiche Metapher benützten zahlreiche Dichter und Schriftsteller, beispielsweise William Shakespeare in *Heinrich VI., Teil II:*

In deinen Zügen seh ich eine Karte
Voll Ehre, Wahrheit, Pflichtgefühl.

Welche Art von Karte, so fragte ich mich, als ich voll banger Ahnung in diesem Gerichtssaal saß, würde ich wohl auf dem Gesicht des Angeklagten sehen? Mehrere Fotos von Bland hatten sich meinem Gedächtnis eingeprägt: Auf dem ersten Polizeifoto von 1968 das Gesicht eines verirrten Kindes mit engelsglatten Wangen, aber leerem Blick; nach Vietnam, auf einem Polizeibild von 1971, ein merklich härter gewordenes Gesicht; bei einer weiteren Festnahme im Jahr 1972 ein benommenes Gesicht mit schulterlangem, zotteligem Haar und üppigem Walrossschnurrbart, und schließlich das Gesicht eines Kriminellen mittleren Alters mit ergrauendem Schnurrbart, beginnender Glatze, trotzig an der Kamera vorbeistarrenden Augen und einer ahnungsvoll hochgezogenen Braue. Nun mochten diese Fotos Blands äußere Veränderungen aufzeigen, doch über seine Seele sagten sie wenig aus: Auf allen war nur ein Pokerface zu sehen. Hoffentlich gestattete also diese lang ersehnte Gelegenheit, ihn persönlich zu beobachten, mir wenigstens, in seinen Gesichtszügen zu lesen, wie Stanley es bei Livingstone getan hat:

> Ich war damit beschäftigt, ihn anzublicken ... Jedes Haar seines Hauptes und Bartes, jede Runzel seines Gesichts, seine hageren Züge und sein etwas abgespanntes Aussehen brachten mir die Kunde, nach der ich mich immer während gesehnt, seit ich die Worte [meines Verlegers] gehört: »Nehmen Sie, was Sie brauchen, aber – finden Sie Livingstone.«

Als die festgesetzte Stunde nahte, füllte sich der Gerichtssaal mit Anwälten und Beamten. Auf der Galerie saßen keine Sympathisanten oder Familienangehörigen, nur ein paar Reporter, die schweigend in ihren Notizbüchern lasen. Und da kam er schon und schlurfte in seinem blauen Gefängniskittel an seinen Platz. In diesem Augenblick, hatte H. M. Stanley gestanden, hätte er am liebsten seiner »Freude mit einem tollen Streiche Luft verschafft, wie zum Beispiel … mit einem Purzelbaum«. Ich hingegen fühlte trotz monatelanger Erwartung nur eine unbestimmte Traurigkeit, ob wegen Blands kläglicher Erscheinung oder wegen meiner hochgespannten Erwartungen, wusste ich nicht. Obwohl ich kaum einen kräftigen Mann erwartet hatte, entsetzte es mich, wie eingefallen er aussah. Mit seinen 1,75 Meter und dem rötlich-braunen, schon grau werdenden Haar wirkte er gebeugt und zerbrechlich, als habe er den Körper eines alten Mannes. Und doch sah er auch wieder viel jünger aus als 47: Ohne den Schnurrbart, den ich auf so vielen Fotos gesehen hatte, wirkte er fast kindlich. Seine Haut war teigig und stumpf, als wäre sie nie an die Sonne gekommen. Und sein Gesichtsausdruck? Leer. Blank. *Bland*. Es war ein Gesicht, das einfach nichts preisgab. Das einzig Lebhafte waren seine stechenden, nussbraunen Augen. Ein paarmal lehnte er sich zurück und versuchte unauffällig zu mir herüberzuschauen, während ich ihn anstarrte. Ich weiß nicht, ob er überhaupt wusste, wer ich war, aber sein Blick war nicht freundlich. Ich konnte mir gut vorstellen, wie es Jennifer Bryan zu Mute gewesen sein musste, als er ihr an jenem schicksalhaften Tag in der Peabody Library »verstohlene« Blicke zuwarf. Es war der Blick eines Mannes, der es nicht ausstehen konnte, wenn man ihn beobachtete.

Das Gefängnis hatte dem Kartendieb nicht gut getan. Zu Beginn seiner Haft im Gefängnis von Albemarle-Charlottesville hatte er an den Bezirksrichter geschrieben und sich beklagt, dass er so beengt und mit so vielen gewalttätigen Kriminellen zusammenleben müsste. Er versuche, seine Tage mit Lesen zu verbringen, habe aber Mühe, sich zu konzentrieren an einem Ort, wo ständig der Fernseher plärre, »mit RAP-Music-Videoclips, Zeichentrickfilmen und Wrestling … Ich habe versucht, mit Hilfe von Antidepressiva … durchzuhalten und zurechtzukommen«, schrieb er, aber »der Stress ist unerträglich«. Er schrieb, seit seiner Ankunft vor ein paar Monaten hätten sich schon zwei Insassen aufgehängt, und auch er fürchte um seine »geistige Gesundheit«.

Ich wusste, dass Bland schon früher ähnliche Briefe aus dem Gefängnis geschrieben hatte, und konnte mir ein gewisses Misstrauen bezüglich seiner angeblichen seelischen Zerrüttung nicht verkneifen. Doch als die Verhandlung an diesem Vormittag allmählich in Gang kam, behauptete sein Anwalt, die emotionalen Störungen des Kartendiebs seien der eigentliche Kern der Sache. Um für seinen Klienten ein mildes Urteil zu erwirken, erklärte Anwalt Paul R. Thomson aus Roanoke, Blands »Problemverhalten« werde »überwiegend durch Depressionen ausgelöst, ein weit verbreitetes Problem bei posttraumatischer Belastungsreaktion, das uns in der Zeit von Vietnam ganz häufig begegnete«. Thomson führte auch Blands finanzielle Schwierigkeiten als Motiv für die Verbrechen an. »Er beging sie hauptsächlich, weil sein Geschäft in Maryland… einging«, sagte er; Bland »konnte seine Familie nicht ernähren«. Thomson versicherte dem Gericht, sein Klient werde ambulant weiterbehandelt, sobald er nach Florida heimgekehrt sei. »Er sieht ein, dass es eine Riesendummheit war … Das Ganze war ein emotionales Trauma für ihn und seine Familie.«

All meine Hoffnungen, Bland selbst werde mir Einblick in seine Verbrechen gewähren, wurden bitter enttäuscht. Mit gedämpfter Stimme, die manchmal vor Erregung versagte, lieferte er im Grunde nur die Standardrede eines reuigen Verbrechers ab: »Hohes Gericht, als Erstes möchte ich sagen, dass ich meine Tat aufrichtig bereue. Ich schäme mich. Außerdem, Hohes Gericht, möchte ich sagen, dass ich im vergangenen Jahr viel Zeit gehabt habe, darüber nachzudenken, warum dies geschehen ist und auch… über meine Verantwortung gegenüber meiner Familie, meiner Frau und meinen Kindern, wenn ich wieder nach Hause komme. Ich muss vieles wieder gutmachen. Ich bin jetzt 47 Jahre alt und sehe ein, dass ich solche Fehler nie mehr machen darf… Es wird nicht wieder vorkommen.«

Dann zockelte er leise zur Anklagebank zurück und schien sich in seinem Stuhl aufzulösen – die Unauffälligkeit in Person.

Bezirksrichter James H. Michael jr., ein großer, weißhaariger Mann mit Adleraugen, klangvoller Stimme und dem stattlichen Auftreten eines altmodischen Südstaatengentleman, wollte Bland merken lassen, wie sehr ihn dessen Diebstähle empörten. »Nach Ansicht des Gerichts ist der Verlust unersetzlich und unermesslich«, erklärte er dem Kartendieb bei der Verhandlung. Allerdings sei ein *plea bargain* vereinbart worden, und er halte sich grundsätzlich an so was. Infolgedessen verurteilte er den Angeklagten zu acht Monaten Gefängnis – die er bereits in der U-Haft verbüßt hatte – und zu 70 000 Dollar Schadensersatz, zu zahlen an die University of Virginia und die Duke University. (Bland sollte diesen Betrag später anfechten, mit der Begründung, die von ihm verursachten Schäden seien leicht reparierbar, da viele der alten Karten einfach wieder in ihre Atlanten hineingeklebt werden könnten. Richter Michael warf ihm daraufhin vor, er habe »noch immer keine richtige Vorstellung von der Schwere seiner Vergehen«.)

Zehn Tage nach der Urteilsverkündung in Virginia stand Gilbert Bland wieder vor Gericht. Wie ihre Partner auf Bundesebene hatten die Staatsanwälte von North Carolina in ein *plea bargain* eingewilligt, demzufolge der Kartendieb mit der bereits abgesessenen Haft davonkommen sollte. Doch diesmal war der Richter anderer Ansicht. Richter Robert Hobgood stellte fest, Bland habe 26 Karten und Urkunden in einem geschätzten Wert von 20 000 Dollar aus der University of North Carolina gestohlen, lehnte die Abmachung in erster Instanz ab und vertrat die Ansicht, »für das, was dieser Mann getan hat, ist die Strafe nicht hart genug«. Das war eine mutige, von Bibliothekaren gewürdigte Einstellung, die Hobgood bei der »Nationalkonferenz zum Schutz des Kulturguts« des Jahres 1998 einen Preis der Smithsonian Institution einbrachte. Aber praktisch wirkte sich diese Entscheidung kaum aus. Auch wenn ihm der Richter unmissverständlich zu verstehen gab, was er von ihm hielt, musste Bland schließlich nur fünf Monate länger im Gefängnis sitzen. Nachdem er in Delaware zu zwei Jahren mit Bewährung und 9000 Dollar Schadensersatz für die der Universität entwendeten Karten verurteilt worden war, stand Bland nach insgesamt nicht einmal 17 Monaten hinter Gittern kurz vor seiner Entlassung.

Als über das Internet die Nachricht von Blands bevorstehender Freilassung ruchbar wurde, schäumten Bibliothekare auf der ganzen Welt vor Wut über das in ihren Augen lächerlich milde Urteil. »Meiner Meinung nach hätte er 20 Jahre Zwangsarbeit kriegen sollen... Wer sich erst unser Vertrauen erschwätzt und uns dann hintergeht, ist der letzte Dreck«, knurrte P. D. Hingley, Bibliothekar der Royal Astronomical Society in London.

»Da uns die Höflichkeit verbietet, ihm die Hand abzuhacken, sollte solch ein Dieb für jeden Dollar, den das gestohlene Zeug wert war und den es kostet, ihn festzunehmen, anzuklagen und einzusperren, ein Jahr eingelocht werden«, fand Sidney E. Berger, Leiter der Sonderbestände der University of California in Riverside.

Doch trotz dieser vollmundigen Äußerungen wussten die Bibliothekare, dass teilweise auch ihre eigenen Kollegen an dieser Situation schuld waren. Von den vermutlich 19 Institutionen, die Bland heimgesucht hatte, zeigten ihn nur vier an. Die anderen ließen die Angelegenheit einfach auf sich beruhen. Wieso diese mangelnde Handlungsbereitschaft? »Diese Frage habe ich oft gestellt, aber kaum jemals eine Antwort darauf bekommen«, sagte Cynthia Requardt von der Johns Hopkins University, in der Bland festgenommen worden war, die ihn aber nie angezeigt hat. »Ich nehme mal an, es ist irgendwie unter den Tisch gefallen. Unser Rechtsberater glaubte, es wäre nicht viel damit gewonnen, und alle anderen warteten, dass er den ersten Schritt tat... Es zog sich ewig hin, dann erhob Virginia Anklage, dann Delaware und North Carolina, und so kam das Gefühl auf, es kümmert sich schon jemand drum.«

Freilich erschwerten Blands Gerichtsabsprachen auf Bundesebene zusätzliche Prozesse, machten sie aber keineswegs unmöglich. »Die anderen Bibliotheken hätten ihn anzeigen können, wenn sie sich wirklich bemüht hätten«, meinte Gray Hill vom FBI.

Außerdem bedeutete das *plea bargain* in den USA keinen Schutz für Bland in Kanada, wo er die University of British Columbia in Vancouver und die British Columbia Archives in Victoria um vermutlich insgesamt 40 Karten erleichtert hatte. Trotzdem wurde nördlich der Grenze nie Anzeige gegen ihn erstattet. »Ich erkundigte mich bei der Royal Canadian Mounted Police nach unseren Aussichten«, erzählte Brenda Peterson von der University of British Columbia. »Und da hieß es, um ihn anzuzeigen, müsste man vor ein ausländisches Gericht gehen, und das wäre sehr kompliziert. Sie hatten wenig Hoffnung, dass sich der Aufwand und das Geld, das wir bräuchten, um ihn in Kanada vor Gericht zu bringen, lohnen würden. Sagen wir's so: Sie drängten mich nicht, der Sache nachzugehen.«

Und so spazierte Bland am 23. Mai 1997, knapp eineinhalb Jahre, nachdem er ins Gefängnis gekommen war, als freier Mann in die Frühlingsluft hinaus. Eine Laune des Schicksals wollte es, dass er seine letzten Tage hinter Gittern in Fort Dix, New Jersey, verbrachte – in einer Bundeshaftanstalt, die 1993 auf dem Areal eines früheren Militärtrainingslagers errichtet worden war, das Bland nur allzu gut kannte. Nach Fort Dix war er 1968 einberufen worden, und aus Fort Dix war er 1971 bei seiner Entlassung aus dem Militär hinausmarschiert, bestrebt, die Vergangenheit hinter sich zu lassen. Auch jetzt durfte er auf einen Neubeginn hoffen. Die Polizei und das FBI waren nicht mehr hinter ihm her. Seine Opfer hatten andere Sorgen. Und im Lauf der Wochen vergaßen ihn auch die Medien. Ich war der Letzte, der ihm noch auf der Spur war.

Hallo.«

»Hi, Mr. Bland.«

»Ja, wer ist dran?«

»Hier ist Miles Harvey.«

Ich hatte nach seiner Entlassung mehr als acht Monate gewartet, bis ich ihn anrief. Seine Anwälte hatten mir ausgerichtet, er sei über meinen Zeitschriftenartikel keineswegs glücklich gewesen, und gaben mir keinen Grund zu der Annahme, er werde sich über ein mögliches Buch mehr freuen. Dennoch hoffte ich, ihn nach so langer Zeit vielleicht in nachdenklicher Stimmung vorzufinden. Ich hatte mich geirrt.

»Erstens«, sagte er kurz angebunden, »haben Sie etwas dagegen, wenn ich dieses Gespräch aufzeichne?«

»Nein. Kann ich es auch aufnehmen?«

»Nur zu.«

»Gut, danke.«

Ich war überrascht, wie sehr meine Stimme zitterte und wie ruhig die seine wirkte. Sie war auch tiefer, als ich sie in Erinnerung hatte, und sein leichter New-Jersey-Akzent gab ihr eine gewisse Rauheit. Auch etwas Drohendes schwang mit. Schon bei den ersten Worten spürte ich, dass diese Stimme überreden konnte, dass sie einschüchtern und verletzen konnte – kurz, dass sie so gar nicht jener gebrochenen, kaum vernehmlichen Stimme glich, die ich vor Gericht gehört hatte.

Er fragte, wie ich seine Telefonnummer herausbekommen hätte. Ich nannte ihm die Quelle – ein Dokument in den öffentlichen Akten – und suchte nach Worten. »Ich wollte mich einfach mal vorstellen.«

»Ich sag's Ihnen gleich: Ich wünsche nicht, dass Sie in irgendeiner Weise mit mir Kontakt aufnehmen«, sagte er klipp und klar, als lese er eine vorbereitete Stellungnahme ab. »Es gibt im Staat Florida Gesetze zum Schutz der Bevölkerung vor Belästigung. Ich wünsche nicht, dass Sie noch einmal mit mir Kontakt aufnehmen. Wenn Sie es doch tun, werde ich Strafanzeige gegen Sie erstatten. Und ich werde auf jeden Fall versuchen, zivilrechtlich gegen Sie vorzugehen. Haben Sie mich verstanden? Ist das klar?«

»Ich habe verstanden, was Sie sagten, ja.«

»Okay.«

Obwohl seine juristischen Drohungen unbegründet, wenn nicht sogar vorgespiegelt waren, war klar, dass unser Gespräch nicht gut verlief. Ich wusste, es war meine letzte Chance.

»Ich wollte eigentlich nur fragen, ob wir uns nicht einmal persönlich treffen könnten«, sagte ich. »Ich finde, Sie sollten sich mit mir treffen, auch wenn Sie nicht mit mir reden wollen. Ich – ich bin ein anständiger Kerl. Mich interessiert jeder Aspekt der Geschichte, den Sie mir mitteilen wollen. Ich möchte Ihnen einfach jede Gelegenheit dazu geben, ich möchte einfach gern fair sein. Das gehört zu meinem Beruf. Ich habe absolut nichts gegen Sie. Ich habe absolut kein Interesse daran, Sie zu belästigen oder in Ihre Privatsphäre einzudringen. Ich versuche nur, meine Arbeit als Reporter gut zu machen. Können Sie das verstehen?«

»Ich habe Sie gewarnt, und ich rate Ihnen, die Gesetze von Florida durchzulesen, bevor Sie noch einmal versuchen, mit mir Kontakt aufzunehmen. Wie gesagt, ich warne Sie, und ich nehme dieses Gespräch auf Band auf. Wenn Sie mich weiter belästigen oder versuchen, in irgendeiner Weise mit mir in Kontakt zu treten, zeige ich Sie bei der Polizei an und prozessiere gegen Sie. Haben Sie verstanden?«

»Ja, ich habe verstanden, was Sie sagten.«

»Ist das klar?«

»Absolut klar. Ich hoffe zwar immer noch, Ihnen das ausreden zu können …«

»Ich habe nichts mehr zu sagen.«

Dann kam ein Schweigen. Ein vertrautes Schweigen. Ein endgültiges Schweigen.

Als vor 70 Jahren ihr Mann wegen Veruntreuung verurteilt und nach Leavenworth, Kansas, ins Bundesgefängnis gesteckt wurde, stand meine Großmutter vor der qualvollen Entscheidung, wie sie die Nachricht ihrer kleinen Tochter beibringen sollte. Laut Familienüberlieferung war mein Großvater schuldlos bis auf die Tatsache, dass er sich geweigert hatte, einen Freund und Vorgesetzten in der Bank zu verpfeifen (der sich später in einer Kirche unserer Heimatstadt Downers Grove, Illinois, erschossen hat). Aber meine Großmutter wusste, auch wenn ihr Mann unschuldig war, würde sein Verschwinden ihr jüngstes Kind, das damals sechs Jahre alt war, verstören. Als ausgeglichene, findige Frau, die Generationen von Grundschulkindern unterrichtet hatte, wusste meine Großmutter normalerweise genau, was in einer Krise zu tun war. Doch diesmal fühlte sie sich überfordert und war wie gelähmt durch die Mischung aus Kummer, Verlust und drohender plötzlicher Armut auf dem Höhepunkt der Weltwirtschaftskrise. Für ihren heranwachsenden Stiefsohn, vor dem der Prozess nicht verheimlicht werden konnte, war die Situation schlimm genug; er musste seine Studienpläne aufgeben und beim staatlichen Civilian Conservation Corps arbeiten. Aber wie sollte sie die Tragödie ihrer Tochter erklären, einem empfindsamen kleinen Mädchen, das seinen Vater vergötterte?

In ihrer Not wandte sich meine Großmutter an eine Kollegin und an eine andere Freundin, denen beiden Erfahrung in kindlicher Psychologie nachgesagt wurde. Ihr Rat war einfach, vernünftig und, wie sich herausstellte, verhängnisvoll schlecht. Sag dem Mädchen gar nichts, meinten sie. Es besteht keine Notwendigkeit, das Wort *Gefängnis* zu erwähnen; ein kleines Kind kann mit dieser Schande nicht fertig werden. Lass sie glauben, ihr Vater sei einfach verreist. Sag ihr, eines Tages kommt er wieder heim.

Und so legte sich meine Mutter jahrelang abends mit der Frage ins Bett, ob ihr der nächste Tag wohl ihren Vater von seiner Reise ins Unbekannte zurückbringen würde. Sie weiß heute nicht mehr, wie lang er fort war. Sie erinnert sich nicht, ob sie jemals jemanden gefragt hat, wohin er gegangen sei. Sie weiß nicht mehr, ob sie versucht hat, ihn sich an einem fernen Ort vorzustellen. Er war einfach verschwunden, hatte sich aufgelöst in einer nebligen *terra incognita*, einem Land, das umso schrecklicher war, als es völlig unbestimmt und unbesprochen blieb, so fern und unbegreiflich wie der Tod.

Endlich kehrte er eines Tages zurück – aber in mancher Hinsicht wartet sie noch immer auf ihn. Ich bin aufgewachsen mit einer Mutter, die in der ständigen Angst lebte, ihre Lieben könnten eines Tages einfach verschwinden. Wenn ihr Mann zu lang an einem Forellenbach trödelte – wozu er neigte –, oder wenn ihre heranwachsenden Söhne zu lange auf einer Party blieben – wie es ihre Gewohnheit war –, so löste sich diese normalerweise dynamische und gelassene Frau in Panik auf. Wenn ich abends weit nach der festgesetzten Uhrzeit nach Hause kam – was bedauerlicherweise nur zu häufig der Fall war –, saß sie oft schluchzend vor dem Telefon, und ihre panische Angst war so offenkundig, dass ihr 1,80 Meter großer Körper geradezu geschrumpft schien. Doch das Verschwinden meines Großvaters hatte in ihr nicht nur eine erdrückende Angst vor dem Unbekannten verankert, sondern auch eine ganz andere, sehr gesunde Furcht: die Furcht, *nichts zu wissen*. Die brennende Neugier meiner Mutter – eine lebenslange Suche nach Antworten auf die Probleme der Welt und auf ihre eigenen – war wohl ihre Rettung, eine süße Rache an den Mächten der Ungewissheit, die sie in ihrer Kindheit verfolgten.

Ich habe ihre Neugier und ihre Nervosität zu gleichen Teilen und in allzu großzügigen Portionen geerbt. Und rückblickend erkenne ich, wie sehr diese beiden widersprüchlichen Eigenschaften meine Nachforschungen nach dem Kartendieb gefärbt haben – die eine beflügelte meine Suche, die andere erfüllte mich mit Angst vor dem, was ich wohl finden würde. Ich habe schon einmal beschrieben, dass Bland mir so fremd vorkam, als sei er »außerhalb meiner Grenzen«. Nun merke ich, dass diese

Ferne, die psychologische wie die physische, der Hauptgrund war für mein Interesse an ihm. Ich weiß nicht, ob ich in ihm auch den Großvater suchte, dem ich nie begegnet bin, einen Mann, der wie der Kartendieb in seinen besten Jahren von der Gesellschaft geächtet wurde. Ich weiß nur, dass ich offenbar mit jedem Monat immer weniger nach einer realen Person namens Gilbert Bland suchte und immer mehr nach einem dunklen, unerforschten Element meines eigenen Daseins. Und eines Tages, zu meiner Faszination und meinem Schrecken, bekam ich es zu Gesicht. Ihn. Mich. Den Dieb. Ich begriff, dass meine jahrelangen Versuche, mich in Bland hineinzuversetzen, fehlgeschlagen waren. Ich war nicht in seine Gedankenwelt eingedrungen, ich hatte nur seine Handlungsweise imitiert – war um sein Leben herumgeschlichen, wie er um die Bibliotheken geschlichen war, hatte kleine Seiten aus seiner Vergangenheit herausgeschnitten und sie heimlich mit nach Hause genommen. Blands Drohung, mich wegen Belästigung zu verklagen, war zwar nur Theaterdonner, doch ich konnte ihm nicht wirklich Vorwürfe machen, wenn er sich missbraucht fühlte. Er muss sich ähnlich verletzt gefühlt haben wie seine Opfer.

Und obwohl ich wie diese Opfer finde, dass die Justiz mit Bland glimpflich verfahren ist, meine ich auch, dass Strafe nicht immer in Gefängnisjahren gemessen werden kann. Auf Grund meiner eigenen Familiengeschichte bin ich versucht, Blands Anwalt zu glauben, als dieser vor Gericht zu Richter Michael sagte: »Die größte Strafe wird sein, dass er heimgehen, vor seinen heranwachsenden Sohn treten und ihm erklären muss, wie es dazu gekommen ist.«

Außerdem wusste ich, dass noch eine andere Strafe auf Bland wartete, eine, die ich selbst verhängen musste.

Ich hatte gehofft, meine Suche nach dem Kartendieb würde mit einer Entdeckung enden, einem Donnerschlag der Wahrheit, der Licht auf all seine Taten warf. Das ist nicht eingetreten. Doch ich habe gelernt, dass das Entdecken im eigentlichen Sinne weniger zu tun hat mit Enthüllung als mit Verkündigung. Christoph Kolumbus war nicht der Erste, der bis Amerika kam, doch seine geniale Leistung bestand darin, dass er die Neue Welt in der Alten bekannt machte. »Entdecken heißt, den Schleier wegzuziehen«, schreibt der Kolumbus-Forscher Mauricio Obregón. »Es heißt nicht, auf etwas zu stoßen und es für sich zu behalten. Es heißt, die Grenze zur Unendlichkeit zu verschieben und das Neue an die Nachwelt weiterzugeben.«

Aber jede Entdeckung ist auch ein Akt der Aneignung. Nach all den Jahren des Suchens konnte ich über Gilbert Bland nur eines mit absoluter Gewissheit sagen: Dass er seine Anonymität gehegt und gepflegt hat. Ich hatte gesehen, wie er sie mit Hilfe einer Reihe von Decknamen aufbaute, wie er sie in einem Lesesaal nach dem anderen erfinderisch einsetzte und wie ein Pitbull gegen alle äußeren Mächte beschützte. Selbst die Gerichte hatten sie ihm nicht genommen. Aber ich würde sie ihm nehmen. Dieses Buch würde sie ihm nehmen. Ich wollte ihm nicht wehtun: Mein Mitleid mit ihm war im Lauf der Jahre eher größer geworden. Aber egal, wie meine Absichten waren – dass ich seine Geschichte erzählte, verurteilte Bland zu einem für ihn äußerst schrecklichen Schicksal, nämlich bekannt zu werden.

Ich war überzeugt, dass die Strafe dem Verbrechen angemessen war. Zumindest würde die allgemeine Aufmerksamkeit ihn (und hoffentlich auch andere Möchtegernbibliotheksganoven) von künftigen Raubzügen abhalten. Dennoch waren meine Gefühle hinsichtlich der Verfolgung des Kartendiebs im Lauf der Zeit immer zwiespältiger geworden. Ich hatte nie daran gedacht, das Vorhaben ganz aufzugeben, aber ich empfand eine wachsende moralische Erschöpfung, einen schleichenden Zweifel, wieso ich immer noch in Blands Leben nach immer mehr verborgenen Details wühlte – besonders, als klar war, dass diese Details ohne seine Mitarbeit niemals ein vollständiges Bild des Mannes ergeben würden.

Eine letzte Wahrheit über den Vorgang des Entdeckens: Man geht leicht in der Wildnis verloren. Als Henry Morton Stanley in den afrikanischen Dschungel ging, wurde er von Neugier getrieben, ein Reporter auf der Suche nach einem Knüller. Jahre später kam er als zynischer Miet-Abenteurer wieder heraus, der als Söldner im Dienst des grausamen Königs Leopold II. von Belgien den Freistaat Kongo errichtete, eine riesige Kolonie aus Zwangsarbeit, Folter und Schreckensherrschaft, in der buchstäblich Millionen von Menschen zu Grunde gingen. Vielleicht war es auch Neugier, »echtes Interesse und Vorliebe für alte Karten«, wie ein Anwalt der Verteidigung meinte, was Gilbert Bland anfangs auf das eigenartige Gebiet der wertvollen Bücher lockte. Aber Neugier, der Wunsch, etwas Bestimmtes zu erleben und zu verstehen, entwickelt sich unglücklicherweise gern zu dem Zwang, dieses Etwas auch zu besitzen, zu erobern, zu unterwerfen. Und dann wird der Erforscher zum Ausbeuter. Ich habe versucht, ebendieses tragische Element aus meinem eigenen Abenteuer herauszuhalten. Aber eines Tages, als ich die Tonbandaufzeichnung des Telefongesprächs mit dem Kartendieb abschrieb, hörte ich, wie sich meine Stimme anstrengte bei den Worten: »Ich bin ein anständiger Kerl.« Da wurde mir klar, dass ich nicht versuchte, Bland zu überzeugen, sondern mich selbst. Ich wusste, dass auch ich vom rechten Weg abkam.

Wir erreichen selten unser Ziel, zumindest nicht das, um dessentwillen wir losgezogen sind. Öfter landen wir eines Tages unvermutet an einem fremden Ort, an dem alle Straßen plötzlich zusammenlaufen und etwas – der unbeschreibliche Geruch des Schicksals oder der Gestank der Niederlage oder am wahrscheinlichsten die schiere Erschöpfung – uns sagt, dass die Reise zu Ende ist. In meinem Fall war es die Erkenntnis, dass ich zu weit gegangen war. Wir machen keine Reisen, eher machen die Reisen uns, und diese drohte mich in einen Menschen zu verwandeln, der ich nicht werden wollte. Es war Zeit heimzugehen.

Für den Schriftsteller ist ein Plot eine Handlung, eine Folge von Ereignissen; der Kartograph versteht darunter eine graphische Darstellung, eine Karte. Wie man es auch definiert, dieser Plot ist nun an seinem Ende angelangt. Das heißt nicht, dass er perfekt ist. Aber es kommt ein Moment, da man die Tinte trocknen lassen, einen Schritt vom Zeichentisch zurücktreten muss und die Arbeit an die Wand hängen und schauen kann, was daraus geworden ist.

Jeder Versuch, unsere dreidimensionale Welt dem flachen Papier anzupassen, ob nun durch Schreiben oder durch die Kartographie, führt zu Verfälschungen. Manche Bestandteile nehmen zu viel Raum ein, andere zu wenig, wieder andere verzerren sich bis fast zur Unkenntlichkeit. Wenn ich mein Werk betrachte, erkenne ich nicht nur, dass es unter der Projektion leidet, sondern, dass seine Geographie vielfach spekulativ ist. Unbestreitbar waren Berge gezeichnet worden, wo eigentlich Maulwurfshügel hingehörten, und umgekehrt. Solche Ratespiele sind unvermeidlich, wenn man sich fast gänzlich auf die Beobachtungen anderer verlassen muss und oft nur aus dem Krähennest eines Schiffes einen Blick auf die Küste werfen kann. Und dazu kommt natürlich die Befangenheit des Verfassers selbst. Obwohl ich versucht habe, peinlich genau zu sein, erliegt jeder Kartograph mitunter dem Mythos und dem Vorurteil und verwandelt dadurch ganze Landformen in Rorschach-Kleckse, die mehr über den Zeichner verraten als über das Gebiet.

»Die Natur denkt sich unzählige Dinge aus, und jene, die wir kennen, sind weniger als jene, die wir nicht kennen«, schrieb im 15. Jahrhundert der Kartograph Fra Mauro, »und dies kommt daher, weil die Natur unser Begriffsvermögen übersteigt.« Ich möchte hinzufügen: insbesondere die menschliche Natur. Wenn ich meinen Plot studiere, sehe ich ein Land, dessen Küstenlinie einigermaßen genau wiedergegeben ist, aber im Landesinneren steht trotz meiner Bemühungen noch immer *Unbekanntes Land.* Ich hatte gehofft, so viel mehr zu erreichen. Ich hatte gehofft, die Dinge ins rechte Verhältnis, in den rechten Maßstab zu bringen, zu einer einzigen Wahrheit vorzudringen. Stattdessen sehe ich nur Grübeln und Grillen, Schnörkel der Ungewissheit. Es hat Zeiten gegeben, da ich, wenn ich mich über meine Arbeit beugte, fast keinen Sinn mehr darin sah. Doch wenn ich nun zurücktrete, beginnen die verstreuten Einzelheiten zu seltsam vertrauten Formen zusammenzufließen. Und plötzlich erscheint mir dieses Ende gar nicht mehr zufällig. Mein Plot, so merke ich, schaut genauso aus wie diese flatterhaften Papiere von der Insel der verschwundenen Karten.

EPILOG

Liftoff

Die Welt lag hinter mir und vor mir nur Leere. Welch eine schöne Stelle, dieser Hügel mit Blick auf den Pazifik, um das Ende meines Abenteuers zu feiern! Ein frischer Frühlingswind raschelte durch die niedrigen Büsche am Hang, und es roch, wie Seeluft immer riecht: nach alten Sagen und neuen Träumen. Am Horizont zerfloss der graue Ozean zögernd in einen bleiernen Himmel. Als ich so über den äußersten Rand des Kontinents hinausspähte, endlich befreit von der jahrelangen, besessenen Suche, fühlte ich mich einen Augenblick lang fast schwerelos. Dann brachte mich eine Stimme wieder zur Besinnung. Feierlich kratzte und krächzte es aus zwei Lautsprechern hinter mir:

T MINUS ZWEI MINUTEN …

Kartographie ist die endlose Suche nach der Perspektive. Seit alters her haben Menschen ehrfürchtig und neidisch hochgeschaut, wenn sich die Vögel nach oben schraubten. Was sahen diese aufsteigenden Geschöpfe? Wohin zogen sie, so weit über den Horizont? Was fanden sie dort, was lag dahinter? Wie groß war die Welt? Welche Gestalt hatte sie? Da uns die Evolution keine Flügel beschert hat, entwickelte der menschliche Verstand die Fähigkeit, sich in die Himmel hinaufzuträumen und von dort hinunterzuschauen, und schuf dann eine Zeichensprache, um zu beschreiben, was er sah. Die ersten Karten gab es spätestens in der Steinzeit, und die erste noch existierende Weltkarte stammt

Ausschnitt aus einer Himmelskarte
von Albrecht Dürer, 1515.

aus der Zeit um 600 v. Chr. Die Babylonier, die diese kleine Lehmtafel anfertigten, stellten sich die Erde flach vor, aber schon die Griechen erkannten, dass sie eine Kugel war, und entwickelten eine Methode, wie man diese auf eine zweidimensionale Fläche projizieren konnte. Auch die Chinesen verstanden es, den Raum auf ein systematisches Gitternetz zu reduzieren, und führten eine weitere Neuerung ein: die Magnetnadel. Andere Kulturen dachten sich wieder neue Navigationsgeräte aus und nutzten Sonne und Sterne, um die Erde zu bestimmen. Die Instrumente wurden immer besser, die Karten auch. Bessere Karten erzeugten hochfliegendere Träume. Neue Kontinente tauchten auf. Segelschiffe umfuhren den Erdball. Ballone stiegen auf, dann Flugzeuge, schließlich Raumschiffe. Als John Glenn 1962 auf einem dieser Raumschiffe die Erde umkreiste, stellte er fest: »Ich kann ganz Florida sehen, wie auf einer Landkarte.« Zum ersten Mal übertraf unsere Perspektive die der Vögel. Und noch immer sehnten wir uns nach einer besseren Sicht.

Ich sollte nun Zeuge des letzten Kapitels dieser Suche werden. Um mich herum standen, die Arme fröstelnd gegen den Seewind verschränkt, ein paar Reporter, Raumfahrtmanager und Leute vom Luftwaffenstützpunkt Vandenberg. Es war April 1999, und wir alle waren an dieses entlegene Ende des Stützpunkts etwa 270 Kilometer nördlich von Los Angeles gekommen, um einen wichtigen Augenblick in der Geschichte der »Fernerkundung« mitzuerleben, so der Fachausdruck für die Erforschung der Erde aus großer Höhe. Südlich von uns, am anderen Ufer des Santa Ynez, erhob sich eine Hügelkette, hinter der, unseren Blicken entzogen, eine 28 Meter hohe Athena-II-Trägerrakete stand, die gleich ins All donnern sollte. Sie transportierte den raffiniertesten Erdbeobachtungssatelliten, der je für kommerzielle Zwecke gebaut wurde. Betrieben von Space Imaging, einer führenden Firma aus Colorado, sollte die Ikonos 1 Objekte ab einem Meter Größe fotografieren – das ergab Bilder, deren Ausschnitte den topographischen Karten des U. S. Geological Survey ebenbürtig waren. Von ihrer Umlaufbahn in etwa 680

Kilometer Höhe würde die Kamera Autos, Häuser, Straßen, Brücken und einzelne Bäume unterscheiden können, früher ein Vorrecht der Spionagesatelliten. Zudem sollten diese hochaufgelösten Bilder mit den Daten eines weiteren Sensors an Bord kombiniert werden, dessen multispektrale Bildkanäle Informationen lieferten, die das bloße Auge nicht erkennt, wie zum Beispiel den Zustand der Ernte, die Verbreitung von Plankton im Meer, erdbebenbedingte Bruchlinien und mögliche Vorkommen von Bodenschätzen. Als digitale Daten sollten sie zur Erde übermittelt werden – das bedeutete, dass sie problemlos in Computern gespeichert, bearbeitet und in Karten umgewandelt werden konnten. Und damit standen diese Bilder fast sofort jedem zur Verfügung, der zwischen 30 und 300 Dollar pro fotografierte Quadratmeile zahlen wollte. Zu den ersten Kunden zählte die für militärische Karten und Aufklärungsfotos zuständige staatliche National Imagery and Mapping Agency. Aber nicht nur Kartographen und Geheimdienste interessierten sich für die Daten von Ikonos 1. An der Schwelle zum neuen Jahrtausend wollte jeder, vom Bauern bis zum Bergmann, vom Städteplaner bis zum Reliefhersteller, die Welt in der Vogelperspektive haben.

Ich für mein Teil hatte eine andere Perspektive im Sinn. An diesem Ort, wo Himmel und Erde und Meer zusammentrafen, wo Vergangenheit und Gegenwart der Kartographie ihrer Zukunft begegneten, wollte ich einen letzten Blick auf eine Geschichte werfen, die mich vier Jahre lang in Atem gehalten hatte. Obwohl der Fall längst aus dem Bewusstsein der Öffentlichkeit verschwunden war, blieb er für die Betroffenen höchst lebendig, und viele von ihnen beschäftigten sich hinter den Kulissen noch immer damit. Natürlich war Bland auch aus meinen Gedanken nie ganz verschwunden. Ich hatte sogar so was wie eine letzte unvermutete Begegnung mit ihm gehabt. Und während der eine Countdown mir in den Ohren krächzte, tickte in meinem Kopf ein anderer, und ich blickte zurück auf all die Ereignisse seit der Entlassung des Kartendiebs.

T MINUS EINE MINUTE …

Im Februar 1998 war ich in Florida, wo im Rahmen der Miami International Map Fair eine Podiumsdiskussion zum Thema Sicherheit stattfand, mit besonderer Berücksichtigung des Falles Bland. Vor genau drei Jahren hatte sich der Kartendieb auf dieser Messe als rechtmäßiger Händler präsentiert und seine kriminelle Ware an zahlreiche ahnungslose Antiquare und Sammler verkauft. Diese Tatsache war für alle Beteiligten höchst peinlich – aber es ehrt Joseph H. Fitzgerald, den liebenswürdigen Begründer und Leiter der Geographica-Messe, dass er sie nicht verdrängt. Doch obwohl die meisten Antiquare, die ich auf der Messe traf, guten Willens zu sein schienen, hörte und sah ich an jenem Tag leider wenig, was mich überzeugt hätte, dass dergleichen auf einer derartigen Veranstaltung nicht wieder vorkommen würde.

Man traf sich in einem Vortragsraum im Untergeschoss des Historischen Museums von Südflorida, und auf dem Podium saßen zwei Bibliothekskuratoren, ein Museumskurator, ein Kartenantiquar und ein prominenter Sammler. Sie sprachen über eine breite Palette von Themen: auf welche Weise man Diebe von den Bibliotheken fern halten könne bis zu Methoden, wie man einmal gestohlene Karten wiederbekäme. Doch mir fiel auf, dass niemand in der Gesprächsrunde ehrlich untersuchte, wieso Bland so mühelos das Vertrauen der Händler auf dieser Messe hatte erwerben können. Dergleichen wäre allerdings auf taube Ohren gestoßen, da fast keiner dieser Händler sich die Mühe gemacht hatte, das Forum zu besuchen. Sie hatten gerade jetzt Besseres zu tun. Der Workshop fiel mit der Eröffnung der Messe zusammen, und oben in der Eingangshalle, wo die Händler ihre Messestände aufgebaut hatten, musste man Kunden begrüßen, Geschäfte machen, Karten verkaufen.

»Da oben ist ein Irrsinnsgedrängel«, hörte ich Fitzgerald neben der Rednertribüne zu einem Kollegen sagen, »das ist zwar gut, aber … «

Er beendete seinen Gedanken mit einem nervösen Blick auf die leeren Plätze.

Nach der Diskussion ging ich nach oben und wanderte von einem Messestand zum anderen. Dutzende von Händlern – aus so fernen Ländern wie Argentinien, Australien, Kanada, England, Deutschland und den Niederlanden – hielten geschäftig ihre Schätze feil, während hunderte von Kennern und anderen Interessenten herumschlenderten, Karten an den Wänden betrachteten, Karten in Grafikständern durchblätterten, sich Karten in abstrusen Winkeln vor Augen hielten, um sie im besten Licht sehen zu können, und sich in Grüppchen versammelten, um über ausgefallene Exemplare zu sprechen. Die meisten Messebesucher waren mittleren Alters und älter, aber es gab auch 20- und 30-Jährige, manche mit einem Ausdruck des Entzückens und der Verwunderung im Gesicht, als seien sie gerade erst in die kuriosen Wunder dieser Leidenschaft eingeführt worden. Es war eine unwahrscheinliche Veranstaltung, halb wohlerzogene Vernissage, halb wildes Tauschorama. Die Karten gingen flott von Hand zu Hand. Ein Händler erzählte mir, er habe an diesem Tag schon 38 000 Dollar umgesetzt. Die Herkunft der Karten schien niemanden zu scheren.

Später am Tag sprach mich in der Bibliothek des Museums, fern von allem Tumult, ein alter Antiquar an. Er wollte mir eine Geschichte erzählen, die nicht einmal das FBI zu hören bekommen hatte. Ich weiß nicht, wieso er sich entschloss, mich ins Vertrauen zu ziehen: Vielleicht wollte er sein Gewissen erleichtern, vielleicht nahm er auch einfach an, es würde mich interessieren. Vor drei Jahren habe er auf einer Messe in San Francisco Gilbert Bland etwas abgekauft. Er habe nie versucht, dieses Objekt dem rechtmäßigen Besitzer zurückzugeben. »Die Behörden haben mich nie angesprochen«, sagte er achselzuckend, »und ich hatte die Karte schon verkauft. Wahrscheinlich hab ich Glück gehabt damit.«

T MINUS FÜNFZIG SEKUNDEN …

»Bibliothekare«, sagte die Frau mit den kurzen roten Haaren, »haben eine Vogel-Strauß-Mentalität, was Sicherheit anbetrifft: Sie stecken den Kopf in den Sand und den Schwanz in die Luft und sind leicht zu überrumpeln.«

Seit der Geographica-Messe in Miami waren vier Monate vergangen, und ich befand mich nun auf einem anderen Workshop, der sich mit Gil Blands Schandtaten beschäftigte. Es waren Kuratoren aus dem ganzen Land, die sich in Washington, D. C., zu ihrem jährlichen Treffen versammelten. In einem Konferenzraum der Library of Congress hatten etwa 40 Teilnehmer soeben Sicherheitsexperten und Vollzugsbeamten gelauscht – darunter auch dem FBI-Beamten Gray Hill und Mitarbeitern der Johns Hopkins University, die Blands Ergreifung beschrieben und ihre umstrittene Entscheidung, ihn laufen zu lassen, rechtfertigten.

Angesichts des vertraulichen Charakters dieser Sicherheitsbesprechung hatten mich die Organisatoren gebeten, der Hauptveranstaltung des Workshops fernzubleiben. Doch sie luden mich ein, am Ende des Treffens zu sprechen, und so konnte ich die Bibliothekare kurz über meine Schilderung des Falls informieren und sie um ihren Kommentar bitten. Kaum vom Podium gestiegen, sah ich mich schon der Frau mit den roten Haaren und dem anschaulichen Vogel-Strauß-Vergleich gegenüber.

Sie hieß Eileen E. Brady, und es stellte sich heraus, dass sie keineswegs nur Dampf abließ. Sie arbeitete als Bibliothekarin an der Washington State University und war außerdem Herausgeberin der Zeitschrift *Focus on Security. The Magazine of Library, Archive, and Museum Security*, ein Amt, das ihr einen »gesunden Verfolgungswahn« hinsichtlich der in den Magazinen lauernden Gefahren beschert hatte. Diebstahl sei nicht das einzige Sicherheitsproblem. In den letzten Jahren seien Bibliothekarinnen während ihrer Arbeit vergewaltigt und sogar ermordet worden. Trotzdem neigten immer noch viele dazu, das Problem zu ignorieren. »Die Einstellung, die Bibliothek sei ein sicherer Hafen, ein ruhiges Plätzchen, wo nichts Schlimmes passieren könne, und wir dürften nichts tun, was unseren so genannten ›Benutzer‹ oder Gast – ob er nun legitim ist oder nicht – kränken könnte, ist weit verbreitet. Und diese festgefahrene Meinung ist schwer zu korrigieren. Meine Haltung ist kämpferisch, es gibt keinen anderen Weg.«

Aber anders als die meisten Kämpfer wurde Brady von ihresgleichen nicht gemieden. Sie zählte vielmehr zu den Referenten an diesem Tag – was ich als äußerst viel versprechendes Zeichen empfand. Ja, die Bibliothekare hatten einen langen Weg vor sich, wenn sie sich gegen die Gilbert Blands dieser Welt verteidigen wollten. Aber anders als die Händler schienen sie ernsthaft bemüht, ihren bösen Geistern entgegenzutreten.

Dieser Eindruck verstärkte sich noch, als ich mich am nächsten Tag mit Everett C. Wilkie jr. zusammensetzte, einem sarkastischen, Zigaretten qualmenden Sachverständigen für wertvolle Bücher und Manuskripte, der den Workshop organisiert hatte. »Am meisten überraschte mich«, erzählte er, »wie sauer die Polizeibehörden auf die Bibliotheken im Allgemeinen waren. Sie warfen ihnen vor: ›Sie wollen a) keine Anzeige erstatten, b) Ihre Bestände nicht kennzeichnen, passen c) nicht darauf auf, und wenn wir d) was finden, helfen Sie uns nicht, es Ihnen zurückzuerstatten.‹ Sie waren wirklich knallhart.«

»Haben die Bibliothekare sich verteidigt?«, erkundigte ich mich.

»Nein«, antwortete er mit einem raschen Lächeln. »Es traf ja alles zu.«

Dennoch meinte Wilkie: »Ich glaube nicht, dass irgendjemand in diesem Raum sich wünschte, dass ihm sein Zeug gestohlen wird, und vermutlich hätten sie ganz gute Einfälle, wie sie Diebstahl verhindern würden, wenn sie nur könnten. Aber die meisten Ideen – Sicherheitsausrüstung, Personal, all so was – kosten Geld. Um die Sicherheit zu verbessern, muss man als Erstes die Institutsleitung dazu bringen, Geld hineinzustecken. Und wenn sie kein Geld reinstecken, kriegt man Probleme.«

In der Tat wusste ich, dass einigen Verwaltungen bereits ein

Licht aufging – ironischerweise dank Bland. Seine Diebstähle in der University of Florida zum Beispiel waren die dringend nötigen Weckrufe für die Hochschulbeamten. »Bland hat Schaden im Wert von mehreren 1000 Dollar verursacht«, erklärte mir der Bibliothekar John E. Ingram, »aber seine ›Arbeit‹ hat sich schließlich so ausgewirkt, dass Magazin und Lesesaal besser gesichert sind, dass die Räume observiert werden, was es vorher nicht gab – und letzten Endes ist unser Personal in den Sammlungen wacher und aufmerksamer geworden, wahrscheinlich der größte Gewinn.« Auch an der University of Rochester, die Bland vermutlich dreimal aufgesucht und dabei einmal so viel mitgenommen hat, dass der Boden von weißen Papierschnipseln übersät war, fanden umfassende Reformen statt. Die Abteilung für wertvolle Bücher kaufte eine Kamera für den Lesesaal und bat einen landesweit bekannten Sicherheitsfachmann, zusätzliche Maßnahmen in die Wege zu leiten – die passenderweise mit dem Versicherungsgeld aus dem Fall Bland bezahlt wurden. »Die ganze Bibliothek ist besser, die Rara-Abteilung sogar wesentlich besser gesichert als zu dem Zeitpunkt, als Gilbert Bland hier war«, berichtete die Kuratorin Evelyn Walker.

Einige Beobachter meinten jedoch, es seien noch tief greifendere Veränderungen nötig. Nicht der geringste und sicher nicht der zurückhaltendste unter ihnen war der reizbare Kartenkönig Graham Arader. »Manche Bibliotheken haben Bücher, die hunderte von Millionen Dollar wert sind, und dann erwarten sie, dass Leute, denen sie 30 000 Dollar im Jahr zahlen, darauf aufpassen. Sie müssen lernen, Bücher so zu behandeln wie andere Gegenstände, die viel Geld wert sind«, sagte er. »Sie müssen sie abgesondert in Räumen aufbewahren, wo sie praktisch unerreichbar sind. Die Bücher müssen wie Goldbarren gehortet werden.«

Die Bibliothekare könnten hinsichtlich der Sicherheit einiges von ihren Kollegen in den großen Firmen lernen, meinte er. »Das Requisitenlager von Disney – ich garantier Ihnen, dass der Kurator bei Disney weiß, wo alles ist, dass es auf der Inventarliste steht und er alles sieht. Dieser Bursche hat alles im Griff, andernfalls würde ihn [Disney-Chef Michael] Eisner feuern. Mancher von diesen Bibliothekaren, die mich so kritisieren, würde sich dort keine Woche halten.«

Arader, der noch nie in kleinen Dimensionen dachte, schlug vor, die meisten alten Rara-Abteilungen vollständig aufzulösen und dafür einige wenige wissenschaftliche Zentralbibliotheken mit Hochsicherheitsstandard einzurichten. »Es gibt keinen Grund, warum irgendeine Stadt mehr als zwei große Kartensammlungen haben sollte, auch nicht New York«, sagte er.

Als ich Wilkie von diesem Vorschlag erzählte, nannte er ihn undurchführbar und erklärte, die Größe solcher Einrichtungen löse zwar viele Sicherheitsprobleme, lasse aber ebenso viele entstehen. Wenn es schon schwierig sei, jemanden wie Bland in einem kleinen Raum im Auge zu behalten, solle ich mir einmal vorstellen, wie schlimm es in einem großen Raum mit hunderten von Wissenschaftlern wäre. Dennoch läge Arader nicht völlig falsch. Zum Beispiel würden immer mehr wissenschaftliche Bibliotheken nur noch seriösen Wissenschaftlern Zugang gewähren. Um hineinzukommen, müssten die Benutzer im Voraus ihre Arbeit genau beschreiben und Empfehlungsbriefe vorlegen. »Sie bedauern es nicht im Geringsten, wenn das normale Publikum nicht rein darf«, sagte er.

Dieser Gedanke, antwortete ich, stimme mich traurig.

»Das ist traurig – und auch wieder nicht«, erwiderte er. »Viele dieser Bibliotheken haben Sachen, die einfach nicht zu häufig in die Hand genommen werden dürfen. Wer diese Sachen anschauen will, muss einen guten Grund anführen können, denn sie sollen ja für alle Ewigkeit halten.«

Dagegen ließ sich kaum etwas einwenden. Das Vermächtnis aus dem Fall Bland hilft uns vielleicht, unsere Vorstellung von einer Bibliothek nach rückwärts zu korrigieren. Mitte des 19. Jahrhunderts, als George Peabody seine wichtigste Bildungseinrichtung in Baltimore gründete, legte er Wert darauf, dass sie einerseits »die besten Werke auf allen Gebieten« enthalten solle und andererseits »von allen Personen, die sie zu Rate ziehen wollen, kostenlos benützt« werden dürfe. Das war damals eine progressive Einstellung, aber sie scheint der Zeit nicht standgehalten zu haben. Auf die Dauer werden Raritätenabteilungen vielleicht nicht mehr so aussehen, wie Peabody sie sich vorgestellt hat, sondern wieder eher so wie die Bibliotheken der Antike: Aufbewahrungsorte für heilige Schriften, die nur der Priesterkaste zugänglich waren, den »gelehrten Männern von der Magischen Bibliothek«, wie die Ägypter sie nannten. Und obwohl dieses System sicherlich unselige Konsequenzen hätte – es würde den Durchschnittsbürger noch mehr seiner Kultur und Geschichte entfremden –, wäre das jetzt übliche vielleicht noch unheilvoller. Wie Wilkie es formulierte: »Jeder halbwegs clevere Student könnte sich sein Studium an einer größeren Uni vier Jahre lang mit Hilfe einer Rasierklinge finanzieren.«

T MINUS 40 SEKUNDEN …

Im Juni 1998, nur wenige Tage nach meinem Gespräch mit Wilkie, kehrte ich auf die Insel der verschwundenen Karten zurück. Seit gut einem Jahr war Gilbert Bland nun frei, und seither hatte der FBI-Beamte Gray Hill hart gearbeitet, um die wirre Hinterlassenschaft des Kartendiebs aufzuräumen. Jetzt endlich sah es aus, als ginge Hills Inselexil zu Ende.

Der Beamte kam gerade aus der Bundeshauptstadt zurück, wo er vor den Kuratoren gesprochen und sich außerdem mit einem FBI-Spezialisten getroffen hatte, um für eines der letzten Päckchen Karten die Bücher zu finden, aus denen sie herausgeschnitten worden waren. »Das war mein letzter Anlauf bei den Gerichtssachverständigen«, sagte ein sichtlich erschöpfter Hill. »Was mich betrifft, bin ich jetzt fertig.«

Seit ich Hill das letzte Mal gesehen hatte, vor zwei Jahren, hatte er für mehr als 100 weitere Karten ein Zuhause finden können. Es war eine systematische, oft frustrierende Arbeit, aber es machte ihm Mut, wenn er merkte, dass seine Bemühungen nicht ungewürdigt blieben. »Eine Bibliothekarin kam richtig aggressiv hier an«, erinnerte er sich. »Dann ging sie mit mehr Karten heim, als sie überhaupt vermisst hatte. Und am Ende hatte sie Tränen in den Augen.«

Insgesamt hatte er fast 180 der rund 250 verwaisten Karten ihren Eigentümern zurückerstatten können. Trotzdem hatte die Insel der verschwundenen Karten noch immer viele Einwohner, die meisten lagen nun verstreut auf einem Tisch vor uns in Hills Büro in Charlottesville. »Ich habe ein gutes Gefühl bei dem, was ich gemacht habe, aber trotzdem ärgert es mich immer noch, dass wir bei manchen die dazugehörigen Bücher einfach nicht gefunden haben... Ich habe hier Geschichte rumliegen, und sie soll wieder dorthin, wo sie herkam.«

Ob Gilbert Bland das Geheimnis hütete, wo diese restlichen Karten hingehörten? Hill fand das unwahrscheinlich. Bland sei freilich dem FBI gegenüber alles andere als ehrlich gewesen, zum Beispiel hatte er den Ermittlungsbeamten nichts von seinen Besuchen in den kanadischen Bibliotheken erzählt. Aber Hill glaubte, dass hier wohl einfach auch Vergesslichkeit ins Spiel kam. »Wenn man an so vielen Orten geklaut hat«, sagte er leicht grinsend, »dann kann man sich doch nur schwer erinnern, wo was her ist.«

Und gleichgültig, welche Informationen Bland womöglich für sich behielt – es hätten mehr Karten zurückerstattet werden können, wenn sich manche Bibliothekare mehr um ihre Bestände gekümmert und genauere Inventarlisten angelegt hätten, so Hill. Er hatte den Bibliothekaren auf dem Workshop in Washington soeben den Marsch geblasen und war immer noch ziemlich wütend. Manche Bibliothekare kümmerten sich so wenig um ihre Bestände, dass es regelrecht nach Gleichgültigkeit roch. »Das ist, wie wenn einer einen 1000-Dollar-Schein in der Brieftasche hat und sich sagt: ›Ich weiß, ich hatte einen da drin, aber wenn ich jetzt nachschau, ist er vielleicht weg. Dann schau ich lieber gar nicht nach.‹«

Wenn die Bibliotheken, die Bland aufgesucht hatte, »ein wenig mehr Energie darauf verwandt hätten«, nach fehlenden Stücken zu suchen, hätte er noch mehr Karten loswerden können, glaubte Hill. Immer noch verfolgte ihn die Möglichkeit, dass die restlichen »zu einer Bibliothek gehören, von der wir noch gar nichts wissen«.

Auf jeden Fall war das nicht mehr seine Sorge. Nach zweieinhalb Jahren Arbeit an diesem Fall war er nun bereit zu Neuem. Es war eine ebenso anstrengende wie aufschlussreiche Erfahrung gewesen. »Ich habe diese Kunst viel mehr schätzen gelernt«, sagte er. »Vor diesem Fall gehörte das Wort *Kartographie* nicht zu meinem normalen Vokabular. Es war also auch eine Ausbildung, eine Erweiterung des Horizonts.«

»Werden sie Ihnen fehlen?«, fragte ich.

Er warf einen letzten Blick auf den Stapel. »Nein«, sagte er und wirkte ehrlich erleichtert.

Aber wie oft bei Schiffbrüchigen auf Inseln erwiesen sich Mr. Hills Träume von Rettung als verfrüht. Als ich ihn viele Monate später anrief, lagen die Karten noch immer in seinem Büro verschlossen und warteten auf ein endgültiges Zuhause. Es sei fast sicher, dass sie in der Library of Congress landeten, meinte Hill. Aber wie üblich arbeite die Bürokratie schwerfällig, und es sei noch nichts Endgültiges beschlossen worden.

Inzwischen hatte Hill noch einmal einige Karten unterbringen können, von denen ursprünglich niemand wusste, dass sie gestohlen worden waren. »Es kommt immer wieder vor, dass jemand ein Buch durchblättert«, erklärte er, »und plötzlich sagt: ›Hoppla, hier fehlt doch was!‹ Es geht weiter, aber ganz langsam.«

Sie wird weitergehen, diese Geschichte, ganz langsam. So dachte ich, als ich auf diesem Hügel stand, dem Countdown lauschte und zusah, wie die Wellen heranrollten. Das Märchen vom Kartendieb wird sich vielleicht noch Jahrzehnte hinziehen. Ich starrte hinaus in den bleigrauen Himmel. Irgendwo hinter diesen fernen Wolken standen ungeöffnete Bücher auf staubigen Regalen – Verbrechen, die darauf warteten, aufgedeckt zu werden. Und irgendwo hingen in stilvollen Wohnungen schöne

Karten an den Wänden – Verbrechen, die darauf warteten, aufgeklärt zu werden.

T MINUS 30 SEKUNDEN …

Der letzte Mensch, von dem ich noch einmal zu hören erwartete, war Gilbert Bland – und ganz bestimmt war ich der letzte Mensch, dem er je seine Gedanken hätte mitteilen wollen. Trotzdem kam ein Tag, an dem ich mir in rasender Eile Notizen machte, während er über sein Leben sprach.

Diese Wendung kam wie so manche aufregende Entdeckung aus heiterem Himmel. Sie kam in Form einer Videokassette, die mir jemand zur Verfügung stellte, der mit dem Fall vertraut war und mich beiläufig gefragt hatte, ob ich Interesse hätte, sie mir anzusehen. Etwas weniger beiläufig antwortete ich, ja, ich hätte durchaus nichts dagegen. Und so erschien Sekunden später Bland vor mir, ordentlich gekleidet in Jeans, ein blau kariertes Flanellhemd und ein weißes T-Shirt, das unter dem bis oben zugeknöpften Kragen kaum sichtbar war. Einen Augenblick lang stand ich nur mit offenem Mund da, sprachlos, dass das jahrelange Warten darauf, seine Geschichte von ihm selbst zu hören, plötzlich mit einem Knopfdruck auf »Play« zu Ende war.

Ich hatte von diesem Videoband schon gehört. Es hatte die Runde gemacht unter Polizeibeamten und Bibliothekaren – zum Beispiel wurde es auf dem Workshop in Washington gezeigt. Das Interview, aufgenommen am 27. März 1997 gegen Ende von Blands Haft, wurde von zwei Campuspolizisten der University of Delaware geführt. Der Kartendieb saß dabei an einem Tisch und verschränkte manchmal die Arme oder drückte nervös die Fingerspitzen gegen seine rötlichweißen Koteletten, doch meistens stützte er das Kinn in die Handfläche. Er wirkte erschöpft und missmutig und bat einmal darum, in eine Einzelzelle verlegt zu werden. »Ich nehme Medikamente [Psychopharmaka]«, erklärte er. »Manchmal, wenn ich was eingenommen habe, haben mich die anderen zusammengeschlagen.

Das Problem ist, ich kann mich einfach nicht verteidigen. Ich bin nicht gewalttätig.«

Dennoch war dies weder der scheue Bland, den ich vor Gericht gesehen, noch eigentlich der aggressive Bland, den ich am Telefon gehört hatte. Stattdessen wirkte er intelligent, höflich, redegewandt und vor allem aalglatt – vielleicht ähnlich dem Bland, der die Bibliotheken besucht hatte. Er wich den Fragen nach Einzelheiten über seine Untaten aus und berief sich oft auf Erinnerungslücken:

> *Polizist:* Und wo sind die [aus der Universität gestohlenen Karten] jetzt?
> *Bland:* Weiß ich nicht.
> *Polizist:* Sie haben gar keine Ahnung? Hat sie das FBI?
> *Bland:* Das FBI könnte sie haben.
> *Polizist:* Haben Sie von den Karten, die Sie aus der University of Delaware entwendet haben, welche verkauft?
> *Bland:* Das könnte sein, aber ich bin mir nicht sicher.
> *Polizist:* Sie sind sich nicht sicher?
> *Bland:* Ja…
> *Polizist:* Wem hätten Sie sie denn verkaufen können?
> *Bland:* Das – das weiß ich nicht mehr.
> *Polizist:* Wir fragen nicht nach Namen. Ich meine, haben Sie sie an Kunsthändler verkauft?
> *Bland:* Ich war auf Kartenmessen und habe auf einer Kartenmesse Karten verkauft. Ich weiß nicht, wem ich sie verkauft habe. Es ist so lang her, und ich habe in den letzten eineinhalb Jahren so viel durchgemacht, dass ich mich einfach nicht erinnern kann.

An anderer Stelle jedoch schien sein Gedächtnis mit unheimlicher Präzision zu arbeiten. Er konnte zum Beispiel den Raum, aus dem er Karten gestohlen hatte, ohne Schwierigkeiten genau beschreiben. Auch seine Vorgehensweise war ihm nicht entfallen:

Polizist: Wie haben Sie sie aus der Bibliothek rausgebracht?
Bland: Ich hab sie zusammengefaltet und unter mein Hemd geschoben.
Polizist: Unter Ihr Hemd? War niemand da, der Sie daran gehindert oder Sie gesehen hat?
Bland: Na ja, wenn sie hinausgegangen waren ... dann hab ich sie einfach zusammengefaltet und unter mein Hemd geschoben und bin hinausgegangen und hab sie mitgenommen ...
Polizist: Was? Unters Hemd geschoben und damit hinausgegangen? Mindert das nicht den Wert einer Karte, wenn man sie so zusammenfaltet?
Bland: Nein.
Polizist: Nein?
Bland: Nein, man geht heim, bügelt sie, und wenn Knicke drin waren, gehen sie wieder raus.
Polizist: An wie vielen Universitäten haben Sie das gemacht?
Bland: Ach, an vielen.

Er entschuldigte sich für seine Untaten, aber er hatte nur eine einzige Erklärung dafür, die Gleiche, die auch seine Anwälte vor Gericht anführten: »Das Geschäft lief wirklich schlecht, und ich war drauf und dran, alles zu verlieren. Außerdem hatte ich seelische Probleme, die damals noch nicht behandelt wurden, und infolgedessen kam ich auf diese irrsinnige Idee ... Ich wollte, ich wäre bei Sinnen gewesen. Dann hätte ich das nie getan.«

Zu meinem Bedauern waren die Polizeibeamten an seinen Motiven nicht besonders interessiert. Ihre Hauptsorge war, wie künftige Gilbert Blands gestoppt werden konnten. Sein Rat war ebenso simpel wie entlarvend: »Wenn es dort eine [Überwachungs-]Kamera gegeben hätte, wäre ich nie hineingegangen, wäre nie dringeblieben, hätte nie Bücher bestellt.«

Ein Unsichtbarer hasst Kameras genauso wie Vampire das Tageslicht. Das entlarvendste Foto, das ich je von Bland sah, zeigt kein Gesicht. Auf diesem Schnappschuss, aufgenommen von einem Fotografen des *News & Observer* aus Raleigh, North Carolina, steht der Kartendieb vor dem Gerichtsgebäude und hebt die mit Handschellen gefesselten Hände, nicht nur, um seine Augen abzuschirmen, sondern um das ganze Gesicht zu verdecken, als wolle er sich selbst durch einen bloßen Willensakt verschwinden lassen. Er hätte es beinahe geschafft. Von seinen Diebstählen gibt es keinen Film. Nur hier war er endlich auf einem Video eingefangen.

Doch sein Bild auf diesem Fernsehschirm zu sehen, erschien mir merkwürdig ähnlich dem Blick auf ein Satellitenfoto von der Erde. Einerseits bot es eine normalerweise unmögliche Perspektive. Zum Beispiel beobachtete ich fasziniert, wie Bland die Hand unter sein Hemd schob, um vorzuführen, wie er Karten gestohlen hatte. Tausendmal hatte ich mir diesen Moment ausgemalt, aber ihn jetzt auf Band zu sehen, gab mir das Gefühl, als würde ich leibhaftig Zeuge des Verbrechens. Andererseits war dies ein seltsam distanzierter Voyeurismus. Es war, als sähe ich den Planeten Bland aus der Luft, aus einer Entfernung von hunderten von Meilen: Ich konnte die Wohnhäuser, Amtsgebäude und Fabriken erkennen, die Fassaden und Endprodukte – aber das rege Leben darin, die Kräfte, die das alles geschaffen hatten, blieben meinen Blicken verborgen. Es war eine *fern erkundete* Welt.

T MINUS 20 SEKUNDEN …

Der Wind vom Pazifik schien aufzufrischen, als wollte er Schritt halten mit der allgemeinen Erwartung. Alle, die sich hier für den Raketenstart versammelt hatten, blinzelten nun gespannt in Richtung Abschussrampe, wohl wissend, dass sie Geschichte miterleben würden. Der Satellit war nicht nur ein Meilenstein der Technik – an diesem Morgen hatte ihn die *New York Times* »das gewaltigste zivile Erdbeobachtungs-Raumfahrzeug der Welt« genannt –, sondern sein Start erfolgte auch zu einem revolutionären Zeitpunkt in der Geschichte der Kartographie. Der Wissenschaftsautor Stephen S. Hall schreibt in *Mapping the Next Millen-*

nium: »Wir befinden uns inmitten der wohl gewaltigsten, explosionsartigen Veränderung der Kartenherstellung und erleben vielleicht die kühnste Neudefinierung dessen, was Raum ist (in jedem Sinn dieses Wortes), seit ein anonymer Babylonier vor 26 Jahrhunderten zum ersten Mal versuchte, das menschliche Wissen über die physische Welt zusammenzufassen, indem er eine Weltkarte auf eine Lehmtafel zeichnete.«

Während wir ins 21. Jahrhundert starten, gibt das letzte große topographische Rätsel auf Erden, der globale Meeresboden, endlich seine Geheimnisse preis. 1995 zum Beispiel erstellten Wissenschaftler, versehen mit den eben freigegebenen Daten eines Spionagesatelliten, die erste detaillierte Karte dieses riesigen Terrains, das 70 Prozent der Erdoberfläche ausmacht, aber bis in die letzten Jahrzehnte praktisch nicht kartographisch erfasst worden war. Einer der Wissenschaftler erklärte: »Es ist, als lege man die Ozeane trocken und betrachte die Erde aus dem Weltraum.« Auch der Himmel wird in einem fast unvorstellbaren Maßstab aufgezeichnet. Der in New Mexico ansässige Sloan Digital Sky Survey, eines von mehreren ehrgeizigen Weltraumvermessungsprojekten, die weltweit in Angriff genommen worden sind, vermisst mit Hilfe eines Hightech-Teleskops einen Teil des Himmels und schaut dabei 1,5 Billionen Lichtjahre weit in den Weltraum hinaus – und zurück in die Zeit. Wenn diese Untersuchung im Jahr 2005 beendet ist, wird sie 100 Millionen Galaxien erfasst haben, dazu mehrere 100 000 Quasare und Zigmillionen einzelne Sterne. Es ist der erste Versuch, das Universum digital zu erfassen – den Himmel in eine jedermann zugängliche Datenbank zu bannen. »Aber es ist nur ein erster Schritt«, meint Michael S. Turner, Sprecher und Leiter des Projekts im Fachbereich Astrophysik an der University of Chicago. »Nach sehr vorsichtigen Schätzungen dürften die Astronomen wohl gegen Ende dieses Jahrhunderts das gesamte sichtbare Universum erfasst haben.« Nicht weniger atemberaubend sind die Karten der mikroskopischen Welt. Während ich diese Worte niederschreibe, befinden sich Forscher in einem wahnsinnigen Wettlauf, um das menschliche Genom zu kartieren – den aus etwa 100 000 Genen bestehenden Bauplan für jedes menschliche Wesen. Alle Karten ziehen Folgen nach sich, aber diese wird mit Sicherheit den Weg der Menschheit verändern. Da die Genkarte dem Forscher Einblick in das Funktionieren des Körpers auf der fundamentalsten Ebene gewährt, könnte mit ihrer Hilfe eine Schwindel erregende Vielzahl von Krankheiten ausgerottet werden, von Muskeldystrophie über Diabetes bis Krebs. Das Leben könnte verlängert, vielleicht sogar der Alterungsprozess aufgehalten werden – Ponce de Leóns Jungbrunnen wäre endlich gefunden. Und ein führender Genforscher hat behauptet, die Menschheit sei kurz davor, zu tun, was bisher nur Gott getan hat: Lebewesen zu erschaffen. Nicht geklonte, sondern völlig neue Lebewesen, zusammengebastelt aus genetischen Einzelteilen wie Dr. Frankensteins Monster aus Körperteilen. Fürs Erste werden solche Organismuscollagen nur auf mikrobiellem Niveau möglich sein – aber eines Tages werden komplizierte Wesen die Erde durchstreifen, die genauso »unnatürlich« sind wie die Geschöpfe, die sich einst an den Rändern der alten Karten und im Hinterland des menschlichen Geistes getummelt haben.

Ach ja, was ist eigentlich mit diesem Hinterland? Wird es neben all den anderen verblüffenden Fortschritten in der Kartografie auch möglich sein, das komplizierte Terrain des Geistes zu erkunden? Immer mehr Wissenschaftler sind davon überzeugt. Die einen studieren das Genom auf der Suche nach Erbanlagen für Verhaltensweisen wie Alkoholismus, Aggressivität und Risikobereitschaft – sogar Kriminalität –, andere vermessen das Gehirn selbst. Neue Aufnahmetechniken ermöglichen es den Forschern, in das lebende, arbeitende Gehirn hineinzuschauen und damit »das Land des Denkens zu erschließen, so wie die ersten Schiffe, die über den Ozean fuhren, den Globus erschlossen«, schreibt Rita Carter in ihrem Buch *Atlas Gehirn*. Mit Hilfe der allerneuesten bildgebenden Verfahren sind die Neurologen in der Lage, verschiedene Gehirnkomponenten punktgenau zu lokalisieren – das heißt, sie können die Mechanik unserer Gedanken, Stimmungen und Erinnerungen buchstäblich kartographieren und beobachten.

Diese Karten könnten zu bizarren Reisen verführen. Vielleicht kommt der Tag, da werdende Eltern ihre ungeborenen Kinder genetisch verändern können, auf dass sie weniger aggressiv oder impulsiv und dafür freundlicher und altruistischer werden. Vielleicht kommt auch der Tag, da alle möglichen Probleme, von Geisteskrankheit über asoziales Verhalten bis zu posttraumatischer Belastungsreaktion, mit psychoaktiven Behandlungen so exakt gesteuert werden können, dass »der Geisteszustand eines Individuums (und damit sein Verhalten) fast gänzlich formbar wird«, so Carter. Kurzum, vielleicht kommt der Tag, da wir, um die Taten und Beweggründe eines anderen zu verstehen, nur die besondere Geographie seines Gehirns untersuchen müssen. Doch meine eigenen amateurhaften Experimente in der Kartographie der grauen Zellen machen mich skeptisch. Physikalisch mag sich das Gehirn durch diese neue Kartographie erschließen lassen, aber bestimmt wird der Geist – dieses seltsame Grenzland zwischen innerem Leben und äußerer Erfahrung, zwischen Traum und Erinnerung, Körper und Seele – sich als ebenso schwer vermessbar erweisen wie der Kontinent Atlantis. Ich bin zu der Überzeugung gekommen, dass die Menschen im Grunde immer unerklärbar bleiben. Andererseits hat man das auch von der Erde behauptet. Und wie Carter schreibt: »Jetzt ist die Frühzeit der Geisteserforschung, und das Bild vom Gehirn, das wir heute haben, ist wahrscheinlich nicht umfassender oder genauer als eine Weltkarte aus dem 16. Jahrhundert.«

T MINUS ZEHN …
NEUN …
ACHT …
SIEBEN …
SECHS …
FÜNF …
VIER …

DREI …
ZWEI …
EINS …
LIFTOFF!

Sie schoss über die Berge, eine blendend orangerote Glutkugel. Als sie aufstieg, schien alles andere stillzustehen; man hätte glauben können, die ganze Welt starre in diesem Augenblick staunend in den Himmel. Sie bewegte sich langsam und gleichmäßig vorwärts, als großer, ferner Feuerball, und dann war sie fort und hinterließ nur eine gewaltige Spur aus Rauch, die sich in den Himmel hinaufschlängelte wie eine geschriebene Botschaft, ein kosmisches Gekrakel, das ich nie entziffern würde und bei dem ich dennoch das Gefühl hatte, dass ich schon ewig drüber nachgrübelte.

Der Satellit erreichte nie seine Umlaufbahn. Wenige Minuten nach dem Start brach die Verbindung ab, und er verschwand. Man hat ihn nie gefunden, nicht im Weltall, nicht an Land, nicht im Meer. Er war einfach verschwunden, verschluckt von der großen, unbekannten Weite.

DANKSAGUNG

Wie eine Karte ist auch ein Buch nicht das Werk eines Einzelnen, sondern vieler Personen. Mein inniger Dank geht an alle, die mir bei den Recherchen zu diesem Projekt Türen, Leben und Herzen geöffnet haben. Die Bibliothekare Gary L. Menges, Cynthia Requardt, R. Russell Maylone, John E. Ingram, Evelyn Walker, Alice Schreyer, Brenda Peterson und Jean Ashton sprachen mutig und offen über ein sehr heikles Thema. Der Antiquar W. Graham Arader III. schenkte mir außerordentlich viel Zeit und gewährte mir intensiven Einblick. Auch andere Mitglieder dieses Berufszweiges erwiesen sich als äußerst mitteilsam, besonders Barry Lawrence Ruderman und die beiden Antiquare, die ich Gebranntes Kind und Feuerscheu genannt habe. Zahlreiche Polizeibeamte, unter ihnen Donald Pfouts, Thomas W. Durrer und Clay Williams, trugen Wesentliches zur Entstehung dieses Buches bei. Mein besonderer Dank gilt dem FBI-Beamten Gray Hill und den FBI-Behörden in Richmond und Charlottesville, Virginia. Darüber hinaus bin ich Jennifer Bryan, Vera Benson, Werner Muensterberger, Harriette Kaley, Hugh Kennedy, Don Etherington, John D. Bergen, Eileen E. Brady, Everett C. Wilkie jr., Heather Bland, Selby Kiffer, »Mr. Atlas« und allen anderen, die mir freundlicherweise ein Interview im Rahmen dieses Vorhabens gewährten, aufrichtig verbunden.

Namentlich drei Menschen haben dieses Buch erst ermöglicht: John Karp, mein begnadeter Lektor bei Random House, ließ sich auf einen unbekannten Autor ein und begleitete ihn dann mit unerschöpflicher Klugheit und Geduld durch den Herstellungsprozess. Außerdem hatte ich das Glück, mit Sloan Harris zu arbeiten, einer außerordentlich erfahrenen, humorvollen und redlichen Literaturagentin. Schließlich stehe ich tief in der Schuld des Journalisten Michael Paterniti, einer von Anfang bis Ende treibenden Kraft hinter diesem Projekt. Er war ein wunderbarer Kritiker und Mentor – und ein noch besserer Freund.

Sehr viel verdanke ich Norman J. W. Thrower, einem bekannten Kartographiehistoriker und dem Autor von *Maps and Civilization: Cartography in Culture and Society*, der einen Erstausdruck dieses Textes auf seine inhaltliche Richtigkeit überprüfte. Ich freute mich auch über die Beiträge vieler anderer Schriftsteller und Freunde. Kevin Davis sorgte täglich für Rat und Ermutigung, ganz zu schweigen vom Lunch im Lincoln Grill. Sara Corbett verhalf mancher Idee zum Durchbruch und dann zur Vollendung. Bill Lychack brachte mich wie immer dazu, tiefer zu schürfen, schärfer zu denken und besser zu schreiben. Elizabeth Lychack hat den Text noch einmal gründlich durchgeputzt. Clay Harper stellte mir die rückhaltlose Ehrlichkeit eines treuen alten Freundes und den cleveren Blick eines Insiders der Buchbranche zur Verfügung. Der verehrungswürdige Tom Clynes und mein begabter Kollege, der Drehbuchautor David Freeman, haben mir unschätzbare Vorschläge zu meinem Text gemacht.

Glücklicherweise durfte ich mit Benjamin Dreyer, dem Guru unter den Herstellungsleitern, und seiner hervorragenden Crew zusammenarbeiten: der Lektorin Susan Brown und den Korrektoren Evan Stone und Ruthie Epstein. Außerdem danke ich Amelia Zalcman, Deborah Foley, Andy Carpenter, Barbara Bachman, Richard Elman, Monica Gomez und Janelle Duryea bei Random House sowie Teri Steinberg, Richard Abate und Laura Paterson bei ICM.

Einige Redakteure der Zeitschrift *Outside*, darunter Hal Espen, Mark Bryant, Brad Wetzler und Katie Arnold haben an der Geschichte gearbeitet, die zu diesem Buch führte. Besonders dankbar bin ich Hampton Sides, der meinem ungeschliffenen Artikel die dringend nötige Kontur und Richtung gab.

Manche Kapazitäten behaupten, Schreiben könne man nicht lernen. Sie täuschen sich. Ich stehe für immer in der Schuld zahlreicher wunderbarer Lehrer, die mich jahrelang, im Klassenzimmer wie in der Nachrichtenredaktion, gefordert und inspiriert haben. Rita DuChateau, Bob Reid, Charles Sanders, Sheryl Larson, James Weinstein, Ray Elliott, Larry Doyle, Sharon Solwitz, Nicholas Delbanco und Charles Baxter – danke! Ihr habt meinem Leben wie meiner Prosa Glanz verliehen.

Direkt oder indirekt haben noch viele andere zu meinem Buch *Gestohlene Welten* beigetragen. Will Tefft unterstützte mich großzügig und machte wunderbare Pläne. Robert Karrow und das Personal der Newberry Library hießen mich in ihrer wunderbaren kartographischen Sammlung willkommen. Dank Richard Cohen blieb ich geistig gesund – und schuldenfrei. Außerdem danke ich, in loser Folge, Camille Altay und ihrer wunderbaren Familie, Gregg Chaney und Suellen Semekoski, Helena Kozik, Chris Rose, Chris Carr, Jim Beatty, F. J. Manasek, Lloyd und Marie Green, Shari Joffe und Andrew White, Harry Appelman und Mimi Brody, Jason Harper und Janet Siroto, Tom Kosinski, Alan Sanchez, Dolores Riccardo, Merla Mihalik, Wayne Sallee, Jackie Burford, Miles Burford, Tim Gould, Susan Condon, Dave Cullen, Maggie Garb, Cian Gallagher, John Hammond Moore, Elizabeth Schaaf vom Peabody Institute, Fred Musto von Yale, Linda Lidov von Space Imaging, Joseph H. Fitzgerald und Marcia J. Kanner von der Miami International Map Fair, Norman Strasma und Linda Mickle von der International Map Trade Association, George Combs von Lloyd House, den Mitgliedern meiner Schriftstellergruppe, der Cabin-Thing-Crew, El Grupo del Hombres, der Downers-Grove-Gang, *The Daily Illini* und der Tecalitlán Culinary Army.

Die Liebe zu den Karten und den Wörtern habe ich von meinem verstorbenen Vater Robert Harvey. Dies ist nicht nur mein Buch, sondern auch seins. Ich danke auch meinem Bruder

Matthew für seine Zuneigung und Stärke, seinen beißenden Humor und seinen großzügigen juristischen Rat. Und wie kann ein Sohn je seiner Mutter danken? In diesem Fall sagt er: »Vielen Dank für das Gespräch!« Es war typisch für Tinker Harvey, wie mutig sie über eines der dunkelsten Kapitel ihres Lebens sprach, auch angesichts der Tatsache, dass diese Aussagen für die Öffentlichkeit bestimmt waren. Sie wird nie aufhören, mich zu verblüffen und zu inspirieren.

Und schließlich Rengin und Azize – danke für mehr, als ich sagen kann. Dieses Buch zu schreiben war wunderschön, aber ein Leben mit euch aufzubauen, ist eine weit größere Freude und Leistung.

QUELLENANGABEN UND ANMERKUNGEN

Einleitung

9 »Houtman Cornelius«: Carl Waldman and Alan Wexler, *Who Was Who in World Exploration,* New York 1992, p. 327.

10 »mappery«: William Shakespeare, *Troilus und Cressida*, I, 3, 205.

11 »Schwarzer Fels«: S. John Goss, *The Mapmaker's Art: An Illustrated History of Cartography*, Skokie, Ill. 1993, p. 95. Siehe auch Steven Frimmer, *Neverland: Fabled Places and Fabulous Voyages of History and Legend*, New York 1976, p. 83.

11 »Kein ausländisches Schiff«: George Masselman, *The Cradle of Colonialism*, New Haven, London 1963, p. 62.

12 »dass die Portugiesen«: Sidney William Eisler, *The Furthest Shore: Images of Terra Australis from the Middle Ages to Captain Cook*, Cambridge 1995, pp. 17–36.

12 Beach, Lucach und Maletur: Siehe ebenda, p. 37. Siehe auch Raymond H. Ramsay, *No Longer on the Map: Discovering Places That Never Were*, New York 1972, pp. 36–41.

12 »Schon der Weg dorthin«: Masselman, *Cradle of Colonialism*, pp. 62–63.

13 »die Vorhut des modernen Kapitalismus«: Ebenda, p. 87.

14 »Spekulationen im modernsten Sinne«: Fernand Braudel, *The Wheels of Commerce*, vol. 2: Civilization and Capitalism: 15th–18th Century, Übers. Sian Reynolds, New York 1982, p. 100.

14 »Der Geheime Atlas«: Siehe Lloyd A. Brown, *The Story of Maps*, Boston 1949, p. 148.

14 das Gewinn bringendste Exportgut: siehe Allan M. Sievers, *The Mystical World of Indonesia: Culture and Economic Development in Conflict*, Baltimore 1974, pp. 89–99. Siehe auch Heinrich Eduard Jacob, *Sage und Siegeszug des Kaffees*, Hamburg 1952.

14 »koffie« – »kopi«: Ich fand keine Quelle bezüglich der genauen Her-

kunft des malaiisch-indonesischen Wortes »kopi.« Doch John U. Wolff von der Cornell University, Herausgeber von *An Indonesian-English Dictionary*, meinte, »kopi« sei »höchstwahrscheinlich ein Lehnwort«, abgeleitet von dem holländischen »koffie«. Diese Ansicht wird von mehreren anderen Wissenschaftlern, die ich daraufhin angesprochen habe, geteilt.

15 »TAMARAC, Florida«: Anonymer Autor, Knight-Ridder/Tribune story, »Police on the Trail of a Map Thief: Florida Antique Shop Owner Is Suspected«, *Chicago Tribune*, 21. Dezember 1995.

16 »Als kleiner Junge«: Joseph Conrad, *Herz der Finsternis*, Übers. Fritz Lorch, Zürich 1977, S. 15.

17 von dem kuriosen Fall des Stephen Carrie Blumberg: Siehe Nicholas A. Basbanes, *A Gentle Madness: Bibliophiles, Bibliomanes, and the Eternal Passion for Books*, New York 1995, pp. 465–519.

17 Aus dem Fleisch ägyptischer Mumien: Siehe Annick Le Guérer, *Scent: The Mysterious and Essential Powers of Smell*, Übers. Richard Miller, New York 1992, pp. 87–96.
»Ach, armes Ägypten!«: Ebenda, p. 90.

Kapitel 1: Mr. Peabody und Mr. Nobody

21 »Nirgendwo in Amerika«: Daniel Mark Epstein, »Mr. Peabody and His Athenaeum«, *New Criterion*, vol. 14, no. 2, Oktober 1995. Alle Epstein-Zitate in diesem Kapitel stammen aus diesem Artikel, ebenso einige der historischen Daten hier und in Kapitel 4.

21 »Kathedrale für Bücher«: Siehe *Guide to the Archive of the Peabody Institute of the City of Baltimore: 1857–1977*, comp. Elizabeth Schaaf, Baltimore 1987, p. 17.

22 über 7 Millionen Dollar: Siehe Elizabeth Schaaf, »George Peabody: His Life and Legacy, 1795–1869«, *Maryland Historical Magazine*, vol. 90, no. 3, Herbst 1995. Siehe auch Carl Schoettler, »Banker Gave Baltimore a Musical Institute and the Gift of Giving«, *Sun*, Baltimore, 16. Februar 1995.

22 »den großzügigsten Menschenfreund«: Zitiert in Schaaf, »George Peabody«.

22 »Mir fehlte es«: Zitiert in Franklin Parker, *George Peabody: A Biography*, rev. ed., Nashville 1995, p. 25.

22 »hoffentlich zur Verfeinerung«: George Peabody, »Founding letter«, in *Guide to the Archives*, p. 58.

23 »in seinem ursprünglichen Entwurf«: Parker, *George Peabody*, p. 91.

23 »von allen Personen«: Peabody, »Founding letter«, p. 59.

23 »die besten Werke«: Ebenda.

23 »allen Lernenden zur Verfügung«: Ebenda.

24 »Morris und der Bibliotheksausschuss«: *Guide to the Archives*, pp. 15–17.

25 »bewacht«: »Founding letter«, p. 59.

26 »wie eine kleine Kerze«: *The Diario of Christopher Columbus's First Voyage to America, 1492–1493*, Übers. Oliver Dunn und James E. Kelley jr., Norman 1989, p. 59. Das Tagebuch der ersten Reise des Admirals ist seit 1554 verschollen. Wir kennen seinen Inhalt dank dieser Zusammenfassung von Bartolomé de Las Casas zu Beginn des 16. Jahrhunderts.

27 »war das geheimnisvolle Licht«: John Noble Wilford, *The Mysterious History of Columbus: An Exploration of the Man, the Myth, the Legacy*, New York 1991, p. 130.

31 »Der große Washington«: Herman Melville, *Moby Dick*, Übers. Fritz Güttinger, Zürich 1944, S. 269.

Kapitel 2: Phantasiegeschöpfe

34 »Bei diesen Inseln«: Zitiert in Donald S. Johnson, *Phantom Islands of the Atlantic: The Legends of Seven Lands That Never Were*, rev. ed., New York 1996, pp. 28–43.

34 »einäugige Menschen«: *The Diario of Christopher Columbus's First Voyage to America, 1492–1493*, p. 133.

34 »waren sie nicht so schön«: Ebenda, p. 321.

34 »dem Rücken und den Brüsten einer Frau«: Henry Hudson, »A Second Voyage or Employment of Master Henry Hudson«, in Donald S. Johnson, *Charting the Sea of Darkness: The Four Voyages of Henry Hudson*, New York 1995, p. 60.

35 »Wie schnell kommt es vor«: Steven Frimmer, *Neverland: Fabled Places and Fabulous Voyages of History and Legend*, p. 18.

36 »Es ist verwunderlich«: Zitiert in Tzvetan Todorov, *The Conquest of America*, Übers. Richard Howard, New York 1984, p. 21.

37 »Selbst wenn man eine gewisse Übertreibung mit einkalkuliert«: Frances Wood, *Marco Polo kam nicht bis China*, München 1996.

37 äußerst einflussreich: Siehe C. W. R. D. Moseley, *The Travels of Sir John Mandeville*, Harmondsworth 1983, pp. 9–39.

37 »gute Christen«: Ebenda, p. 173.

37 »Ich, John Mandeville«: Ebenda, p. 123.

37 »die nur vom Geruch einer Apfelsorte leben«: Ebenda, p. 137.

38 »so groß wie Hunde«: Ebenda, p. 183.

38 »eine Frucht, groß wie ein Flaschenkürbis«: Ebenda, p. 165.

38 »Er war ein unverbesserlicher Betrüger«: Stephen Greenblatt, *Marvelous Possessions: The Wonder of the New World*, Chicago 1991, p. 31.

38 »die reichlichen Identifizierungshinweise«: Ebenda, pp. 33–34.

39 »dass ich eine Kreditkarte beantragte«: Protokoll von *The People of the State of California vs. Gilbert Anthony Bland aka Jack Arnett aka Jason Michael Pike*, Municipal Court of the San Diego Judicial District, 3. Oktober 1973.

39 »Der Beamte«: Ebenda.

41 »Das ist bestimmt«: Franklin W. Dixon, *The Clue in the Embers*, 1955; Reprint New York 1972, p. 106.

42 »Mannomann«: Ebenda, p. 174.

42 »Diese Schätze«: Ebenda, p. 163.

42 »Wir erwarten keine Belohnung«: Ebenda, p. 174.

43 »hat die Schatzinsel«: Frank McLynn, *Robert Louis Stevenson, A Biography*, New York 1993, p. 199.

43 »Der Doktor öffnete die Siegel« und spätere Zitate: Robert Louis Stevenson, *Die Schatzinsel*, eigene Übersetzung.

44 »Gestalt, deren Wesen wie ein Pendel hin- und herschwingt«: Ian Bell, *Dreams of Exile: Robert Louis Stevenson, a Biography*, New York 1992, pp. 150–151.

45 »zwei alte, schmutzige, zerfetzte Karten«: James Fenimore Cooper, *The Sea Lions, or, The Lost Sealers*, 1849; Reprint New York 1896, p. 50.

45 »einen stattlichen Schatz«: Ebenda, p. 35.

46 »keine Gefahren, keine Mühen«: Ebenda, p. 314.

46 »Ich habe wohl«: Ebenda, p. 410.

46 »halben Glauben«: Ebenda, p. 381.

46 »kaum mehr als 2000 Dollar«: Ebenda, p. 454.

46 »Da er das Geld unmöglich«: Ebenda.

47 »das größte literarische Rätsel«: Paul Theroux, »Solving the Traven Mystery«, *Sunday Times*, London, 22. Juni 1980.

47 »Hier war offenbar jemand«: Karl S. Guthke, *B. Traven, Biographie eines Rätsels*, Zürich 1990, S. 40.

47 »Eine der Karten«: Hier und im übernächsten Abschnitt wird aus der amerikanischen Ausgabe zitiert, die inhaltlich von der deutschen abweicht: B. Traven, *The Treasure of the Sierra Madre*, 1935; Reprint New York 1968, p. 68, 76. Traven hat ihr selbst eine englischsprachige Fassung zu Grunde gelegt, die dann vom amerikanischen Lektor noch bearbeitet wurde. Das macht eine Rückübersetzung ins Deutsche notwendig (A. d. Ü.).

51 »Es ist fast, als müsse man eine Buchseite lesen«: Arthur H. Robinson

and Barbara Bartz Petchenik, *The Nature of Maps: Essays Toward Understanding Maps and Mapping*, Chicago 1976, p. 45.

52 »unerschöpflicher, beredter Anregung«: Robert Louis Stevenson, »My First Book«, in *The Lantern-Bearers and Other Essays*, Hrsg. Jeremy Treglown, New York 1988, p. 283. Alle weiteren Zitate von Stevenson in diesem Kapitel stammen aus diesem kurzen Essay.

53 »Welttüchlein«: Siehe David Woodward, »Medieval Mappaemundi«, in *The History of Cartography*, vol. 1: Cartography in Prehistoric, Ancient, and Medieval Europe and the Mediterranean, Hrsg. J. B. Harley and David Woodward, Chicago 1987, p. 287.

54 »die Vertreter der verschiedenen ungeheuerlichen Völker«: Siehe Karte ebenda, p. 331.

54 »Wie die Erde vor hundert Jahren«: Aldous Huxley, *Himmel und Hölle*, München 1980.

55 »die Antipoden des Geistes«: Ebenda.

55 »fremdartigen Geschöpfen der Psyche«: Ebenda.

55 »eine alte Welt aus persönlichem Bewusstsein«: Ebenda.

55 »den fernen Kontinenten des Geistes«: Ebenda.

Kapitel 3: Der Kartenmogul

63 »Kunstwerke mit der Zähigkeit«: Hugh Kennedy, *Original Color*, New York 1996, p. 177.

67 »Mit diesen alten Karten«: Karen Hube, »These Old Maps Offer You a New Way to Double Your Money«, *Money*, vol. 26, no. 3, März 1997.

69 strich ihn die Antiquarian Booksellers: Siehe Mark Singer, »Profiles: Wall Power«, in *New Yorker*, vol. 63, no. 41, 30. November 1987. Einige weitere Informationen in diesem Kapitel stammen auch aus Singers hervorragendem Artikel.

71 »Was machst du da, Graham?«: Zitiert ebenda.

72 einen Scheck über 8000 Dollar: Siehe den Bericht der *Associated Press* »Rare Map of Houston, Missing Since '88, Is Returned«, *Dallas Morning News*, 4. Juni 1996.

74 Wer dieses Buch 1884 kaufen wollte: Siehe Karte in R. A. Skelton, *Maps: A Historical Survey of Their Study and Collecting*, Chicago 1972, p. 59. Zusätzlich zu den hier genannten Zahlen lieferte Sotheby's den Betrag von 1984.

75 »Mehr als jedem anderen Gelehrten«: Lloyd A. Brown, *The Story of Maps*, p. 61.

79 »Mühe und Ausdauer«: John Hale, *Die Kultur der Renaissance in Europa*, München 1994.

79 »Wenn du mich liebst«: Zitiert in Nicholas A. Basbanes, *A Gentle Madness: Bibliophiles, Bibliomanes, and the Eternal Passion for Books*, p. 72.

79 »ein unstillbares Verlangen«: Ebenda.

80 »seltene, wertvolle oder auch nur fremdartige Gegenstände«: Hale, *Die Kultur der Renaissance in Europa.*

80 »schlagartig gewaltiges Aufsehen erregte«: Thomas Goldstein, *Dawn of Modern Science: From the Ancient Greeks to the Renaissance*, Boston 1980, p. 22.

80 »Neben den teuren Bibeln«: Lisa Jardine, *Der Glanz der Renaissance*, Übers. Anne Spielmann, München 1999, S. 292.

81 »Die Auferstehung des Ptolemäus«: Daniel J. Boorstin, *Entdeckungen*, Übers. Michael Martin, Herrsching 1991, S. 295.

81 »nach Indien«: Der von den spanischen Herrschern ausgestellte Pass, zitiert in Samuel Eliot Morison, *The European Discovery of America: The Southern Voyages, A. D. 1492–1616*, New York 1974, p. 43.

82 »waren nicht ihrem Wert entsprechend untergebracht«: Zitiert in John Addington Symonds, *Renaissance in Italy, The Revival of Learning*, vol. 2, New York 1907, p. 99.

82 »Wer Bücher stiehlt«: Zitiert in Alberto Manguel, *Eine Geschichte des Lesens*, Reinbek 1999, S. 285.

83 als Christie's zugab: Siehe Susannah Herbert, »International: 1477 Ptolemy Atlas Stolen from Library«, *Daily Telegraph*, London, 7. November 1997, sowie eine Meldung von *Reuters*: »Stolen Rare Book by Ptolemy Recovered in London«, 29. Mai 1998.

86 Computerwirtschaftsverbrechen: Siehe Douglas Pasternak und Bruce B. Auster, »Terrorism at the Touch of a Keyboard«, *U. S. News & World Report*, vol. 125, no. 2, 13. Juli 1998.

Kapitel 4: Ein Sturm zieht auf

87 »Die spanischen Seeleute«: Daniel J. Boorstin, *Entdeckungen.*

90 »einfach haben wollen«: Zitiert nach Cynthia Requardt.

91 die Anzahl der Morde in der Stadt: Siehe Peter Hermann, »Violent Crime in Md. Rising«, *Sun*, Baltimore, 30. Dezember 1995.

91 »Die Polizisten erklärten uns«: Zitiert in Frank D. Roylance und David Folkenflik, »Thief Cutting Rare Book at Peabody Was Let Go; FBI Seeks Man Linked Later to Similar Acts at Eight University Libraries«, *Sun*, Baltimore, 14. Dezember 1995.

94 »Unser Ziel ist es«: Zitiert in John Dorsey, »Auction of Peabody Books Draws Approval, Outrage«, *Sun*, Baltimore, 28. Mai 1989. Die

Zitate von John Burgan, Regina Soria und Arthur Gutman stammen auch aus diesem Artikel.

97 »Es setzt Baltimore auf die Weltkarte«: Frank R. Shivers jr., Broschüre »Visit Mount Vernon«.

100 »Am 7. Dezember«: Meldung in *ExLibris*, 7. Dezember 1995.

Kapitel 5: Karten erstellen, Karten stehlen

101 »andere gesehen«: Denis Wood und John Fels, *The Power of Maps*, New York 1992, p. 7.

101 »Die Wissenschaft der Kartographie«: Lloyd A. Brown, *The Story of Maps*, p. 18.

103 »Weltbeschreiber«: Siehe Svetlana Alpers, »The Mapping Impulse in Dutch Art«, in *Art and Cartography: Six Historical Essays*, Hrsg. David Woodward, Chicago 1987, p. 59.

103 »Karten befähigen uns«: Zitiert ebenda, p. 90.

105 ... wie lange der große holländische Kartograph: Siehe C. Koeman, *Joan Blaeu and His Grand Atlas: Introduction to the Facsimile Edition of Le Grand Atlas, 1663*, Amsterdam 1970, pp. 43–46.

105 »Die Planung«: Ebenda, p. 43.

107 »Das Überqueren einer Grenze«: Avner Falk, »Border Symbolism«, in *Maps form the Mind: Readings in Psychogeography*, Hrsg. Howard F. Stein und William G. Niederland, Norman 1989, p. 145.

107 »Die theologische Sammlung«: Michael H. Harris, *History of Libraries in the Western World*, Lanham 1995, p. 8.

107 »dass Gott einen jeden zerschmetterte«: 2. Sam. 6,7.

107 »Manche Menschen suchen anscheinend«: G. Raymond Babineau, »The Compulsive Border Crosser«, *Psychiatry*, vol. 35, August 1972. Weitere Zitate von Babineau stammen auch aus diesem Artikel.

109 »Das auffallendste Ergebnis«: *The Warren Report: The Official Report on the Assassination of President John F. Kennedy. Associated Press*, 1964, pp. 160–161.

109 »Zahllose Regierungen«: Mark Monmonier, *Drawing the Line: Tales of Maps and Cartocontroversy*, New York 1995, p. 146.

Kapitel 6: Der unsichtbare Raubzug

116 »Gelehrten Männer von der Magischen Bibliothek«: siehe Michael H. Harris, *History of Libraries in the Western World*, p. 17–35. Siehe auch Alberto Manguel, *Eine Geschichte des Lesens.*

117 »Krieg gegen die Kräfte des Vergessens«: Umberto Eco, *Der Name der Rose*, Übers. Burkhart Kroeber, München 1987, S. 53.

117 »gedruckte Menschlichkeit«: Barbara W. Tuchman, »Excerpts of Barbara Tuchman's Lecture at Library of Congress«, *Authors Guild Bulletin*, November–Dezember 1979.

128 »Poeten und Prosaschriftstellern«: Zitiert in Luciano Canforra, *The Vanished Library*, Übers. Martin Ryle, Berkeley und Los Angeles 1989, p. 20.

129 »Es ist möglich«: Strabo, *The Geography of Strabo*, Übers. Horace Leonard Jones, vol. 1, Cambridge, Mass. 1917, p. 433.

129 »Eratosthenes' Berechnung«: Norman J. W. Thrower, *Maps and Civilization: Cartography in Culture and Society*, Chicago 1999, p. 21.

129 »wo ... Ferne gewaltet hat«: Hannah Arendt, *Vita activa oder Vom tätigen Leben*, München 1967, S. 246.

130 nur 4440 Kilometer: Siehe Karte in Samuel Eliot Morison, *Admiral of the Ocean Sea: A Life of Christopher Columbus*, Boston 1942, p. 68.

130 »hatte nicht die geringste Ahnung«: Samuel Eliot Morison, *The European Discovery of America: The Southern Voyages, A. D. 1492–1616*, p. 336.

130 »Zusammenschrumpfung des Erdraums«: Hannah Arendt, *Vita activa oder Vom tätigen Leben*, S. 246.

130 »die Welt schrumpfen lassen«: Frances Cairncross, *The Death of Distance: How the Communications Revolution Will Change Our Lifes*, Boston 1977, p. 279.

131 »In der modernen Zeit«: Zitiert in Peter Whitfield, *New Found Lands: Maps in History of Exploration,* New York 1998, p. 186.

131 »für den Sattel schlagen«: Theodore Roosevelt, *A Book-Lover's Holidays in the Open*, New York 1916, p. VII.

Kapitel 7: Kurze Geschichte des Kartendiebstahls

139 Der Mann auf dem Stich: Siehe John Goss, *The Mapmaker's Art: An Illustrated History of Cartography*, Skokie, Ill., 1993, pp. 141–148.

141 dass alle Kulturen Karten: Siehe David Stea, James M. Blaut und Jennifer Stephens, »Mapping as a Cultural Universal«, in *The Construction of Cognitive Maps*, Hrsg. Juval Portugali, Boston 1996, pp. 1–16.

141 »Im Römischen Reich«: Daniel J. Boorstin, *Entdeckungen*.

141 in die tiefsten Gewölbe: Siehe Lloyd A. Brown, *The Story of Maps,* pp. 8–9.

142 Nachdem es Kolumbus nicht gelungen war: Möglicherweise wollte auch der König selbst jemanden bestehlen – und zwar Kolumbus.

Bartolomé de Las Casas schreibt, dass »der König von Portugal Christoph Kolumbus immer mehr Hinweise entlockte und [dann]... heimlich eine Karavelle mit portugiesischen Seeleuten aufs Meer schickte, und zwar auf der Route, die Kolumbus für sich errechnet hatte«. Doch ein Sturm zwang die Karavelle zurück nach Lissabon. Als Kolumbus merkte, »dass er hätte betrogen werden sollen, beschloss er, Lissabon zu verlassen und nach Kastilien zu gehen«, schreibt Las Casas. Siehe Bartolomé de Las Casas, *History of the Indies*, Übers. und Hrsg. Andree Collard, New York 1971, p. 23.

142 »denn er fürchtete«: Zitiert in John Noble Wilford, *The Mysterious History of Columbus: An Exploration of the Man, the Myth, the Legacy*, p. 84.

142 »Bartolomeo erklärte sich bereit«: Lisa Jardine, *Der Glanz der Renaissance*, S. 292.

143 des italienischen Geheimagenten: Ebenda.

144 »brachte er einen schön bemalten Globus mit«: Zitiert in Samuel Eliot Morison, *The European Discovery of America: The Southern Voyages, A. D. 1492–1616*, p. 319.

144 »als Behaim den Deutschen den Globus fertigte«: Lisa Jardine, *Der Glanz der Renaissance.*

145 Jorge Reinel: Siehe Edouard Roditi, *Magellan of the Pacific*, London 1972, pp. 103–111 und 129–136. Siehe auch Simon Berthon und Andrew Robinson, *The Shape of the World*, London 1991, p. 78.

145 »Er wusste, wo er hinsegeln musste«: Zitiert in Morison, *The European Discovery of America,* p. 381.

146 »Die Spanier bewahrten«: Boorstin, *Entdeckungen*.

146 »Meisterdieb der unbekannten Welt«: Zitiert in John H. Parry, »Drake and the World Encompassed«, in *Sir Francis Drake and the Famous Voyage, 1577–1580: Essays Commemorating the Quadricentennial of Drake's Circumnavigation of the Earth*, Hrsg. Norman J. W. Thrower, Berkeley und Los Angeles 1984, p. 2.

147 »höchlich gepriesen«: Zitiert in Alexander McKee, *The Queen's Corsair: Drake's Journey of Circumnavigation, 1577–1580*, New York 1978, p. 216.

147 »genau das, was er brauchte«: Ebenda.

147 »Drakes reibungslose Fahrt«: John Hampden, Einführung zu *Francis Drake, Privateer*, Hrsg. John Hampden, Tuscaloosa 1972, p. 16.

147 »Im 16. Jahrhundert«: Brown, *Story of Maps*, p. 9.

148 »Ein großes Buch voller Seekarten«: Zitiert in *A Buccaneer's Atlas: Basil Ringrose's South Sea Waggoner*, Hrsg. Derek Howse und Norman J. W. Thrower, Berkeley und Los Angeles 1992, p. 22.

148 »Die Spanier schrien auf«: Ebenda, p. 22.

148 »königlichen Einfluss«: Ebenda, p. 1.

148 »Pläne von einigen befestigten Orten«: Zitiert in Peter Barber, »Espionage!«, in *Tales from the Map Room: Fact and Fiction About Maps and Their Makers*, Hrsg. Peter Barber und Christopher Board, London 1993, pp. 90–91.

149 Schlacht am Brandywine: Siehe G. J. A. O'Toole, *Honorable Treachery: A History of U. S. Intelligence, Espionage, and Covert Action from the American Revolution to the CIA*, New York 1991, p. 42.

149 »Washington wies seine Spione ausdrücklich an«: J. B. Harley, »The Map User in the Revolution«, in *Mapping the American Revolutionary War*, Hrsg. J. B. Harley, Barbara Petchenik und Lawrence W. Towner, Chicago 1978, p. 104.

149 »Die Männer waren bereit«: Ebenda, p. 105.

149 »die Pläne von Fort Washington«: Zitiert ebenda, p. 103.

149 »kennen die [lokale] Topographie«: Zitiert in Christopher Nelson, *Mapping the Civil War: Featuring Rare Maps from the Library of Congress*, Washington 1992, p. 9.

149 »Ich weiß, dass die großen Zeitungen des Nordens«: Zitiert in O'Toole, *Honorable Treachery*, p. 132.

150 »Wenn man Pinkertons Bericht Glauben schenken darf«: Jay Robert Nash, *Spies: A Narrative Encyclopedia of Dirty Tricks and Double Dealing from Biblical Times to the Present*, New York 1997, p. 251.

151 »Sich des Plans vom deutschen Atlantikwall zu bemächtigen«: Zitiert ebenda, p. 54.

151 ... der umfangreichste und spektakulärste Ausbruch: Siehe John Hammond Moore, *The Faustball Tunnel: German POWs in America and Their Great Escape*, New York 1978.

152 »die konventionelle Kartographie revolutioniert«: Stephen S. Hall, *Mapping the Next Millennium: The Discovery of New Geographies*, New York 1992, p. 67.

153 eine gute Karte unersetzlich ist: Spätere Zeitungsberichte meinten, die Bomben auf die Botschaft seien kein Zufall gewesen. Der Londoner *Observer* zitiert »ranghohe Militärs aus den USA und Europa« und erklärt, die Botschaft sei absichtlich angepeilt worden, da sie der jugoslawischen Armee als Rundfunkstation gedient habe. Ein Mitarbeiter der U. S. National Imagery and Mapping Agency behauptete gegenüber dem *Observer*, die Geschichte von der »falschen Karte« sei eine »verdammte Lüge«. Siehe John Sweeney, Jens Holsoe und Ed Vulliamy, »Revealed: NATO Bombed Chinese Deliberately«, *Observer*, London, 17. Oktober 1999. Siehe auch Joel Bleifuss, »A Tragic Mistake?«, *In These Times*, vol. 24, no. 1, 12. Dezember 1999.

154 ein Mann aus Michigan: Siehe Jack Lessenberry, »Making a Federal Case of It«, *Detroit Metro Times*, 9.–15. August 1995.

154 zwei Priester: Siehe den Artikel ohne Autorennennung »Thieves Steal Valuable Books from Yale Library«, *Yale Alumni Magazine*, vol. 36, no. 8, Mai 1973. Siehe auch John Mongillo jr. und Jack Millea, »Two Priests Are Indicted in Theft of Yale Volumes«, *New Haven Register*, 17. März 1973, sowie Dan Collins und John Mongillo jr., »Two Hundred Rare Volumes Missing at Yale«, *New Haven Register*, 18. März 1973. Für diesen Abschnitt habe ich auch Gerichtsprotokolle zu Rate gezogen.

155 »Einen Geistlichen, der auch Händler ist«: hl. Hieronymus, Brief 52.

155 Zu den denkwürdigsten Gestalten: Meine Liste zeitgenössischer Kartendiebe ist natürlich nicht vollständig. Unter den nicht erwähnten finden sich zwei bekannte US-Bibliotheksganoven, Stephen Carrie Blumberg und James Shinn; beide hatten sich zwar nicht auf Karten spezialisiert, zeigten jedoch eine Vorliebe für Reiseliteratur. Auch europäische Diebe habe ich nicht aufgeführt, wie zum Beispiel Ian Hart, der Anfang der Achtzigerjahre aus der Bodleian Library in Oxford ein Vermögen an alten Karten und Atlanten stahl, indem er sie in seiner Hose versteckte.

155 »von seinen Studenten verehrt«: Walt Philbin, »American Dream Now a Nightmare for Tulane Prof«, *New Orleans States-Item*, 13. Januar 1979.

156 »Ich war da drin und erlag der Versuchung«: Ebenda.

156 hielt er sein Leben und seine Karriere für ruiniert: Zitiert in »Tulane Prof Sentenced to One Year«, *New Orleans States-Item*, 8. Januar 1979.

156 »Standardnachschlagewerk«: »Trade Reviews«, *AB Bookman's Weekly*, vol. 85, no. 24, 11. Juni 1990.

156 »wenigen großen Fälscher«: Lynn Glaser, *Counterfeiting in America: The History of an American Way to Wealth*, New York 1968, p. 118.

157 Im Juli 1974: Siehe Richard Yurko, »Library Theft Disclosed; Prime Suspect Arraigned«, *The Dartmouth*, 9. Juli 1974. Für diesen Abschnitt benützte ich auch einen Bericht der *Associated Press*, »Antique Document Dealer Is Sentenced for Thefts of Rare Maps from U«, *Tribune*, Minneapolis, 25. November 1982, sowie Gerichtsprotokolle.

157 Zwischen 100 000 und 300 000: Im Mai 1999 wurden Bücher mit den Karten von 1613 bzw. 1632 für 398 500 bzw. 134 500 Dollar versteigert. Selby Kiffer von Sotheby's erklärte, für den hohen Preis seien hauptsächlich die Champlain-Karten verantwortlich.

157 »Seit 25 Jahren habe ich«: Lynn Glaser, *America on Paper*, Philadelphia 1989, p. 3.

158 mit OP-Handschuhen: Siehe Beverly Goldberg, »Judge to Reconsid-

er Map Thief's Probation Sentence«, *American Libraries*, vol. 23, no. 6, Juni 1992.

158 »Mr. Ehrlich«: Siehe Joe Earle, »Ex-UGA Librarian Described as ›Mr. Straight‹«, *Atlanta Journal and Constitution*, 21. Januar 1987. Ich habe für diese Passage auch mehrere andere Nummern des *Atlanta Journal and Constitution* und des *Athens Daily News/Banner-Herald* konsultiert sowie Nicholas A. Basbanes *A Gentle Madness: Bibliophiles, Bibliomanes, and the Eternal Passion for Books*, pp. 488–490.

159 und heute sogar 600 000: Diese Schätzung stammt von Selby Kiffer bei Sotheby's.

159 »eine Schande«: Zitiert in einem Bericht der *Associated Press*, »Texas Legislature Considers King Holiday«, 2. Mai 1985. Siehe auch David Streitfeld, »Dealer Held in Library of Congress Theft«, *Washington Post*, 13. März 1992, sowie Streitfeld, »Book Thief Sentenced to Six Months«, *Washington Post*, 1. Oktober 1992.

159 »aufgehender Stern«: Ric Kahn, »Two Faces of Serial Thief Bared in N. H.«, *Boston Globe*, 16. Januar 1998.

159 »Er fühlte sich nur in gestohlenen Sachen wohl«: Verteidiger Stephen Jeffco, zitiert ebenda. Für diesen Abschnitt zog ich auch zahlreiche weitere Ausgaben des *Boston Globe*, *Concord Monitor* und *Union-Leader*, Manchester, heran sowie Gerichts- und Polizeiprotokolle.

161 »verdächtigt, den mutmaßlichen Tätern«: Randy Ellis und John Parker, »Man in Dutch Prison Not Tied to City Blast, Authorities Say«, *Oklahoman*, 30. Dezember 1995.

161 »Damit habe ich ebenso viel zu tun«: Zitiert in einem Bericht der *Associated Press*, »American Held in Netherlands Denies Bombing Link«, *Oklahoman*, 12. Januar 1996.

161 »30 Fragen«: Siehe Big Sky Patriot Website, 5. Juni 1997.

163 Johnny Jenkins: »Rare Book and Manuscript Thefts«, *AB Bookman's Weekly*, vol. 69, no. 7, 15. Februar 1982.

163 »Ich vermute, er hat zwei Leben gelebt«: Calvin Trillin, »American Chronicles: Knowing Johnny Jenkins«, *New Yorker*, vol. 54, no. 37, 30. Oktober 1989.

164 »[Er und sein Gehilfe] haben Anweisung«: Zitiert in Berthon und Robinson, *Shape of the World*, p. 79.

167 »nicht erwähnt«: Katherine S. Van Eerde, *John Ogilby and the Taste of His Times*, Folkestone 1976, p. 108.

167 »Holland und Friesland«: Brown, *Story of Maps*, p. 169.

168 »unedelmütig«: Brief von Jefferson an Humboldt vom 6. Dezember 1813 in *The Journals of Zebulon Montgomery Pike: With Letters and Related Documents*, vol. 2, Hrsg. Donald Jackson, Norman 1966, p. 387. Interessanterweise entschuldigt sich Jefferson nicht für den britischen

Kartographen Aaron Arrowsmith, der offenbar auch bei Humboldt Anleihen gemacht hat. »Wenn Arrowsmith Ihre Karte von Mexiko gestohlen hat, so liegt das am räuberischen Geist des Landes.«

169 »gewaltigen Gipfel«: Pike, *Journals*, vol. 1, p. 350.

169 »die höchste Höhe«: Douglas Botting, *Humboldt and the Cosmos*, New York 1973, p. 155. Humboldt hatte zwar die Rekordhöhe von 5758,60 Meter über dem Meeresspiegel erklommen, brach jedoch die Besteigung des Chimborasso etwa 550 Meter unter dem Gipfel ab.

169 »Ich hatte von meiner ersten Jugend an«: Helmut de Terra, *Alexander von Humboldt und seine Zeit*, Wiesbaden 1956.

169 »wirklich glänzende kartographische Leistung«: Carl I. Wheat, *Mapping the Transmississippi West, 1540–1861*, vol. 1: The Spanish Entrada to the Louisiana Purchase, 1540–1804, San Francisco 1957, p. 132.

169 »eine Menge Zahlen«: Zitiert ebenda, p. 134.

172 Informationen französischer Entdecker aus erster Hand: Diese Deslisle-Karte wird auch in Kapitel 10 erwähnt.

174 »immerfort das Gefühl«: Franz Kafka, *Das Schloss*.

Kapitel 8: Pfadfinder

177 »zum Reisen besonders ungeeignet«: John Charles Frémont, *Report of the Exploring Expedition to the Rocky Mountains*, 1845, Reprint Ann Arbor, Mich. 1966, p. 213.

177 »weiter kaum etwas Bedeutendes«: Bernard DeVoto, *The Year of Decision: 1846*, Boston 1942, p. 39.

178 »Diese Karte … änderte«: Carl I. Wheat, *Mapping the Transmississippi West, 1540–1861*, vol. 2: From Lewis and Clark to Frémont, 1804–1845, San Francisco 1958, p. 199.

178 »die Ergebnisse einer mühsamen Reise«: Zitiert in Seymour I. Schwartz und Ralph E. Ehrenberg, *The Mapping of America,* New York 1980, p. 262.

179 Um 22.55 Uhr: Polizeiprotokolle, Bayonne, N. J.

180 »die Behauptungen der Klageschrift«: Protokoll des Superior Court von Marion, 14. April 1954.

180 »verbal und körperlich misshandelt«: Paul R. Thomson jr. und James R. Creekmore, »Defendant's Sentencing Memorandum«, *United States of America vs. Gilbert Joseph Bland*, U. S. District Court, Charlottesville, Va., 7. Oktober 1996.

183 »höchsten Berg der Rocky Mountains«: John Charles Frémont, *Report of the Expedition to the Rockies*, p. 70.

184 etwas »Dummes« und »Tollkühnes«: Charles Preuss, *Exploring with Fré-*

mont: The Private Diaries of Charles Preuss, Cartographer for John C. Frémont on His First, Second, and Fourth Expeditions to the Far West, Übers. und Hrsg. Erwin G. und Elisabeth K. Gudde, Norman 1958, p. 55.

184 »Tanzmeister«: John Moring, *Men with Sand: Great Explorers of the North American West*, Helena, Mont. 1998, p. 166.

184 »gelegentlich Polsterarbeiten«: Andrew Rolle, *John Charles Frémont: Character as Destiny*, Norman 1991, p. 1.

185 »Niemand weiß, warum«: Moring, *Men with Sand*, p. 166.

185 »psychiatrischer Betrachtungsweisen«: Rolle, *John Charles Frémont*, p. XIV.

185 »beeinträchtigten Selbstwertgefühl«: Ebenda, p. 281.

185 »Da Frémonts prägende Kindheitsjahre«: Ebenda.

185 »Frémonts Zeitgenossen«: Ebenda, p. 278.

185 »rücksichtslosen Ungestüms«: Allan Nevins, *Frémont: The West's Greatest Adventurer*, vol. 1, New York 1928, p. 114.

186 »Zurück konnten wir nicht mehr«: Frémont, *Report of the Expedition to the Rockies*, pp. 74–75.

187 »siegreich dahinzuschießen«: Ebenda, p. 75.

188 »Da er keine fürsorglichen Eltern gehabt hatte«: Rolle, *John Charles Frémont*, p. 281.

189 »notorisch unvorschriftsmäßigem Verhalten«: Zitiert ebenda, p. 9.

189 »Meuterei, Ungehorsam«: Zitiert in Moring, *Men with Sand*, p. 179.

189 »voll seltsamer Vorfälle«: John Charles Frémont, *Narratives of Exploration and Adventure*, Hrsg. Allan Nevins, New York 1956, p. 29.

190 »Eine Karte von Vietnam«: Michael Herr, *An die Hölle verraten*, Übers. Benjamin Schwarz, München 1979.

191 »ein vorwiegend durch Depressionen ausgelöstes Problemverhalten«: Prozessprotokoll *United States of America vs. Gilbert Joseph Bland*, U. S. District Court, Charlottesville, Va., 9. Dezember 1996.

192 Massagesalon für amerikanische Soldaten: Siehe Frances FitzGerald, *Fire in the Lake: The Vietnamese and the Americans in Vietnam*, New York 1972, p. 351.

195 »seine eigenen Gefahren und Schrecken«: John D. Bergen, *Military Communications: A Test for Technology*, Washington 1986, p. 340.

196 Erfindung der Karten: Siehe G. Malcolm Lewis, »The Origins of Cartography«, in *The History of Cartography*, vol. I: Cartography in Prehistoric, Ancient and Medieval Europe and the Mediterranean, Hrsg. J. B. Harley und David Woodward, Chicago 1987, pp. 50–53.

198 »ein Land voller Gold«: Zitiert in Stephen Clissold, *The Seven Cities of Cíbola*, London 1961, pp. 101–102.

198 »Er musste existieren«: Bernard DeVoto, *The Course of Empire*, Boston 1952, p. 63.

199 »so war er… ein mächtiger Strom«: Carl I. Wheat, *Mapping the Transmississippi West, 1540–1861*, vol. 1: The Spanish Entrada to the Louisiana Purchase, 1540–1804, pp. 140–141.

200 »die Existenz eines großen Flusses«: John Charles Frémont, *Report of the Expedition to the Rockies*, p. 196.

200 »bei jedem Bach«: Ebenda, p. 219.

200 »erschreckend tollkühn«: Nevins, *Frémont*, p. 168.

202 »noch wahnsinnig«: Gilbert Bland, Brief an Gouverneur William T. Cahill, 29. September 1972.

203 »sich einen Rechtsbeistand zu nehmen«: Gouverneur William T. Cahill, Brief an Gilbert Bland, 5. Oktober 1972.

203 »›Verpfeifen‹, wie man hier sagt«: Gilbert Bland, Brief an den Bezirksrichter Ben Krentzman, 10. Mai 1976.

204 »Ich habe nicht die Absicht«: Gilbert Bland, undatierter Brief an Bezirksrichter Ben Krentzman.

204 »Frémonts Marsch in den Süden«: John Noble Wilford, *The Mapmakers*, New York 1981, p. 199.

205 »Ohne jeden Zweifel«: *The Journals of Zebulon Montgomery Pike: With Letters and Related Documents*, vol. 2, Hrsg. Donald Jackson, Norman 1966, pp. 26–27.

Kapitel 9: Die Wasser des Paradieses

207 »einem stetig rinnenden Quell«: Zitiert in Samuel Eliot Morison, *The European Discovery of America: The Southern Voyages, A. D. 1492–1616*, New York 1974, p. 504.

207 »feinen und schönen Brunnen«: C. W. R. D. Moseley, *The Travels of Sir John Mandeville*, p. 123.

207 »el enflaquecimiento del sexo«: Siehe Morison, *European Discovery of America*, p. 503.

209 »Seine Vorliebe für Karten«: James R. Creekmore, Brief an den Autor, 30. Oktober 1996. Dieser Brief enthielt eine »Stellungnahme von Mr. Gilbert Bland« zu einer detaillierten Fragenliste, die ich dem Kartendieb über seine Anwälte geschickt hatte. Diese Stellungnahme war nur vier Absätze lang – nicht einmal eine ganze Seite – und enthielt kaum direkte Antworten; es war die einzige Erwiderung, die mir Bland auf meine Fragen nach seinem Leben und seinen Motiven je zukommen ließ.

209 »Hauptkunden«: Paul R. Thomson jr. und James R. Creekmore, »Defendant's Sentencing Memorandum«, *United States of America vs. Gilbert Joseph Bland*, U. S. District Court, Charlottesville, Va., 16. Oktober 1996.

209 »nicht mehr ... wirtschaftlich war«: Prozessprotokoll *United States of America vs. Gilbert Joseph Bland*, U. S. District Court, Charlottesville, Va., 9. Dezember 1996.

210 »jeder Ort nach nichts aussieht«: James Howard Kunstler, *The Geography of Nowhere: The Rise and Decline of America's Man-Made Landscape*, New York 1993, p. 131.

219 »Denn Gott weiß«: Genesis 3,5.

219 »Eden gegen Morgen«: Genesis 2,8.

219 ummauerter Obstgarten: Siehe Jean Delumeau, *History of Paradise: The Garden of Eden in Myth and Tradition*, Übers. Matthew O'Connell, New York 1995, p. 4.

220 »Feuerwand«: Zitiert ebenda, p. 44.

220 »deutliche Hinweise auf das irdische Paradies«: Christopher Columbus, »Narrative of the Third Voyage«, in *The Four Voyages of Christopher Columbus*, Übers. J. M. Cohen, New York 1969, pp. 220–222.

220 »die Sintflut und andere Ereignisse«: Walter Raleigh, *The History of the World*, book one, 1614, Reprint London 1736, p. 23.

221 »wenn sie geöffnet wird«: Zitiert in Simon Berthon und Andrew Robinson, *The Shape of the World*, London 1991, pp. 57–58.

222 »Bis bald«: Siehe Frank D. Roylance' Bericht »Fla. Man Is Sought in Book Cuttings: He and Wife Abruptly Close Map Shop«, *Sun*, Baltimore, 16. Dezember 1995.

Kapitel 10: Die Lust am Entdecken

225 »Ich habe entdeckt«: Christoph Kolumbus, *Der erste Brief aus der neuen Welt*, Übers. Robert Wallisch, Stuttgart 2000. Die anderen Kolumbus-Zitate in diesem Absatz stammen aus demselben Brief.

227 »Ihn faszinierten die Legenden«: Gianni Granzotto, *Christoph Kolumbus*, Übers. Sylvia Höfer, Stuttgart 1985, S. 50.

229 »ANTIQUARISCHE-KARTEN-PEST«: Dieses Poster wurde von dem Kartenantiquar F. J. Manasek entworfen.

236 »im wahrsten Sinn des Wortes«: Peter Whitfield, *The Image of the World, Twenty Centuries of World Maps*, San Francisco 1994, pp. 50.

237 »zufällig eine kleine Kupferkugel«: Henry Stevens, *Recollections of Mr. James Lenox of New York and the Formation of His Library*, London 1886, p. 141.

238 den »letzte[n] Schauer«: Walter Benjamin, »Ich packe meine Bibliothek aus. Eine Rede über das Sammeln«, in *Gesammelte Schriften*, Bd. IV. 1, Frankfurt 1972.

238 »Ich habe kein Haar mehr auf dem Kopf«: Christopher Columbus, »Letter of Columbus to Their Majesties«, in *Select Documents Illustrating the Four Voyages of Christopher Columbus*, Übers. und Hrsg. Cecil Jane, London 1933, pp. 108–110. Die anderen Kolumbus-Zitate in diesem Absatz stammen aus demselben Brief.

238 »Jeder andere wäre mit so viel Ruhm«: Felipe Fernández-Armesto, *Columbus*, New York 1991, p. 192.

241 »erfolgreich oder nicht«: Werner Muensterberger, *Sammeln – eine unbändige Leidenschaft*, Übers. H. Jochen Bußmann, Berlin 1995, S. 240.

241 »Grund zu der Annahme«: Ebenda, S. 28 und S. 32.

242 »Die Suche endet nie«: Ebenda, S. 240.

242 »alles verzehrenden Leidenschaft«: Ebenda, S. 23.

243 den berüchtigten Don Vincente: Siehe Nicholas A. Basbanes, *A Gentle Madness: Bibliophiles, Bibliomanes, and the Eternal Passion for Books*, pp. 33–34.

244 vom unbekannten Steuermann: Siehe Samuel Eliot Morison, *Admiral of the Ocean Sea: A Life of Christopher Columbus*, Boston 1942, pp. 61–63, sowie Granzotto, *Christopher Columbus*, pp. 45–47.

245 »einer schützenden Figur«: Joseph Campbell, *Der Heros in tausend Gestalten*, Übers. Karl Koehne, Frankfurt 1978, S. 72, 75.

245 »kraftgetränkte Fetische«: Muensterberger, *Sammeln – eine unbändige Leidenschaft*.

245 »seinen Geist befeuert«: Zitiert in Granzotto, *Christopher Columbus*.

245 »noch mehr entbrannt«: Zitiert in John Noble Wilford, *The Mysterious History of Columbus: An Exploration of the Man, the Myth, the Legacy*, p. 76.

246 »Etlich wollen ihre Hallen«: Zitiert in John Goss, *The Mapmaker's Art: An Illustrated History of Cartography,* Skokie, Ill., 1993, p. 344.

247 »Freud hat nachgewiesen«: Campbell, *Der Heros in tausend Gestalten*, S. 56.

252 »Was Versteckt es«: Rudyard Kipling, »The Explorer«, in *Complete Verse*, London 1990, pp. 86–88.

Kapitel 11: Die Insel der verschwundenen Karten

253 El Wakwak: Siehe Raymond H. Ramsay, *No Longer on the Map: Discovering Places That Never Were*, New York 1972, p. 113.

253 »Sirenen im Überfluss«: Zitiert in William G. Niederlands Essay »The Pre-Renaissance Image of the World and the Discovery of America«, in *Maps from the Mind: Reading in Psychogeography*, p. 111.

253 »Männer leben, die ihre Väter umgebracht haben«: Zitiert ebenda, p. 111.

253 »alles Getreide und alle Früchte«: Zitiert in Jean Delumeau, *History of Paradise: The Garden of Eden in Myth and Tradition*, p. 100.

253 wo »es Bäume gibt, die Vögel tragen«: Zitiert ebenda, p. 103.

253 »haben schwänz gleich die thier«: Zitiert aus E. G. Ravenstein, *Martin Behaim: His Life and His Globe*, London 1908, p. 88. [Die deutschen Originaltexte verdanke ich Prof. Dr. G. Goerz von der Universität Erlangen. A. d. Ü.]

255 »... sindt dise / zwo jnsel bewont«: Zitiert ebenda, p. 105.

255 Drogeo: Die Sage von Drogeo und Icaria stammt aus Nicolò Zenos apokryphem Bericht aus dem 16. Jahrhundert über die angeblichen Abenteuer seiner Vorfahren. Siehe Nicolò Zeno, *The Voyages of the Venetian Brothers, Nicolò & Antonio Zeno, to the Northern Seas in the XIVth Century*, Hrsg. und Übers. Richard Henry Major, London 1873, pp. 21–34. Siehe auch William H. Babcock, *Legendary Islands of the Atlantic: A Study in Medieval Geography*, New York 1922, pp. 124–142, sowie Ramsay, *No Longer on the Map*, pp. 53–76. Ramsay erzählt auch die Legende von St. Brendan, pp. 77–85.

255 »mit den Menschen, die seufzen und weinen«: Zitiert in Howard Rollin Patch, *The Other World: According to the Descriptions in Medieval Literature*, Cambridge, Mass. 1950, p. 35. Bezüglich der keltischen Inselsagen machte ich mich außerdem kundig bei Donald S. Johnson, *Phantom Islands of the Atlantic: The Legends of Seven Lands That Never Were*, rev. ed. New York 1996; bei Ramsay, *No Longer on the Map* und bei John Kirtland Wright, *The Geographical Lore of the Time of the Crusades: A Study in the History of Medieval Science and Tradition in Western Europe*, New York 1925.

256 »Eiland der Juwelen«: Siehe Joseph Campbell, *Der Heros in tausend Gestalten*.

256 »voll Klänge«: William Shakespeare, *Der Sturm*, III, 2, 133–134.

256 das Märchen von Maushope: Siehe Seon und Robert Manley, *Islands: Their Lives, Legends, and Lore*, Philadelphia 1970, pp. 18–21.

256 »wo die vier Jahreszeiten«: J. M. Barrie, *Peter Pan*, II, 1, 37–38.

256 »westlich von Sumatra«: *King Kong*, Drehbuch von James Creelman und Ruth Rose, 1933.

256 »bewaldete Flanken von Nebel umkränzt«: Michael Crichton, *Jurassic Park*, New York 1990, p. 79.

257 »Die Not verschafft«: William Shakespeare, *Der Sturm*, II, 2, 40–41.

258 »einer eigenen Seele oder Lebenskraft«: Werner Muensterberger, *Sammeln – eine unbändige Leidenschaft*.

258 »Die Beziehung zwischen Sammler und Händler«: Ebenda.

262 einer halben Million Dollar: Der Wert der Karten wurde nie offiziell veranschlagt. Diese Zahl ist eine Schätzung von mir, basierend auf Gesprächen mit Fachleuten und Polizeibeamten, die mit dem Fall vertraut waren.

262 »unbeschädigt sichergestellt«: News Release, U. S. Attorney's Office, Western District of Virginia, 1. März 1996.

265 »jede Möglichkeit einer Befreiung«: Daniel Defoe, *Robinson Crusoe*, Übers. Hannelore Novak, Frankfurt 1973, S. 136.

266 »wilde Ideen«: Ebenda, S. 207. Alle weiteren Defoe-Zitate in diesem Kapitel: Ebenda, S. 206–211.

Kapitel 12: Eldorado

269 Great Indian Trading Path: Siehe Douglas L. Rights, »The Trading Path to the Indians«, *North Carolina Historical Review*, vol. 8, no. 4, Oktober 1931. Siehe auch Douglas Summers Brown, *The Catawba Indians: The People of the River*, Columbia 1966, pp. 69–100.

270 Indianerdorf: Manche Fachleute behaupten, der Vorläufer des heutigen Hillsborough heiße auf der Ogilby-Moxon-Karte »Oenock«. R. P. Stephen Davis jr., Archäologe an der University of North Carolina, der in der Nähe des Zentrums von Hillsborough indianische Siedlungen freilegt, glaubt dagegen, der Ort entspreche einer Stelle, die Ogilby mit »Sabor« bezeichnet.

270 »habgierig und diebisch«: John Lederer, »The First Expedition, From the head of the Pemaeoncock, alias York-River (due West), to the top of the Apalataean Mountains«, in *The Discoveries of John Lederer*, Hrsg. William P. Cumming, Charlottesville 1958, p. 27.

272 »der großen, goldnen Statt«: Diese Formulierung stammt aus dem Untertitel von Raleighs Buch *The Discovery of the Large, Rich und Bewtiful Empyre of Guiana, with a relation of the great and Golden Citie of Manoa (which the Spanyards call El Dorado)*, 1596.

272 dass er Manoa auf eine richtige Karte gesetzt hat: Siehe Raymond H. Ramsay, *No Longer on the Map: Discovering Places That Never Were*, pp. 17–18.

272 »ein Mann mit vielen Gesichtern«: Robert Silverberg, *The Golden Dream: Seekers of El Dorado*, Athens 1996, p. 307.

272 »Es gibt viele mögliche Gründe«: Charles Nicholl, *The Creature in the Map: A Journey to El Dorado*, New York 1995, p. 23.

273 »alwo die Grabstetten noch nicht«: Walter Raleigh, *The Discovery of the Large…*

273 »alwo seind allerley Thier«: Ebenda.

275 mehr als 80 Prozent auslöschten: Siehe Mark Warhus, *Another America: Native American Maps and the History of Our Land*, New York 1997, p. 80.

276 »Die amerikanischen Ureinwohner«: Mark Monmonier, *Drawing the Line: Tales of Maps and Cartocontroversy*, p. 107.

276 die Hälfte der 700 000 großen und kleinen Städte: Siehe Derek Nelson, *Off the Map: The Curious History of Place Names*, New York 1997, p. 113.

277 »nur die Reise«: Nicholl, *Creature in the Map*, p. 11.

278 wie so viele Träumer: Das Hintergrundmaterial für diesen Absatz stammt vielfach aus *The Search for El Dorado*, series ed. Dale M. Brown, Alexandria, Va., 1994, pp. 7–34.

278 »Die Berichte sind falsch«: Zitiert in Nicholl, *Creature in the Map*, p. 28.

278 »hehrer Ritter«: Edgar Allan Poe, »Eldorado«, in *Edgar Allan Poe: Werke in 5 Bänden*, Zürich, 1994.

Kapitel 13: Mr. Bland, wenn ich nicht irre

281 »ich habe einen feierlichen Eid geschworen«: Henry Morton Stanley, *Wie ich Livingstone fand*, Übers. ungen., Tübingen 1981, S. 177.

283 »vielen Fieberschauern«: Ebenda, S. 179.

283 »weder Diebstahl noch Speichelleckerei«: Brief zitiert in Jean Delumeau, *History of Paradise: The Garden of Eden in Myth and Tradition*, p. 76. Dieser Brief an den byzantinischen Kaiser, verfasst um 1165 von einem Schreiber, der sich als Priesterkönig Johannes ausgab, wurde weit verbreitet. »Im Mittelalter zweifelte niemand an seiner Echtheit«, schreibt Delumeau.

284 »Lost-Boy-Complex«: Siehe Eric Leed, *Shores of Discovery: How Expeditionaries Have Constructed the World*, New York 1995, pp. 198–230.

284 mehr als 20 Trupps: Interessanterweise wurde die vielleicht berühmteste dieser Expeditionen von George Peabody unterstützt, dem Gründer der großen Bibliothek in Baltimore. Laut Leed finanzierte der Philanthrop im Jahr 1853 Elisha Kent Kanes Suche nach Franklin. Später wurde eine Bucht im Norden von Grönland nach Peabody benannt.

284 »Die Sache mit Franklin«: Peter Whitfield, *New Found Lands: Maps in History of Exploration*, New York 1998, p. 181.

285 »begann… ich zu glauben«: Zitiert in John Bierman, *Dark Safari: The Life Behind the Legend of Henry Morton Stanley*, New York 1990, p. 118.

285 der niederländische Meister Jan Vermeer: Siehe James A. Welu, »Ver-

meer: His Cartographic Sources«, *Art Bulletin,* vol. 57, no. 4, Dezember 1975.

286 »In deinen Zügen«: William Shakespeare, *Heinrich VI.*, Teil 2, III, 1, 202–203.

286 »Ich war damit beschäftigt, ihn anzublicken«: Stanley, *Wie ich Livingstone fand*, S. 244.

287 seiner »Freude mit einem tollen Streiche«: Ebenda, S. 243.

287 Mühe, sich zu konzentrieren: Gilbert Bland, Brief an Bezirksrichter James H. Michael jr., 16. April 1996.

288 »Problemverhalten«: Prozessprotokoll *United States of America vs. Gilbert Joseph Bland*, U. S. District Court, Charlottesville, Va., 9. Dezember 1996.

288 »Als Erstes möchte ich sagen«: Ebenda.

289 »Nach Ansicht des Gerichts«: Ebenda.

289 »noch immer keine richtige Vorstellung«: Richter Michael, 8. Januar 1997.

289 »für das, was dieser Mann getan hat«: Zitiert in Todd Nelson, »Judge Vetoes Plea Bargain in Map Case: The Plea Arrangement for a Man Who Admitted Taking Papers from UNC-CH Is Termed Too Lenient«, Raleigh, N. C., *News & Observer*, 20. Dezember 1996.

296 »Die größte Strafe wird sein«: Paul R. Thomson jr. im Prozessprotokoll *United States of America vs. Gilbert Joseph Bland*, 9. Dezember 1996.

297 »Entdecken heißt«: Mauricio Obregón, »Why Columbus«, in *The Columbus Papers: The Barcelona Letter of 1493, the Landfall Controversy, and the Indian Guides*, Hrsg. Mauricio Obregón, New York 1991, p. 3.

298 buchstäblich Millionen von Menschen: Siehe Adam Hochschild, *King Leopold's Ghost: A Story of Greed, Terror, and Heroism in Colonial Africa*, Boston 1998, pp. 225–234. Hochschild schätzt, dass durch Mord, Hunger, Erschöpfung, Hitze, Krankheit und sinkende Geburtenrate die Bevölkerung im Freistaat Kongo um zehn Millionen zurückging, eine Folge von Leopolds brutaler Politik.

298 »echtes Interesse«: James R. Creekmore, Brief an den Autor, 30. Oktober 1996.

340 »Die Natur denkt sich unzählige Dinge aus«: Zitiert in Peter Whitfield, *The Image of the World: Twenty Centuries of World Maps,* San Francisco 1994, p. 2.

Epilog: Liftoff

303 »Ich kann ganz Florida sehen«: Zitiert in John Noble Wilford, *The Mapmakers*, p. IX.

306 »Die Behörden haben mich nie angesprochen«: Obwohl diese Quelle nicht auf Anonymität bestand und der Mann sehr wohl wusste, dass ich als Journalist an der Geschichte von Bland arbeitete, habe ich beschlossen, seinen Namen nicht zu nennen, da seine Äußerung nicht Teil eines erklärten Interviews war.

314 »Ich nehme Medikamente«: Videoband der University of Delaware von Gilbert Bland, 27. März 1997.

316 Das entlarvendste Foto: Siehe Corey Lowensteins Foto zu Jay Price, »Quiet Appearance for Map Thief«, Raleigh, N. C., *News & Observer*, 2. Juli 1996.

317 »das gewaltigste zivile Erdbeobachtungs-Raumfahrzeug«: William J. Broad, »Private Spy in Space to Rival Military's«, *New York Times*, 27. April 1999.

318 »Wir befinden uns inmitten«: Stephen S. Hall, *Mapping the Next Millennium: The Discovery of New Geographies*, New York 1992, p. 6.

318 »Es ist, als lege man die Ozeane trocken«: Der Ozeanograph David Sandwell, zitiert in Ken Miller, »Spy Data Gives First Clear View of Sea Floor«, Gannet News Service, 23. Oktober 1995. Siehe auch Earl Lane, »Bottom of Sea Viewed in Detail: Navy Satellite Helps Map Oceans' Floors«, *Newsday*, 24. Oktober 1995.

318 Sloan Digital Sky Survey: Siehe Kelly Campbell, »What's Next: A 3-D Map of 1 Billion Light Years«, *Newsday*, 29. September 1998; Charles W. Petit, »Mapping the Heavens«, *U. S. News & World Report*, vol. 124, no. 22, 22. Juni 1998; Alexandra Witze, »The Big Picture«, *Dallas Morning News*, 27. April 1998.

319 Lebewesen zu erschaffen: Siehe Roger Highfield, »We Can Create Life, Says Scientist«, *Daily Telegraph*, London, 25. Januar 1999.

319 »das Land des Denkens zu erschließen«: Rita Carter, *Atlas Gehirn*, München 1999.

320 »der Geisteszustand eines Individuums«: Ebenda.

320 »Jetzt ist die Frühzeit«: Ebenda.

321 Man hat ihn nie gefunden: Auch wenn man den Satelliten nie hat ausfindig machen können, glaubt man doch zu wissen, was mit ihm geschah. Rückblickend vermuten die Wissenschaftler, dass sich wegen eines Problems in der Elektronik die Nutzlastverkleidung nicht von der Rakete löste. So wurde der Satellit vermutlich in die Atmosphäre zurückgezogen und verglühte dort. Am 24. September 1999 wurde – erfolgreich – ein zweiter Ikonos-Satellit gestartet.

REGISTER